D1734587

Lehrerüberzeugungen zur Bedeutung der Digitalisierung

Eine Interviewstudie mit Lehrkräften zur Ausbildung kaufmännischer Fachkräfte

Patrick Geiser

Reihe „Berufsbildung, Arbeit und Innovation"

Die Reihe **Berufsbildung, Arbeit und Innovation** bietet ein Forum für die grundlagen- und anwendungsorientierte Berufsbildungsforschung. Sie leistet einen Beitrag für den wissenschaftlichen Diskurs über Innovationspotenziale der beruflichen Bildung. Angesprochen wird ein Fachpublikum aus Hochschulen und Forschungseinrichtungen sowie aus schulischen und betrieblichen Politik- und Praxisfeldern.

Die Reihe ist in zwei Schwerpunkte gegliedert:
- Berufsbildung, Arbeit und Innovation (Hauptreihe)
- Dissertationen/Habilitationen (Unterreihe)

Reihenherausgebende:

Prof.in Dr.in habil. Marianne Friese
Justus-Liebig-Universität Gießen
Institut für Erziehungswissenschaften
Professur Berufspädagogik/Arbeitslehre

Prof. Dr. paed. Klaus Jenewein
Otto-von-Guericke-Universität Magdeburg
Institut I: Bildung, Beruf und Medien
Arbeitsbereich Gewerblich-technische Berufsbildung

Prof.in Dr.in Susan Seeber
Georg-August-Universität Göttingen
Professur für Wirtschaftspädagogik und Personalentwicklung

Prof. Dr. Lars Windelband
Karlsruher Institut für Technologie (KIT)
Institut für Berufspädagogik und Allgemeine Pädagogik
Professur Berufspädagogik

Wissenschaftlicher Beirat
- Prof. Dr. Matthias Becker, Hannover
- Prof.in Dr.in Karin Büchter, Hamburg
- Prof. Dr. Frank Bünning, Magdeburg
- Prof. Dr. Hans-Liudger Dienel, Berlin
- Prof. Dr. Uwe Faßhauer, Schwäbisch-Gmünd
- Prof. Dr. Karl-Heinz Gerholz, Bamberg
- Prof. Dr. Philipp Gonon, Zürich
- Prof. Dr. Dietmar Heisler, Paderborn
- Prof. Dr. Franz Ferdinand Mersch, Hamburg
- Prof.in Dr.in Manuela Niethammer, Dresden
- Prof.in Dr.in Karin Reiber, Esslingen
- Prof. Dr. Thomas Schröder, Dortmund
- Prof.in Dr.in Michaela Stock, Graz
- Prof. Dr. Tade Tramm, Hamburg
- Prof. Dr. Thomas Vollmer, Hamburg

Weitere Informationen finden
Sie auf **wbv.de/bai**

Patrick Geiser

Lehrerüberzeugungen zur Bedeutung der Digitalisierung

Eine Interviewstudie mit Lehrkräften
zur Ausbildung kaufmännischer Fachkräfte

Diese Publikation wurde im Rahmen des Fördervorhabens **16TOA043** mit Mitteln des Bundesministerium für Bildung und Forschung im Open Access bereitgestellt.

Die Verantwortung für den Inhalt dieser Veröffentlichung liegt bei dem Autor.

Dissertation zur Erlangung des akademischen Grades Dr. rer. pol. in Wirtschaftspädagogik an der Georg-August-Universität Göttingen
Titel der Dissertation: „Lehrerüberzeugungen zur Bedeutung der Digitalisierung für die Ausbildung von kaufmännischen Fachkräften"
Vorgelegt am: 20. Mai 2022

Prüfungsausschuss:
1. Frau Prof.in Dr. Susan Seeber
2. Herr Prof. Dr. Matthias Schumann
3. Frau Prof.in Dr. Susanne Weber

Berufsbildung, Arbeit und Innovation –
Dissertationen/Habilitationen, Band 67

2022 wbv Publikation
ein Geschäftsbereich der
wbv Media GmbH & Co. KG, Bielefeld

Gesamtherstellung:
wbv Media GmbH & Co. KG, Bielefeld
wbv.de

Umschlagmotiv: 1expert, 123rf

Bestellnummer: I70285
ISBN (Print): 978-3-7639-7028-5
ISBN (E-Book): 978-3-7639-7090-2
DOI: 10.3278/9783763970902

Printed in Germany

Bibliografische Information der Deutschen Nationalbibliothek
Die Deutsche Nationalbibliothek verzeichnet diese Publikation in der Deutschen Nationalbibliografie; detaillierte bibliografische Daten sind im Internet über http://dnb.d-nb.de abrufbar.

Die freie Verfügbarkeit der E-Book-Ausgabe dieser Publikation wurde ermöglicht durch ein Netzwerk wissenschaftlicher Bibliotheken und Institutionen zur Förderung von Open Access in den Sozial- und Geisteswissenschaften im Rahmen der *wbv Open-Library 2022*.

Die Publikation beachtet unsere Qualitätsstandards für Open-Access-Publikationen, die an folgender Stelle nachzulesen sind:
https://www.wbv.de/fileadmin/webshop/pdf/Qualitaetsstandards_wbvOpenAccess.pdf

Großer Dank gebührt dem Bundesministerium für Bildung und Forschung für die Förderung des zugrunde liegenden Projekts OAdine (FKZ: 16TOA043) und insbesondere den Förderern der OpenLibrary 2022 in den Fachbereichen Erwachsenenbildung sowie Berufs- und Wirtschaftspädagogik:

Bundesinstitut für Berufsbildung (BIBB, **Bonn**) | Deutsches Institut für Erwachsenenbildung Leibniz-Zentrum für Lebenslanges Lernen e. V. (DIE, **Bonn**) | Duale Hochschule **Gera-Eisenach** | Fachhochschule **Münster** | Fernuniversität **Hagen** | Hochschule der Bundesagentur für Arbeit (**Mannheim**) | Humboldt-Universität zu **Berlin** | Goethe-Universität **Frankfurt am Main** | Justus-Liebig-Universität **Gießen** | Karlsruhe Institute of Technology (KIT) (**Karlsruhe**) | Landesbibliothek **Oldenburg** | Otto-Friedrich-Universität **Bamberg** | Pädagogische Hochschule **Freiburg** | Pädagogische Hochschule **Schwäbisch Gmünd** | Pädagogische Hochschule **Zürich** | Rheinische Friedrich-Wilhelms-Universität **Bonn** | Staats- und Universitätsbibliothek **Bremen** | Staats- und Universitätsbibliothek **Hamburg** (SUB) | ULB **Darmstadt** | Universitäts- und Landesbibliothek **Düsseldorf** | Universitätsbibliothek **Bielefeld** | Universitätsbibliothek **Kassel** | Universitätsbibliothek **Koblenz-Landau** | Universitätsbibliothek **Paderborn** | Universitätsbibliothek **St. Gallen** | Vorarlberger Landesbibliothek (**Bregenz**) | Zentral- und Hochschulbibliothek **Luzern** (ZHB) | Zürcher Hochschule für Angewandte Wissenschaften (ZHAW) (**Winterthur**)

Inhalt

Danksagung

Lehrkräfte tragen bedeutend zum Verlauf von Bildungswegen bei. Für meinen eignen kann ich rückblickend sagen, dass besondere Lehrkräfte sowie meine Ausbilderinnen einen solchen Einfluss hatten. Ihre fachliche Verbundenheit weckte sowohl mein technisches als auch mein wirtschaftliches berufliches Interesse. Ihre pädagogische Professionalität befähigte sie zudem dazu, in allen Situationen fair und angemessen zu reagieren sowie fördernd zu handeln. Dies war sicherlich eher durch das Ziel bestimmt, die Chancen auf ein Berufsleben im jeweiligen Ausbildungsberuf zu verbessern. Aber implizit weckten sie mit ihrem Spagat zwischen der Ausbildung für eine berufliche Tätigkeit und der Bildung über berufliche Inhalte hinaus mein Interesse am Lehrberuf, worin auch meine Verbundenheit zum Thema dieser Promotionsarbeit zu finden ist — dafür möchte ich danke sagen!

Die Idee, Wirtschaftspädagogik zu studieren, war jedoch nicht damit verbunden, anschließend einer wissenschaftlichen Tätigkeit bzw. einer Promotion nachzugehen. Dies entwickelte sich zum Ende des Studiums durch die vertrauensvolle und freundschaftliche Zusammenarbeit mit Herrn Dr. Mathias Götzl. Ich möchte ihm dafür danken, dass er mir einen Raum geboten hat, indem ich mich bereits im Studium ausprobieren konnte und erste kleine Erfahrungen in der Hochschullehre sowie im wissenschaftlichen Arbeiten sammeln durfte! Insgesamt war die Studienzeit von anstrengenden und weniger anstrengenden Phasen gekennzeichnet. Doch beide wären mir nicht so positiv in Erinnerung geblieben, wenn ich sie alleine hätte erleben müssen. So bin ich für die in dieser Zeit gewonnene Freundschaft zu Patrick Walter und Thorben Teyke dankbar!

Nicht nur die Studienjahre, auch die anschließende Arbeit als wissenschaftlicher Mitarbeiter stellen mehr als den Eintritt in ein Berufsleben dar. In dieser Zeit wurde aus einem Kollegium eine feste Freundschaft, die sich durch Ehrlichkeit, Offenheit und gegenseitige Unterstützung in beruflichen wie privaten Situationen auszeichnet. Besonders danken möchte ich in diesem Zusammenhang Philine Krebs, Dr. Dagmar Schneider, Dr. Christian Michaelis, Dr. Robin Busse und Prof. Dr. Simon Trang. Doch all dies wäre nicht möglich, wenn ich nicht die Möglichkeit und das Vertrauen zum wissenschaftlichen Arbeiten und Qualifizieren erhalten hätte. Daher geht ein besonderer Dank an Frau Prof. Dr. Susan Seeber für den fachlichen Rat, persönlichen Zuspruch, die Vielzahl an Möglichkeiten, um die Arbeit zu einem Abschluss zu bringen und mich in der Hochschullehre als auch in anderen wissenschaftlichen Bereichen weiterentwickeln zu können. Ebenfalls gilt mein Dank Herrn Prof. Dr. Matthias Schumann und Frau Prof. Dr. Susanne Weber für die Unterstützung meiner Promotionsarbeit sowie die förderliche gemeinsame Zusammenarbeit.

Ein großer Dank geht zudem an meine Großeltern Hans und Edith Geiser und an meinen Vater André Geiser. Sie haben mir das erforderliche Durchhaltevermögen sowie die relevanten Tugenden und Werte beigebracht, um diesen Weg angehen zu können. Ebenfalls danke ich meinen Schwiegereltern Birgit und Klaus Greiwe, meinen Schwägern Dr. Stefan Greiwe und Tim Greiwe sowie unserer Tante Jutta Kluge dafür, dass sie uns in den Phasen der Promotionsabschlüsse und beim Aufbau unseres neuen Zuhauses unermüdlich mit aller Kraft unterstützen. Darüber hinaus bedarf das Gelingen einer solchen Phase ein besonderes Maß an Rückhalt, Vertrauen und Geborgenheit. Es erfordert jemanden mit einem offenen Ohr, aber auch mit der Fähigkeit, ohne Worte lesen zu können. So geht der größte Dank an meine Ehefrau Dr. Carolin Geiser (geb. Greiwe). Der Dank ist auch für ihren fachlichen Rat und liebevollen Beistand sowie dafür, dass sie mich zum Reflektieren, Um- und Weiterdenken bringt. Es ist für unsere Zukunft. Ich freue mich auf alle noch kommenden Jahre mit dir!

Abkürzungsverzeichnis

B2B	Business-to-Business
B2C	Business-to-Customer
BIBB	Bundesinstitut für Berufsbildung
BMBF	Bundesministerium für Bildung und Forschung
CoBALIT	Modellierung und Messung beruflicher Kompetenzen in der kaufmännischen Domäne
CRM	Customer-Relationship-Management
E-CRM	Electronic-Customer-Relationship-Management
ERP	Enterprise Ressource Planning
GPS	Global Positioning System
HR	Human Resources
HTML	Hypertext Markup Language
ICT	Informations- und Computertechnologien
IDC	Inhaltlich-didaktisches Cluster
IHK	Industrie- und Handelskammer
IK	Informations- und Kommunikationstechnologien
IT	Informationstechnologie
KAM-BBS	Kernaufgabenmodell für berufsbildende Schulen in Niedersachsen
MS-Office	Microsoft Office
PC	Pädagogisches Cluster
RLSB	Regionales Landesamt für Schule und Bildung
SEO	Search Engine Optimization
TeKoP	Technologiebasiertes kompetenzorientiertes Prüfen
TPACK	Technological Pedagogical Content Knowledge
WYSIWYG	What You See Is What You Get
ZQ	Zusatzqualifikation

1 Einleitung

1.1 Problemstellung und Relevanz des Forschungsvorhabens

Lehrende wählen ihre „Aufgaben für den Unterricht nach eigenen (subjektiven) Kategorien" aus (Holtsch, 2011, S. 21). Sie haben daher einen hohen Einfluss darauf, was und wie unterrichtet wird. Leitende Funktionen für Lehrerhandlungen zur Unterrichtsgestaltung und Inhaltsauswahl sind demnach nicht allein dem Curriculum zuzuschreiben. Ihre professionellen Handlungskompetenzen sowie ihr professionelles Wissen über Pädagogik, Fachdidaktik und Fachinhalte prägen ebenfalls die Art und Weise der Unterrichtsgestaltung (Baumert & Kunter, 2006). Wie Lehrkräfte dieses Wissen in ihren Handlungen anwenden, ist u. a. von ihren Überzeugungen zu diesen Wissensbereichen abhängig. Sie sind ein bedeutender Faktor für die Aktivierung ihres Wissens und besitzen eine handlungsleitende Funktion (Oser & Blömeke, 2012a, S. 415 f.; Pajares, 1992, S. 310). Studien zeigen, dass die Überzeugungen von Lehrkräften einen Einfluss auf das professionelle unterrichtsbezogene Handeln von der Planung bis zur Durchführung entfalten können (Dubberke, Kunter, McElvany, Brunner & Baumert, 2008, S. 199 ff.; Reusser & Pauli, 2014, S. 642 ff.; Schoenfeld, 2000, S. 253). Dieser Einfluss spielt auch bei der Frage, wie die Digitalisierung von Lehrkräften in den kaufmännischen Unterricht eingebracht wird, eine bedeutende Rolle. Unterstützt wird dies durch Forschungsbefunde, die einen signifikanten Einfluss von Lehrerüberzeugungen auf die Entscheidung zeigen, einen Computer im Unterricht einzusetzen (Hermans, Tondeur, van Braak & Valcke, 2008).

Mit dem Aufkommen neuer Technologien und Geschäftsmodelle wirkt sich die Digitalisierung auf Lebens- und Arbeitswelten, das soziale Gefüge und politische Systeme aus (Schwab, 2019, S. 14), wodurch sie zu einer facettenreichen Bildungsaufgabe für die kaufmännische Berufsausbildung wird (KMK, 2017). Es ist naheliegend, dass Lehrkräfte diese unterschiedlichen Facetten der Digitalisierung nicht alle in gleicher Weise antizipieren oder als relevant erachten. So könnte eine Lehrkraft, deren Handlungen eher durch mediendidaktisch orientierte Überzeugungen geleitet werden, vor allem das Potenzial digitaler Medien im Unterricht aus pädagogisch-psychologischen Gesichtspunkten hervorheben und deren Einsatz mit allgemeindidaktischen Zielen verbinden (z. B. zur Förderung von Motivation und zur Steuerung der Aufmerksamkeit). Eine gegenläufige These wäre, dass eine Lehrkraft, deren Handlungen eher durch arbeitsweltliche Überzeugungen geleitet werden, versuchen würde, digitalisierungsbezogene berufliche Handlungskompetenzen mit digitalen Medien zu fördern oder neue domänenbezogene Inhalte in ihrem Unterricht zu adressieren. Beide Thesen zeigen bereits, dass es unterschiedliche Überzeugungssysteme von Lehrkräften, die mit der Ausbildung künftiger kaufmännischer Fachkräfte betraut sind, zur Bedeutung der Digitalisierung geben könnte. Ihre Identifizierung und Konkretisierung bilden das Ziel dieser Arbeit.

Die Relevanz dieses Vorhabens wird daran deutlich, dass etwa 30 % aller sozialversicherungspflichtigen Beschäftigten in Deutschland in einem kaufmännischen Beruf arbeiten (BA-Statistik, 2020), dass im Jahr 2019 die kaufmännische Berufsausbildung im dualen System für ca. 182.000 junge Menschen der Einstieg ins Erwerbsleben war (DAZUBI, 2021) und dass kaufmännische Tätigkeiten in allen Wirtschaftssektoren, Branchen und Unternehmenstypen vertreten sind (Sachs, Meier & McSorley, 2016, S. 11; Schumann & Lange, 2019, S. 4). Kaufmännische Fachkräfte sind in den Betrieben sowohl von der Digitalisierung betroffen als auch Treiber ebendieser, indem sie Innovationen entwickeln, einsetzen und anbieten und damit Arbeits- und Gütermärkte beeinflussen (Geithner, 2014, S. 7). Ihnen kommt im Transformationsprozess eine hohe Verantwortung hinsichtlich der Gestaltung des Verlaufs der Transformation zu. Sie stehen aber auch vor neuen Anforderungen durch sich wandelnde kaufmännische Berufsprofile, Geschäfts- und Arbeitsprozesse und sich verändernde (digitale) Märkte (Bardmann, 2019, S. 619; Geiser et al., 2021; Seeber et al., 2019).

Aus betrieblicher Perspektive wird die Digitalisierung häufig an cyberphysischen Vernetzungen diskutiert. So etablieren sich z. B. im Produktionscontrolling „[m]enschliche und automatisierte Kontrollmechanismen für selbstgesteuerte Produktionsleitsysteme" (Roßmeißl & Gleich, 2014, S. 33). Individuelle Kundenwünsche werden über das Internet in die Produktion integriert und intelligente Datenauswertungen über ganze Produktlebenszyklen implementiert (ebd.). Ausgebildete und sich in Ausbildung befindende kaufmännische Fachkräfte sind im Arbeitsprozess von der steigenden Automatisierung in der physischen und digitalen Güterherstellung, der intensiveren Unterstützung durch Assistenzsysteme, der inner- und überbetrieblichen Vernetzung von IT-Systemen, der Echtzeitverarbeitung großer Datenmengen, der Individualisierung von Produktions- und Dienstleistungsprozessen sowie von neuen Formen der Mensch-Mensch- und Mensch-Maschinen-Interaktion und sich verändernden Formen der Arbeitsorganisation betroffen (Baethge-Kinsky, 2019, S. 3; Dengler & Matthes, 2018; Freyth, 2020, S. 91 ff.; Hackl, Wagner, Attmer, Baumann & Zünkeler, 2017; Helmrich et al., 2016, S. 7 ff.). Die Transformation ist auch am sich wandelnden Konsumverhalten hin zu einer größeren Nachfrage nach digitalen Gütern und Dienstleistungen sichtbar, wie die Durchsetzung des Onlinebankings und der Onlineberatung in der Finanzwelt beispielhaft zeigen (Lister, 2018, S. 12 ff.). Die digitale Transformation ist erst durch den Einsatz neuer bzw. disruptiver Technologien möglich, weshalb es auch verständlich ist, dass Technologien einen großen Stellenwert in der Diskussion um die Digitalisierung einnehmen (vgl. BMBF, 2020); insbesondere, wenn es um Bildungsfragen zur Digitalisierung geht. Unternehmerischer Erfolg ist jedoch nicht nur am Technologieeinsatz, sondern auch an effizienten und effektiven Geschäftsprozessen und -modellen zu messen (Große-Schwiep, Bensberg & Schinnenburg, 2020, S. 1). Daher sollte eine berufsbildende Diskussion auch den Einzug neuer Denkweisen und Managementphilosophien in Geschäftsprozesse und -modelle umfassen (vgl. Lister, 2018, S. 14).

Die Veränderungen lassen neue bzw. neu zu gewichtende Qualifikations- und Kompetenzanforderungen für kaufmännische Fachkräfte erwarten. Es existieren mittlerweile (empirische) Belege dafür, wie diese gestaltet sein könnten (Geiser et al., 2021; Jordanski, Schad-Dankwart & Nies, 2019; Wilbers, 2017). Allerdings sind sie unter der Prämisse zu interpretieren, dass die tatsächlichen Auswirkungen des Wandels ungewiss sind (Schwab, 2019, S. 31). Im Zuge der Individualisierung und Standardisierung im Dienstleistungsbereich hat Baethge (2001) zum Wandel beruflicher Handlungsstrukturen bereits vor der Diskussion über die Digitalisierung der Arbeitswelt und zur Industrie 4.0 ein Bündel von Schlüsselqualifikationen aufgeführt, die zur Bewältigung neuer Anforderungssituationen an Bedeutung gewinnen werden. Darunter finden sich Abstraktionsfähigkeiten, systemisches und prozessorientiertes Denken, Offenheit, intellektuelle Flexibilität, individuelles Wissensmanagement, hohe Kommunikations- und Kooperationsfähigkeiten, kulturelle Kompetenzen und die Fähigkeit zur Selbstorganisation (ebd., S. 42). Seeber et al. (2019, S. 3) deuten im Zusammenhang mit der Digitalisierung und neuen Geschäftsmodellen und -prozessen sowie aufgrund sich wandelnder Arbeitsprozesse ebenfalls auf Auswirkungen für kaufmännische Kompetenz- und Tätigkeitsprofile hin. Als relevant werden „[...] Problemlösefähigkeiten in Nicht-Routinesituationen, IT-, daten- und datensicherheitsbezogene Kompetenzen" sowie kooperative und kommunikative Fähigkeiten zum Agieren über Bereichs- und Unternehmensgrenzen hinweg hervorgehoben (ebd., S. 6). Die Ergebnisse des BIBB-Berufe- und Branchenscreenings zu Veränderungen in Ausbildungsberufen durch die Digitalisierung (Zinke, 2019) zeigen u. a. auch für Industriekaufleute neue Anforderungen im Umgang mit Soft- und Hardware beim Handeln in komplexeren Spezialfällen. Selbstorganisationsfähigkeiten, digitale soziale und kommunikative Fähigkeiten, IT-Problemlösefähigkeiten sowie systemisches und prozessorientiertes Denken von Fachkräften werden in den Vordergrund gestellt (ebd., S. 19 ff.). Diese Befunde und Diskussionen verdeutlichen, dass die Digitalisierung weitreichende Bildungsherausforderungen mit sich bringt, die über die Fähigkeit, ein Programm bedienen zu können, hinausgehen.

Das duale Ausbildungssystem mit den Lernorten Berufsschule und Betrieb hat einerseits das Ziel, angehende kaufmännische Fachkräfte zum kompetenten Handeln in einer digitalen Arbeitswelt zu befähigen und die dafür nötigen Kompetenzen zu fördern. Andererseits verfolgt es überberufliche Bildungsziele, um die individuelle Persönlichkeitsentwicklung zu unterstützen, damit Jugendliche sich ihrer eigenen geistigen Fähigkeiten zur Partizipation an einer digitalen Lebens- und Arbeitswelt bedienen können (KMK, 2015, 2017; Sloane et al., 2018, S. 3; Wittmann & Weyland, 2020, S. 270). Eine zentrale Voraussetzung dafür ist, dass das Bildungspersonal die Komplexität des Transformationsprozesses im Kontext der Digitalisierung von Arbeitswelten antizipiert. Dazu muss es die berufliche, berufssoziologische, ökonomische, technologische und ausbildungs-/unterrichtsbezogene Bedeutung der Digitalisierung wahrnehmen, um sie möglichst ganzheitlich im Ausbildungsprozess einbringen zu können. Von den Lehrkräften an Berufsschulen, die im Erkenntnisinteresse dieser Arbeit stehen, wird die „Digitalisierung [...] überwiegend mit dem Einsatz [...] digitaler Medien verbunden" (Sloane et al., 2018, S. 27), was gerade aus berufsbildender Sicht zu eng gefasst ist (ebd., S. 28). Gössling & Sloane (2020, S. 150) weisen darauf hin, dass Lehrkräften die betrieblichen Auswirkungen der Digitalisierung und der berufsbezogene Einsatz digitaler Technologien zumeist unklar sind. Dies könnte u. a. daran liegen, dass die Verankerung der Digitalisierung im Curriculum die Zentrierung digitaler Medien und Medienkompetenzen fördert (vgl. DigitalPakt, 2019; KMK, 2017; Niedersächsische Staatskanzlei, 2021). Der Technologisierung und Informatisierung wird zwar in Rahmenlehrplänen und Ausbildungsordnungen Rechnung getragen, darüber hinausgehende Anforderungen werden aber aufgrund der berufsübergreifenden Formulierungen curricular wenig adressiert (vgl. Zarnow, Hiller & Hackenberg, 2020). Dies ist insofern problematisch, als Ordnungsmittel den Rahmen und die Richtlinien für die schulinterne curriculare Arbeit bei der Planung und Konzeption von Bildungsgängen darstellen (§ 35 NSchG). Die Interpretation der Ordnungsmittel obliegt jedoch den jeweils verantwortlichen Lehrkräften in der Schule, womit ihre Überzeugungen zur Digitalisierung maßgebend für die Frage sind, welche digitalisierungsbezogenen Kompetenzen in welcher Weise in der Berufsschule gefördert werden sollen und wie der Unterricht didaktisch sowie methodisch gestaltet wird. Das Erfordernis, neue bzw. neu gewichtete Bildungs- und Kompetenzziele im Unterricht zu verfolgen, bringt neben einer teils autodidaktischen Aneignung des Einsatzes neuer Medien große Herausforderungen für das berufsschulische Lehrpersonal einher.

1.2   Ziel- und Fragestellungen des Forschungsvorhabens

In Anlehnung an die dargestellte Relevanz einer ganzheitlichen Antizipation der Bedeutung der Digitalisierung für die Ausbildung kaufmännischer Fachkräfte im dualen System sollen in dieser Arbeit Überzeugungen und Überzeugungssysteme von Lehrkräften zur unterrichtlichen Bedeutung der Digitalisierung kaufmännischer Arbeitswelten identifiziert werden. Dazu wird basierend auf den Wissensbereichen professioneller Lehrerkompetenzen nach Baumert & Kunter (2006) und dem TPACK-Kompetenzmodell nach Koehler & Mishra (2009) ein Strukturrahmen entwickelt. Dieser dient als Ausgangspunkt, um unterrichtsbezogene Überzeugungen von Lehrkräften zur Bedeutung der Digitalisierung nach pädagogischen, inhaltlichen, fach- bzw. wirtschaftsdidaktischen und technologischen Gesichtspunkten differenzieren zu können. In Anlehnung an die Zielstellungen sind folgende Fragestellungen handlungsleitend:

> *F1: Welche inhaltlichen digitalisierungsbezogenen Überzeugungen (auf Basis berufsfachlicher Kompetenzen kaufmännischer Fachkräfte) und welche fach- bzw. wirtschaftsdidaktischen Überzeugungen vertreten (angehende) Lehrkräfte?*

> *F2: Welche pädagogischen digitalisierungsbezogenen Überzeugungen (im Hinblick auf das Lehr-/Lern- und Diagnostikpotenzial digitaler Medien) vertreten (angehende) Lehrkräfte?*

F3: Welche Überzeugungssysteme lassen sich identifizieren, wie können sie erklärt werden und welche Implikationen ergeben sich aus ihnen für die Professionalisierung des Lehrpersonals?

Die gewonnenen Erkenntnisse zu Lehrerüberzeugungen zur Bedeutung der Digitalisierung für die kaufmännische Berufsausbildung können weiterführend Hinweise auf die Gestaltung von Professionalisierungsmaßnahmen geben – einerseits für die ersten beiden Phasen der Lehrerbildung, andererseits zur Steuerung des Fortbildungsangebotes für etablierte Lehrkräfte. Gerade bei Letzterem kann gezeigt werden, dass Fragen des pädagogisch orientierten Einsatzes digitaler Medien im Unterricht im Vordergrund stehen und Angebote mit einer inhaltlich-betriebswirtschaftlichen oder wirtschaftsdidaktischen Ausrichtung in Verbindung mit der Digitalisierung seltener sind (Geiser, Greiwe & Seeber, 2019, S. 27). Zudem sollen unterschiedliche Überzeugungssysteme identifiziert und herausgearbeitet werden.

Die Identifikation vertretener Überzeugungen erfolgt entlang eines qualitativ-empirischen Ansatzes. Dieser eignet sich für die Fragestellungen dieser Arbeit, da er im Vergleich zu einer quantitativen Befragung mit einem überwiegend geschlossenen Design einen offenen Zugang zum Erkenntnisinteresse bietet. Dies ist notwendig, weil bisher nur wenige Erkenntnisse zu Lehrerüberzeugungen mit Bezug zur Digitalisierung in der kaufmännischen beruflichen Bildung vorliegen und eine Fragebogenstudie die Proband*innen durch das Erhebungsinstrument bereits in ihren Überzeugungen und Antworten beeinflussen könnte. Eine Beobachtungsstudie ist an dieser Stelle ebenfalls auszuschließen, denn Überzeugungen sind interne kognitive und affektive Konstrukte, die aktiviert werden müssen, um sie zu erheben (siehe Kapitel 4). Durch variierende Fragestellungen in einem Interview können unterschiedliche Impulse zur Aktivierung angesetzt werden, um eine Überzeugung aus verschiedenen Perspektiven zu validieren. In einer Beobachtungsstudie kann dagegen in einer Unterrichtsstunde nur eine Momentaufnahme aus einer spezifischen Situation erhoben werden und es wäre schwierig zu interpretieren, ob es sich dabei um eine Überzeugung handelt oder ob eine situativ notwendige Handlung vorliegt, die gegen eigene Überzeugungen ausgeführt wurde.

Im Zentrum der Stichprobe stehen Studierende der Wirtschaftspädagogik, Referendar*innen im Vorbereitungsdienst für das berufsbildende Lehramt im Bereich Wirtschaft und Verwaltung sowie Berufsanfänger*innen und erfahrene Lehrkräfte an berufsbildenden Schulen, die in kaufmännischen Berufen der dualen Ausbildung unterrichten. Eine Lehrkraft wird als Berufsanfänger*in eingestuft, wenn sie maximal fünf Jahre seit dem Vorbereitungsdienst tätig ist (vgl. Hubermann, 1991; siehe Kapitel 6.2.2). Eine Aufteilung der Stichprobe in unterschiedliche Stufen der Professionalisierung wird gewählt, weil etwaige Altersunterschiede eine andere Sicht auf neue Technologien mit sich bringen könnten und erfahrene Lehrkräfte technologische Innovationen aufgrund ihrer langjährigen didaktisch-pädagogischen Erfahrungen ggf. unter anderen Gesichtspunkten in den Unterricht einbringen. Sloane et al. (2018, S. 29 f.) führen dazu an, dass sich Lehrende in ihrer Einstellung gegenüber digitalen

Medien unterscheiden, und verweisen auf die Analyse von Kommer und Biermann (2012)[1]. Diese liefern Hinweise darauf, dass sich Unterschiede zwischen Lehramtsstudierenden hinsichtlich ihrer Einstellung gegenüber Printmedien und Onlinemedien aufgrund ihres medialen Habitus zeigen (ebd., S. 91 ff.). Demnach ist es denkbar, dass (angehende) Lehrkräfte mit einer kaufmännischen Berufsausbildung andere Sichtweisen auf digitale und analoge Medien haben, da Medien und Informationstechnologien bereits einen Teil ihrer erworbenen beruflichen Fachkompetenzen darstellen (sollten). In dieser Arbeit stehen zwar Medienüberzeugungen nicht im Vordergrund, sie sind aber dennoch ein wichtiger Bestandteil und können bedeutend für arbeitsweltliche Überzeugungen sein. Der Interviewzeitraum erstreckte sich von April bis November 2020, also über die erste Corona-Welle. Dies wird als weniger problematisch für die Ergebnisse angesehen, weil die Proband*innen meist von sich aus angaben, dass diese Phase für sie ein zeitlich begrenztes Ereignis sei, sie sich in ihren Ausführungen auf die Zeit vor Corona bezögen oder sie die Einflüsse explizit aufführten.

Die Auswertung der Ergebnisse erfolgte unter Bezug auf Kuckartz (2018) als qualitative Inhaltsanalyse mit MAXQDA 2020/22. Die Kategorien wurden deduktiv aus bisherigen theoretischen und empirischen Erkenntnissen hergeleitet und induktiv am Material erweitert. Der in dieser Arbeit verwendete Strukturrahmen von Überzeugungen zur Bedeutung der Digitalisierung für die kaufmännische Berufsausbildung lehnt sich an das Modell professioneller Kompetenzen von Lehrkräften nach Baumert & Kunter (2006) in Kombination mit dem TPACK-Modell nach Koehler & Mishra (2009) an. Es stellt die erste Ebene des deduktiven Kategoriensystems und die Grundlage für die Auswertung der Ergebnisse dar. Anschließend erfolgt eine Clusteranalyse (Prommer, 2018), um Gruppen zu bilden, die sich durch gleiche Überzeugungen auszeichnen und dadurch von anderen Gruppen abgrenzen. Aus diesen werden abschließend Überzeugungssysteme hergeleitet, die durch die Merkmale der Stichprobe erklärt werden sollen.

1.3   Aufbau der Arbeit

Die Arbeit ist in neun Abschnitte gegliedert. Nach der Einleitung stehen in Kapitel 2 domänenspezifische Kompetenzanforderungen von kaufmännischen Fachkräften in digitalisierten Arbeitswelten im Vordergrund. Ausgangspunkt der systematischen Betrachtung von sich wandelnden Tätigkeiten in Kapitel 2.2 sind technisch-organisatorische und ökonomische Veränderungen (Altmann & Kammerer, 1968) von Geschäftsprozessen und -modellen in Kapitel 2.1. Die Bedeutung der Digitalisierung für kaufmännische Handlungsbereiche orientiert sich in Kapitel 2.2.1 an einer getrennten Betrachtung nach faktischen Handlungsfeldern, also dem physischen Ort der

---

1   Die Studie basiert auf 29 medienbiografischen Interviews mit Studierenden des Lehramts für die Primar- und gymnasiale Sekundarstufe 1. Die Selbsteinschätzungen wurden durch videografierte Computerkurse ergänzt. Kern des Kurses war die Erstellung einer multimedialen Präsentation über die eigene Medienbiografie. Die Erkenntnisse wurden mit einer quantitativen Befragung (n = 1.200 Lehramtsstudierende) überprüft und ergänzt (Kommer & Biermann, 2012, S. 88 f.).

Leistungserbringung, und Referenzhandlungsfeldern, in denen sich die Wirkungen kaufmännischer Tätigkeiten entfalten (Tramm, 2009). Der Diskussion um Veränderungen von Tätigkeiten liegen in Kapitel 2.2.2 der Task-Approach (Bellmann, 2017) sowie die Arbeiten um Dengler & Matthes (2018) zu Substitutionspotenzialen von Tätigkeiten infolge der Digitalisierung zugrunde. Die Auswirkungen auf kaufmännische Arbeitsmittel werden in Kapitel 2.2.3 an der Systematik von Arbeitsmitteln nach Güntürk-Kuhl et al. (2017) aufgearbeitet. Wie sich die Digitalisierung auf die Art und Weise der Ausführung von Tätigkeiten auswirkt, wird in Kapitel 2.2.4 auf Basis des New-Work-Paradigmas (Freyth, 2020) diskutiert. Die bis hier dargestellten und diskutierten Auswirkungen der Digitalisierung bedingen berufliche und überberufliche Kompetenzen, welche in den Unterkapiteln zu 2.3 in Anlehnung an das Kompetenzverständnis nach Weinert (2001) und Winther (2010) entlang deklarativer und prozeduraler Wissensdimensionen sowie affektiver Dispositionen diskutiert werden.

Im Zentrum des dritten Kapitels steht die curriculare Verankerung der Digitalisierung in der kaufmännischen Berufsausbildung. Das Curriculum kann als eine relevante Quelle von Lehrerüberzeugungen zur Digitalisierung angesehen werden und wird hier entlang des Systemebenenmodells nach Bronfenbrenner (1993) diskutiert. Auf der Makroebene in Kapitel 3.1 steht die Verankerung in Förderprogrammen und Bildungsinitiativen auf Bundes- und Landesebene im Vordergrund. In Kapitel 3.2 werden neu geordnete sowie zur Neuordnung anstehende Ausbildungsordnungen und Ausbildungsrahmenpläne, die die Grundlage von Rahmenlehrplänen etc. darstellen, in Bezug auf Aspekte der Digitalisierung analysiert und diskutiert. Auf der Mesoebene in Kapitel 3.3 werden die curriculare Arbeit auf Schulebene sowie die Verantwortung von Lehrkräften zur digitalisierungsorientierten Interpretation curricularer Vorgaben herausgearbeitet. Kapitel 3.4 umfasst die unterrichtliche Umsetzung der Digitalisierung an exemplarischen Beispielen, eingeordnet nach ihrer Innovativität und Komplexität im SAMR-Modell (Puentedura, 2014).

Kapitel 4 adressiert die Frage, was Überzeugungen sind und wie sie in der Überzeugungsforschung aufgefasst werden (Kapitel 4.1). In Kapitel 4.2.1 stehen Eigenschaften von Überzeugungen u. a. nach Abelson (1979) und Nespor (1987) in Verbindung mit Lehrerüberzeugungen zur Digitalisierung im Vordergrund. Wie Überzeugungen entstehen und welche Quellen ihnen zugrunde liegen, wird in Anlehnung an Rokeach (1968) in Kapitel 4.2.2 diskutiert. Inwieweit sich Überzeugungen verändern können, wird in Kapitel 4.2.3 auf Basis kognitionsorientierter Theorien und Modelle (u. a. Festinger, 1957; Posner, Strike Hewson & Gertzog, 1982) sowie kognitions- und motivationsorientierter Theorien und Modelle (Eagly & Chaiken, 1993; Chaiken, 1980; Dole & Sinatra, 1998; Fazio, 1986 & Gregoire, 2003) mit Blick auf mögliche Implikationen zu den Ergebnissen der Studie herausgearbeitet. In Kapitel 4.3 steht die Bedeutung von Überzeugungen für das Lehrerhandeln im Zentrum (Fives & Buehl, 2012).

Aufbauend auf den Kapiteln 2, 3 und 4 erfolgt in Kapitel 5 die Entwicklung des Modells digitalisierungsbezogener Lehrerüberzeugungen angelehnt an das TPACK-Modell (Koehler & Mishra, 2009) und die professionellen Wissensbereiche von Lehrkräften (Baumert & Kunter, 2006). Vor dem Hintergrund der entwickelten Überzeugungsdimensionen werden in Kapitel 6 nach der Vertiefung der Forschungsfragen (Kapitel 6.1) und der Erläuterung des Forschungsdesigns (Kapitel 6.2) die Erhebungs- und Analyseinstrumente begründet (Kapitel 6.3). Anschließend folgen die Darlegung der Strategie der Datenerhebung und -analyse (Kapitel 6.4 und 6.5) sowie die Darstellung der generierten Stichprobe (Kapitel 6.6).

Den Kern des Kapitels 7 bildet die deskriptive Darstellung der identifizierten Lehrerüberzeugungen zur Bedeutung der Digitalisierung für den kaufmännischen Unterricht. In Kapitel 7.1 werden allgemeine Überzeugungen zur Digitalisierung, in Kapitel 7.2 pädagogische Überzeugungen, in Kapitel 7.3 Überzeugungen in Bezug zur kaufmännischen Arbeitswelt, in Kapitel 7.4 wirtschaftsdidaktische Überzeugungen, in Kapitel 7.5 technologisch-pädagogische und in Kapitel 7.6 technologisch-inhaltliche Überzeugungen von (angehenden) Lehrkräften beschrieben. Basierend auf den Befunden der Clusteranalyse folgen in Kapitel 7.7 die identifizierten Überzeugungssysteme. Kapitel 8 umfasst die Diskussion der Ergebnisse und Beantwortung der Forschungsfragen, die Aufstellung von Implikationen für die Lehrerbildung sowie Limitationen und Forschungsperspektiven.

2 Kaufmännische Kompetenzanforderungen in digitalisierten Arbeitswelten

2.1 Digitalisierung von Geschäftsmodellen und -prozessen

Der qualitative und quantitative Wandel von Tätigkeiten ist kein natürlicher, sondern ein „steuerbarer und [...] steuerungsbedürftiger Prozess", der nicht im Detail vorhergesagt werden kann (Altmann & Kammerer, 1968, S. 1). Er unterliegt wirtschaftlichen und technologischen Einflussfaktoren, die nur begrenzt prognostizierbar sind, sowie einer gesellschaftlichen und politischen Gestaltungsmacht. Zudem sind Tätigkeitssysteme durch komplexe und gewachsene Strukturen kulturhistorisch bedingt (ebd., S. 1; Brötz & Kaiser, 2015, S. 51 f.; Engeström, 2008, S. 63). Altmann & Kammerer (1968, S. 8) beschreiben in ihrem sozioökonomischen Modell, welches zur Zeit der dritten industriellen Revolution[2] entwickelt wurde, Tätigkeitsveränderungen als Produkt endogener und exogener Variablen. Technisch-organisatorische Veränderungen beziehen sich auf die Variabilität menschlicher Arbeit in Produktionsprozessen in Abhängigkeit zu neuen Technologien in Unternehmensprozessen. Sie führen zu Veränderungen der Unternehmensorganisation in ihren Spezialisierungsgraden, Arten der Arbeitsteilung sowie Kooperationen und Hierarchieverhältnissen, worüber sie einen Einfluss auf Tätigkeiten ausüben. Durch die Komposition und Art von Produktionsfaktoren ist der Einsatz menschlicher Arbeit quantitativ veränderbar, indem Tätigkeiten automatisiert werden und ggf. wegfallen, sowie qualitativ, indem sich durch neue Geschäftsprozesse Tätigkeitsprofile wandeln (ebd., S. 5). Im Zuge der Digitalisierung wirken sich technische und organisatorische Veränderungen durch den Einsatz digitaler Technologien auf Geschäftsprozesse aus. Es ist eine Grenzverschiebung „zwischen IT-basierter, automatischer Abwicklung von Aufgaben und der personellen Aufgabenabwicklung zu Gunsten einer steigenden Automatisierung von Prozessen" zu sehen und weiterhin zu erwarten (Schumann & Lange, 2019, S. 2; Traum, Müller, Hummert & Nerdinger, 2017, S. 3 f.; Warning & Weber, 2017, S. 2; Wolf & Strohschen, 2018, S. 58). Warning & Weber (2017, S. 2) unterscheiden dabei zwischen (1) einer internen Vernetzung von Produktions- und Dienstleistungsketten, (2) einer externen Vernetzung mit Kunden und Lieferanten sowie (3) dem Einsatz lernender Systeme in der Mensch-Maschine-Interaktion.

In der zweiten Dimension des sozioökonomischen Modells beschreiben Altmann & Kammerer (1968, S. 5) ökonomische Veränderungen durch die Beziehung

---

2 Die dritte industrielle Revolution zeichnet sich durch Mechanisierung und Automatisierung von Produktionsprozessen, den Einzug von Datenverarbeitungs- und Informationstechnologien in Geschäfts- und Arbeitsprozesse, individuelleren Konsum, Flexibilisierung der Produktion, die Verbreitung der Leitidee einer „computergesteuerten Fabrik" (CIM: Computer-Integrated Manufacturing) und den Beginn der Tertiarisierung der Wirtschafts- und Arbeitswelt aus (Kleemann, Westerheide & Matuschek, 2019, S. 16; S. 40 f.), womit sie deutliche Parallelen zur heutigen Diskussion zur Digitalisierung aufweist.

zwischen der Erstellung von Gütern und Dienstleistungen und der Investitions- und Endnachfrage nach ebendiesen. Jede Nachfrageveränderung, die sich auf Produktionsprozesse auswirkt, beeinflusst auch die „Nachfrage nach Arbeit" und berührt damit Berufsstrukturen. Im Kontext der Digitalisierung im 21. Jhd. zeigen sich ökonomische Veränderungen in Form von digitalen Märkten und Gütern (Bardmann, 2019, S. 619). Auf dem deutschen und weltweiten digitalen B2C-Markt zeigt sich dies u. a. in einer steigenden Entwicklung des Umsatzes für digitale Medien, E-Services, Smart-Home-Geräte, digitale Werbung, E-Health-Produkte und Finanztechnologien (Statista, o. J.). Ebenfalls wird auf den Unternehmensmärkten ein weiter steigender Umsatz im B2B-E-Commerce erwartet (Heinemann, 2020; Statista, 2020, S. 18).

Die Digitalisierung begünstigt auch den Wandel tradierter Formen des Wirtschaftens. Die Rolle der Haushalte ändert sich stetig von reinen Konsumeinheiten hin zu Konsum- und Produktionseinheiten, wodurch sie zu Prosumenten[3] werden (Bardmann, 2019, S. 620). Auch verändert sich die Art des Konsums weg vom Besitz hin zum Nutzen, Teilen und Tauschen (ebd., S. 620). Alle Wirtschaftsorganisationen reagieren hierauf mit einer Änderung ihrer Gestalt. Davon betroffen sind die Art des Angebotes, der Angebotsdarbietung und die Beratung (ebd., S. 620), was Folgen für Märkte in Form einer entstehenden Plattformökonomie hat, die sich durch die Onlineabwicklung von Geschäften und zweiseitigen Märkten auszeichnet. Auf der einen Seite erfolgen hier Transaktionen, die mit Geld bezahlt werden. Auf der anderen Seite zahlen Nachfrager auf entsprechenden Plattformen mit ihren Daten für die Bereitstellung von Informationen über Anbieter und ihre Angebote (ebd., S. 620). Auch die Art der Güter verändert sich. Neben klassischen Tauschgütern drängen Allmendegüter (Commons) mit freiem Zugriff wie Open-Source-Software auf den Markt. Sie unterliegen keinen Angebots- und Nachfrageregeln, sondern einer demokratischen Selbstverwaltung (ebd., S. 628). Es etabliert sich eine „Digital Economy" (Tapscott, 1996), in der das Management und die digitale Generierung und Nutzung von Wissen in selbstlernenden Systemen bedeutsame Produktionsfaktoren sind und die Wettbewerbsfähigkeit mitbestimmen (vgl. Hertwig, 2020; Kouli, Pawlowsky & Hertwig, 2020). Informationsträger entwickeln sich aus einer passiven Gestalt wie Radio oder Bücher in eine aktive Gestalt zu multimedialen Wissensträgern. Diese sind durch Kommunikationsnetze mit ihren Nutzern verbunden, was die Grundlage einer globalen Ökonomie ohne Raum- und Zeitrestriktionen darstellt und zur Beschleunigung wirtschaftlicher Aktivitäten und zur Entstehung neuer Geschäftsmodelle führt (Bardmann, 2019, S. 632; Wippermann, 2013, S. 9 f.).

Die dritte Dimension umfasst gesellschaftliche Bedingungen und ihre Veränderungen (Altmann & Kammerer, 1968, S. 6). Technologische und organisatorische Veränderungen sowie die ökonomische Nachfrage gelten als Produkt „gesellschaftlicher

---

3   Der Begriff ist auf „The third wave" von Alvin Toffler im Jahre 1980 zurückzuführen. Er beschreibt in der ersten „Welle" den Haushalt als eigene Wirtschaftseinheit in der Agrargesellschaft (Konsument gleich Produzent). In der zweiten Welle durch die industrielle Revolution wird die Wirtschaftseinheit aufgelöst, der Konsument ist nicht gleich der Produzent. In der dritten Welle, der „super-industriellen Gesellschaft", werden Konsumenten in die Produktionsprozesse eingebunden, indem sie selbst Waren im Haushalt produzieren (z. B. digitale Inhalte) oder bei der Produktion mitwirken (z. B. durch Bereitstellung von Daten). Der Konsument ist Bestandteil der Produktion und wird damit zum Prosumenten (Bradmann, 2019, S. 688).

Prozesse, Institutionen und Attitüden bzw. Verhaltensweisen" (ebd., S. 6). Die Autoren beschreiben hier Einflüsse von Strukturpolitik, Wirtschaftspolitik, Tarifpolitik, Arbeitsmarktprozessen, Ausbildungspolitik, elterlichen Einflüssen auf die Ausbildung ihrer Kinder, der Mobilitätsbereitschaft sowie vom Ausbildungssystem, Arbeitsrecht und dem Verhalten von Unternehmen (ebd., 6 f.). Aufgrund der Komplexität und Unschärfe dieser Dimension wird sie in der weiteren Betrachtung nicht systematisch miteinbezogen werden, weshalb sie aber nicht weniger relevant für den Wandel von Arbeit und Tätigkeiten ist. Zusammengefasst lassen sich zur Beschreibung von Tätigkeitsveränderungen in kaufmännischen Berufen zwei Ebenen unterscheiden:

1. Auswirkungen infolge technisch-organisatorischer Veränderungen durch Verschiebungen der Grenzen zwischen IT und menschlicher Arbeit aufgrund steigender Vernetzungen und Automationen in Geschäftsprozessen und des Einzuges digitaler Technologien am Arbeitsplatz.
2. Auswirkungen infolge ökonomischer Veränderungen durch Verschiebungen in der Nachfrage und im Angebot von Gütern und Dienstleistungen infolge von digitalen Technologien, die als Treiber neuer Wirtschaftsordnungen und Geschäftsmodelle auf Tätigkeiten einwirken.

Dazu kommt, dass der Transformationsprozess nicht gleichförmig Einzug in die Unternehmen hält. Merkmale wie die Unternehmensgröße, Branchenzugehörigkeit, Innovationskraft und -notwendigkeit haben Einflüsse auf den Digitalisierungsgrad einzelner Unternehmen (Härtwig, Borgnäs, Tuleweit, Lenski & Niebuhr, 2019; Schieke & Ternès, 2018, S. 1 ff.). So ist die IT-Nutzung nicht in allen Unternehmen gleich ausgeprägt. Kleine und handwerkliche Unternehmen bilden ihre Prozesse eher ohne IT ab (vgl. Arntz, Gregory, Lehmer, Matthes & Zierrahn, 2016, S. 5). Mit steigender Unternehmensgröße zeigt sich eine zunehmende Automatisierung sowie horizontale und vertikale Vernetzung entlang der Wertschöpfungskette (Arntz et al., 2016, 5 f.; Dumitrescu, 2016, S. 204; Saam, Viete & Schiel, 2016, S. 7). Zudem ist die Liste digitaler Technologien, die im Zuge der Digitalisierung Einzug in die Betriebe finden können, sehr lang (z. B. Vogel-Heuser, Bauernhansl & Hompel, 2017), weshalb einzelne Technologien nur exemplarisch für die Definition von Digitalisierung herangezogenen werden können.

2.2 Bedeutung der Digitalisierung für die kaufmännische Arbeit

2.2.1 Veränderungen kaufmännischer Handlungsbereiche

Handlungsbereiche kaufmännischer Fachkräfte zeichnen sich durch *Zweck- und Zieldimensionen* aus (Tramm, 2009, S. 70). In der Zweckdimension ist die beobachtbare Tätigkeit in ihrem faktischen Handlungsfeld, also am physischen Ort der Leistungserbringung, verortet – z. B. in Form von Sachbearbeitungstätigkeiten. Die Zieldimension beschreibt den nicht beobachtbaren Tätigkeitsbezug zum Referenzhandlungsfeld, worin die Tätigkeiten ihre Wirkung auf der Sach- und Formalzielebene des Betriebes und damit auf die Wertschöpfung entfalten (Resch, 1988; Tramm, 2009, S. 70 f.). Die Digitalisierung wirkt sich unterschiedlich auf die faktischen und referenzierten Handlungsfelder aus. Im faktischen Handlungsfeld am physischen Arbeitsplatz sind Veränderungen von Arbeitsmitteln zu nennen (vgl. Kapitel 2.2.4). Eine jedoch auf das faktische Handlungsfeld, also auf die reine Fallbearbeitung im Arbeitsprozess, reduzierte Betrachtung der Digitalisierung würde die Mehrdimensionalität kaufmännischen Handelns nicht abbilden können. Informations- und Dokumentations-, Wertschöpfungs-, Marketing-, Logistik- und Ressourcenmanagementprozesse sowie organisatorische und personalwirtschaftliche Prozesse, auf die sich kaufmännische Tätigkeiten beziehen (Tramm, 2009, S. 84), würden ausgeblendet werden. So könnte bspw. die Automatisierung von Dokumentationsprozessen in der Produktion dazu führen, dass Produktionsprotokolle in der Sachbearbeitung nicht mehr physisch zu bearbeiten sind. Dafür fließen aber ggf. mehr und komplexere Daten zusammen, weil neue Technologien im Produktionsprozess bzw. in vor- oder nachgelagerten Prozessen effizienter Daten sammeln können. Ein Wegfall von Dateneingabetätigkeiten könnte so das Hinzukommen anspruchsvollerer Datenanalyse- und Interpretationstätigkeiten für kaufmännische Fachkräfte begünstigen.

Als gemeinsame Handlungsbereiche kaufmännischer Ausbildungsberufe haben sich im Rahmen des Projektes GUK[4] (Brötz et al., 2014) neun Bereiche mit divergenten inhaltlichen Teilbereichen in „unterschiedlicher quantitativer und inhaltlicher Ausprägung" je nach Ausbildungsberuf herauskristallisiert (ebd., S. 15). Wie sich die Digitalisierung auf die einzelnen Handlungsfelder auswirken könnte, ist exemplarisch anhand aktueller Forschungserkenntnisse sowie praxisnaher Beiträge[5] in Tabelle 1 zusammengestellt. Das Handlungsfeld „Volkswirtschaftliche Rahmenbedingungen" aus dem GUK-Projekt befindet sich auf einer betrieblich überordneten Ebene und wird daher hier nicht betrachtet. Am Beispiel der kaufmännischen Steuerung und Kontrolle zeigt sich, dass infolge der Digitalisierung von wachsenden Datenmengen auszugehen ist, die zu bearbeiten und zu analysieren sind. Je nach Verarbeitung dieser Daten können Geschäfts- und Produktionsprozesse transparenter und nachvollziehbarer gemacht werden (Najderek, 2020). Aufgrund des schnellen Datenwachstums, u. a. durch günstiger werdende Möglichkeiten zur Datensammlung, erhalten Informationssysteme und Datenmanagementstrategien auch im Controlling kleinerer Betriebe eine zunehmende Aufmerksamkeit (Najderek, 2020). Dazu gehört an erster Stelle aus Kosten- und Qualitätsgründen die automatische Datenerfassung zur Bewältigung großer Informationsmengen (Rasch & Koß, 2015, S. 12 f.).

Mit der schrittweisen Etablierung von Self-Service-Reports durch standardisierte Tools in den Fachabteilungen zeigen sich anhaltende Tendenzen zur Dezentralisie-

---

4   Die Analysen wurden im Rahmen des Projektes „Gemeinsamkeiten und Unterschiede kaufmännisch-betriebswirtschaftlicher Aus- und Fortbildungsberufe" (GUK) im Jahre 2010/11 auf Basis einer Dokumentenanalyse von Ausbildungsordnungen, schulischen Rahmenlehrplänen und Prüfungen aus 54 kaufmännischen Ausbildungsberufen durchgeführt (Brötz et al., 2014, S. 8 ff.). 69 % der codierten Textstellen beziehen sich auf Gemeinsamkeiten in den analysierten Ausbildungsberufen (ebd., S. 13).

5   An dieser Stelle sind nicht-reviewte Beiträge zur Herausarbeitung der Auswirkungen der Digitalisierung relevant, weil sie betriebspraxisnahe Einblicke in Entwicklungen und Möglichkeiten der Digitalisierung darstellen können.

rung der Steuerung und Kontrolle ab. Damit einhergehend finden sich auch zunehmend agile Methoden der Unternehmenssteuerung in diesem Handlungsbereich (Schäffer & Weber, 2018, S. 6). Automatisierungen, Dezentralisierungen und Agilitätssteigerungen lassen veränderte Aufgaben und Ressourcenverteilungen erwarten. Aktuell liegt der größte Ressourceneinsatz auf der Erstellung des Konzernreportings und der Koordinierung der operativen Konzernplanung. Künftig ist mit mehr Beratungsleistungen für Fachabteilungen und das obere Management im Aufgabenspektrum des Controllings zu rechnen (ebd., S. 20 f.). Steigende Anforderungen an die Agilität zeichnen sich z. B. mit dem Einzug von Debiasing-Methoden zur Reduzierung kognitiver Verzerrungen bei Entscheidungsfindungsprozessen ab. Darunter werden Praktiken wie *Devil´s Advocate* verstanden, bei der ein*e unbeteiligte*r Mitarbeiter*in Argumente für eine ihm/ihr bisher unbekannte Entscheidung finden muss, oder *Junior-Speaks-First*-Methoden, in denen die unerfahrenste Person als Erstes im Entscheidungsprozess argumentieren soll (Kreilkamp, Schmidt & Wöhrmann, 2019, S. 61).

Während der Bereich der kaufmännischen Steuerung und Kontrolle eher von informatorischen, organisatorischen und methodischen Veränderungen betroffen ist, zeigen sich im Bereich des Absatzes vordergründig veränderte Marktzugänge und eine datenbasierte Kundenzentrierung durch die Digitalisierung. Ein bedeutender Trend, der als Grundlage für eine digitale Absatzwirtschaft anzusehen ist, ist das Omni-Channel-Management als Erweiterung des Supply-Chain-Managements (Gerling, 2017, S. 121). Im Vergleich zum Multi-Channel-Management zeichnet es sich durch seinen kanalübergreifenden Charakter aus – also durch die kombinierte Nutzung des physischen Ladens, Telefons, Onlineshops, Mobile-Shops sowie von Online- und Printkatalogen etc. Die Informationen aller Interaktionen zwischen Kund*innen und Vertrieb werden kanalübergreifend gespeichert und können für weitere Geschäfte genutzt werden (N. Beck & Rygl, 2015, S. 173). Über Transaktionsdaten hinaus spielt das Always-Online-Verhalten der Konsument*innen eine bedeutende Rolle für den Vertrieb (Gerling, 2017, S. 126). Diese Entwicklung, die sich sowohl im B2C- als auch im B2B-Bereich etabliert, wird unter dem Begriff Micro-Targeting verstanden und beschreibt die maximale Personalisierung der Kundenansprache auf Basis ihres Suchverhaltens im Internet, ihrer Aktivitäten in sozialen Netzwerken, der Nutzung ihrer Kunden- und Kreditkarten, ihres digitalen Kommunikationsverhaltens sowie von GPS-Daten ihrer Endgeräte und Smart-Home-Technologien etc. (Hilker, 2021; Knoor & Müller, 2020). Die Förderung des digitalen Kauferlebnisses ist eine Marketingentwicklung im Bereich des Customer-Experience-Managements (Katzengruber & Pförtner, 2017), worunter sich auch das Content-Marketing auffassen lässt, welches sich bspw. durch Storytelling-Strategien auszeichnet, was ebenfalls erst durch digitale Technologien ermöglicht wird (Hilker, 2021).

Die exemplarische Zusammenfassung in Tabelle 1 verdeutlicht, dass kaufmännische Handlungsbereiche auf unterschiedliche Arten von digitalisierungsinduzierten Entwicklungen betroffen sind. Neben neuen Technologien, die Handlungsbereiche vernetzen und Geschäftsprozesse verändern, entwickeln sich auch neue Managementansätze und -möglichkeiten, die den Wandel ausmachen (Lister, 2018, S. 14). Sie wirken sich auf kaufmännische Tätigkeiten in Form von Flexibilitäts- und Agilitätsanforderungen sowie intrapreneurshiporientierten Arbeitsweisen aus (Geiser et al., 2021, S. 641). Für die Frage, was sich berufsbildende Lehrkräfte unter der Digitalisierung vorstellen, bietet die Zusammenstellung einen Überblick zu möglichen Überzeugungen über Auswirkungen der Digitalisierung auf Handlungsbereiche. So könnten einerseits technologieorientierte Überzeugungen und andererseits oder gleichzeitig unternehmensorganisatorische Überzeugungen identifiziert werden.

Tabelle 1: Auswirkungen der Digitalisierung auf Handlungsfelder kaufmännischer Ausbildungsberufe (Quelle: Eigene Darstellung)

Handlungsfeld	Einfluss durch die Digitalisierung	Quellen
Kaufmännische Steuerung und Kontrolle	• Komplexe Datenverarbeitung und -analyse (In-Memory-Systeme; Roh- und Stammdatenmanagement, Big-Data, Simulationen etc.) • Agile Methoden zur Unternehmens- und Prozesssteuerung	Kreilkamp et al., 2019; Najderek, 2020, S. 136; Rasch & Koß, 2015; Schäffer & Weber, 2018, S. 10
Absatz und Vertrieb	• Digitaler Vertrieb (Omnichannel, E-Commerce etc.) • Kundendatenorientiertes (Social-Media-) Marketing (Micro Targeting, CRM etc.) • Digitale Zahlsysteme (PayPal, Mobile Wallets etc.)	Gerling, 2017, S. 121 ff.; Hilker, 2021; Kahlenborn, Keppner, Uhle, Richter & Jetzke, 2018, S. 15 ff.
Information und Kommunikation	• Agile Kommunikations- und Kollaborationsmethoden (Co-Creation, Design Thinking etc.) • Automatisierte und digital assistierte Kommunikation (Chatbots, KI-Kommunikation, etc.)	Niederhäuser & Rosenberger, 2018, S. 25 ff.
Recht und Vertrag	• Digitales Vertragswesen (Blockchain, Smart Contracts) • Neue rechtliche Grundlagen (DSGVO, GoBd)	Meitinger, 2017; Probst, 2018, S. 46 ff.; Goldshteyn & Thelen, 2016
Unternehmensorganisation	• Optimierte/digitalisierte Geschäftsprozesse (Lean 4.0) • Hybride & IoT-basierte Geschäftsmodelle • Agile, orts- und zeitunabhängige Arbeitsformen (Mobile & Homeoffice etc.)	BITKOM, 2016; Fleisch, Weinberger & Wortmann, 2015; Lucks, 2017, S. 198; Bürkardt & Seibold, 2015; Hackl et al., 2017
Personalwesen	• Digitale Personalentwicklung (Mobile-Learning, E-Learning, Lernplattformen) • Digitales Personalmanagement (HR Big-Data & Analyse, HR-Prozessmanagement etc.) • Digitale Personalgewinnung (Recruiting & Active Sourcing etc.)	Schellinger, Goedermans, Kolb & Sebai, 2020, S. 195; Schwaab & Jacobs, 2018
Einkauf und Beschaffung	• Echtzeitdatenbasierte Markt- und Lieferantenauswahl • Digitale Beschaffungsprozesse (CPS & ERP-Systeme etc.) • Neue Beschaffungsmärkte und Warengruppen	Blechmann & Engelen, 2020, S. 6 ff.
Logistik und Lagerhaltung	• Echtzeitdatenbasiertes automatisiertes Lager- und Transportwesen (E-SCM, ERP-Systeme etc.) • Lager- und Transportsimulationen (VR/AR)	Fikret, 2019; Niemöller et al., 2017

2.2.2 Auswirkungen der Digitalisierung auf kaufmännische Tätigkeiten

Die Auswirkungen der Digitalisierung auf Geschäftsprozesse und kaufmännische Handlungsbereiche verursachen, wie oben bereits angedeutet, weitreichende Veränderungen im Tätigkeitsprofil kaufmännischer Fachkräfte. Digitalisierungsinduzierte Veränderungen lassen sich mit dem Task-Approach-Ansatz (Bellmann, 2017, S. 56) anhand möglicher Substituierbarkeitspotenziale von Tätigkeiten (Dengler & Matthes, 2018) identifizieren. Die Task-Approach-Systematik beschreibt nicht-routinierte, routinierte und nicht-ersetzbare Tätigkeiten. Nicht-routinierte Tätigkeiten sind solche, die analytische und interaktive Aufgaben wie die Planung und Steuerung von Prozessen oder die Beratung von Kunden umfassen. Routinierte Tätigkeiten sind planbare und programmierbare und damit substituierbare Tätigkeiten, wie sie in der Buchhaltung zu finden sind. Nicht-ersetzbare Tätigkeiten können nicht durch IT ersetzt, aber unterstützt werden (Bellmann, 2017, S. 56; Autor et al., 2002; Frey & Osborne, 2013).

Die Digitalisierung ermöglicht bei routinierten Tätigkeiten die Substitution der ausführenden Arbeitskraft vom Menschen auf die Maschine. Durch solche Substitutionen können kaufmännische Berufe einerseits eine Aufwertung erfahren, indem verantwortungs- und anspruchsvollere Aufgaben hinzukommen. Sie können aber auch eine Abwertung erfahren, wenn vornehmlich einfache Tätigkeiten zur manuellen Ausführung bestehen bleiben (Haipeter, 2011, S. 43). Substitutionspotenziale zeigen die Anzahl der Tätigkeiten eines Berufes, die durch die Digitalisierung ersetzt werden könnten, in Relation zur Anzahl der Kerntätigkeiten des Berufes an (Dengler & Matthes, 2015). Ob das Potenzial ausgeschöpft wird, kann aus der Kennzahl nicht abgeleitet werden. Dies ist von einer Vielzahl individueller (Investitions-)Entscheidungen der Unternehmen abhängig (Dengler, 2019, S. 8). Kaufmännische Berufe haben ein überdurchschnittlich hohes Substitutionspotenzial (Dengler & Matthes, 2015, 2018). Im Segment von unternehmensbezogenen Dienstleistungsberufen und Berufen in der Unternehmensführung und -organisation zeichnen sich 60 % bzw. 57 % der typischen Tätigkeiten durch einen hohen Routinegrad aus (Dengler & Matthes, 2018, S. 6). Ein differenzierter Blick nach den am stärksten besetzten kaufmännischen Berufen (Seeber et al., 2019) zeigt, dass in Berufen im Verkauf durchschnittlich 83 %, im Einzelhandel 75 %, im Büromanagement 71 %, in kaufmännischen Berufen in der Industrie 56 %, im Groß- und Außenhandel 63 %, in der Spedition und Logistik 64 % und in Finanzberufen 88 % der Tätigkeiten substituierbar sind (Job-Futuromat, 2020)[6]. Tabelle 2 zeigt die Substitutionspotenziale nach Ausbildungsberuf entlang kaufmännischer Handlungsbereiche. Für die betrachteten Ausbildungsberufe ist zu erkennen, dass vor allem Tätigkeiten in den Bereichen Information und Kommunikation, Recht und Vertrag, Unternehmensorganisation sowie im Einkauf und in der Beschaffung automatisiert werden können. Die geringsten Potenziale zeigen sich im Bereich der kaufmännischen Steuerung und Kontrolle, im Absatz und Vertrieb sowie in der Lagerhaltung und Logistik.

---

6   Der Job-Futuromat ist ein Instrument des IAB und zeigt Momentaufnahmen der Automatisierbarkeit von Tätigkeiten in Ausbildungsberufen. Das Onlinetool nutzt die BERUFENET-Datengrundlage der IAB-Analysen zu Substituierbarkeitspotenzialen von Berufen (vgl. Dengler & Matthes, 2018).

Tabelle 2: Substituierbarkeitspotenziale nach Handlungsfeldern und Ausbildungsberufen in % (Quelle: Eigene Darstellung)

Ausbildungsberufe	Handlungsfelder							
	KSK	AuV	IuK	RuV	Uo	Pw	EuB	LuL
Verkäufer/-innen	/*	46	/*	/*	/*	/*	100	/*
Kaufmann/-frau im Einzelhandel	50	45	/*	/*	/*	/*	100	0
Kaufmann/-frau für Büromanagement	67	50	100	100	83	0	100	0
Industriekaufmann/-frau	50	67	/*	/*	50	0	100	0
Kaufmann/-frau im Groß- und Außenhandel	80	63	100	100	100	/*	100	0
Speditionskaufmann/-frau	100	80	/*	100	100	/*	/*	30
Fachkraft für Lagerlogistik	50	100	/*	/*	/*	/*	/*	67
Bankkaufmann/-frau	100	69	/*	/*	100	/*	/*	/*
Versicherungskaufmann/-frau	75	60	/*	100	100	0	/*	/*

/* keine Daten verfügbar

KSK: Kaufmännische Steuerung und Kontrolle; AuV: Absatz und Vertrieb;
IuK: Information und Kommunikation; RuV: Recht und Vertrag; Uo:
Unternehmensorganisation; Pe: Personalwesen; EuB: Einkauf und
Beschaffung; LuL: Logistik und Lagerhaltung

Lesebeispiel: 50 % der Kerntätigkeiten des Ausbildungsberufs Kaufmann/-
frau im Einzelhandel sind durch Technologien substituierbar.

Datenquelle: job-futoromat.de des IAB; Stand 01.2022, eigene Berechnungen

Verkäufer*innen und Kaufleute im Einzelhandel sind von einem Tätigkeitsprofil, welches nahezu vollständig substituiert werden könnte, betroffen. Als nicht durch digitale Technologien ersetzbar, jedoch durch diese gestützt gelten in diesen Berufen Tätigkeiten, die vor allem die Aufrechterhaltung des Ladenbetriebs betreffen. Hierzu zählen aus dem Handlungsbereich Absatz und Vertrieb das Auffüllen von Regalen, die Sortimentsgestaltung, Warenpräsentation, Verkaufsförderung, Schaufenstergestaltung, das Durchführen von Werbemaßnahmen und Tätigkeiten im Bereich des E-Commerce. Über alle Berufe hinweg sind die Beratung und Betreuung von Kunden nicht gänzlich als durch die Digitalisierung ersetzbar eingestuft. Denn auch für digitale Kommunikationsassistenten wie Chatbots müssen Gesprächsverläufe kreiert, analysiert und optimiert werden. Als größtenteils nicht-substituierbar werden Tätigkeiten in der Lagerwirtschaft sowie aus dem Bereich der kaufmännischen Steuerung und Kontrolle, darunter die Gestaltung von Preisen und die Nutzung von ERP-Systemen, eingeschätzt (Job-Futuromat, 2020). Allerdings fallen Tätigkeiten wie die Überwachung von Lagerbeständen weg, die durch die Nutzung von ERP-Systemen automatisiert erfolgen. Die Daten lassen auf den ersten Blick ein Bild von kaufmännischen Berufen im Verkauf und im Einzelhandel erwarten, welches durch einfache körperliche Tätigkeiten und Durchführung von Maßnahmen zur Absatzgestaltung geprägt ist. Neben den Reduktionen im Tätigkeitsprofil von Kaufleuten im Verkauf und Einzelhandel wird bis 2035 ein Anstieg der Nachfrage nach Arbeitskräften in diesen Berufen erwartet (Zika, Helmrich, Maier, Weber & Wolter, 2018, S. 5), was darauf hindeutet, dass diese Berufe nicht durch die Digitalisierung ersetzt werden, aber ihr Anforderungsniveau sinkt. Inwieweit im Einzelhandel anspruchsvollere und komplexere Tätigkeiten hinzukommen könnten, kann anhand der aktuellen Forschungslage nicht gesagt werden.

In Büroberufen, darunter Kaufleute für Büromanagement, Industriekaufleute und Kaufleute im Groß- und Außenhandel, bleiben bei Ausschöpfung von Substitutionspotenzialen ebenfalls im Handlungsfeld Absatz und Vertrieb noch Tätigkeiten in der Kundenberatung und -betreuung in Präsenz und digital sowie Tätigkeiten zur Marketingförderung und im E-Commerce bestehen (Bach et al., 2020[7], S. 82; Job-Futuromat, 2020). Neben der Lagerwirtschaft und Logistik unterscheiden sich diese Berufe im Vergleich zu den Verkaufsberufen deutlich im Handlungsbereich der kaufmännischen Steuerung und Kontrolle. Zusätzlich zur Nutzung von ERP-Systemen werden in Büroberufen der öffentlichen Verwaltung das Haushalts- und Kassenwesen als (bisher) nicht-automatisierbar eingeschätzt. Dafür werden das Finanzierungsgeschäft, das Controlling, die Materialwirtschaft, das Fuhrparkmanagement und das Büromanagement sowie planende und organisierende Tätigkeiten, Projektarbeiten, Aufgaben mit zunehmendem internationalem Charakter als auch Recherche- und Dokumentationsaufgaben an Relevanz gewinnen (Hackel, 2018, S. 9; Bach et al., 2020, S. 82; Job-Futuromat, 2020). Es zeigt sich also eine Verschiebung von einfachen hin zu komplexeren Tätigkeiten in diesen Berufen (Zinke, 2019, S. 56)[8], indem durch die Automatisierung von Routinetätigkeiten „ganzheitlichere und umfassendere Aufgabenzuschnitte" hinzukommen (Seibold & Stieler, 2016[9], S. 20).

In Speditions- und Lagerberufen gelten vor allem Tätigkeiten im Handlungsbereich Logistik und Lagerhaltung als nicht-substituierbar. Hierunter fallen die Lagerwirtschaft, Luft- und Seefrachtspedition, Tätigkeiten in Verbindung zum nationalen und internationalen Güterverkehr sowie die Gefahrengutbe- und -entladung. Dagegen sind die Güterdisposition, Tourenplanung, Be- und Entladung von Nichtgefahrengütern sowie das Bedienen von Förder- und Transportanlagen als substituierbar eingestuft (Job-Futuromat, 2020). Diese Berufe werden demnach durch eine Spezialisierung auf nicht-standardisierte Güter sowie den grenzüberschreitenden Güterverkehr und durch einen Wegfall von körperlichen Arbeiten mit einer Verschiebung hin zu digital unterstützten Tätigkeiten geprägt sein.

Berufe im Finanz- und Versicherungswesen zeichnen sich ähnlich zu Berufen im Verkauf und Einzelhandel durch eine Vielzahl von Tätigkeiten aus, die durch die

---

7 Die Datenerhebung basiert auf einem Mixed-Method-Ansatz aus 12 Experteninterviews aus 2020 und der BIBB/BAuA- und BIBB/IAB-Erwerbstätigenbefragung, der Befragung zur Digitalisierung und zum Wandel der Beschäftigung des BIBB sowie aus Daten des Mikrozensus (Bach et al., 2020, S. 46 ff.).

8 Die Datenerhebung erfolgte in einem Mixed-Method-Ansatz. Es wurden insgesamt 14 Berufe untersucht. Die hier aufgeführten Ergebnisse beziehen sich auf den Ausbildungsberuf zum/zur Industriekaufmann/-frau. Hier wurden u. a. neun betriebliche Fallstudien, zwei Experteninterviews und 399 Onlinefragebögen herangezogen (Zinke, 2019, S. 33 f.)

9 Die Daten basieren auf zwei Experteninterviews mit wissenschaftlichem Personal zur Arbeitsmarkt- und Organisationsforschung, einem Experten aus der Berufsbildung und 22 Vertreter*innen aus fünf Unternehmen unterschiedlicher Branchen. Zusätzlich wurden Daten aus einer Beschäftigtenbefragung mit Mitgliedern der IG-Metall (n = 4.500) verwendet (Seibold & Stieler, 2016, S. 37).

Digitalisierung ersetzt werden können. Davon ausgenommen sind auch im Absatz und Vertrieb die Kundenberatung und -betreuung, das Marketing und Schaltertätigkeiten. Zu den anspruchsvolleren übrig bleibenden Tätigkeiten gehören das Firmenkundengeschäft, die Außenhandelsfinanzierungen und Tätigkeiten im Controlling sowie im Personalwesen (Job-Futuromat, 2020). Dieses Bild deutet darauf hin, dass Bank- und Versicherungskaufleute ebenfalls eine Reduzierung auf spezielle und komplexe Geschäftstätigkeiten unter Ausschluss standardisierbarer Tätigkeiten im privaten Anlagen- und Finanzierungsgeschäft erfahren können, wobei ein gewisser Anteil einfacher Tätigkeiten zur Aufrechterhaltung des Filialgeschäfts erhalten bleibt.

Der Einsatz von IT findet jedoch nicht in allen Unternehmen gleichermaßen statt (Demary, Engels, Röhl & Rusche, 2016, S. 17 ff.), was folglich die ungleichzeitige Entwicklung und Ausschöpfung von Substitutionspotenzialen erklärt. Daher können relative Funktionsverluste in kaufmännischen Berufen in weniger digitalisierten Betrieben im Vergleich zu Betrieben mit einem höheren Digitalisierungsgrad erwartet werden, wenn einfache und routinierte Tätigkeiten automatisiert werden, die Komplexität der Handlungen im Betrieb aber nicht zunimmt. Zudem wird durch Einzug von Shared-Service-Konzepten im Accounting, Controlling, den HR oder in der IT sichtbar, dass repetitive und wenig kreative Tätigkeiten zu hochgradig standardisierten Workflows reorganisiert werden (Boes, Kämpf, Langes & Lühr, 2018, S. 177). Es zeigt sich auch, dass mit steigendem Anforderungsniveau der Anteil kognitiver und interaktiver Tätigkeiten wächst. Im niedrigeren Anforderungsniveau nehmen dagegen kognitive Tätigkeiten ab und körperliche Routinetätigkeiten zu (N. v. d. Bach et al., 2020, S. 120).

Die Verschiebung von Tätigkeiten nach ihrem Anforderungsniveau kann ein Stück weit mit dem Einzug von Lean-Office-Methoden erklärt werden. In industriellen Büroberufen sind kaufmännische Tätigkeiten von den Auswirkungen der Verzahnung von Produktion und produktionsfernen Bereichen und der Dezentralisierung der Produktionssteuerung betroffen (Wilbers, 2017, S. 35). Dies geht einher mit dem Übertrag von Lean-Production-Methoden (Boes et al., 2018; Womack, Jones & Roos, 1992) auf Bürotätigkeiten (Boes, 2018, S. 14; Bürkardt & Seibold, 2015). Damit wird die Idee von flüssigen Prozessen mit möglichst wenigen Schnittstellen und Wartezeiten auf kaufmännische Arbeitsplätze übertragen (Bürkardt & Seibold, 2015). Bisherige empirische Ergebnisse deuten darauf hin, dass Lean-Office-Konzepte weitreichende Folgen für kaufmännische Berufe mit sich bringen. Auf mittlerer Qualifikationsebene entsteht durch sie eine Art „digitales Fließband" mit vorgegeben Arbeitsschritten, wenig Handlungsspielräumen und ohne Abweichungsmöglichkeiten vom Prozess, woraus wenig anspruchsvolle Aufgaben resultieren. Auf höherer qualifikatorischer Ebene entwickeln sich dagegen eher Tendenzen hin zu IT-basierten kollaborativen Arbeiten (Boes et al., 2018, S. 175). Dieser Logik folgend, würden kaufmännische Tätigkeiten auf mittlerer Qualifikationsebene, auf die eine duale Ausbildung vorbereitet, fremdbestimmter, vorhersehbarer und einfacher.

Es bestehen jedoch Ambivalenzen in der aktuellen Studienlage zu Veränderungen kaufmännischer Tätigkeiten durch die Digitalisierung, weshalb keine eindeutigen Schlüsse gezogen werden können. So zeigt das BIBB-Berufe- und Branchen-screening (Zinke, 2019), dass kaufmännische Fachkräfte mehr Verantwortung und Handlungsspielraum erhalten und sie vermehrt in Projekten mit „kaufmännischem oder betriebswirtschaftlichem Bezug" oder mit Bezug zum Qualitätsmanagement, zu Prozessverbesserungen und Prozessveränderungen zur Erfüllung von Einsparungs-zielen und rechtlichen Vorgaben arbeiten (ebd., S. 57). Komplexere Aufgaben begrün-den sich in den zugrunde liegenden Studien dadurch, dass Prozesse in den Unterneh-men nicht linear ablaufen, sondern netzwerkartig zusammenhängen (ebd., S. 65). Ebenfalls weisen die Ergebnisse aber auch auf Polarisierungstendenzen in Tätigkeits-profilen hin. Sie zeigen für Industriekaufleute, dass das Anforderungsniveau ihrer Aufgaben über dem mittleren Fachkräftelevel liegt. So stellen ca. 30 % der befragten Betriebe für industriekaufmännische Aufgaben Hochschulabsolvent*innen bzw. Ab-solvent*innen eines dualen Studiums ein (ebd., S. 60 f.). Bei Betrachtung der Ergeb-nisse nach Unternehmensgröße wird sichtbar, dass dieses Bild in KMU und familien-geführten Unternehmen nicht durchgängig zutrifft (ebd., S. 63).

Die Ausführungen verweisen auf unterschiedliche Szenarien für die Entwick-lung kaufmännischer Tätigkeiten. Einerseits zeigen sie, dass für kaufmännische Fachkräfte im unteren-mittleren Qualifikationsniveau infolge von Lean-Office-Kon-zepten mit hochstandardisierten, fließbandähnlichen Tätigkeiten und zunehmenden ökonomischen Kontrollmechanismen sowie vorgegebenen Workflows im Zuge der Digitalisierung gerechnet werden kann. Andererseits zeigt die aktuelle Studienlage, dass kaufmännische Fachkräfte vermehrt Organisations-, Planungs-, Recherche- und Dokumentationsaufgaben ausführen, was auf eine Steigerung der Aufgabenkomple-xität und Abwendung von reiner Sachbearbeitung hindeutet. Mehr Übereinstimmung zeigt sich darin, dass mit steigendem Qualifikationsniveau auch IT-basierte, kollabo-rative und kreative Tätigkeiten zunehmen. In diese Entwicklung ist aber weniger eine Abwertung des Anforderungsniveaus einer Berufsausbildung im dualen System zu interpretieren. Vielmehr deutet sie darauf hin, dass gerade in der Berufsausbildung auf anspruchsvolle Tätigkeitsprofile kaufmännischer Fachkräfte auf mittlerem Quali-fikationsniveau vorbereitet werden muss, da ebendiese auch künftig in den Betrieben stärker nachgefragt werden. Zudem sind bereits Anknüpfungspunkte für anschlie-ßende berufliche Weiterqualifizierungen notwendig, womit ebenfalls ein höheres An-forderungsniveau an die berufliche Erstausbildung gestellt wird.

2.2.3 Auswirkungen der Digitalisierung auf kaufmännische Arbeitsmittel

Der technische und organisatorische Wandel wirkt sich auch auf kaufmännische Ar-beitsplätze, also den physischen Ort der Leistungserbringung und die dortigen Ar-beitsmittel aus. „Die Automatisierung von Routinetätigkeiten [und] administrative[n] Aufgaben führt dazu, dass Kreativität und individuelle Arbeitsaufträge in den Vorder-grund rücken" (Niebauer & Riemath, 2017, S. 219), was die Arbeitsplatzgestaltung so-wohl hinsichtlich ihrer Organisation und Arbeitsumgebung als auch ihrer digitalen Ausstattung zur gezielten Kommunikationsförderung und Gewährung von Freiräu-men berührt (ebd., S. 219 ff.). Arbeitsmittel stellen ein etabliertes Konzept zur Erforschung des beruflichen und technischen Wandels dar (Stooß & Troll, 1988; Troll, 2002). Der steigende Einsatz neuer Technologien als Arbeitsmittel am Arbeitsplatz ist nicht nur der heutigen Diskussion zur Digitalisierung zuzuschreiben, sondern seit mehreren Jahrzehnten in der Arbeitsplatzforschung verankert. So lag bspw. bereits in den frühen Arbeitsplatzstudien des BIBB/IAB aus den Jahren 1985/86 der Schwerpunkt auf programmgesteuerten Arbeitsmitteln als Indikator für den beruflichen Wandel (Jansen, 1988, S. 160). Die Studie zeigt eine Steigerung des Einsatzes neuer Technologien innerhalb von sechs Jahren bis 1985/86 um 50 %. Damit ging eine steigende Automatisierung von Routinetätigkeiten in kaufmännisch-verwaltenden Bereichen einher, aber „wesentliche Bestandteil[e] der Arbeit [blieben] davon unberührt" (ebd., S. 160). Diese Entwicklung auf die Digitalisierung in der ersten Hälfte des 21. Jhd. zu übertragen wäre jedoch nicht ausreichend, weil die Veränderung von Arbeitsmitteln in Verbindung zu sich wandelnden Handlungsbereichen, Tätigkeitsprofilen und Arbeitsformen steht.

Arbeitsmittel lassen sich unterscheiden nach Werkzeugen und Geräten, Maschinen und Anlagen, Mess- und Diagnosegeräten, Computer und EDV-Geräten, Software, Büro- und Kommunikationsgeräten, Fahrzeugen und Transportmitteln sowie anderen Geräten und Hilfsmitteln (Güntürk-Kuhl, Lewalder & Martin, 2017, S. 8 ff.; Troll, 2002). In Büro- und Sekretariatsberufen macht *Software* mit 68 % das häufigste Arbeitsmittel aus und der Einsatz steigt mit dem Anforderungsniveau des Arbeitsplatzes an. Wie in Kapitel 2.2.2 geschrieben, ist zu erwarten, dass mit steigendem Anforderungsniveau komplexere Aufgaben mit höheren kommunikativen und kollaborativen Anteilen das Aufgabenspektrum prägen werden. Damit liegt die Schlussfolgerung nahe, dass es sich hierbei auch um komplexe Software und Kommunikationsmedien handelt, die über Dateneingabemasken hinausgehen und deren Einsatz entsprechend anspruchsvollere Kompetenzen erfordert. Daran anschließend zählen *Computer und EDV-Geräte* (8 %), *Büro- und Kommunikationsgeräte* (8 %) sowie *andere Hilfsmittel* (7 %)[10] zu den typischen Arbeitsmitteln in kaufmännischen Büroberufen (Güntürk-Kuhl, Lewalder & Martin, 2018, S. 16; n = 36.209 analysierte Stellen in 2011, 2013 und 2014; siehe Tabelle 3). Es ist zu diskutieren, ob eine Trennung zwischen Computer und EDV-Geräten sowie Büro- und Kommunikationsgeräten für kaufmännische Tätigkeiten zeitgemäß ist, da Computer ebenfalls als Kommunikationsgeräte eingesetzt werden.

---

10   Die übrigen Arbeitsmittel werden mit unter 5 % angegeben und nicht weiter in die Betrachtung aufgenommen.

Tabelle 3: Arbeitsmittel in Büroberufen (Quelle: Eigene Darstellung in Anlehnung an Güntürk-Kuhl et al., 2017, S. 9 f.)

Hauptgruppe	Untergruppe
Software	(1) Anwendungssoftware
	(2) System- und systemnahe Software
Computer und EDV-Geräte	(1) PC, Laptop, Notebook, Tablet
	(2) Computer zur Maschinen- und Anlagensteuerung
	(3) Server und Netzwerktechnik
	(4) Peripheriegeräte
	(5) Navigationsgeräte
Büro- und Kommunikationsgeräte	(1) Schreibzeug
	(2) Handy, Funkgerät, Personenrufgerät
	(3) Aufnahmegeräte
	(4) Telefonanlage, Fax
	(5) Smartphone, PDA
Andere Hilfsmittel	(1) therapeutische Hilfsmittel, Sportgeräte, Spielzeug, Musikinstrumente
	(2) persönliche Schutzausrüstung
	(3) Gesetzestexte, Nachschlagewerke
	(4) Bücher, Arbeitsblätter, Literatur, Texte, Akten
	(5) Registrierkassen
	(6) Scannerkassen, Computerkassen, Strichcodelesegerät
	(7) Standards, Modelle, Konzepte

Die Kategorie *Software* stellt in der Taxonomie im Gegensatz zu den übrigen ein neu eingeführtes Element dar, da eine Betrachtung von Veränderungspotenzialen durch die Digitalisierung auf der Ebene von PC, Laptop etc. unzureichend ist (Güntürk-Kuhl, Lewalder & Martin; 2017, S. 11). Entsprechend der ISO/IEC 2382 wird zwischen Anwendungssoftware, Systemsoftware und systemnaher Unterstützungssoftware unterschieden (ebd., S. 11). System- und systemnahe Software werden in der Taxonomie nicht als Arbeitsmittel angesehen, weil sie als Systemumgebung von Programmen und zur Entwicklung von Software aufgefasst werden. Unter den Programmiersprachen verbergen sich jedoch nicht nur Sprachen zur Softwareentwicklung. Auch Auszeichnungssprachen (Kastens, 2015, S. 1), die für die Dokumentenerstellung und Textverarbeitung in webbasierten Anwendungen wie in Web-Shop-Systemen relevant sein können, lassen sich hierunter fassen; z. B. HTML (Hypertext Markup Language), das in einfachster Form bspw. bei der Textformatierung in WYSIWYG-Editoren (What You See Is What You Get) in Webanwendungen zum Einsatz kommt und die Bedienungsmöglichkeiten des Endanwenders vergrößert. Daher werden sie an dieser Stelle als Erweiterung der Taxonomie mit aufgenommen. Tabelle 4 bietet eine Übersicht der Softwaretaxonomie zur Beschreibung von Software als Arbeitsmittel.

Tabelle 4: Softwaretaxonomie (Quelle: Eigene Darstellung in Anlehnung an Güntürk-Kuhl et al., 2017, S. 11)

Hauptgruppe	Untergruppe	Funktion	Beispiele
Anwendungssoftware	Standardsoftware	Funktionsbezogen: Buchhaltung, Produktionsplanung etc. Funktionsübergreifend: Officeprogramme etc.	ERP-Systeme, MS-Office, Open-Office, Lotus-Notes, ...
	Individualsoftware	Für spezielle Geschäftsprozesse (teils in Standardsoftware integriert)	Mitarbeiterportale, Onlinekatalogsysteme
System und systemnahe Unterstützungssoftware	Betriebssysteme und Systemsoftware	Umgebung für Anwendungssysteme und Bindeglied zwischen Hardware und Anwendungssoftware	Windows, Mac OS, Android, iOS
	Programmiersprachen (imperative, objektorientierte oder logische Sprachen)	Softwareentwicklung (Prozeduren, Variablen, Funktionen etc. erstellen/verarbeiten)	Java, C++, PHP
	Auszeichnungssprachen	Modifikation von Daten, Formatierung von Texten auf Webseiten	HTML, XML

Im Vergleich zu anderen Berufen arbeiten Bürobeschäftigte häufiger mit Standard- und vor allem Individualsoftware, sodass sie in „ihrer Arbeitszeit [maßgeblich] mit computergestützten und intelligenten Arbeitsmitteln" umgehen müssen (N. v. d. Bach et al., 2020, S. 157). Software an sich kann allerdings nicht als neuartiges Arbeitsmittel im Zuge der Digitalisierung im 21. Jhd. bezeichnet werden. Vielmehr ist hier die Entwicklung hin zu komplexen Anwendungen und zum Cloud-Computing zu nennen, wodurch Software, Daten und weitere IT-Services flexibel an nahezu jedem Ort und auf jedem Endgerät kurzfristig zur Verfügung stehen (Bardmann, 2019, S. 673).

Tabelle 5: Technologien in Tätigkeitsfeldern von Industriekaufleuten (Quelle: Eigene Darstellung in Anlehnung an Seeber et al., 2019, S. 5; Hackel, 2018, S. 7)

Kaufmännische Handlungsbereiche	Zu beherrschende digitale Technologien
Einkauf und Beschaffung	ERP, E-Katalogsysteme, E-Procurement, E-Lieferantenkettenmanagement
Produktion	ERP, Cyberphysische Systeme, E-Produktionsplanungs- und Steuerungssysteme, Produktionsleitsysteme
Marketing und Vertrieb	ERP, E-Customer-Relationship-Management, E-Stakeholder-Relationship-Management, E-Commerce, Social Media
Logistik und Lagerwirtschaft	ERP, E-Warenwirtschaftssysteme, E-Lagerverwaltungssysteme, Supply-Chain-Management-Systeme
Personalplanung und -entwicklung	ERP, Personalinformationssysteme, Mitarbeiterportale, E-Personalabrechnungssysteme, E-Recruitment, Personalentwicklungssysteme, Personalplanungssysteme
Controlling und Rechnungswesen	Finanzbuchhaltungssoftware, Visualisierungsprogramme

Für Industriekaufleute unterstreichen die Zwischenergebnisse des BIBB-Berufe- und Branchenscreenings (Hackel, 2018, S. 7), dass sich weniger das zugrunde liegende Arbeitsmittel wie der PC oder das Laptop verändert. Es sind Entwicklungen und Erweiterungen von Systemen, wodurch Management- und Führungsansätze digitalisiert und in die Unternehmensstrukturen integriert werden. So ist am Beispiel des Marketings und Vertriebs in der Tabelle 5 zu sehen, dass das Customer-Relationship-Management (CRM) mit entsprechenden ERP-Modulen zum E-CRM weiterentwickelt wird (Seeber et al., 2019, S. 5). Dies ermöglicht die Automatisierung manueller Dateneingaben, Synchronisierung von Daten und fördert orts- und zeitunabhängige Unternehmens-Kunden-Interaktionen. Unternehmen und Kunden arbeiten somit auf der gleichen Datenbasis und Kunden übernehmen über Self-Service-Funktionen Handlungen wie die Pflege der eigenen Stammdaten, die sonst ein*e Mitarbeiter*in ausgeführt hätte (ameax, o. J.). ERP-Systemmodule, unabhängig vom Anbieter dieser Systeme, bieten dazu für fast alle Handlungsbereiche skalierbare und individuelle Implementationsmöglichkeiten ganz nach den Bedürfnissen und Möglichkeiten der Unternehmen. Handlungen und Operationen können so einzeln digitalisiert werden und durch die Modularisierung erfolgt eine sukzessive Vernetzung der Systeme im Unternehmen und über die Unternehmensgrenzen hinaus, was auch für kleine und mittelständische Unternehmen die Digitalisierung lukrativer werden lässt (SAP, o. J.).

2.2.4 Auswirkungen auf kaufmännische Arbeitsformen

Die Digitalisierung berührt die berufliche Arbeit in inhaltlicher, örtlicher und zeitlicher Hinsicht auf unterschiedliche Weise, was neue Arbeitsformen entstehen oder bestehende sich weiterentwickeln lässt. Das New-Work-Paradigma ist stellvertretend für neue Arbeitsformen im Zeitalter der Digitalisierung (Freyth, 2020, S. 92). Deutlich zeigen sich hier die voranschreitenden Möglichkeiten des Arbeitens im Homeoffice oder des mobilen Arbeitens aufgrund leistungsstärkerer Endgeräte und der Vorteile des Cloud-Computings (Bradmann, 2019, S. 673). Neben den Vorteilen solcher flexibler Arbeitsformen für die Vereinbarkeit von Beruf, Familie und Freizeitgestaltung sind auch Nachteile zu nennen, z. B. die Gefahr der unbewussten Selbstausbeutung, permanenten Erreichbarkeit und fehlenden sozialen Interaktion im Betrieb (ebd., S. 674).

Hackl et al. (2017) erarbeiten basierend auf drei Vorläuferstudien[11] Merkmale neuer Arbeitsformen, die sich empirisch widerspiegeln – darunter Individualität, Führungsstil, Agilität, Flexibilität und Bürokonzepte (ebd., S. 72). Diese Merkmale decken sich mit den folgenden Merkmalen des New-Work-Paradigmas nach Freyth (2020, S. 92 f.). Das erste Merkmal ist Offenheit im Umgang mit Wissen, was sich im oben genannten Crowdsourcing wiederfinden lässt. Aber auch Raumkonzepte wie

---

11 Die Studien im Überblick: 1. New Work, Onlinebefragung von 218 Führungskräften und Mitarbeitenden im Jahre 2015 zu Instrumenten der neuen Arbeitswelt. 2. New Work, Agilität und Führungsqualität, Onlinebefragung von 229 Mitarbeitenden und 42 Führungskräften im Jahre 2015 zum Einfluss neuer Arbeitsformen auf Mitarbeitende. 3. Lernen, HR-Team und Mitarbeiterbeteiligung, Onlinebefragung von 320 Mitarbeitenden und 90 Führungskräften im Jahre 2016 zur Auswirkung neuer Arbeitsformen auf den Arbeitsplatz. Die Studien wurden maßgeblich von privatwirtschaftlichen Institutionen durchgeführt. Die Datentransparenz ist teils undurchsichtig (Hackl et al., 2017, S. 64 ff.).

Co-Working-Spaces, also Orte des gegenseitigen Austausches, Skillsharing-Workshops und die Einbeziehung des Kunden bei der Produktentwicklung im Co-Creation-Format sind beispielhaft zu nennen. Zweitens: die Vernetzung und damit die Überwindung traditioneller, hierarchischer Organisationsformen und des Silodenkens hin zu branchen- und fachübergreifenden Netzwerken. In den neuartigen Arbeitsformen zeigt sich dies durch eine intensivere Nutzung von sozialen Medien sowie moderner IKT. Drittens: die Flexibilität bezüglich des Arbeitsortes und des sozialen Umkreises. Eine permanente Variation von Teilnehmenden in Teams und Arbeitsgruppen, wodurch neue Netzwerke aufkommen sollen, fördert den Wissensaustausch durch neu hinzukommendes Wissen. Es entstehen flexible Bürokonzepte ohne feste Arbeitsplätze nach dem Desk-Sharing-Modell. Im Nomadenprinzip kann darin zwischen Homeoffice und Büroarbeit frei gewechselt werden. Diese Bürokonzepte spielen allerdings eine untergeordnete Rolle in der aktuellen Umsetzung und auch in der künftig eingeschätzten Relevanz (Hackl et al., 2017, S. 78). Viertens: autonomere Arbeitsformen. Im Vergleich zu traditionellen Arbeits- und Angestelltenverhältnissen entwickeln sich „lose Arbeitsverbindungen" ohne oder mit nur einer geringen hierarchischen Anbindung an das Unternehmen. Sie arbeiten im höchsten Maße orts- und zeitunabhängig. Fünftens: die Mobilität der Arbeitskraft, die eine Folge von Flexibilität ist, weil durch orts- und zeitunabhängiges Arbeiten die Grenzen zwischen Arbeit und Freizeit verschwimmen und eine überregionale Trennung zwischen Arbeits- und Privatleben entsteht. Sechstens: die Optimierung der Mensch-Maschinen-Interaktion durch Arbeitshilfen direkt am Körper, wie Smartwatches oder Datenbrillen. Siebtens und letztens ist die ökonomische und ökologische Nachhaltigkeit aufgrund der möglichen Ressourcenteilung, sich reduzierender Arbeitswege und Geschäftsreisen aufgeführt (Freyth, 2020, S. 96), wobei hierunter eher eine Folge des New-Work-Paradigmas oder eine Orientierung bei der Gestaltung von Arbeitsformen gefasst werden könnte.

Eine weitere neue Arbeitsform, die durch die Digitalisierung relevanter wird, ist das Crowdworking. Teils komplexe Aufgaben werden in kleinschrittige Arbeitselemente zerlegt und über das Internet an eine undefinierte Menge von Leistungserbringern ausgelagert (Bradmann, 2019, S. 675). Crowdworker*innen stellen dabei ihre Ressourcen in Gestalt von Wissen, Fähigkeiten oder finanziellen Mitteln (Crowdfunding) zur Verfügung. Diese Form der Arbeit geht über die Unternehmensgrenzen hinaus und schafft „Wiki-Arbeitsplätze" sowie eine neue Art der „Massenzusammenarbeit" (ebd., S. 675). „Wiki-Arbeitsplätze" können auch innerhalb von Unternehmen identifiziert werden. Dabei handelt es sich um sich selbstorganisierende, flexibel zusammengesetzte Teams, die unter Nutzung externer Netzwerke Aufgaben erledigen. Hinzu kommen soziale Medien oder andere Internetplattformen, über die Clickworker*innen kleine und kleinste Arbeitsschritte einer Aufgabe wie das Erstellen von einfachen Suchmaschinenoptimierungen (SEO) oder Transkriptions- und Übersetzungsleistungen übernehmen (ebd., S. 676).

2.3 Digitalisierungsbezogene Kompetenzanforderungen an kaufmännische Fachkräfte

2.3.1 Deklarative digitalisierungsbezogene Wissensanforderungen

Kompetenzen werden in dieser Arbeit als affektive und kognitive Dispositionen in Anlehnung an Weinert (2001, S. 27 f.) aufgefasst. Davon ausgehend wird sich am Kompetenzstrukturmodell für die kaufmännische Berufsausbildung nach Winther (2010, S. 54) orientiert. Darin verortet sind deklaratives Wissen, prozedurales Wissen in Form von Handlungswissen sowie affektive Dispositionen (ebd., S. 56; Achtenhagen & Winther, 2006, S. 349) zum Handeln in Anforderungssituationen (Shavelson, Ruiz-Primo & Wiley, 2005, S. 414)[12]. In diesem ersten Unterkapitel steht deklaratives Wissen kaufmännischer Fachkräfte im Kontext der Digitalisierung im Vordergrund. Dies umfasst domänenspezifisches Wissen zu Fakten und Definitionen (vgl. Winther, 2010, S. 54).

Die Ergebnisse der herangezogenen Studien sind unter ihrer teils eingeschränkten Repräsentativität, ihren Ausschnitten auf bestimmte kaufmännische Berufe und Berufsbereiche, ihrer Aktualität sowie ihren unterschiedlichen methodischen Zugriffen zu interpretieren. Die Ergebnisse von Geiser et al. (2021, S. 639) basieren auf einer Interviewstudie[13] zur Wahrnehmung digitalisierungsbezogener Kompetenzanforderungen von 28 Ausbildungs- und 35 Lehrpersonen aus dem Jahr 2019. Der Studie liegen primär Ausbildungsberufe aus den Bereichen Handel und Industrie sowie dem Finanz- und Versicherungswesen zugrunde. Die Ergebnisse von Seibold & Stieler (2016) sind im Rahmen einer Auftragsstudie von der IMU Institut GmbH entstanden. Der Zugriff erfolgte über Expertengespräche[14], fünf betriebliche Fallstudien und eine Beschäftigtenbefragung der IG Metall[15]. Der Zeitraum der Erhebung ist nicht bekannt und kann daher nur auf die Jahre von vor 2016 datiert werden, womit die Daten bei Veröffentlichung dieser Arbeit bald über zehn Jahre alt sind. Dazu herrscht wenig Transparenz über die Studie, die Stichprobenbeschreibung lässt aber ein gewisses Maß an Repräsentativität zu (Seibold & Stieler 2016, S. 35 ff.). Die Ergebnisse von Zinke (2019) stammen aus dem BIBB-Branchen- und Berufescreening und basieren auf einem komplexen qualitativen und quantitativen Design mit mehreren Teilstudien (Zinke, 2019, S. 33). Die hier berichteten Ergebnisse beziehen sich auf die Erkenntnisse für Industriekaufleute, die aus neun betrieblichen Fallstudien, drei Experteninterviews und einer Onlinebefragung (n = 399) mit Ausbildungsverantwortlichen, Führungskräften, Fachkräften und Sonstigen stammen (ebd., S. 36 f.). Die Stichprobe wurde im Schneeballprinzip generiert. Die Studie von Bach et al. (2020) ist ebenfalls

---

12 Auf eine differenziertere Unterscheidung nach schematischem und strategischem Wissen wurde verzichtet, weil bisherige Erkenntnisse für eine Systematisierung nicht ausreichen.
13 Dieser Beitrag entstand im Rahmen des Verbundprojektes Digi-KaB – Digitalisierung in der kaufmännischen Berufsausbildung (Förderkennzeichen: 01JD1815A & 01JD1815B).
14 Zwei wissenschaftliche Experten, ein Berufsbildungsexperte und zwei Personalexperten (Seibold & Stieler, 2016, S. 35)
15 N = 4.500 primär aus der Sachbearbeitung, Team- und Projektleitung, Assistenz und Sekretariat aus den Handlungsfeldern Unternehmenssteuerung, Finanzen & Buchhaltung, F&E, Einkauf, Vertrieb, Personal, Marketing, IT und Sonstige (Seibold & Stieler, 2016, S. 39)

vom BIBB zum Umgang mit dem technischen Wandel in Büroberufen durchgeführt worden. Der Zugriff erfolgte durch einen Methodenmix. Der qualitative Abschnitt besteht aus zwölf Interviews mit Personal- und Berufsbildungsexpert*innen unterschiedlicher Branchen und aus Forschungsworkshops mit Beschäftigen aus Büroberufen, um die Perspektive der Experteninterviews abzurunden (ebd., S. 45 ff.). Die Ergebnisse des quantitativen Abschnitts basieren auf der Erwerbstätigenbefragung 2006, 2012 und 2018 (n = 20.000), dem Mikrozensus und der Befragung „Digitalisierung und Wandel der Beschäftigung 2019" (n = 8.345). Der Fokus dieser Studie liegt auf den Folgen der Technologisierung in Büroberufen.

Wie in Tabelle 6 dargestellt, verweist die bisherige Studienlage auf verschiedene Wissensbereiche, die für das kaufmännische Handeln im Zuge der Digitalisierung eine neue Relevanz erlangen. In allen Studien wird betriebswirtschaftliches Fachwissen zum Handeln in Geschäftsprozessen[16] hervorgehoben. Damit ist nicht per se digitalisierungsbezogenes Wissen gemeint, sondern das Wissen über Kennzahlen, ihre Berechnung und Aussagekraft, um automatisiert berechnete Zahlen interpretieren zu können (Geiser et al., 2021, S. 641; Zinke, 2019, S. 72; Bach et al., 2020, S. 72 ff., Seibold & Stieler, 2016, S. 19 f.). Bach et al. (2020, S. 78) verweisen zudem auf eine steigende Relevanz mathematischer Kenntnisse im Handlungsbereich der kaufmännischen Steuerung und Kontrolle. Anforderungen an das System- und Prozesswissen beziehen sich auf das Wissen über betriebliche Zusammenhänge von Funktionsbereichen und IT-Systemen, Abläufe von Geschäftsprozessen und die Vernetzung des Betriebes und Unternehmens mit seiner Umwelt. Die Orientierung an ökonomischen Prozessen hat bereits eine langjährige Tradition in der kaufmännischen Berufsausbildung (vgl. Achtenhagen et al., 1988). Vor dem Hintergrund der Digitalisierung ist dieser Wissensbereich weiterhin relevant, weil der sich intensivierende Einsatz von IT-Systemen dazu führt, dass Geschäftsprozesse nahezu vollständig automatisiert werden und im Hintergrund auf der nicht beobachtbaren IT-Systemebene ablaufen. Dieses Wissen schafft somit die Verbindung zwischen dem faktischen und referenzierten Handlungsfeld kaufmännischer Tätigkeiten.

In neuen Arbeitsformen, die sich durch kooperative und kommunikative Merkmale auszeichnen, werden Englischkenntnisse auch deshalb immer wichtiger, um internationale Rechtsvorschriften, Informationen, Anweisungen etc. für kaufmännische Tätigkeiten erschließen zu können (Geiser et al., S. 642; Zinke, 2019, S. 72). Für einen zielorientierten Einsatz kaufmännischer *Arbeitsmittel* zur Erledigung von Tätigkeiten oder Lösung beruflicher Probleme gewinnt mit der Digitalisierung das Wissen über Soft- und Hardware, deren Funktionsweise und deren Einsatzmöglichkeiten an Bedeutung. Dazu gehören auch einfache Kenntnisse über Programmier- und Auszeichnungssprachen, die im Zusammenhang mit der Einrichtung und Verwaltung von Webshop-Systemen, im Verkauf von digitalen Medien oder zur Lösung von IT-Problemen mit Servicepartnern relevant werden können (Geiser et al., 2021, S. 646; Zinke, 2019, S. 72; Bach et al., 2020, S. 72 ff.). Die Onlinebefragung des BIBB-Bran-

---

16 Die Einordnung von Kompetenzanforderungen nach Handlungssituationen erfolgt in Anlehnung an Geiser et al., 2021.

chen- und Berufescreenings zeigt, dass gerade das Wissen über Soft- und Hardware die größten Relevanzzuwächse infolge der Digitalisierung hat (Zinke, 2019, S. 72).

Tabelle 6: Deklarative digitalisierungsbezogene Wissensanforderungen an kaufmännische Fachkräfte (Quelle: Eigene Darstellung)

Kompetenz-facette	Handlungs-situation	Unterkategorie	Geiser et al., 2021	Seibold & Stieler, 2016, S. 19 f.	Zinke, 2019, S. 72	Bach et al., 2020, S. 72 ff.
Deklaratives Wissen	Geschäfts-prozesse	System- und Prozesswissen	x	x		
		Betriebswirtschaftliches Wissen	x	x	x	x
		Mathematisches Wissen				x
	Arbeits-formen	Englischkenntnisse	x		x	
	Arbeits-mittel	Rechtskenntnisse				x
		Wissen über Datenschutz und -sicherheit	x		x	
		Wissen über Software	x		x	x
		Wissen über Hardware	x		x	x
		Einfache Programmierkenntnisse	x	x		

2.3.2 Prozedurale digitalisierungsbezogene Wissensanforderungen

Zusätzlich zu deklarativem Wissen (vgl. Kapitel 2.3.1) gilt prozedurales Wissen als ein Bestandteil der kaufmännischen Handlungskompetenz (Winther, 2010, S. 54). Es beschreibt Wissen über Lösungsmöglichkeiten eines beruflichen Problems „durch aktivierte prozedurale Wissensbestände und kognitive Strukturen" (ebd.). Hierunter ist Handlungswissen zu verstehen, welches sich auf das Ausführen und Reflektieren von Handlungen bezieht; so z. B. das Wissen über die Prozedur, ein Girokonto zu eröffnen: Kunden beraten → Verträge auswählen → Verträge ausfüllen → Geschäft abschließen (ebd., S. 57).

Hinsichtlich digitalisierungsinduzierter Veränderungen in Geschäftsprozessen (siehe Tabelle 7), die alle kaufmännischen Handlungsfelder berühren, ist sich die aktuelle Forschungslage weitestgehend einig, dass das Bearbeiten von komplexen Fällen sowie die Fähigkeit, sich stetig in neue Fälle einzuarbeiten, relevant für kaufmännische Fachkräfte sind (WEF, 2020, S. 36; Geiser et al., 2021, S. 643; Seibold & Stieler, 2016, S. 19 f.; Zinke, 2019, S. 72). Unter Komplexität ist hier eine objektive Komplexität zu verstehen (Campbell, 1988) und keine subjektive oder interaktive, bei der das Leistungsvermögen der Person den Grad der Komplexität bestimmt. Objektive Komplexität einer Tätigkeit ist bedingt durch multiple Lösungswege, Lösungsmöglichkeiten, Lösungswerkzeuge, Teilaufgaben, Ungewissheit über die Lösung sowie eine große Informationsmenge und -vielfalt (ebd., S. 44). Bezogen auf die Digitalisierung kann hierunter z. B. das Sourcing neuer Mitarbeiter*innen über digitale Medien und Plattformen verstanden werden.

Ebenfalls eine breite Zustimmung erfährt die Relevanz der Fähigkeit, systemisch und prozessorientiert zu denken (Geiser et al., 2021; Seibold & Stieler, 2016, S. 19 f.). Auch wenn dies in der beruflichen Ausbildung mit dem Aufkommen der Geschäftsprozessorientierung keine neue Fähigkeitsanforderung ist, verweist das BIBB-Branchen- und Berufescreening darauf, dass sie zu denjenigen gehört, die eine der höchsten Relevanzeinschätzungen vor dem Hintergrund der Digitalisierung hat (Zinke, 2019, S. 72). Am Beispiel von Industriekaufleuten zeigt sich, dass das Wissen über Handlungsweisen in Prozessen und Systemen besonders bedeutsam ist, weil Prozessabläufe durch IT-Systeme übernommen werden und damit im Verborgenen auf IT-Ebene losgelöst vom beobachtbaren Arbeitsprozess stattfinden. Zudem laufen Geschäftsprozesse nicht sequenziell, sondern parallel, weshalb Wissen über „Ursache-Wirkungs-Zusammenhänge in komplexen Systemen und Unternehmensabläufen" wichtig ist (ebd., S. 74). Komplexere Tätigkeiten in einer digitalen Umwelt erfordern zudem die Fähigkeit zum analytischen Denken (WEF, 2020, S. 36). Damit ist gemeint, dass Entscheidungen nicht intuitiv, sondern in analytischen Abwägungsprozessen auf Basis belastbarer Zahlen, Daten und Fakten getroffen werden sollten (Rausch, 2013).

Veränderungen von *Arbeitsformen* durch die Digitalisierung bringen hohe Anforderungen an die Selbstorganisationsfähigkeiten kaufmännischer Fachkräfte mit sich (Geiser et al., 2021; Seibold & Stieler, 2016, S. 19 f.; Zinke, 2019, S. 72). Sie gewinnen aufgrund von Arbeitsverdichtungen und -beschleunigungen sowie der Entgrenzung von Beruf und Freizeit zur Prävention von psychischen Folgen an Bedeutung (Seibold & Stieler, 2016, S. 22 f.). Zudem tritt infolge flexibler Arbeitsplätze das Problem der sozialen Entgrenzung auf. Mitarbeiter*innen sind weniger bzw. nur lose in soziale Netze eingebunden, wodurch deren Vorteile, wie spontane professionelle Kommunikationsgelegenheiten, wegfallen. Umso bedeutender werden digitale soziale und kommunikative Fähigkeiten zur Teilnahme an digitalen sozialen Netzwerken (ebd., S. 23 f.). Diese sind aber auch aufgrund der Etablierung neuer digitaler Kommunikations- und Kollaborationsformen im Rahmen kaufmännischer Tätigkeiten wichtig, um sich in digitalen Räumen angemessen sozial zu verhalten und um E-Mails und Kurznachrichten zielgruppenadäquat formulieren zu können (Geiser et al., 2021, S. 645). Als Folge der Digitalisierung werden auch Projektarbeiten für kaufmännische Fachkräfte zunehmend wichtiger, allerdings zeigt sich auch, dass dies vornehmlich in Großunternehmen zu beobachten ist (Bach et al., 2020, S. 82). Die Arbeit in Projekten, aber auch andere Formen der Zusammenarbeit sind von unternehmensinternen und -übergreifenden Vernetzungen und agilen Arbeitsmethoden betroffen. Diese Entwicklungen bedingen für kaufmännische Fachkräfte zunehmend die Anforderung, intrapreneurshiporientiert zu arbeiten. Damit wird die Fähigkeit, sich selbstständig und verantwortungsvoll der Unternehmensressourcen zur Ausführung von Arbeitsaufgaben zu bedienen, bedeutender (Geiser et al., 2021, S. 642).

Wie in Kapitel 2.2.3 beschrieben, wirkt sich die Digitalisierung intensivierend und variierend auf den Einsatz digitaler Arbeitsmittel zur Ausführung kaufmännischer Tätigkeiten aus. Darin begründet sich auch die Anforderung, Medien und Software zielorientiert zur Bearbeitung beruflicher Aufgaben einzusetzen (WEF, 2020, S. 36; Seibold & Stieler, 2016, S. 19 f.; Zinke, 2019, S. 72; Bach et al., 2020, S. 72 ff.). Dazu gehört die Fähigkeit, mittels digitaler Lernmöglichkeiten die Anwendung neuer Medien und Software selbstständig zu erlernen (Geiser et al., 2021, S. 646; WEF, 2020, S. 36; Zinke, 2019, S. 72). Somit ist es für kaufmännische Tätigkeiten auch relevant,

Daten verwalten und verarbeiten zu können, wozu neben dem Wissen über Dateninhalte und Datenformate auch bekannt sein muss, wie Daten rechtssicher und sachgerecht erhoben, dokumentiert und aufbereitet werden können (Geiser et al., 2021, S. 646; Zinke, 2019, S. 72). Zu den digitalen Arbeitsmitteln gehören auch soziale Medien zur Präsentation des Unternehmens, zur Bewerbung von Produkten oder zur Erhebung von Kundendaten. Kaufmännische Fachkräfte müssen in der Lage sein, soziale Medien nach dem jeweiligen Einsatzzweck auszuwählen und zielorientiert zu nutzen (Geiser et al., 2021, S. 646).

Tabelle 7: Prozedurale digitalisierungsbezogene Wissensanforderungen an kaufmännische Fachkräfte (Quelle: Eigene Darstellung)

Kompetenzfacette	Handlungssituation	Unterkategorie	WEF, 2020, S. 36	Geiser et al., 2021	Seibold & Stieler, 2016, S. 19 f.	Zinke, 2019, S. 72	Bach et al., 2020, S. 72 ff.
Prozedurales Wissen	Geschäftsprozesse	Fähigkeit, komplexe und neue Fälle zu bearbeiten	x	x	x	x	
		Systemisches und Prozessdenken		x	x	x	
		Kritisches Denken	x	x			
		Fähigkeit, funktionsbereichsübergreifend zu arbeiten		x	x		
		Analytisches Denken	x	x			
		Steuerungs- und Überwachungsfähigkeiten				x	
		Kundenorientiert handeln				x	
		Fähigkeit, Prozesse zu optimieren/gestalten		x			
		Abstraktionsfähigkeit		x			
		Kreative Fähigkeiten					
	Arbeitsformen	Selbstorganisationsfähigkeiten		x	x	x	
		Digitale Sozial- und Kommunikationsfähigkeit		x	x	x	
		Teamfähigkeit		x	x		
		Fähigkeit, in Projekten zu arbeiten		x			x
		Fähigkeit, Informationen zu recherchieren/bewerten		x			
		Verhandlungsfähigkeiten				x	
		Fähigkeit, im Home-Office zu arbeiten		x			
		Fähigkeit, agil zu arbeiten		x			
		Fähigkeit, in flachen Hierarchien zu arbeiten		x			
	Arbeitsmittel	Software zielorientiert einsetzen	x	x	x	x	x
		IT-Problemlösefähigkeiten	x	x		x	
		Teamfähigkeit		x	x		
		Datenmanagementfähigkeiten		x		x	
		Fähigkeit, cloudbasiert zu arbeiten		x			
		Orthografische Fähigkeiten					x
		Digitale Lernfähigkeit		x			
		Fähigkeit, soziale Medien beruflich einzusetzen		x			
		Kreative Fähigkeiten	x				

2.3.3 Affektive digitalisierungsbezogene Kompetenzanforderungen

Neben Sach- und Methodenkompetenzen, hier in Form von deklarativen und prozeduralen Wissensbeständen, ist auch die Selbstkompetenz eine wichtige Disposition zur Bewältigung von kaufmännischer Arbeit (Winther, 2010, S. 50; Achtenhagen & Winther, 2006, S. 349). Hier werden mit Emotionen, Motivationen, Interessen und Metakognitionen (ebd.) affektive Kompetenzfacetten angesprochen (Weinert, 2001, S. 27 f.).

Im Zuge der Digitalisierung wird über die untersuchten Studien hinweg (siehe Tabelle 8) Stresstoleranz wiederholt aufgeführt (WEF, 2020, S. 36; Geiser et al., 2021; Seibold & Stieler, 2016, S. 19 f.; Zinke, 2019, S. 72). Seibold & Stieler (2016, S. 22 f.) verweisen dazu neben der steigenden Belastung durch ein sich verdichtendes Arbeitspensum aufgrund wegfallender Routinetätigkeiten auf die Problematik von Medienbrüchen. Diese sind durch neue Systeme in den Betrieben entstanden, die bisher noch nicht miteinander vernetzt sind und „mehrfache Dateneingaben" (ebd., S. 23) erfordern. Die neuen Arbeitsmittel zeichnen sich teils durch ihren mobilen Charakter aus, was die zeitliche und räumliche Entgrenzung der Arbeit fördert. Ein hohes Maß an Selbstkontrolle ist daher erforderlich, um Stress zu vermeiden (ebd., S. 23). Ebenfalls zeigt sich in den Befunden aus dem Verbundprojekt Digi-KaB, wie auch bei Seibold & Stieler (2016), dass kaufmännische Fachkräfte offen und veränderungsbereit gegenüber sich wandelnden Prozessen, Arbeitsformen und Arbeitsmitteln sein sollten (Seibold & Stieler, 2016, S. 19). Auch der Einzug neuer Arbeitsmittel zur Erledigung von Aufgaben fordert von Mitarbeiter*innen, jederzeit auf dem neuesten Stand zu bleiben. In den Ergebnissen des Projektes Digi-KaB, dem BIBB-Berufe- und Branchenscreening (Zinke, 2019, S. 77) und im Rahmen des Weltwirtschaftsforums 2020 (auf Platz zwei der Top Skills für 2025) ist daher die Bereitschaft zum lebenslangen Lernen, um sich stets neues Wissen und neue Methoden selbstständig anzueignen und im dauerhaften Wandel mitzuhalten, als relevante affektive Kompetenz aufgeführt.

Tabelle 8: Affektive digitalisierungsbezogene Kompetenzanforderungen an kaufmännische Fachkräfte (Quelle: Eigene Darstellung)

Kompetenz-facette	Handlungs-situation	Unterkategorie	WEF, 2020, S. 36	Geiser et al., 2021	Seibold & Stieler, 2016, S. 19 f.	Zinke, 2019, S. 72
Einstellungen	Geschäfts-prozesse	Stresstoleranz	x	x	x	x
		Veränderungsbereitschaft für neue Prozessabläufe		x	x	
		Lebenslange Lernbereitschaft	x	x		
	Arbeits-formen	Veränderungsbereitschaft für neue Arbeitsformen		x	x	
		Bereitschaft zur Teamarbeit		x		
	Arbeits-mittel	Offenheit gegeüber neuen Arbeitsmitteln		x	x	
		Interesse an neuen Medien		x		

3 Kaufmännische Berufsausbildung für eine digitalisierte Arbeitswelt

3.1 Curriculare Verankerung der Digitalisierung – Makroebene

Das Curriculum bildet sowohl aus ordnungspolitischer (MK Niedersachsen, o. J.) als auch aus pädagogischer Sicht (vgl. König & Blömeke, 2009, S. 505 ff.) die Grundlage und den Rahmen für die Unterrichtsentwicklung und -gestaltung. Daher soll im folgenden Kapitel ein genauerer Blick in das Curriculum der kaufmännischen Berufsausbildung erfolgen, um das dortige Verständnis der Digitalisierung herauszuarbeiten. Die an der Curriculumentwicklung und -gestaltung beteiligten Akteure verteilen sich über verschiedene bildungspolitische Ebenen. Sie besitzen unterschiedliche Möglichkeiten, um über finanzielle Förderungen sowie Bildungs- und Kompetenzzielvorgaben Einfluss auf die Interpretation der Digitalisierung von Lehrkräften und damit auf die Art, wie die Digitalisierung in den Unterricht einzieht, zu nehmen. Zur Strukturierung und Einordnung der Akteure wird das Systemebenenmodell nach Bronfenbrenner (1993; Seeber et al., 2019) herangezogen.

Beginnend auf der Makroebene bilden die Bundes- und Landesregierungen mit ihren Ministerien den bildungspolitischen Ausgangspunkt. Dem Bund sind per Grundgesetz besondere Bildungsaufgaben wie die außerschulische berufliche Aus- und Weiterbildung übertragen (Art. 74 Abs. 1 Nr. 11 und 12 GG). Mit der Kulturhoheit und Eigenständigkeit der Länder ist Bildung jedoch Ländersache (Art. 30, 70, 104a Abs. 1 GG). Bei Fragen mit überregionaler Bedeutung können Bund und Länder zur „gemeinsame[n] Förderung von Wissenschaft, Forschung und Lehre" (BMBF, o. J.b) zusammenarbeiten (Art. 91b GG). Mit der digitalen Agenda 2014–2017 der Bundesregierung wurden auf der Makroebene diverse Maßnahmen und Programme zum Einzug der Digitalisierung in die Bildung auf den Weg gebracht. Hierunter fallen zur Implementation digitaler Medien in den Unterricht, die Entwicklung einer Schulcloud und die Konzeption entsprechender Lehrerfortbildungen (Die Bundesregierung, 2017, S. 91). Im Hinblick auf die berufliche Bildung werden Analysen zum Einsatz digitaler Medien in der beruflichen Aus- und Weiterbildung, Förderungen von Open Educational Resources sowie Entwicklungen von Transfernetzwerken zur Unterstützung des digitalen Lernens und der Medienbildung forciert (ebd., S. 92). Ebenfalls werden die kontinuierliche Anpassung von Ausbildungsordnungen, die Entwicklung von Lernmodellen im Kontext der Industrie 4.0 und die Identifikation von Facharbeiterqualifikationen gefördert (ebd., S. 93).

In Anlehnung an die digitale Agenda 2014–2017 sind mit der Bildungsoffensive für die digitale Wissensgesellschaft vom BMBF Herausforderungen der Bildung im digitalen Zeitalter diskutiert und bildungspolitische Handlungsfelder eröffnet worden. Im Zentrum steht ein Bildungsideal, welches die Förderung von Selbstbestimmung und Verantwortungsbewusstsein, die Befähigung zum lebenslangen Lernen und die Sicherung der Innovations- und Wettbewerbsfähigkeit des Standortes Deutschland adressiert (BMBF, 2016, S. 7). Im ersten Handlungsfeld „Digitale Bildung vermitteln" sieht die Offensive vor, dass bis 2030 alle Lehrenden und Lernenden kompetent, selbstbestimmt und verantwortungsvoll mit digitalen Medien an ihrer Lebens- und Arbeitswelt partizipieren können (ebd., S. 12.). Neben dem Ziel, Medienkompetenzen zu stärken, werden in diesem Handlungsfeld Forschungsaktivitäten gefördert, die die Veränderungen der Arbeitswelt aus einer innovativen, sozialen und gesundheitlichen Perspektive betrachten, um u. a. Ausbildungsberufe entsprechend modernisieren zu können (ebd., S. 16). In den weiteren Handlungsfeldern sind Ziellinien zur IT-Ausstattung, zum Rechtsrahmen, zur Organisationsentwicklung und zu Internationalisierungsstrategien festgelegt. Neben diesen Forschungsprogrammen steht die Förderung von Medienkompetenzen deutlich im Vordergrund.

Dieser Schwerpunkt auf Medienkompetenzen wird mit dem Digitalpakt Schule des Bundesministeriums für Bildung und Forschung (BMBF, o. J.a) unterstützt. Das Förderprogramm sieht als Ausgangspunkt sich verändernde Arbeitswelten, den Einsatz digitaler Technologien in der Gesellschaft und die Nutzung digitaler Angebote (ebd.). Der Digitalpakt soll Voraussetzungen für Bund und Länder „schaffen, [damit] das Bildungssystem in Zeiten des digitalen Wandels Teilhabe und Mündigkeit für alle Heranwachsenden sowie Chancengerechtigkeit für jedes einzelne Kind ermöglicht" (Präambel DigitalPakt). Neben der Förderung von Sachinvestitionen (§ 3 Abs. 1 DigitalPakt) sind die Entwicklung technisch-pädagogischer Einsatzkonzepte und die bedarfsgerechte Fortbildungsplanung für Lehrkräfte inbegriffen (§ 6 Abs. 3 DigitalPakt).

Als richtungsweisend für die Digitalisierung im Land Niedersachsen[17] ist der „Masterplan Digitalisierung" der Landesregierung anzusehen (MW Niedersachsen, 2018). Zur digitalen Bildung wird der Stellenwert von Medienkompetenz und IT-Infrastruktur besonders hervorgehoben und als Bildungsziel von der niedersächsischen Landesregierung festgeschrieben (ebd., S. 77 f.). Mit der Ziellinie 2025 verfolgt das Land Niedersachsen im Anschluss an die Ziellinie 2020 ihre „Strategie zur Stärkung von Medienkompetenz" (Niedersächsische Staatskanzlei, 2021, S. 5). Das Strategiepapier umfasst verschiedene Handlungsfelder, die sich auf den Masterplan Digitalisierung stützen. Mit der Handreichung für berufsbildende Schulen zur Erstellung eines schuleigenen Medienkonzeptes des niedersächsischen Kultusministeriums (MK Niedersachsen, 2016b) soll die curriculare Arbeit auf Schulebene erleichtert werden. In ihren beispielhaften Ausführungen zum Konzept beruflicher Medienkompetenz[18] verlassen die Autor*innen die allgemeine Ebene und rekurrieren u. a. auf Kompeten-

---

17   Die Betrachtung des Landes Niedersachsen erfolgt in dieser Arbeit exemplarisch, um curriculare Verankerungen auf Bundeslandebene darzustellen. Zudem erfolgt die empirische Erhebung dieser Arbeit in Niedersachsen.

18   Eine genauere Definition des Konzeptes beruflicher Medienkompetenz sollte unter folgendem Link verfügbar sein: http:// nline.nibis.de/medkombbs/menue/nibis.phtml?menid=1056&PHPSESSID=c9ec4364a7b0dafa14eb8486802ee8b0. Dieser ist jedoch zum Zeitpunkt der Erstellung dieser Arbeit nicht aktiv.

zen wie die Nutzung berufsspezifischer IT-Systeme (ERP, PPS etc.) oder die Fähigkeit zur Datenaufbereitung für berufliche Handlungsprozesse (ebd., S. 4).

3.2   Curriculare Verankerung der Digitalisierung – Exoebene

Auf der Exoebene wird die kaufmännische Berufsausbildung durch Ausbildungsordnungen und Ausbildungsrahmenpläne geregelt. Die Ausbildungsordnung hält u. a. fest, welche „beruflichen Fertigkeiten, Kenntnisse und Fähigkeiten [...] mindestens Gegenstand der Berufsausbildung sind" (§ 5, Satz 1 Nummer 3, BBiG). Ebenfalls wird hier per Gesetz geregelt, dass bei der Festlegung dieser Anforderungen „die technologische und digitale Entwicklung zu beachten" ist (ebd.). Dieser Passus ist erst seit dem 01.01.2020 im BBiG enthalten. Seitdem wurden die kaufmännischen Ausbildungsberufe Bankkaufmann/-frau, Kaufmann/-frau für Digitalisierungsmanagement, Kaufmann/-frau für Groß- und Außenhandelsmanagement sowie Kaufmann/-frau für IT-Systemmanagement modernisiert.

In der Verordnung über die Berufsausbildung zum/zur Bankkaufmann/-frau von 2020 zeigt sich ein Bezug zu digitalisierungsbezogenen Anforderungen in den Prüfungsbereichen. In Anlehnung an Kapitel 2.3 dieser Arbeit zu Kompetenzanforderungen an kaufmännische Fachkräfte lassen sich Parallelen in den verankerten Kompetenzen in der Ausbildungsordnung und im Ausbildungsrahmenplan finden – darunter projektorientierte Arbeitsweisen, Beherrschung komplexer Tätigkeiten, zielorientierter Einsatz analoger und digitaler Technologien in der Kundenberatung und -betreuung im Vertrieb, digitale Kundendatenverarbeitung, Aufklärung der Kunden über Onlinebanking und den digitalen Wertpapierhandel sowie Analysieren und Optimieren digitaler und analoger Geschäftsprozesse. Mit der Modernisierung wurden die Handlungs- und (Schlüssel-)Kompetenzorientierung sowie moderne Arbeitsformen und -methoden näher in den Vordergrund der Ausbildung gerückt. Zudem kommt dem digitalen Zahlungsverkehr mehr Gewicht zu (BankkflAusbV, 2020). Ein ähnliches Bild zeigt sich in der Verordnung über die Ausbildung von Kaufleuten für das Groß- und Außenhandelsmanagement von 2020. Neben der Anforderung, in Teams und Projekten zu arbeiten und Planungs-, Überwachungs- sowie Steuerungstätigkeiten durchzuführen, finden sich Digitalisierungsaspekte in Form von der Nutzung elektronischer Medien und Plattformen zur Informationsrecherche, zur Planung und Steuerung der Beschaffung, im Marketing, Vertrieb und in der Lagerlogistik. Zudem sind elektronische Geschäftsprozesse, darunter E-Business-Systeme u. a. zur Ressourcenplanung, Kundendatenverwaltung, Daten- und Warenflussanalyse, sowie die Nutzung von Standardsoftware und betriebsspezifischer Software hinzugekommen (GUAMKflAusbV, 2020).

Die beiden Beispiele deuten an, dass in modernisierten Ausbildungsverordnungen relevante Aspekte der Digitalisierung verankert wurden. Durch die Modernisierung steigen die Anteile zu fördernder Kompetenzen an, die im Zusammenhang mit digitalen Technologien stehen, was auch für Rahmenlehrpläne zutrifft, die mit der jeweiligen Ausbildungsordnung abgestimmt werden (BIBB, 2017, S. 30). Zarnow et al.

(2020) zeigen in ihrer Untersuchung von noch nicht modernisierten Ordnungsmitteln für die kaufmännische duale Berufsausbildung ein anderes Bild. Für den Lernort Berufsschule wird in der Analyse sichtbar, dass die Digitalisierung nicht über den Einsatz von Anwendungssoftware zur Textverarbeitung und Tabellenkalkulation oder die Nutzung von Informations- und Kommunikationssystemen zu Präsentations- und Dokumentationszwecken hinaus verankert ist (ebd., S. 257). Inhalte zur Digitalisierung im Sinne von veränderten Geschäftsprozessen und -modellen, modernen Managementansätzen oder Ähnlichem sind in den vielen älteren Ordnungsmitteln nicht vorhanden. In den Rahmenlehrplänen der KMK, die die Grundlage für die curriculare Arbeit der Berufsschulen auf Länderebene darstellen, stehen Medienkompetenzen und der Einsatz von Informations-, Kommunikations- und Datenverarbeitungssystemen im Zentrum.

Die KMK stellt einen Länderzusammenschluss dar, um Gemeinsamkeiten und Vergleichbarkeiten in Bildungsangelegenheiten zu schaffen, die über Landesgrenzen hinausgehen. Allerdings „fasst die Kultusministerkonferenz keine Beschlüsse als Verfassungsorgan mit der daraus folgenden Rechtswirkung" (KMK, o. J.). Auch wenn ihre Mitglieder den jeweiligen Landesregierungen angehören, kann die KMK daher nicht auf Regierungsebene (Makroebene) verortet werden. Die Länder erkennen ihre Beschlüsse als richtunggebend an, womit sie einen ebenenübergreifenden Charakter auf der Exoebene erhält. Im Strategiepapier zur Bildung in der digitalen Welt der KMK werden, wie in den Rahmenlehrplänen, vordergründig Medienkompetenzen adressiert (KMK, 2017). Zur beruflichen Bildung verweist die Strategie aber auch auf veränderte Arbeits-, Produktions- und Geschäftsprozesse. Digitale Arbeitsmittel und -techniken sollen bei der Kompetenzentwicklung berücksichtigt werden. Das Verständnis für digitale Prozesse, arbeitsorganisatorische und kommunikative Veränderungen, globale Produktions-, Liefer- und Dienstleistungsnetzwerke erlangt in diesem Zusammenhang eine höhere Bedeutung für die Bildungsplanarbeit (ebd., S. 9.). Um dies zu erreichen, werden u. a. der Einzug der Digitalisierung in die Curricula sowie die Gestaltung von Lehr-Lern-Prozessen in digitalen Lernumgebungen als Ziel der curricularen Arbeit formuliert (ebd., S. 12). Die Umsetzung digitaler Lernumgebungen soll dabei helfen, Teamfähigkeiten und die Selbstständigkeit bei der gemeinsamen Entwicklung von Lösungen zu fördern, Kommunikations- und Organisationsprozesse zu vereinfachen, Arbeitsmaterialien und Zwischenstände verfügbar zu machen und Lehr-Lern-Prozesse örtlich und zeitlich zu flexibilisieren (ebd., S. 13 f.).

Zur Unterstützung der Zielerreichung eröffnet das Strategiepapier ein Kompetenzmodell, welches auf Grundlage des DigComp-Modells[19], des kompetenzorientierten Konzeptes für schulische Medienbildung[20] und der computer- und informationsbe-

---

19　Dabei handelt es sich um ein Kompetenzmodell zu den Bereichen Information, Kommunikation, Medienerstellung, Sicherheit und Problemlösen, welches auf Basis eines Konzept-Mappings von 15 Frameworks zu digitalen Kompetenzen, von Fallstudienanalysen, einer Onlinebefragung und eines Expertenworkshops erarbeitet wurde (Ferrari & Urban, 2013, S. 8 ff.).

20　Medienkompetenzmodell zu den Kompetenzbereichen: Informationen recherchieren und auswählen, mit Medien kommunizieren und kooperieren, Medien produzieren und präsentieren, Medien analysieren und bewerten, Mediengesellschaft verstehen und reflektieren (Länderkonferenz MedienBildung, 2015, S. 3).

zogenen Kompetenzen der ICILS-Studie 2013[21] konzipiert wurde (ebd., S. 15). Die Kompetenzbereiche (1) Suchen, Verarbeiten und Aufbewahren, (2) Kommunizieren und Kooperieren, (3) Produzieren und Präsentieren, (4) Schützen und sicher Agieren, (5) Problemlösen und Handeln sowie (6) Analysieren und Reflektieren bilden den Kern des Modells (ebd., S. 16 ff.). Die einzelnen Kompetenzbereiche zeichnen sich durch ihren Bezug zur gesellschaftlichen und privaten Lebensführung und -gestaltung aus. Die Erweiterung zur beruflichen Bildung erfolgt über sieben weitere Anforderungsbereiche: (1) Anwendung und Einsatz von digitalen Geräten und Arbeitstechniken, (2) personale berufliche Handlungsfähigkeit, (3) Selbstmanagement und Selbstorganisation, (4) internationales Denken und Handeln, (5) projektorientierte Kooperationsformen, (6) Datenschutz und Datensicherheit sowie (7) ein kritischer Umgang mit digital vernetzten Medien und den Folgen der Digitalisierung für die Lebens- und Arbeitswelt (ebd., S. 21 ff.). Auf Basis des Projektes Digi-KaB bieten Schumann und Lange (2019) einen Vorschlag zur Konkretisierung des Strategiepapiers für kaufmännische Berufe. Exemplarisch anhand von Veränderungen im Debitorenmanagement, in der Personalverwaltung und -akquise und im Einkauf wurden die einzelnen Kompetenzbereiche mit berufsübergreifenden Kompetenzanforderungen beschrieben – bspw. zum Kompetenzbereich Kommunizieren und Kooperieren das Arbeiten in verteilten Teams, Projektarbeit, digitale Kommunikationsfähigkeiten und fachübergreifende sowie zwischenbetriebliche Kommunikationsfähigkeiten (Schumann & Lange, 2019, S. 18).

3.3 Curriculare Verankerung der Digitalisierung – Mesoebene

Unter der Annahme, dass die Arbeiten auf Makro- und Exoebene auch maßgeblich und richtungweisend für die Bildungsarbeit auf der Landesebene sind, sollte sich bei Betrachtung entsprechender Richt- und Leitlinien ein ähnliches Bild zeigen. Innerhalb der Länder[22] wird das Curriculum von Landesinstituten wie dem Niedersächsischen Landesinstitut für schulische Qualitätsentwicklung in Form des schulischen Curriculums berufsbildender Schule (NLQ, 2021b) mitbestimmt. Der Blick liegt auch hier auf allgemeinen Medienkompetenzen in Anlehnung an die Strategie zur Bildung in der digitalen Welt (KMK, 2017) und auf beruflichen Medienkompetenzen in Anlehnung an die Handreichung des MK Niedersachsen (MK Niedersachsen, 2016b) zur Erstellung schuleigener Medienkonzepte.

Die Überführung des Curriculums in den Unterricht ist letztendlich eine Frage der schulinternen curricularen Arbeit. Hierzu sind per § 35 NSchG Fachkonferenzen einzurichten, die im Rahmen von Beschlüssen darüber entscheiden, wie Lehrpläne

---

21 Basiert auf technischen Kompetenzen und Fähigkeiten der Informationsverarbeitung, die für „eine Lebensführung, die persönlichen und gesellschaftlichen Aspekten gerecht wird", relevant sind (Senkbeil et al., 2014, S. 88).
22 Die Bundesländer haben unterschiedliche Vereinbarungen, Handreichungen und Richtlinien, auf die hier nicht im Einzelnen eingegangen werden kann. Da sich die Stichprobe der empirischen Erhebung auf Niedersachsen begrenzt, werden nur landesübergreifende und spezifisch für Niedersachsen geltende Ordnungsmittel betrachtet.

und Rahmenrichtlinien umzusetzen sind. Das schuleigene Curriculum umfasst die inhaltliche und didaktisch-methodische Gestaltung des Unterrichtsangebotes durch Fachlehrkräfte in den berufsbildenden Schulen (MK Niedersachsen, 2021b). Die Betrachtung der curricularen Verankerung der Digitalisierung auf allen Ebenen liefert mehrere Hinweise darauf, wie das berufsbildende Lehrpersonal die Digitalisierung wahrnehmen könnte und für die beruflichen Lernfelder zu interpretieren vermag. Anzunehmen ist, dass vor allem Medienkompetenzen im Sinne eines kompetenten Umgangs mit digitalen Medien und einer kritischen Bewertung von Informationen im Vordergrund stehen. Strategiepapiere, Leitlinien etc. begründen die Relevanz einer digitalen Bildung zwar auf Basis von Veränderungen der Arbeitswelt. Allerdings verbleiben die Konkretisierungen dieser Veränderungen, außer in den modernisierten Ausbildungsverordnungen (siehe Makroebene), und die Formulierung von entsprechenden Kompetenzanforderungen maßgeblich in der schulinternen Bildungsarbeit verankert (Gössling & Sloane, 2020, S. 143). Damit hängt der Einzug der Digitalisierung in den Unterricht von der professionellen Interpretation der Ordnungsmittel durch die Lehrkräfte ab. Da das Thema der Medienkompetenz, welches nur eine Facette der Digitalisierung ist, deutlich im Vordergrund steht und zudem die kaufmännische Berufsausbildung neben der allgemeinen Bildung oder gewerblich-technischen Berufsausbildung in der Digitalisierungsdiskussion eher ein Schattendasein fristet, stellt sich die Frage, wie sich die subjektive Wahrnehmung des kaufmännischen Lehrpersonals für die Bedeutung der Digitalisierung aus einem betrieblichen Kontext öffnen kann.

3.4   Unterrichtliche Implementierung der Digitalisierung – Mikroebene

Auf der Mikroebene ist der berufsbildende Unterricht verortet. Digitale Medien und Technologien können unterschiedlich im Unterricht, je nach Intention der Lehrkraft und ihrer Interpretation der curricularen Vorgaben, eingesetzt werden – einerseits, um den Umgang mit neuen Medien und Technologien zu schulen und digitalisierungsbezogene kaufmännische Kompetenzen zu fördern, sowie andererseits, um mit ihnen Lehr-Lern-Prozesse, Diagnostikprozesse und die Unterrichtsorganisation zu gestalten. Digitale Medien und Technologien können als Wissenswerkzeug „zur Erarbeitung, Sammlung, Aufbereitung und Kommunikation von Wissen im Unterricht" Verwendung finden (Kerres, 2000, S. 4). So können z. B. zur Kommunikation von Wissen ein Smartboard oder eine Videokonferenz für persönliche Dialoge eingesetzt werden. Auf einer höheren Stufe können sie zur Wissensrepräsentation im Sinne der Darstellung und Organisation von Wissen im Unterricht dienen – z. B., um komplexe Sachverhalte zu verbildlichen und um das Lernen und Behalten zu fördern. Schaubilder oder Diagramme dienen im Sinne der didaktischen Reduktion zur Hervorhebung relevanter Aspekte. Im Unterschied zur Wissensrepräsentation steht hier die „intensive kognitive Auseinandersetzung" im Vordergrund (ebd., S. 4). Sie können von Lehrkräften auch zur Regulation und Steuerung der Wissensvermittlung genutzt werden – z. B., indem Lernprogramme, die den Lernprozess adaptiv steuern und sich an ihn anpassen, einen flexibleren und individuelleren Unterricht ermöglichen als ein Film, der eine feste Zeitachse besitzt. Zudem kann der Einsatz von Medien und Technologien durch die Überzeugung begründet sein, dass sie zu einer Steigerung der Motivation bei den Lernenden führen (ebd., S. 5).

Im Unterschied zu Kerres (2000) werden digitale Medien im SAMR-Modell (Puentedura, 2014) nach dem Innovationsgrad ihres Einsatzes auf vier Stufen differenziert: Auf der untersten Stufe lassen sich Einsatzszenarien beschreiben, die einer Substitution der vorherigen Situation gleichen und keine funktionalen Veränderungen mit sich bringen – z. B. der Einsatz von Arbeitsblättern als PDF-Dateien zum Ersatz von Druckmedien. Stufe zwei beschreibt die Augmentation, also die Erweiterung des funktionalen Raums – z. B. durch die Einbindung von Querverweisen in PDF-Dokumenten zu weiterführenden Informationen im Internet. Beide Stufen stehen für die Erweiterung des Unterrichts durch digitale Medien und Technologien. Stufe drei und vier beschreiben die Transformation des Unterrichts. Auf Stufe drei ist die Modifikation mit einer signifikanten Neugestaltung auf Basis digitaler Medien und Technologien verortet. Hier wäre der Einsatz interaktiver Quellen zu nennen wie das Lernen an einem Erklärvideo, also die Erweiterung durch eine visuelle und auditive Aufnahme und Verarbeitung. Stufe vier beschreibt die Redefinition und damit nicht nur die Umgestaltung von Lehr-Lern-Prozessen, sondern die Entwicklung neuartiger Lehr-Lern-Prozesse durch digitale Medien und Technologien. Neue Arten zur Dokumentation und Präsentation von Lösungen wie die Erstellung eigener Videos als Handlungsergebnis könnten hierunter gefasst werden. Doch auch wenn das SAMR-Modell zunehmend an Beliebtheit gewinnt, lassen sich die Unterschiede zwischen den Stufen weder theoretisch noch evidenzbasiert vollends erklären. Es hat eher den Charakter einer praktischen Hilfestellung unter subjektiver Interpretation der Anwender*innen (Hamilton, Rosenberg & Akcaoglu, 2016, S. 435). Die Autoren zeigen anhand unterschiedlicher Interpretationsbeispiele auch auf, dass diese je nach Interpreten eine deutliche Schwankungsbreite hinsichtlich konkreter Darstellungen für die jeweiligen Stufen besitzen (ebd., S. 435). Der Kritik zur fehlenden Evidenz für den Zusammenhang zwischen einer höheren Stufe im Modell und einem steigenden Lerneffekt wurde von den Autoren auf Basis einer Metaanalyse zu Lerneffekten durch digitale Medien (Pearson, Ferding & Blomeyer, 2005) versucht entgegenzuwirken. Es können zwar steigende Lerneffekte in Richtung einer Redefinition des Unterrichts gezeigt werden. Die Validität dieses Ergebnisses wird jedoch aufgrund deutlicher Unterschiede in den zugrunde liegenden Populationen kritisch diskutiert (Hamilton et al., 2016, S. 437). Die Modelle von Kerres (2000) und Puentedura (2014) genießen eine hohe Beliebtheit in der Diskussion um den Einsatz digitaler Medien zur Unterstützung des Unterrichts und von Lehr-Lern-Prozessen, weshalb sie als mögliche Quelle von Lehrerüberzeugungen relevant sind. Der Einsatz digitaler Technologien zur Förderung von Medien- und beruflichen Kompetenzen wird in beiden Modellen nicht explizit adressiert.

Ein Modifikationskonzept zur Nutzung digitaler Technologien für die Gestaltung des Unterrichts wird mit dem „Erfahrraum" (Schwendimann et al., 2015) aufgeworfen, womit u. a. lernortübergreifende E-Portfolios in der beruflichen Bildung im Ausbildungsprozess eingebunden werden können (vgl. Lahn & Nore, 2018). Das zyklische Konzept des Erfahrraums sieht vor, den physischen Arbeitsplatz mittels eines digitalen Raums in den Unterricht zu implementieren, um den Kompetenzerwerb an authentischen und relevanten Handlungssituationen zu ermöglichen. Über eine Vorauswahl werden durch die Lernenden lehrreiche Situationen aus der betrieblichen Realität selektiert, was bereits eine erste Konfrontation mit der Frage nach der Relevanz von Situationen und damit eine Reflexionsmöglichkeit über die eigenen Kompetenzen bietet (ebd., S. 375). Über einen Externalisierungsprozess überführen die Lernenden die ausgewählte Situation durch Bilder, Videos, Tonaufnahmen, Formulare etc. in den Erfahrungsraum, der einen digitalen Workspace darstellt. Anschließend selektieren sie die Medien nach Relevanz für ihren Lernprozess. Die relevanten Medien werden anschließend durch die Lernenden mit Schlagwörtern, Beschreibungen, Überschriften, Verlinkungen, Erfahrungen etc. erweitert. Die so entstehende Menge an Medien kann im digitalen Raum nach ihren Fällen geclustert werden, um spezifische Fallmerkmale herauszuarbeiten – z. B. unterschiedliche Beratungsmethoden für den Verkauf eines Produktes (ebd., S. 376). Diese Fälle bzw. betriebspraktischen Erfahrungen können dann im Unterricht zur Unterstützung des Lernprozesses verwendet werden. Der Erfahrungsraumzirkel schließt sich mit der Anwendung des Gelernten im Arbeitskontext (ebd., S. 377). Neben diversen pädagogischen Vorteilen wie der Nutzung von Scaffolding-Strategien (Vygotsky, 1978) bringt der digitale Erfahrungsraum betrieblich relevante Situationen in den Unterricht und schafft somit eine Brücke zwischen Theorie und Praxis. Zudem kann er zur Intensivierung der Lernortkooperation über ausbildungsorganisatorische Aspekte hinaus eingesetzt werden, indem das Lehr- und Ausbildungspersonal bei der Spezifizierung und Clusterung der Fälle kooperativ unterstützt.

Ein Konzept zur Redefinition von Unterricht ist die Implementierung von Smart Factories (vgl. Enquete-Kommission, 2021, S. 191) in den kaufmännischen Unterricht. Im Rahmen des Pilotprojektes „BBS fit für 4.0" wurden im Jahre 2016 an sechs Standorten und elf berufsbildenden Schulen entsprechende Modellfabriken eingerichtet (MK Niedersachsen, 2016a). Sie sollen als zentrale Lernwerkstätten fungieren und eine Schnittstelle zwischen den kaufmännischen und gewerblich-technischen berufsbildenden Schulen darstellen. Die Projektziele der Standorte beziehen sich auf die Entwicklung von berufsfeld- und domänenübergreifenden Lernumgebungen, in denen 4.0-Konzepte in handlungsorientierten Lernsituationen erfahrbar und interdisziplinäres Lernen ermöglicht werden sollen (NLQ, 2021a). Zusätzlich sollen ERP-Trainingszentren bzw. SAP-Labore die Auflösung fester Strukturen in Lehr-Lern-Arrangements begünstigen und aufgrund ihrer räumlichen Gestaltung und vielfältigen IT-Ausstattung kreative und agile Lehr-Lern-Prozesse ermöglichen. Die entwickelten Lernsituationen (NLQ, 2018, 2020) zeigen die facettenreichen Möglichkeiten zur interdisziplinären Zusammenarbeit wie bei einer berufsübergreifenden Entwicklung eines Prototyps auf (NLQ, 2020). In dieser Situation sind Anknüpfungspunkte kaufmännischer und gewerblich-technischer beruflicher Ausrichtungen sichtbar, wenn es um Fragen des technisch möglichen und wirtschaftlich sinnvollen Handelns geht. Im kaufmännischen Bereich dieser Modellfabriken liegen klassische Tätigkeiten wie die Stammdatenpflege, Einkauf und Beschaffung sowie Preiskalkulation. Die Schüler*innen arbeiten zwar an einem gleichen Ziel, die einzelnen Tätigkeiten dafür verbleiben jedoch in ihren Berufsbereichen. Die entwickelten kaufmännischen Lernsituationen beziehen sich auf Geschäftsprozessoptimierungen im Zuge der Einführung eines Kassen- und Warenwirtschaftssystems, den Warentransport zwischen zwei Anlagenteilen, die Erkundung der firmeneigenen ERP-Software anhand eines Vertriebsprozesses, die Durchführung und Abbildung eines Vertriebsprozesses, personalwirtschaftliche Prozesse im Modellunternehmen vor dem Hintergrund von Industrie 4.0 und Smart Glasses in der Personalentwicklung (NLQ, 2018, 2020). Dadurch, dass die Einrichtung von Smart Factories im Vordergrund der Förderlinie stand, ergibt sich ein klassisches betriebliches Abbild von Produktions- und kaufmännischen Bereichen. Während diese in einem Betrieb am gleichen Standort sind, sind sie an den Schulstandorten räumlich (weit) voneinander entfernt, was zur agilen Kooperation eine digitale Unterstützung erfordert. So wird zwar der Umgang mit digitalen Kommunikationsmedien geschult, doch reale Begegnungen zwischen den Berufen bleiben aus. Gerade diese könnten jedoch systemisches und prozessorientiertes Denken fördern, indem sich durch Kommunikationsgelegenheiten Barrieren zwischen Berufsbereichen verringern, gegenseitiges Verständnis für die Tätigkeiten des anderen aufgebaut und Unkenntnisse abgebaut werden.

Wie bis hier dargestellt, hat die Digitalisierung Auswirkungen auf die kaufmännische Arbeitswelt in Form von Veränderungen in Handlungsbereichen, Arbeitsformen, Arbeitsmitteln und infolgedessen für Kompetenzanforderungen kaufmännischer Fachkräfte. Diesen weitreichenden Veränderungen müssen Lehrkräfte bei der Vorbereitung, Gestaltung und Durchführung ihres Unterrichts gerecht werden. Zusätzlich stehen sie vor der Herausforderung, digitale Medien im Unterricht zur Verfolgung übergreifender schulischer Ziele wie Inklusion, individuelle Förderung und Binnendifferenzierung oder zur Organisation ihres beruflichen Alltages einzusetzen. Ebenfalls wurde gezeigt, dass die Digitalisierung curricular primär unter technologie- und medienbezogenen Aspekten verankert ist – auf der Makroebene durch bildungspolitische Ziel- und Leitlinien, Bildungsoffensiven und vordergründig ausstattungsbezogene Förderprogramme, auf der Exoebene durch Medien- und Technologiebezüge in Ausbildungsordnungen, Rahmenlehrplänen und Handreichungen, auf der Mesoebene durch die sich daran anschließende Bildungsplanarbeit in den (niedersächsischen) Landesinstituten und Lernorten sowie auf der Mikroebene durch das Handeln der Lehrkraft in der Unterrichtsvorbereitung und -durchführung. Damit wird deutlich, dass die Digitalisierung aufgrund ihres komplexen Kontextes und Erscheinungsbildes divergent von Lehrkräften wahrgenommen werden kann. Wie in der Einleitung geschildert, spielen Überzeugungen eine bedeutende Rolle für die Frage, welche Handlungsfolgen aus ihnen resultieren, und damit auch, wie die Digitalisierung in den kaufmännischen berufsbildenden Unterricht Einzug findet. Dazu soll im folgenden Kapitel näher auf die Fragen eingegangen werden, was Überzeugungen sind, welche Arten von Überzeugungen es gibt, wie sie entstehen und wie sich ihre handlungsleitende Wirkung bei Lehrkräften entfaltet.

4 Überzeugungen von Lehrkräften

4.1 Überzeugungsforschung in der Berufs- und Wirtschaftspädagogik

Weiterführend ist der Frage nachzugehen, was sich kaufmännische berufsbildende Lehrkräfte unter der Digitalisierung vorstellen und wie sie ihren Unterricht entsprechend gestalten wollen. Dazu wird im vierten Kapitel dieser Arbeit das zu erhebende latente Konstrukt „Überzeugungen" näher spezifiziert. Die Überzeugungsforschung blickt in der Informatik, Psychologie und Pädagogik auf einen langjährigen Diskurs seit der zweiten Hälfte des 20. Jhd. zurück (einen Überblick bietet Seifried, 2010). In der Berufs- und Wirtschaftspädagogik, die im Vergleich zu den genannten wissenschaftlichen Disziplinen jünger ist, spielt sie noch nicht so lange eine bedeutende Rolle in ihren Forschungsfeldern (Seifried, 2006, S. 112). Die folgenden Ergebnisse eines systematischen Literaturreviews[23] stützen dies (siehe Tabelle 9). Das Review weist darauf hin, dass die Überzeugungsforschung in der allgemeinen Pädagogik und in den Erziehungswissenschaften vom Erkenntnisinteresse über Zusammenhänge epistemologischer, unterrichtlicher und personenbezogener Überzeugungen (Reusser & Pauli, 2014, S. 650; Wild & Möller, 2015, S. 267; Woolfolk Hoy, Davis & Pape, 2006) zu ihrer pädagogischen Professionalität und zum Handeln von Lehrkräften geprägt ist. In der Berufs- und Wirtschaftspädagogik (BWP) zeigt sich in der internationalen Forschung ein ähnlich ausgewogenes Bild. Die Überzeugungsforschung in der deutschsprachigen BWP verfolgt dagegen verstärkt epistemologische Fragestellungen zum vertretenen Wissen über Wissen (vgl. Müller, Paechter & Rebmann, 2008; Schommer, 1990) in Bezug zur Unterrichtsgestaltung, zum Verständnis über Lehr-Lern-Prozesse u. Ä. Sie wird von einer kleinen Forschungsgemeinde aufrechterhalten. Erste Veröffentlichungen aus der Disziplin heraus gehen auf das Jahr 1987 zurück: *„Kaufmännische Arbeit im Wandel: Überzeugungen, Gefühle und Anpassungsstrategien von Betroffenen"* (Kühlmann, 1987). Seit ca. 2004 kann in der BWP von einer stetigen, jedoch vergleichsweise geringen Aktivität in der Überzeugungsforschung gesprochen werden. Besondere Aufmerksamkeit ist den stetigen Forschungsaktivitäten zu Möglichkeiten der Erfassung und zu unterschiedlichen Zusammenhängen von Überzeugungen der wirtschaftspädagogischen Forschung an der Universität Oldenburg seit ca. 2008 zu geben. Kontextbezogene Überzeugungen, die sich z. B. auf die Schule und Gesellschaft beziehen, und personenbezogene Überzeugungen zu Lehrenden und

---

23 Das Literaturreview zur Analyse der Überzeugungsforschung innerhalb der Berufs- und Wirtschaftspädagogik wurde im Januar 2022 auf den Datenbanken pedocs, bwp@, Fachportal Pädagogik, Nibis, LDBB, Ebscohost, über die Suchmaschine Google Scholar sowie im Göttinger Universitäts- und Verbundkatalog durchgeführt. Folgende Suchbegriffe wurden kombiniert: Überzeugungen, Lehrkräfte, berufliche Bildung, kaufmännische Berufsausbildung, beliefs, teacher, VET, vocational education. Der Überhang an Ergebnissen für die Berufs- und Wirtschaftspädagogik ist mit dem besonderen Fokus in der Suche aufgrund des Themas der Arbeit zu begründen und nicht repräsentativ.

Lernenden (Reusser & Pauli, 2014, S. 650) nehmen einen vergleichsweise geringen Stellenwert ein.

Tabelle 9: Überzeugungsgegenstände Literaturreview (Quelle: Eigene Darstellung; Quellen: siehe Anhang C)

Überzeugungsgegenstand	Allgemeine Bildung (n=47)	Berufs- und Wirtschaftspädagogik (n=52)	Insgesamt (n=99)
	in %		
Epistemologische Überzeugungen	31,3	53,8	43,0
Personenbezogene Überzeugungen	27,1	9,6	18,0
Unterrichtliche Überzeugungen	22,9	13,5	18,0
Kontextbezogene Überzeugungen	6,3	11,5	9,0
Unterrichtstechnologien	10,4	7,7	9,0
Forschungsstand	2,1	3,8	3,0

Eine klare Abgrenzung zwischen den Überzeugungsgegenständen der Forschungsarbeiten ist nicht immer möglich. Es lassen sich implizit weitere Gegenstandsbezüge auch in den Arbeiten finden, in denen epistemologische Überzeugungen im Vordergrund stehen. Diese Problematik ist sowohl in der internationalen Forschungsliteratur aufgrund der Begriffsvielfalt von „belief" als auch in der deutschsprachigen aufgrund unterschiedlicher Begriffe für „Überzeugungen" zu finden. Mit Ausnahme von epistemologischen Überzeugungen wird deutlich, dass die Begriffsverwendung keiner einheitlichen Definition zu folgen scheint, was auch Reusser & Pauli (2014, S. 654) in benachbarten Disziplinen feststellen. Dieser Umstand zeugt einerseits von der Schwierigkeit, zu definieren, was Überzeugungen sind (ebd.; vgl. Kapitel 4.2.1), andererseits von einer ausbaufähigen Diskussionskultur über das Konstrukt, welches sich als aufschlussreicher Untersuchungsgegenstand für unterschiedliche Fragestellungen eignen kann. Synonymhaft werden Überzeugungen gleichgesetzt mit epistemologischen Überzeugungen, subjektiven Theorien, Meinungen, Einstellungen etc. (vgl. Kapitel 3.2.1; Seifried, 2006, S. 110 f.).

Arbeiten zu anderen Gegenstandsbereichen wie moralischen oder theologischen Überzeugungen (vgl. Sandkühler, 2009, S. 95 ff.) oder mit gesellschaftlichen, wirtschaftlichen oder politischen Bezügen, losgelöst von epistemischen Fragen, sind selten. So verhält es sich auch mit Arbeiten zu Überzeugungen zur Digitalisierung und deren Bedeutung für die berufliche Bildung. In der deutschsprachigen Literatur ist eine Arbeit zu Überzeugungen von allgemeinbildenden Lehrkräften zu digitalen Medien im Review gefunden worden. International konnten weitere Arbeiten ausfindig gemacht werden – diese beziehen sich sowohl in der allgemeinen als auch in der beruflichen Bildung auf digitales Lehren und Lernen. Das Literaturreview zeigt zudem, dass Überzeugungen auch in der Berufs- und Wirtschaftspädagogik als Bestandteil professioneller Handlungskompetenz (Baumert & Kunter, 2006, S. 496 ff.) bzw. berufspädagogischer Professionalität diskutiert werden (vgl. u. a. Berding & Lamping, 2014; Kösel, 2012; Seifried, 2006, 2010), was hier unter einem arbeitsweltlichen Gegenstandsbezug als Lehrerüberzeugungen zur Bedeutung der Digitalisierung in der kaufmännischen Berufsausbildung weitergeführt und in den folgenden Kapiteln spezifiziert wird, um ein Verständnis von dem in dieser Arbeit verwendeten Überzeugungsbegriff herzustellen.

4.2 Zum Konstrukt der Überzeugungen

4.2.1 Eigenschaften von Überzeugungen

Überzeugungen wird zugeschrieben, dass sie schwer zu definieren sind. Fives & Buehl (2012) setzen dem entgegen, dass die Schwierigkeit nicht per se in der Definitionsarbeit liegt, sondern darin, einheitliche Definitionen in und über Fachgebiete hinaus zu verwenden (Fives & Buehl, 2012, S. 473). Wie auch das Literaturreview in Kapitel 4.1 zeigt, ist es nicht immer eindeutig, was über verschiedene Forschungskontexte hinweg unter Überzeugungen verstanden wird. Synonym verwendete Begriffe zu Überzeugungen sind sehr vielfältig. In der pädagogischen Psychologie werden die Begriffe *„attitudes, values, judgements, axioms, opinions, ideology, perceptions, conceptions, conceptual systems, preconceptions, dispositions, implicit theories, explicit theories, personal theories, internal mental processes, action strategies, rules of practice, practical principles, perspectives, repertories of understanding, and social strategy"* (Pajares, 1992, S. 309) synonym zu Überzeugungen verwendet.

Ob eine Person zu einem Sachverhalt eine Überzeugung vertritt oder ob es sich um Wissen handelt, ist schwer zu beurteilen, weil beide Konzepte dicht beieinanderliegen (ebd.). Wie in der Gegenüberstellung unterschiedlicher Definitionen von Fives & Buehl (2012, S. 473) zu erkennen, werden Überzeugungen als eine Form von Wissen (ebd.; Kagan, 1992, S. 65 ff.), als ein System, in dem Wissen gespeichert ist (Hermans, Braak & Keer, 2008, S. 128), oder als ein sich von Wissen abgrenzendes Konstrukt (Green, 1971) aufgefasst. Zur Annäherung an eine Unterscheidung der Konzepte und damit an eine Konkretisierung dessen, was Überzeugungen sind, wird zunächst der Versuch einer begriffslogischen Unterscheidung anhand der Nähe beider Begriffe zur objektiven Wahrheit vorgenommen, welche auf Grundlage der Abgrenzung von Wissen zum Meinen und Glauben anhand des subjektiven und objektiven Fürwahrhaltens in Anlehnung an Kant (Brüggen, 1974, S. 1723; Tabelle 10) erfolgt.

Wissen und Überzeugungen gelten als Kompetenzfacette mit unterschiedlichem epistemologischem Status und unterschiedlichen Rechtfertigungsansprüchen (Baumert & Kunter, 2006, S. 496). Nach Kant unterscheiden sich Meinen, Glauben und Wissen im Grad des subjektiven und objektiven „Fürwahrhaltens" einer Person gegenüber einem Sachverhalt. „Sachverhalte" können auf unterschiedlichen Abstraktionsebenen konkretisiert sein und sie beziehen sich auf unterschiedliche Gegenstandsbereiche – z. B. auf überweltliche oder weltliche Phänomene des gesellschaftlichen Zusammenlebens, die Rolle des Staates oder (Bildungs-)Reformen. Subjektives „Fürwahrhalten" beschreibt einen Zustand, in welchem das Subjekt ausreichend Gründe für die Annahme eines Sachverhalts hat. Objektives „Fürwahrhalten" beschreibt dagegen einen Zustand, in dem ein Kulturkreis (oder eine andere Gruppenkonstellation) ausreichend Gründe für die Annahme eines Sachverhalts hat. Etwas meinen bedeutet in dieser Unterscheidung, dass ein Sachverhalt objektiv nicht ausreichend Zuspruch erfährt und auch das Subjekt nicht ausreichend Gründe für die Akzeptanz des Sachverhaltes hat. Anders verhält es sich hinsichtlich des Glaubens (nicht im Sinne des religiösen Glaubens). Obwohl objektiv gesehen ein Sachverhalt nicht ausreichend Zuspruch erfährt, trägt das glaubende Subjekt genügend Argumente zur Annahme des Sachverhalts. Wird ein Sachverhalt sowohl vom Subjekt als auch objektiv gesehen akzeptiert, dann kann von Wissen über die Wahrheit des Sachverhaltes gesprochen werden (Brüggen, 1974, S. 1723).

Tabelle 10: Meinen, Glauben, Wissen (Quelle: Eigene Darstellung in Anlehnung an Brüggen, 1974, S. 1723)

	Subjektiv ausreichendes "Fürwahrhalten"	Objektiv ausreichendes "Fürwahrhalten"
Meinen	-	-
Glauben	x	-
Wissen	x	x

Wissen ist demnach davon abhängig, dass die Mitglieder einer sozialen Gemeinschaft einen Sachverhalt als wahr erachten. Eine Überzeugung liegt hingegen vor, wenn ein Subjekt ausreichend Gründe hat, um einen Sachverhalt als wahr zu bewerten, und das Subjekt ebenfalls glaubt, dass der Sachverhalt auch objektiv als wahr angenommen wird, denn, wie Sandkühler (2009) schreibt, Überzeugungen sind gleich Wissen, welches von ihrem Träger als „vollkommen" bewertet wird (Sandkühler, 2009, S. 93). Ob tatsächlich eine objektive Wahrheit vorliegt, ist vorerst irrelevant.

Im Rahmen der Forschungen an künstlicher Intelligenz und darin im Zuge des Versuchs, Wissens- und Überzeugungssysteme computergestützt zu simulieren, leitete Abelsons[24] (1979) sieben Eigenschaften zur Spezifizierung von Überzeugungen und Überzeugungssystemen in Abgrenzung zu Wissen her: (E1) *non-consensuality* (Nichtvereinbarkeit), (E2) *existence beliefs* (Existenzüberzeugung), (E3) *alternativity worlds* (alternative Weltvorstellungen), (E4) *affective and evaluative aspects* (affektive und bewertende Komponenten), (E5) *episodic material* (episodische Elemente), (E6) *unboundedness* (Unbegrenztheit) and (E7) *degrees of certitude* (Grad der Gewissheit) (Abelson, 1979, S. 356 ff.; Nespor, 1987, S. 318 ff.). Abelson konstatiert, dass eine Spezifizierung und Abgrenzung nur in Kombination aller Eigenschaften erfolgen kann (Abelson, 1979, S. 360)[25].

(E1) Die Elemente eines Überzeugungssystems (Konzepte, Propositionen, Regeln etc.) sind mit den Elementen eines anderen Überzeugungssystems, welches sich auf ein und denselben Gegenstandsbereich bzw. Sachverhalt bezieht, nicht vereinbar. Die

---

24 Robert Paul Abelson (12. September 1928–13. Juli 2005), Psychologe und Politikwissenschaftler an der Yale University
25 Es ist zu bedenken, dass sich diese Ausarbeitung nicht primär auf die Beschreibung der Kognition einer menschlichen Person, sondern auf die Entwicklung von AI-Systemen ausgehend vom Wissensstand der Kognitionspsychologie in der Mitte des 20. Jhd. bezieht.

Elemente von Wissenssystemen zu ein und demselben Gegenstandsbereich bzw. Sachverhalt sind dagegen vereinbar; sie unterscheiden sich eher in ihrer Komplexität voneinander (ebd., S. 356). So existieren z. B. unterschiedliche, nicht miteinander vereinbare Überzeugungssysteme zum Generationsgap[26]: *Jüngere Generationen tragen die Überzeugung, dass ältere Generationen streng und engstirnig sind. Ältere hingegen, dass jüngere Generationen rebellisch und unreif sind* (ebd.). Analog dazu sind Überzeugungssysteme denkbar, in denen die Digitalisierung mit Medienkompetenzen oder mit betriebswirtschaftlichen Kompetenzanforderungen in Verbindung gebracht wird.

Die Eigenschaft der Nichtvereinbarkeit ist ein hilfreiches Kriterium zur Identifikation eines Überzeugungssystems (ebd., S. 357). Wenn sich beim Vergleich eines Systems aus Konzepten, Propositionen, Regeln etc., welches sowohl ein Überzeugungs- als auch ein Wissenssystem sein kann, mit einem etablierten Wissenssystem deren Unvereinbarkeit zeigt, sind die Vertreter*innen des etablierten Wissenssystems in der Lage, zu sagen, dass es sich beim anderen System um ein Überzeugungssystem handelt. Der Vorgang wird am extremen Beispiel zur Existenzfrage von überweltlichen Phänomenen deutlicher. Je nach Zugehörigkeit des Betrachters bzw. der Betrachterin zu der einen oder anderen Kultur handelt es sich um eine Überzeugung (oder um das Wissen darüber), dass Hexen (nicht) existieren. Beispiel: *Mitglieder einer Kultur, die an Hexen glaubt, sehen die Existenz von Hexen nicht als ihre Überzeugung, sondern als ihr Wissen an. Denn sie wissen vieles über Hexen. Ein Anthropologe, der diese Kultur studiert, ist sich vieler hexenloser Kulturen bewusst und schreibt dieser Kultur zu, dass ihre Mitglieder die Überzeugung vertreten, dass Hexen existieren* (ebd.). Solche Vergleiche sind aber auch innerhalb einer Kultur, deren Mitglieder ein und demselben etablierten Wissenssystem vertrauen, möglich, da durch lebensweltliche Gewissheiten (Wingert, 2007) zu weniger extremen Fragen Hinweise für Überzeugungen identifiziert werden könnten (Nespor, 1987).

Abelson (1979, S. 357) nennt zu dieser Eigenschaft, dass sie selber nicht transparent genug sei, um an ihr eine konkrete Unterscheidung zwischen Wissen und Überzeugung auszumachen. Nespor (1987, S. 321) fügt weiter an, dass es sich bei der Nichtvereinbarkeit nicht um eine eigenständige Eigenschaft, sondern um die Konsequenz der folgenden Eigenschaften drei, vier, fünf und sechs handele. Weiter impliziert die Nichtvereinbarkeit, dass Überzeugungssysteme von Natur aus anfechtbar, unfehlbarer und weniger dynamisch sind als Wissenssysteme (Pajares, 1992, S. 311).

(E2) Die zweite Eigenschaft beschreibt, dass sich Überzeugungen teilweise auf die Existenz oder Nichtexistenz von Entitäten beziehen (Abelson, 1979, S. 357). Im obigen Beispiel wäre solch eine Entität „die Hexe" und die Überzeugung basiert in ihrem Kern auf der Aussage, dass ebendiese Entität existiere. Bei den Entitäten handelt es sich um zentrale Organisationskategorien mit einer unscheinbaren Rolle im Überzeugungssystem, die in Wissenssystemen typischerweise nicht zu finden sind. Zwei Überzeugungssysteme bzw. ein Überzeugungssystem und ein Wissenssystem erfül-

---

len die Eigenschaft (E1) der Nichtvereinbarkeit, wenn sie sich bezüglich der Existenz-
eigenschaft unterscheiden. Es handelt sich, wie das Nichtvereinbarkeitskonzept,
ebenfalls um eine nicht-transparente Eigenschaft, da ein gegebenes Überzeugungssystem diese Entitäten nicht selbst aus sich heraus bestimmen kann (ebd.).

Ein weiteres, weniger offensichtliches Beispiel für die Existenz von Entitäten als
Bestandteil von Überzeugungen führt Nespor (1987) wie folgt auf: *Eine Lehrkraft ist der
Überzeugung, dass Mathelernen primär durch Anwenden und Üben gelingt. Wer in Mathe
durchfällt, der war zu faul.* Das Label „faul" ist die in der Überzeugung existierende
Entität, welche den Schüler*innen zugeschrieben werden kann und die gemäß der
Überzeugung eine Auswirkung auf den Lernerfolg hat (Nespor, 1987, S. 318). Es ist
denkbar, dass nicht nur die Existenz von Entitäten, sondern auch von Attributen sinn-
gemäß zu dieser Eigenschaft steht (das Label „faul" ist eher ein Attribut der Entität
„Schüler"; [Anm. d. Verf.]).

(E3) Die dritte Eigenschaft besagt, dass Überzeugungssysteme teilweise die Repräsentation von alternativen Welten bzw. Zuständen dieser Welt enthalten. In extremer
Form zeigt sich diese Eigenschaft in revolutionären oder utopischen Ideologien. In
diesen geht es um die Herstellung einer neuen Welt durch Veränderung politischer,
sozialer und wirtschaftlicher Faktoren. Die Überzeugungen beziehen sich auf die Ablehnung der alten und das Entwickeln neuer Regeln (Abelson, 1979, S. 357 f.). In einer
weniger extremen Form zeigt Nespor (1987, S, 318 f.), *dass Lehrkräfte den Versuch unter-
nahmen, Unterrichtsformate einzuführen, von denen sie keine Erfahrung oder Wissen hatten, aber der Überzeugung waren, dass diese besser als die bisherigen seien.*

(E4) Die vierte Eigenschaft schreibt Überzeugungen zu, dass sie aus zwei Komponenten bestehen: einer kognitiven und einer affektiven. Demnach enthält ein Überzeugungssystem Konzeptkategorien, die entweder als gut oder als schlecht bewertet sind
(Abelson, 1979, S. 358). Bspw. Ist *Kernenergie für Nuklearaktivist*innen schlecht und
Windenergie gut.* Diese Polaritäten haben einen organisierenden Einfluss auf die Konzepte innerhalb des Überzeugungssystems, was für Wissenssysteme eher weniger der
Fall ist. Für ein Wissenssystem sind die Konzepte „gut" oder „schlecht" „cold cognitive
categories" und gelten daher nicht per se als affektive oder evaluative Komponente.
Nur wenn die als „gut" oder „schlecht" bewerteten Entitäten eine motivierende Kraft
und nicht nur einen kategorischen Status haben, sind sie eine affektive Komponente
des Überzeugungssystems (ebd.). Diese Eigenschaft verdeutlicht Nespor (1987,
S. 319 f.) mit dem Beispiel, dass *Lehrkräfte mit der Überzeugung, dass das Wissen des
Geschichtsunterrichts nur bis ins Kurzzeitgedächtnis gelange, Schüler*innen im Unterricht
lieber Manieren, Verhaltensweisen und Lerntechniken beibringen.*

(E5) Die fünfte Eigenschaft beschreibt, dass Überzeugungssysteme einen großen
Anteil an persönlichen und/oder kollektiven episodischen Erfahrungen enthalten
(Abelson, 1979, S. 358 f.). Diese gelten für den/die Träger*in der Überzeugung als sub-
jektiver Beweis für die Richtigkeit der Überzeugung. Wissenssysteme brauchen diese

episodischen Erfahrungen nicht notwendigerweise, ihnen reichen Fakten und Prinzipien (wenngleich diese auch aus Erfahrungen stammen können) (ebd.). Episodische Erfahrungen können für Lehrkräfte eine besondere Inspiration und ein Muster für ihre eigenen Lehraktivitäten sein und sind daher besonders relevant für den Umgang mit mäßig strukturierten Gegenstandsbereichen im Unterricht (Nespor, 1987, S. 320).

(E6) Die sechste Eigenschaft schreibt Überzeugungssystemen Grenzenlosigkeit zu, denn es ist scheinbar unmöglich, eine Grenze zu ziehen, ohne dabei relevante Konzepte, wie z. B. episodische Erfahrungen, auszuschließen (Abelson, 1979, S. 359). Diese Eigenschaft der unklaren Grenzen trifft aber auch auf Wissenssysteme zu – bspw. *ein Experte, der sagt, dass es Steine auf dem Mond gibt, muss über Wissen der Kosmologie, Geologie, Chemie, Physik etc. verfügen* (ebd.). Für Überzeugungssysteme ist diese Eigenschaft dennoch ein relevantes Unterscheidungsmerkmal von Wissenssystemen, da das Selbstkonzept der Person, welchem besonders weite Grenzen zugeschrieben werden, ein bedeutender Teil eines Überzeugungssystems ist. Wissenssysteme hingegen beziehen keine Selbstkonzepte mit ein und es ist zudem denkbar, sie auf kleine Problembereiche zu beschränken (ebd., S. 360; Nespor, 1987, S. 321).

(E7) Die siebte Eigenschaft schreibt Überzeugungen unterschiedliche Grade der Gewissheit zu. So kann der/die Vertreter*in eines Sachverhalts zu einem Gegenstandsbereich wie der Digitalisierung diesen leidenschaftlich vertreten oder ihn mit einer bestimmten Wahrscheinlichkeit annehmen (Abelson, 1979, S. 360). Diese Dimension der Variation ist in Wissenssystemen nicht vorhanden. Ebenfalls ist zwischen schwächeren einzelnen Überzeugungen und stärkeren Überzeugungssystemen zu unterscheiden. Es ist jedoch problematisch, einzelne Überzeugungen einem Überzeugungssystem zuzuordnen (ebd.).

4.2.2 Quellen von Überzeugungen

Die Quelle einer Überzeugung ist maßgeblich dafür, wie veränderbar sie ist. Im Hierarchiesystem von Rokeach (1968) ist die Wertigkeit von Überzeugungen in Anlehnung an ihre Entstehung klassifiziert. Das Modell ist wie ein Atomkern aufgebaut. In der Mitte befinden sich Überzeugungen über die eigene physische und soziale Existenz und Identität, welche einen großen Einfluss auf alle anderen Überzeugungen ausüben können (Rokeach, 1968, S. 5). Um diese herum befinden sich Überzeugungen zur eigenen Existenz und zum Selbstkonzept, die mit anderen geteilt oder nicht geteilt werden, wobei diejenigen, die von anderen Personen bestätigt werden, einen höheren Vernetzungsgrad im Überzeugungssystem haben. Auf der dritten Ebene befinden sich Überzeugungen, die durch direkten Kontakt mit dem Überzeugungsobjekt entstanden sind. Solche Überzeugungen haben eine stärkere Wirkung als solche, die von anderen Personen übernommen wurden. Auf der äußeren Schale befinden sich Überzeugungen, die auf dem persönlichen Geschmack der Person beruhen und stärker sind als Überzeugungen, die nicht dem persönlichen Geschmack der Person entsprechen (ebd.).

Richardson (1996) identifiziert in einem Literaturreview zur Rolle von Überzeugungen in der Lehrerbildung drei relevante Quellen für die Entstehung und Entwicklung von Überzeugungen: **(Q1)** Persönliche Erfahrungen, **(Q2)** Erfahrungen aus Schule und Unterricht und **(Q3)** Erfahrungen aus formalem Wissen (Richardson, 1996, S. 108 ff.).

(Q1) Unter persönlichen Erfahrungen fasst Richardson (ebd., S. 108) das eigene Weltbild, intellektuelle und virtuose Dispositionen, Überzeugungen zum eigenen Selbstbild, das Verständnis zwischen dem Verhältnis von Schulbildung und Gesellschaft, Formen des Verständnisses der eigenen Person, familiäre und kulturelle Erfahrungen, ethnische und sozioökonomische Hintergründe, das Geschlecht, das Herkunftsland, die religiöse Erziehung und besondere Entscheidungen im Leben zusammen.

(Q2) Die eigenen Schul- und Unterrichtserfahrungen als Schüler*in gelten als Quelle für besonders tief verankerte Überzeugungen über das Lehren. Es wird vermutet, dass diese Überzeugungen in Kombination mit der Unterrichtspraxis zu Überzeugungen zum Lehren führen, die in der Lehrerbildung nur schwer veränderbar sind. Besonders starke Effekte werden ebenfalls der Kombination persönlicher Erfahrungen (Q1) mit eigenen Schul- und Unterrichtserfahrungen beigemessen. Diesen Überzeugungen wird teilweise eine größere Bedeutung bei der Entwicklung von Konzepten zum Lehren und Lernen zugeschrieben als der formalen pädagogischen Ausbildung (ebd., S. 109).

(Q3) Erfahrungen mit Wissen, welches in einer wissenschaftlichen Gemeinschaft als akzeptiert, wertvoll und valide gilt, machen angehende Lehrer*innen bereits vor der formalen Lehramtsausbildung. Dazu gehören Erfahrungen über die Natur des Unterrichtsgegenstandes (Fachwissen), Vorstellungen darüber, wie Schüler*innen ihn erlernen (fachdidaktisches Wissen), und Erfahrungen mit pädagogischem Wissen vor dem Vorbereitungsdienst. Dem pädagogischen Wissen wird in den Befunden des Reviews eine geringere Rolle als den persönlichen Erfahrungen und denen aus der eigenen Schulzeit zugeschrieben (ebd., S. 110).

4.2.3 Veränderbarkeit von Überzeugungen

Es ist davon auszugehen, dass angehende und etablierte Lehrkräfte bereits Überzeugungen zur Digitalisierung besitzen. Diese können aus unterschiedlichen Quellen wie der eigenen Schulerfahrung, dem Studium, der gelebten Bildungspraxis im Kollegium oder aus Fort- und Weiterbildungen stammen. Für die Professionalisierung von Lehrkräften ist das Wissen über Möglichkeiten, auf Überzeugungen einzuwirken, besonders dann relevant. Doch ob und wie sich Überzeugungen verändern lassen, wird unterschiedlich aufgefasst. Einerseits gelten sie aufgrund ihrer frühen Entstehung im Leben als sehr stabil (Fives & Buehl, 2012, S. 473), andererseits als dynamische mentale Strukturen, die sich durch neue Erfahrungen stetig verändern (ebd.).

In dieser Arbeit wird davon ausgegangen, dass sich Überzeugungen, auch wenn ihnen je nach Quelle ein unterschiedlicher Stabilitätsgrad zugeschrieben wird, im Laufe des Lebens verändern können. Je zentraler eine Überzeugung in ihrem Hierarchiesystem ist (siehe Kap. 4.2.2), desto weniger gilt sie als veränderbar. Je zentraler eine veränderte Überzeugung ist, desto weitereichender sind die Folgen für das gesamte Überzeugungssystem (Rokeach, 1968, S. 3). Diese Annahmen haben direkte Auswirkungen auf die Entstehung und Entwicklung von Überzeugungen, jedoch ist es eher unklar, welche Überzeugungen zu den mehr veränderbaren oder weniger veränderbaren gehören, was die Gründe für die Veränderung sind und wie der Veränderungsprozess abläuft. Die folgende Darstellung orientiert sich an der Diskussion von Gregoire (2003) zur Frage, welche Wirkung die Wahrnehmung von eingehenden Informationen auf vertretene kognitive Konzepte hat.

Kognitionsorientierte Modelle zur Überzeugungsveränderung

Die Dissonanztheorie (Festinger, 1957) beruht auf der Annahme, dass Dissonanzen, die durch unvereinbare Kognitionen aufkommen, als unangenehm empfunden und daher reduziert oder ausgeräumt werden müssen. Sie entstehen, wenn Gedanken, Einstellungen und Überzeugungen durch äußere Eindrücke aus dem Gleichgewicht geraten (Gregoire, 2003, S. 151). Die Schwächen des Ansatzes liegen in der mangelnden Spezifikation weiterer Faktoren, die die Überzeugungsveränderungen beeinflussen. Ebenfalls werden individuelle Unterschiede, die zu Veränderungsprozessen führen bzw. deren Ablauf bestimmen, nicht berücksichtig und die Theorie bietet wenige Erklärungen für den Mechanismus der Veränderung (ebd., S. 152).

Das Conceptual-Change-Model (Posner, Strike, Hewson & Gertzog, 1982) beschreibt, dass für eine Veränderung von Wissen und Überzeugungen der Anstoß eines Akkommodationsprozesses durch neu eingehende Informationen notwendig ist. Wenn diese neuen Informationen sowohl verständlich als auch plausibel sind und eine gewisse Unzufriedenheit über das vorhandene Wissen oder die Überzeugungen herrscht, dann kann es unter Einbeziehung des Vorwissens zur Reorganisation vorhandener kognitiver Strukturen kommen. Andernfalls führen die neuen Informationen zur Assimilation an die kognitiven Strukturen, wodurch frühere Vorstellungen lediglich verzerrt werden, Überzeugungen bzw. Wissen sich aber nicht grundsätzlich verändern. Auch in diesem Modell spielen affektive Faktoren eine geringe Rolle und der Veränderungsmechanismus ist nur wenig spezifiziert (ebd., S. 157).

Kognitions- und motivationsorientierte Modelle zur Überzeugungsveränderung

Der Mangel affektiver Komponenten im Veränderungsprozess von Überzeugungen wird im Dual-Process-Model (vgl. Eagly & Chaiken, 1993) teilweise eingedämmt. In diesem Ansatz wird von einem zentralen und einem peripheren Prozess der Verarbeitung eingehender Informationen ausgegangen, welche zu einer Veränderung von Wissen oder Überzeugungen führen können. Im zentralen Prozess werden alle Informationen systematisch kognitiv nach logischen Regeln auf ihre Relevanz geprüft und die als nützlich bewerteten Informationen in der Urteilsbildung verwendet. Im peripheren Prozess erfolgt die Verarbeitung von Informationen heuristisch auf affektiver Basis durch erlernte Entscheidungsregeln, die schneller als über den zentralen Weg zu bewertenden Urteilen führen und Überzeugungsveränderungen bedingen können (Gregoire, 2003, S. 159). Das Dual-Process-Model bietet auch Erklärungsansätze dafür, warum Überzeugungsänderungen eher oberflächlich und vorübergehend sind. So zeigen Untersuchungen, dass vor allem Änderungen, die über die periphere Informationsverarbeitung geschehen, weniger langfristig und widerstandsfähiger sind als solche, die durch eine systematische und mehr kognitive Informationsverarbeitung erfolgen (Petty, Cacioppo, Sedikides & Strathman, 1988). Unklar bleibt jedoch, wie die affektive und kognitive Verarbeitung zusammenwirken, und es scheint, als wäre der Affekt eher ein Moderator der Kognition (Gregoire, 2003, S. 161; Lazarus, 1991).

Das Heuristic-Systematic-Model (HSM; Chaiken, 1980; Chaiken & Eagly, 1989; Maheswaran & Chaiken, 1991) basiert auf dem Process-Model und nimmt die persönliche Relevanz eingehender Informationen mit auf. Motivation und Fähigkeiten der Person beeinflussen nach dem HSM den Weg der Informationsverarbeitung. So wird z. B. der kognitive Aufwand bei der Verarbeitung eines Themas gering sein, wenn trotz Übereinstimmung mit den Überzeugungen und Einstellungen die persönliche Relevanz und damit die Motivation gering sind (Gregoire, 2003, S. 159 f.).

Das Cognitive Reconstruction of Knowledge Model (CRKM; Dole & Sinatra, 1998) vereint das Conceptual-Change- und Dual-Process-Model. Es sagt aus, dass eine schwache, starke oder keine Veränderung von Überzeugungen jeweils vom Grad der systematischen Verarbeitung (vgl. HSM) abhängt und dieser wiederum davon, ob die eingehende Information verständlich, plausibel und rhetorisch überzeugend ist. Zusätzlich sind auch Eigenschaften des Empfängers wie die Beeinflussbarkeit des Grades der systematischen Verarbeitung, frühere Konzepte, die Motivation zur Veränderung seiner Überzeugungen, die persönliche Relevanz der Information, der soziale Kontext und das Kognitionsbedürfnis („needs for cognition") im CRKM relevante Aspekte. Übertragen bedeutet dies, dass z. B. für den Erfolg einer Reform diese persönlich relevant sein bzw. dargestellt werden muss, dass der soziale Kontext sie unterstützt sowie die Reformbeschreibungen klar und überzeugend sind. Gregoire (2003, S. 162) merkt an, dass, obwohl das Modell Motivationsfaktoren enthält, weitere affektive oder unbewusste Faktoren dennoch nicht explizit berücksichtigt werden.

Im Model of Relationship between Attitude and Behavior von Fazio (1986) steht die Beziehung zwischen Einstellungsänderungen und dem Verhalten im Zentrum. Fazio (1986) beschreibt, dass aufgrund der automatischen und konstruktiven Natur von Kognitionen die Einstellungen einen Selektionseinfluss auf die Wahrnehmung haben, was sich wiederum auf die Interpretation von Ereignissen auswirkt. Damit enthält der Erklärungsansatz Aspekte, die in den vorher aufgezählten Modellen fehlen, nämlich den Einfluss früherer Einstellungen und Überzeugungen auf das zukünftige Verhalten und einen zukünftigen (eventuellen) Überzeugungswandel (Gregoire, 2003, S. 163).

Kognitions- und affektionsorientiertes Modell zur Überzeugungsveränderung

Das Cognitive-Affective Model of Conceptual Change (CAMCC; Gregoire, 2003, S. 164 ff.) bildet den Prozess des Wandels gegenstandsbezogener Überzeugungen von Lehrkräften ab. Es verbindet den Aspekt der automatischen Bewertung bei Einstellungsänderungen (Fazio, 1986) mit den Erklärungsansätzen des Dual-Process-Models, dass der kognitive Verarbeitungsprozess eine Überzeugungsveränderung bewirkt und dass Motivation und bestehende Fähigkeiten die kognitive Verarbeitung beeinflussen. Dabei stützt sich das Modell auf Lazarus (1991) Annahme, dass auch frühere Überzeugungen die Veränderung von Überzeugungen beeinflussen. Entscheidend dafür, ob es zu einer echten Veränderung (Akkommodation) oder zu einer Einordnung in bestehende Überzeugungen (Assimilation) kommt, gilt in dem Modell die Frage, ob sich die neuen Informationen gegen die (berufliche) Identität der Person richten, also gegen ihre Überzeugungen über sich selbst und gegen ihren Unterricht. Ausgangspunkt der Überlegung ist, dass positive Stimmungen zu einer heuristischen und negative Stimmungen dagegen zu einer systematischen Verarbeitung eingehender Informationen führen. So geht das Modell davon aus, dass eine negative Beurteilung einer Information bei ausreichender Motivation, diese aufzunehmen, eine systematische Verarbeitung unter Berücksichtigung früherer Überzeugungen hervorruft, was zu einer Akkommodation im Überzeugungssystem führt. Andernfalls, wenn nicht von einer Bedrohung ausgegangen wird, dann kommt es zu einer positiven bzw. neutralen Bewertung der Information. Die positive Gefühlslage begünstigt dann eine heuristische Verarbeitung und im Falle der Annahme der Information erfolgt eine Assimilation. Die Information wird also durch eine Anpassung des bestehenden Überzeugungssystems integriert (Gregoire, 2003, 165 f.). Das bedeutet: Wenn eine Lehrkraft der Überzeugung ist, dass in ihrem Unterricht bereits digitalisierungsbezogene kaufmännische Kompetenzen gefördert werden, obwohl dies aufgrund ihres verkürzten Verständnisses zur Komplexität der Digitalisierung infrage gestellt werden muss, kann sie ihre handlungsleitenden Überzeugungen nur dann ändern, wenn sie den Grund dafür als positiv bewertet. Wird er als negativ bewertet, ist davon auszugehen, dass lediglich eine weitere ablehnende Überzeugung entsteht.

4.3 Bedeutung von Überzeugungen für das Lehrerhandeln

4.3.1 Integrated-Behavioral-Model (IBM)

Ob und wie die Digitalisierung bei der Unterrichtsgestaltung und Setzung von Kompetenz- und Bildungszielen berücksichtigt wird, hängt wahrscheinlich einerseits von der Frage ab, aus welcher Perspektive Lehrkräfte die Digitalisierung wahrnehmen (siehe Kapitel 2 und 3). Andererseits mögen auch das Vertrauen in die positiven Folgen des eignen Handelns, die wahrgenommenen eigenen Fähigkeiten und die institutionellen Erwartungen an den Unterricht (siehe Kapitel 3) ein erklärendes Moment dafür sein, ob und wie Lehrkräfte angehende Kaufleute auf eine digitalisierte Arbeitswelt vorbereiten. Das Integrated-Behavioral-Model (IBM; Montaño & Kasprzyk, 2008,

S. 77; Rossmann, 2011, S. 89 f.) erklärt u. a. das Wirken dieser Determinanten auf die Entstehung von Verhaltensintentionen sowie die Wahrscheinlichkeit, dass diese zum konkreten Verhalten führen. Ausgangspunkte vom Integrated-Behavioral-Model (IBM; Montaño & Kasprzyk, 2008) sind die Theorie of Reasoned Action (TRA; Fishbein, 1967) und die Theory of Planned Behavior (TPB; Ajzen, 1985). Verhaltensintentionen werden anhand der Einstellung zum Verhalten, der wahrgenommenen Norm und des persönlichen Einflusses erklärt. Die Überführung in ein manifestes Verhalten ist darüber hinaus vom Wissen und von den Fähigkeiten zur Verhaltensausübung, der Wichtigkeit des Verhaltens, den Umweltgrenzen und den individuellen Gewohnheiten abhängig (Montaño & Kasprzyk, 2008, S. 77; Rossmann, 2011, S. 89).

Die Bewertung der Einstellung zum Verhalten unterliegt zwei Komponenten: den experimentellen Erfahrungen (z. B. un-/angenehme Erfahrungen aus vergangenen Verhaltensweisen), die durch affektive Vorstellungen zum Verhalten beschrieben werden, und den instrumentellen Erfahrungen (z. B. Un-/Nützlichkeit des Verhaltens), die durch Verhaltensüberzeugungen beschrieben werden (Rossmann, 2011, S. 50; Montaño & Kasprzyk, 2008, S. 77). So könnte die Überzeugung, relevante Kompetenzen für eine digitalisierten Arbeitswelt in der Berufsschule zu fördern, einerseits durch bisherige Erfahrungen aus der Anpassung von Unterrichtszielen aufgrund von beruflichen Wandlungsprozessen und anderseits aus der wahrgenommenen Nützlichkeit, auf Wandlungsprozesse einzugehen, abhängen. Die wahrgenommene Norm lässt sich in zwei weitere Komponenten aufteilen; die injunktive Norm, welche den wahrgenommenen sozialen Druck beschreibt, und die deskriptive Norm, welche die Wahrnehmung des tatsächlichen Verhaltens anderer Personen umfasst. Beide werden durch normative Überzeugungen beeinflusst (ebd.; ebd.). So könnte z. B. die wahrgenommene Norm dahingehend, ob und wie angehende Kaufleute auf eine digitalisierte Arbeitswelt vorzubereiten sind, entscheidend für das Verhalten der Lehrperson sein.

Der persönliche Einfluss auf die Entstehung von Verhaltensintentionen wird von der wahrgenommenen Verhaltenskontrolle (Ajzen, 2005) und Selbstwirksamkeit (Bandura, 1999) bestimmt (Montaño & Kasprzyk, 2008, S. 77; Rossmann, 2011, S. 50). Die wahrgenommene Verhaltenskontrolle kann als „perceived ease or difficulty or performing the behavior" betrachtet werden (Ajzen, 2005, S. 111; Rossmann, 2011, S. 24). Unter dem Konstrukt der Selbstwirksamkeit werden dagegen die selbstbezogenen Gedanken verstanden, die die Motivation, eine Handlung auszuführen, beeinflussen. Sie beschreibt den Glauben an die Leistungsfähigkeit und bildet die Grundlage der Handlungsfähigkeit zum Zwecke, ein bestimmtes Ziel auch bei Schwierigkeiten zu erreichen (Bandura, 1999, S. 46). Ein Unterschied dieser nah beieinanderliegenden Konstrukte (Ajzen, 2005, S. 94) liegt also darin, dass sich die Selbstwirksamkeitsüberzeugung nicht über die wahrgenommene Schwierigkeit der Zielerreichung definiert. So könnte angenommen werden, dass eine Lehrkraft, die gegenüber der Förderung von arbeitsweltlichen digitalisierungsbezogenen Kompetenzen positiv eingestellt ist und annimmt, dass dies auch von ihr erwartet wird oder ihre Kollegen*innen dies bereits machen, dennoch an der Umsetzung gehindert sein könnte, weil sie eine entsprechende Unterrichtsgestaltung als zu schwierig empfindet und/oder sie es sich nicht zutraut.

Die Einstellungen zum eigenen Verhalten, die wahrgenommene Norm und der persönliche Einfluss können durch persönliche, soziodemografische und informationsbezogene Hintergrundfaktoren beeinflusst werden – so z. B. durch allgemeine, nicht-handlungsspezifische Einstellungen, Persönlichkeitsmerkmale, Werte, Emotionen, Intelligenz, Bildung, Religion, Mediennutzung, Alter oder Geschlecht (Ajzen, 2005, S. 135; Rossmann, 2011, S. 26).

4.3.2 Filter-, Frame- und Guideeigenschaften von Überzeugungen

Fives und Buehl (2012; siehe Abbildung 1) verbinden filternde, rahmende und leitende Eigenschaften von Überzeugungen im *Filters-Frames-Guides-Model*, welches das Lehrerhandeln in Abhängigkeit von persönlichen Erfahrungen und den Funktionen von Überzeugungen darstellt (Fives & Buehl, 2012, S. 478).

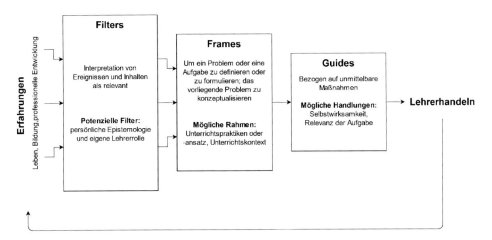

Abbildung 1: Filters, Frames und Guides (Quelle: Eigene Darstellung in Anlehnung an Fives & Buehl, 2012, S. 478)

Das Modell ist weniger geeignet, um zu erklären, wie eine bestimmte Art von Überzeugung, z. B. epistemologische oder Selbstwirksamkeitsüberzeugungen, das Lehrerhandeln beeinflusst. Es basiert auf der Annahme, dass das Zusammenspiel unterschiedlicher Überzeugungen das Lehrerhandeln bedingt (Fives & Buehl, 2012, S. 480). An erster Stelle im Modell stehen Überzeugungen, die die menschliche Wahrnehmung beeinflussen, indem sich ihre filternde Eigenschaft, die sich als ein Bestandteil des Habitus beschreiben lässt, auf die Interpretation von Informationen und Erfahrungen auswirkt (ebd., 2012, S. 478 f.). Für die Verinnerlichung neuer Informationen und Erfahrungen hat diese Eigenschaft zur Folge, dass eine feste Verankerung des Neuen wahrscheinlicher wird, je mehr es mit den bisher getragenen Informationen und Erfahrungen kongruent ist. Der Filterfunktion wird auch zugeschrieben, dass sie einen Einfluss darauf hat, welche Inhalte Lehrkräfte für Schüler*innen als relevant erachten. Yerrick, Parke & Nugent (1997; Fives & Buehl, 2012, S. 479) zeigen, dass die Lehrkräfte innerhalb ihrer Studie das Wissen aus den Wissenschaften als statisch ansehen und sie ihren Unterricht nicht durch neue Erkenntnisse oder Informationen anreichern, wenn sie diese als unrelevant für ihre Schüler*innen bewerten. Dies ist damit zu erklären, dass ihre Überzeugungen die eingehenden Informationen filtern. Eine Aufnahme in den Unterricht würde laut den Lehrkräften der qualitativen Studie nur dann erfolgen, wenn der Lehrplan dies ebenfalls vorsieht. Das würde bezogen auf die Digitalisierung bedeuten, dass nur eine curriculare Verankerung digitalisierungsbezogener kaufmännisch-beruflicher Kompetenzen bewirken würde, dass diese auch im Unterricht adressiert werden.

Wenn Informationen den individuellen *Filter* passieren konnten, dann beeinflussen *Frames* die Art und Weise, wie vorliegende Probleme konzeptualisiert werden. Besonders beim Auftauchen schlecht definierter Probleme im Klassenzimmer (vgl. Nespor, 1987) spielen Frames eine relevante Rolle. Yadav und Koehler (2007; Fives & Buehl, 2012, S. 479) deuten darauf hin, dass epistemologische Überzeugungen von Lehrkräften über Wissen den Umgang mit Schülerfehlern beeinflussen. Sie erklären dieses Phänomen damit, dass durch ihre Überzeugungen das vorliegende Problem unterschiedlich konzeptualisiert wird und demnach unterschiedliche Handlungsweisen erfolgen. Überzeugungen zu Unterrichtsinhalten und über das Lehren und Lernen haben einen Einfluss darauf, wie Reformen oder das Curriculum interpretiert (also gefiltert) und als Aufgabe bezüglich der Implementation im Unterricht wahrgenommen (also konzeptualisiert, gerahmt) werden (Enyedy, Goldberg & Welsh, 2006; Fives & Buehl, 2012, S. 479). In Verbindung mit der Digitalisierung in der kaufmännischen Berufsausbildung würde das bedeuten, dass nach dem erfolgreichen Passieren von filternden Überzeugungen, Frames die Umsetzung von z. B. digitalen handlungsorientierten Lehr-Lern-Arrangements begünstigen, wenn die Lehrkraft entsprechende Konzepte über die Digitalisierung hat.

Die Leitfunktionen von Überzeugungen beeinflussen das Lehrerhandeln. Darunter sind Effizienzüberzeugungen (Original: sense-of-efficacy beliefs: z. B. die Überzeugung einer Lehrkraft, Unterricht zielgerichtet vorbereiten und durchführen zu können) zu verstehen, die motivationale Wirkungen auf die Ziele, die sich Lehrende setzen, auf ihre Anstrengung, diese Ziele zu erreichen, und auf ihr Gefühl bei der Erfüllung der Aufgabe haben (Fives & Buehl, 2012, S. 479). Die Einflüsse dieser Überzeugungen wiederum determinieren die Qualität des Lehrerhandelns. Die Leitfunktion von Überzeugungen zeigt sich also in ihren motivierenden Fähigkeiten, um Lehrende zum Handeln zu bewegen (ebd.).

5 Digitalisierungsbezogene Überzeugungen von kaufmännischen Lehrkräften

5.1 Unterrichtliche Bedeutung der Digitalisierung in der kaufmännischen Berufsausbildung

Die in den Kapiteln 2, 3 und 4 diskutierten digitalisierungsinduzierten Auswirkungen auf die kaufmännische Berufsausbildung sowie die Bedeutung von Lehrerüberzeugungen für die Gestaltung des berufsbildenden Unterrichts stellen den Ausgangspunkt für einen Deutungsrahmen digitalisierungsbezogener Lehrerüberzeugungen zur Ausbildung von kaufmännischen Fachkräften und zur Gestaltung des kaufmännischen Unterrichts dar.

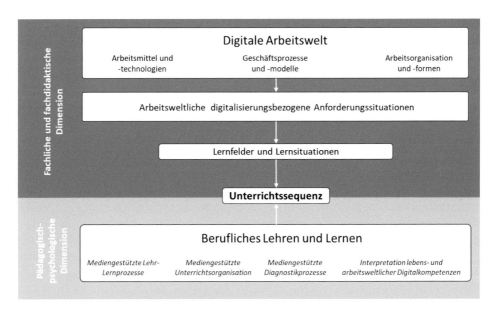

Abbildung 2: Unterrichtliche Bedeutung der Digitalisierung in der kaufmännischen Berufsbildung (Quelle: Eigene Darstellung in Anlehnung an Geiser et al., 2021; Seeber et al., 2019; Gerholz, Männlein & Käser, 2019, S. 367; Wilbers, 2019; Gerholz & Dormann, 2017, S. 15)

Abbildung 2 zeigt einen schematischen Überblick von Digitalisierungsbezügen zum Unterricht. Wie den vorherigen Auseinandersetzungen im zweiten Kapitel dieser Arbeit zu entnehmen ist, hat die Digitalisierung eine komplexe arbeitsweltliche Bedeutung für (angehende) kaufmännische Fachkräfte, die über Lernfelder und -situationen Einzug in den Unterricht halten soll. Zugleich bietet die Digitalisierung weitreichende Möglichkeiten und Herausforderungen für das berufliche Lehren und Lernen mit digitalen Technologien. Diese doppelte Perspektive deutet bereits auf eine Strukturierung in fachliche, fachdidaktische und pädagogische (vgl. Baumert & Kunter, 2006; König & Blömeke, 2009) Dimensionen der Digitalisierung hin.

Es existieren bereits unterschiedliche Ansätze, die Lehrerkompetenzen im Hinblick auf die Digitalisierung systematisieren und darstellen (vgl. u. a. Blömeke, 2000; Koehler & Mishra, 2009; Lorenz & Endberg, 2019; Redecker, 2017). Sie sind allerdings vornehmlich auf einer pädagogischen Ebene zu verorten (siehe Abbildung 2), weshalb sie als nicht hinreichend für einen Deutungsrahmen von möglichen Lehrerüberzeugungen zur Digitalisierung in der kaufmännischen Domäne einzuschätzen sind. Lorenz & Endberg (2019, S. 76) merken diesbezüglich an, dass auch eine Kombination dieser Modelle nicht alle Anforderungen an eine Lehrkraft, die durch eine digitalisierte Bildungs- und Arbeitswelt aufkommen könnten, abfangen kann und somit auch nicht alle Denkarten über die Digitalisierung mit ihnen beschreibbar sind. Unter dieser Prämisse ist auch der in dieser Arbeit entwickelte Ansatz zu interpretieren.

Den Ausgangspunkt bildet das als allgemein in der Lehrerprofessionsforschung akzeptierte *Modell der professionellen Handlungskompetenz* von Baumert & Kunter (2006, S. 482). Es weist zwar keine Bezüge zur Digitalisierung auf, bietet aber eine theoretisch fundierte und evidenzbasierte Struktur zur Ausdifferenzierung professionellen Lehrerwissens (Kunter, Baumert & Blum, 2011). Da Überzeugungen dem Konstrukt Wissen sehr nahestehen (vgl. Kapitel 4), wird hier eben dieses Modell, welches pädagogische, fachdidaktische und fachliche/inhaltliche Wissensbereichen unterteilt (vgl. Baumert & Kunter, 2006, S. 482), auch zur Systematisierung von Überzeugungen verwendet. Zur Integration digitalisierungsbezogener Aspekte erfolgt eine Spezifizierung in Anlehnung an die Dimensionen von Lehrerkompetenzen nach dem TPACK-Modell (Technological Pedagogical Content Knowledge; Koehler & Mishra, 2009). Erst dies ermöglicht eine differenzierte Betrachtung technologischer Möglichkeiten der Unterrichtsgestaltung. Der Ansatz findet eine breite Akzeptanz und wird für unterschiedliche Forschungsfragestellungen als Basis verwendet, wenn es um die Wahrnehmungen von Studierenden, Lehrkräften und Dozierenden bezüglich des Einsatzes von Technologien in der Lehre oder um die Messung von Lehrerkompetenzen geht (Chai, Koh & Tsai, 2012, S. 36). TPACK wurde als Ansatz zur Integration von Technologien in den Unterricht unter Bezug auf das fachdidaktische Wissen nach Shulman (1987) entwickelt. Valtonen, Sointu, Kukkonen, Kontkanen, Lambert & Mäkitalo-Siegl (2017, S. 18 f.) verweisen auf eine uneinheitliche Forschungslage bezüglich der Konstruktvalidität der einzelnen Dimensionen des Modells. Valtonen, Sointu, Mäkitalo-Siegl & Kukkonen (2015, S. 92 ff. & 97) konnten mittels einer explorativen Faktorenanalyse die von Köhler & Mishra (2009) beschriebene TPACK-Struktur nachweisen, allerdings nur, wenn die Dimension TPACK selbst in der Analyse isoliert wird. Dies ist insofern nachvollziehbar, weil TPACK die gesamte Schnittmenge des Modells und damit ein Konglomerat aller Dimensionen darstellt (Köhler, Mishra & Cain, 2013, S. 16; Valtonen et al., 2015, S. 98). Somit sollen für die weiteren Herleitungen auch nur die sechs Dimensionen pädagogisches Wissen, Inhaltswissen, technologisches Wissen, technologisches Inhaltswissen, technologisch-pädagogisches Wissen sowie pädagogisches Inhaltswissen unter Bezug zu den 21-Century-Skills (TPACK21; Valtonen et al. 2015, 2017) verwendet und auf das hier zu beschreibende Überzeugungskonstrukt bezogen werden.

5.2 Digitalisierungsbezogene pädagogische Überzeugungen

Die Dimension digitalisierungsbezogene pädagogische Überzeugungen (DPÜ) bezieht sich maßgeblich auf die Facetten des pädagogischen Wissens nach Baumert & Kunter (2006, S. 484). Diese umfasst Themen der konzeptuellen bildungswissenschaftlichen Grundlagen, des allgemeindidaktischen Konzeptions- und Planungswissens, der Fähigkeiten zur Unterrichtsführung und Orchestrierung von Lerngelegenheiten sowie der fachübergreifenden Prinzipien des Diagnostizierens, Prüfens und Bewertens (ebd., S. 485). König & Blömeke (2009) konzeptualisieren hierunter fünf Dimensionen pädagogischen Wissens, die das professionelle Lehrerhandeln bedingen (ebd., S. 508). Die erste Dimension ist die Strukturierung, Planung und Analyse des Unterrichts. Lehrkräfte entscheiden unter Berücksichtigung curricularer Vorgaben und ihrer Schülerschaft bei der Planung des Unterrichts über zu lehrende Inhalte und zu fördernde Kompetenzen (Euler & Hahn, 2007, S. 159 ff.; König & Blömeke, 2009, S. 504). Hierzu zählt auch die Festlegung fachübergreifender bzw., für die berufliche Bildung aufgrund der Lernfeldorientierung, überberuflicher Lernziele. Darin sind Kompetenzen zu verorten, die nicht direkt auf die Ausführung einer bestimmten kaufmännischen Tätigkeit bezogen sind. Aus einer arbeitsmarktpolitischen Argumentation heraus sind hierunter Kompetenzen zu verstehen, die die Fähigkeit zur Anpassung an nicht prognostizierbare betriebliche Anforderungen zur flexiblen Verwertung menschlicher Arbeitskraft beschreiben. Berufspädagogische Ansätze heben darüber hinaus in diesem Zusammenhang Kompetenzen hervor, die Anforderungen sich wandelnder Beschäftigungssysteme adressieren. Individuumsorientierte Ansätze nehmen ebenfalls die Qualifizierung für den Arbeitsmarkt und für künftige Beschäftigungssysteme in den Blick, ergänzen diese aber um Bildungs- und Persönlichkeitskonzepte (Sieber, 2003, S. 7 f.). In dieser Verbindung ist auch das Schlüsselqualifikationskonzept nach Reetz (1990, Sieber, 2003, S. 8) zu nennen. Zentrale überberufliche Dimensionen dieses Konzeptes sind Selbstkompetenzen (u. a. Einstellungen, Haltungen, charakterliche Eigenschaften etc.) und Sozialkompetenzen (u. a. Teamfähigkeit, Konfliktbewältigung etc.). Frühe empirische Konzepte überberuflicher Kompetenzen lassen sich bei Brunner & Mariauzouls (1995) finden. Daran anknüpfend zeigt Sieber (2003, S. 23), ebenfalls basierend auf einer Stellenanzeigenanalyse auf dem Schweizer Arbeitsmarkt, dass für kaufmännische Berufe vor allem Zuverlässigkeit, Flexibilität, Belastbarkeit, Organisationfähigkeiten, Sympathie, logisches Denken sowie Selbstbewusstsein gefordert werden. Neuere Studien verweisen für den deutschen Arbeitsmarkt auf ein ähnliches Bild (Trost & Weber, 2012, S. 18). In der Diskussion werden aus einer bildungs- und individuumsbezogenen Perspektive technische Nutzungskompetenzen, Datenschutzkompetenzen, Informationskompetenzen, Sozialkompetenzen und bürgerliche Kompetenzen im Sinne digitaler Mündigkeit und Partizipation adressiert (Hoffmann, Weber, Zepic, Greger & Krcmar, 2019). Basierend auf diesen theoretischen und empirischen Ansätzen, die überblicksartig nicht erschöpfend sind, ist die Subdimension DPÜ_K *Überzeugungen zu überberuflichen Kompetenzen* definiert.

Die Dimension *Strukturierung, Planung und Analyse des Unterrichts* bezieht sich neben der Auswahl von Inhalten und Festlegung von Lernzielen auch auf Aspekte zum Erreichen ebendieser Lernziele bzw. zur Förderung von Kompetenzen (König & Blömeke, 2009, S. 504 f.). Die Wahl von Sozial- und Interaktionsformen spielt dabei eine relevante Rolle zur Gestaltung des Unterrichts. Götzl, Jahn & Held (2013) verweisen im Zuge ihrer domänenspezifischen empirischen Studie zu Unterrichtsverläufen im kaufmännischen berufsbildenden Unterricht darauf, dass „eine adäquate Sozialform sowie eine angemessene Rhythmisierung des Unterrichts zentrale qualitative Prozessmerkmale des Unterrichtsangebotes darstellen" und sowohl Lern- als auch Bildungswirkungen entfalten (ebd., S. 3). Sozialformen lassen sich nach Meyer (2008, S. 138) vereinfacht in Frontalunterricht, Gruppenunterricht, Partnerarbeit und Einzelarbeit sowie nach dem Grad der Schüler- oder Lehrerzentrierung unterscheiden (Götzl, Jahn & Held, 2013, S. 3). Wie auch für Sozialformen existiert für die Prozessstruktur von Unterricht eine Vielzahl an Klassifikationen, die auf die Grundphasen *Einstieg, Erarbeitung und Ergebnissicherung* sowie *Arbeitsanweisungen und Organisation* des Unterrichts reduziert werden können (Meyer, 2008, S. 138; Götzl, Jahn & Held, 2013, S. 4). In der kaufmännischen beruflichen Bildung stellt der Frontalunterricht als Lehrervortrag oder als Lehrer-Schüler-Interaktion, gefolgt von der Einzelarbeit, mit Abstand die häufigste Sozialform dar (Götzl, Jahn & Held, 2013, S. 11 f.). Basierend auf dieser Klassifikation von Prozessmerkmalen des Unterrichts lässt sich die Subkategorie DPÜ_UP *Überzeugungen zu Unterrichtsprozessmerkmalen* ableiten. Zentral sind in dieser Dimension Fragen über die Sicht von Lehrkräften auf den Unterricht aus pädagogischer Perspektive, losgelöst von einer medialen Begleitung und Unterstützung.

Die *Motivierung* der Lernenden zur Erreichung von Kompetenzzielen ist eine weitere pädagogische Facette professionellen Lehrerhandelns (König & Blömeke, 2009, S. 505). Für die berufliche Bildung heben Prenzel, Kramer & Drechsler (2001, S. 37) zwei theoretische Ansätze zur Lernmotivation hervor: die Fremd- und Selbstbestimmungstheorie (Deci & Ryan, 1993) und die Interessentheorie (Krapp, 1992). Deci & Ryan (1993) unterscheiden zwischen intrinsischer und extrinsischer Motivation und stellen deren Zusammenhänge zur Aktivierung von Lernprozessen in den Vordergrund. Sie betonen dabei die Relevanz der Schaffung von Authentizität und Identität (Prenzel et al., 2001, S. 37). Dem Fremd- und Selbstbestimmungsansatz zufolge können „intrinsisch motivierte Verhaltensweisen als interessenbestimmte Handlungen definiert werden [...]" (Deci & Ryan, 1993, S. 225). Sie bedürfen also keiner externen Aktivierung. Es ist davon auszugehen, dass Lernende keine dauerhafte intrinsische Motivation zur Auseinandersetzung mit den Unterrichtsinhalten haben (König & Blömeke, 2009, S. 505), weshalb die extrinsische Motivierung durch die Lehrperson eine besondere Rolle bei der Aktivierung und Aufrechterhaltung von Lernprozessen spielt, da durch sie intrinsisch selbstbestimmte Handlungen gefördert werden können (Deci & Ryan, 1993, S. 226). Krapp (1992) bezieht sich weniger auf die Belohnungs- und Anreizmethoden, sondern auf „individuelles oder persönliches und situationales Interesse" (ebd., S. 748). Dem interessentheoretischen Ansatz zufolge beschreibt individuelles Interesse eine Persönlichkeitseigenschaft in Verbindung zu einem Interessengebiet, durch welche Handlungen motiviert werden. Situationales Interesse beruht dagegen mehr auf der Frage, wie eine Situation gestaltet werden kann, um sie interessant zu machen und um die Motivation, sich mit einem Lerngegenstand auseinanderzusetzen, zu fördern (ebd., S, 749; Anderson, Shirey, Wilson & Fielding, 1984; Schank, 1979). Habig, van Vorst & Sumfleth (2018, S. 107 ff.) greifen diesen Ansatz auf und zeigen, dass die Kontextualisierung von Lerngegenständen die Lernleistung beeinflusst. Sie unterscheiden zwischen alltäglichen und besonderen Kontexten (ebd., S. 104). Bei Lernenden mit einem höheren Fachinteresse kann durch die Herausstellung einer Besonderheit des Lehrgegenstandes ein höherer Motivationsgrad in der Auseinandersetzung erzeugt werden. Bei schwächeren Lernenden sind dagegen eher die alltäglichen Kontexte motivierender, was damit zusammenhängen könnte, dass sie durch den Alltagsbezug „die Relevanz des Fachinhaltes für das eigene Leben [besser; Erg. d. Verf.] nachvollziehen" können (ebd., S. 110). Aus diesen Erklärungen soll unter dem Ansatz der Motivierung die Subdimension *Überzeugungen zur Begriffserklärung „Digitalisierung"* hergeleitet werden. Hierunter ist die Frage verortet, wie Lehrkräfte den Begriff „Digitalisierung" angehenden kaufmännischen Fachkräften im Unterricht erklären würden und ob sie einen Alltagsbezug verwenden, indem sie an Lebens- und Bildungswelten oder Technologien anknüpfen (Dimension DPÜ_EL), oder ob sie sich bei der Erklärung am Besonderen der Digitalisierung, also an Einflüssen und Veränderungen in der Arbeitswelt, orientieren (Dimension DPÜ_EA). Eine fachdidaktische Einordnung wird hier nicht vorgenommen, weil die Entscheidung über lebens- oder arbeitsweltliche Erklärungsansätze als pädagogische Entscheidung bzw. Handlungsweise verstanden wird.

Die *Leistungsbeurteilung* als pädagogische Facette (König & Blömeke, 2009, S. 506 f.) beschreibt aus digitalisierungsbezogener Perspektive (nicht aus technologischer, pädagogischer oder inhaltlicher Perspektive; vgl. Kapitel 5.5 und 5.6) die handlungs- und digitalkompetenzorientierte Leistungsfeststellung und -bewertung im Berufsschulunterricht. Neben der paradigmatischen Wende von der Input- zur Outputorientierung im Bildungssystem (KMK, 2007, 2010) stellt auch die Konzeption und Bewertung von digitalisierungsorientierten Kompetenzen Lehrkräfte hinsichtlich des Einsatzes adäquater Prüfungsformen im kaufmännischen Berufsschulunterricht vor Herausforderungen. Die Subdimension DPÜ_L *Überzeugungen zur Leistungsbeurteilung* umfasst darüber hinaus auch Fragen von Gütekriterien und Urteilsfehlern in modernen Prüfungsformaten (vgl. König & Blömeke, 2009, S. 507).

5.3 Digitalisierungsbezogene Überzeugungen zu kaufmännischen Arbeitswelten

Die Dimension *Digitalisierungsbezogene Überzeugungen zu kaufmännischen Arbeitswelten* (DÜA) orientiert sich, wie in Kapitel 2 beschrieben, an digitalisierungsinduzierten Auswirkungen auf Geschäftsprozesse und -modelle, Arbeitsformen und Arbeitsmittel sowie die Folgen für kaufmännische Tätigkeiten (vgl. Kapitel 2.2; Geiser et al., 2021; Baethge-Kinsky, 2019). Geschäftsprozesse sind je nach Grad der Digitalisierung auf unterschiedlichen Abstraktionsniveaus von Veränderungen betroffen. Auf Arbeitsplatzebene lassen sich Verschiebungen von manueller zu automatisierter Aufgabenbearbeitung erkennen (Busse et al., i. E.; Schumann & Lange 2019, S. 2; Traum et al., 2017, S. 3 f.; Wolf & Strohschen, 2018, S. 58). Auf darüberliegenden Geschäftsprozessebenen zeigen sich neben optimierten und digitalisierten Prozessabläufen neue Geschäftsmodelle, die nur durch digitale Technologien möglich sind (Busse et al., i. E.; Schumann & Lange, 2019, S. 2; Hess, 2018; Bowersox, Closs & Drayer, 2015, S. 22; Mazzone, 2014, S. 8). Somit sind Veränderungen in Geschäftsprozessen durch z. B. Vernetzungen, Prozessoptimierungen, Outsourcing etc. wahrnehmbar, worauf sich die Subdimension DAÜ_VG *Veränderungen von Geschäftsprozessen* bezieht.

Die Form der Tätigkeitsausführung (vgl. Kapitel 2.1 und 2.2) ist sowohl von der Digitalisierung aufgrund sich wandelnder Geschäftsprozesse (vgl. u. a. Busse et al., i. E.; Geiser et al., 2021; Härtwig, Borgnäs, Tuleweit, Lenski & Niedbuhr, 2019) als auch durch die Etablierung neuer Arbeitsbedingungen losgelöst von der Digitalisierung zu diskutieren (Riedl, 2020). Mit der Subdimension DAÜ_AF *Überzeugungen zu Veränderungen von Arbeitsformen* werden Überzeugungen zur künftigen Gestalt kaufmännischer Tätigkeiten beschrieben – z. B, inwieweit sich durch den Einzug von Technologien am Arbeitsplatz und im Arbeitsprozess der Autonomiegrad der Fachkraft verändert oder an welchen Orten, sei es im Homeoffice, Mobileoffice oder in nomadenartigen Konstellationen (siehe Kapitel 2.2.4), Tätigkeiten ausgeführt werden. Ebenfalls bedingt dieser Wandel kaufmännische Tätigkeiten bspw. in Richtung vermehrt routinierter oder nicht-routinierter Tätigkeiten (Jordanski et al., 2019, S. 66) oder anspruchsvollerer Tätigkeiten (vgl. Helmrich et al., 2016, S. 55). Geschäftsprozessveränderungen führen auch zu Verschiebungen in Tätigkeitsprofilen in kaufmännischen Berufen zugunsten datenschutz- und -sicherheitsbezogener Tätigkeiten, Recherche- und Informationsverarbeitungstätigkeiten, prozessbezogener Tätigkeiten usw. (siehe Kapitel 2.2; Busse et al., i. E.; Geiser et al., 2021; Jordanski, Schad-Dankwart & Nies, 2019, S. 66; Seeber et al., 2019). In Anlehnung hieran werden Überzeugungen zu Verschiebungen in Tätigkeitsprofilen in der Subdimension DAÜ_TP *Überzeugungen zu Veränderungen von Tätigkeitsprofilen* beschrieben.

Adaptiert an Güntürk-Kuhl et al. (2017, S. 9 f.) werden Arbeitsmittel in die Subdimensionen *Digitale Endgeräte* (DAÜ_AE; PC, Laptop, Tablet, Smartphone, VR-Brillen etc.), *Anwendungssysteme* (DAÜ_AA; MS-Officeprodukte, ERP-Systeme, Social-Media-Schnittstellen und Plattformen etc.) sowie *Kommunikationsmedien* (DAÜ_AK; E-Mail, Chat, Messenger, Telefon etc.) unterteilt. Diese Subdimensionen sollen beschreiben, welche digitalisierungsinduzierten Veränderungen Lehrkräfte bezüglich kaufmännischer Arbeitsmittel, die zur Verrichtung von Aufgaben und Tätigkeiten eingesetzt werden müssen, wahrnehmen.

5.4 Digitalisierungsbezogene wirtschaftsdidaktische Überzeugungen

Die Dimension *Digitalisierungsbezogene wirtschaftsdidaktische Überzeugungen (DWÜ)* basiert auf dem Konstrukt des fachdidaktischen Wissens nach Baumert & Kunter (2006, S. 495) und wird als Kombination der pädagogischen und inhaltlichen Dimension dargestellt. Shulman (1987) legte mit der Frage nach dem Verständnis von Lehrkräften über Unterrichtsinhalte einen Grundstein für die zunehmende Betrachtung der „Fachlichkeit von Unterricht" (König et al., 2018, S. 5) und richtete damit den Blick darauf, wie Lehrkräfte das Fachliche in den Unterricht integrieren (ebd.). Fachdidaktisches Wissen bezieht sich u. a. auf das Wissen über didaktische und diagnostische Potenziale von Aufgaben, Wissensvoraussetzungen, Schülervorstellungen und multiplen Repräsentations- und Erklärungsmöglichkeiten (Baumert & Kunter, 2006, S. 495). Aus berufsbildender Sicht wird auf wirtschaftsdidaktische Auseinandersetzungen rekurriert, um die Besonderheiten der beruflichen Bildung wie die Handlungs- und Lernfeldorientierung (KMK, 2007) zu berücksichtigen. Diese Dimension DWÜ zeichnet sich im Unterschied zu einer pädagogischen Dimension durch ihren kaufmännischen Domänenbezug aus. In Anlehnung an die Didaktik des Wirtschaftsunterrichts (Euler & Hahn, 2007, S. 160) steht folgend die Frage im Mittelpunkt, wie Lehrkräfte die Digitalisierung der kaufmännischen Arbeitswelt in den Berufsschulunterricht einbringen wollen.

Aufgrund der genannten Verschränkung unterteilt werden von Pädagogik und Inhalt sind hier auch Kategorien der pädagogischen Überzeugungen aus einer Handlungsfeldperspektive zu betrachten. Die Subdimension DWÜ_UP *Überzeugungen zu Unterrichtsprozessmerkmalen* bezieht sich auf die Sozialform und Prozessstruktur des Unterrichts (vgl. Götzl, Jahn & Held, 2013, S. 3 ff.). Hierunter ist z. B. die Gestaltung des Unterrichts in Orientierung an betrieblich authentischen Lernsituationen zu verstehen. Lernsituationen sind „[...] eine Simulation, bei der das selbstgesteuerte Lernhandeln durch ein Handlungsprodukt, einen Handlungsraum und einen Handlungsprozess strukturiert werden soll [...]." (Wilbers, 2020, S. 483). Sie entstehen durch die didaktisch motivierte Zerlegung von Handlungssituationen in Handlungsfelder, die dann in Lernfelder die wiederum in Lernsituationen ausdifferenziert und strukturiert werden (ebd., S. 482). In Bezug auf die Digitalisierung in kaufmännischen Arbeitswelten umfasst die Subdimension DWÜ_UP *Bedeutung für Unterrichtsprozessmerkmale*, inwieweit sich Lehrkräfte bei der Entwicklung von Lernsituationen aus Handlungs- und Prozessperspektive (vgl. Wilbers, 2020, S. 486 ff.) an der betrieblichen (zeitgemäßen) Realität orientieren.

Überzeugungen zu beruflichen digitalisierungsbezogenen Kompetenzen werden aufgrund pädagogischer und inhaltlicher Überschneidungen in der Wirtschaftsdidaktik in ebendieser Dimension verortet. In Anlehnung an die in Kapitel 2 dargestellten Veränderungen der kaufmännischen Arbeitswelt durch die Digitalisierung (u. a. Geiser et al., 2021) erfolgt eine Strukturierung von Überzeugungen zu Kompetenzanforderungen an kaufmännische Fachkräfte entlang der Kategorien Geschäftsprozesse, Arbeitsformen und Arbeitsmittel. Die Subdimension DWÜ_KGP *Kompetenzanforderungen aus Geschäftsprozessen* umfasst Überzeugungen von Lehrkräften über Kompetenzen, die aufgrund digitalisierungsinduzierter Einflüsse auf Geschäftsprozesse erforderlich werden bzw. schon sind. Hierunter sind bspw. Wissen zu digitalen Geschäftsprozessen oder Fähigkeiten und Fertigkeiten, in ebensolchen Steuerungs- und Optimierungstätigkeiten auszuüben, verortet. Die Subdimension DWÜ_KAF *Kompetenzanforderungen aus Arbeitsformen* bezieht sich auf Anforderungen aufgrund der sich wandelnden Art der Arbeitsausführung. Das könnten z. B. Sozialkompetenzen aufgrund intensiverer kooperativer Arbeitsformen oder Fremdsprachenfähigkeiten aufgrund von zunehmenden Geschäftätigkeiten über nationale Grenzen hinweg sein. Die Subdimension DWÜ_KAM *Kompetenzanforderungen aufgrund von Veränderungen von Arbeitsmitteln* umfasst Überzeugungen von Lehrkräften zu relevanten Anforderungen aus sich wandelnden und neuen Arbeitsmitteln am physischen Ort der Arbeitsverrichtung. Darunter fallen z. B. der Umgang mit Social-Media-Schnittstellen oder aber Kompetenzen zum Lösen von IT-Problemen. Weiter enthält sie berufliche Medien- und Informationskompetenzen wie die Recherche und Bewertung von Informationen oder datenschutz- und -sicherheitsbezogene Anforderungen im Umgang mit Informationen (Härtel et al., 2018, S. 69).

Unterrichtsinhalte sind durch die Rahmenlehrpläne und landesspezifischen Curricula vorgegeben. Auf Schulebene werden sie in Fachkonferenzen (z. B. in Niedersachsen laut § 35 NSchG) sowie durch einzelne Lehrkräfte für ihre Unterrichtsplanung aufbereitet. Diese pädagogische Freiheit betrifft auch Fragen der Digitalisierung und die damit einhergehenden Anforderungen zur Orientierung am *Wissenschaftsprinzip und Situationsprinzip* (KMK, 2017, S. 20 f.; Wilbers, 2020, S. 36). Das Wissenschaftsprinzip beschreibt den Einzug wissenschaftlich fundierter Inhalte nach einer fachsystematischen Struktur in den Unterricht und das Situationsprinzip die Auswahl an gegenwärtig und künftig relevanten Situationen, in denen erworbene Kompetenzen zum Tragen kommen sollen (Wilbers, 2020, S. 36 ff.). Die Subdimension DWÜ_UI *Berufsschulische digitalisierungsbezogene Unterrichtsinhalte* bezieht sich auf diese Prinzipien. Im Vordergrund stehen die Fragen, welche Unterrichtsinhalte Lehrkräfte für die kaufmännische Praxis mit Blick auf digitalisierungsbezogene Veränderungen als relevant erachten und welche durch die Digitalisierung ihrer Ansicht nach nicht mehr zeitgemäß sind. Hier könnte zu unterscheiden sein, ob innovative Geschäftsmodelle, automatisierte Geschäftsprozesse oder moderne Managementansätze und -systeme zum Gegenstand des Unterrichts gemacht werden.

Für einen aktiven Lernprozess ist das Wissen über Lernpotenziale der Schüler*innen unabdingbar. Zu den Lernpotenzialen zählen Vorkenntnisse zum Lerngegenstand sowie das Leistungsniveau der Lernenden (Helmke, 2021, S. 71; Euler & Hahn, 2007, S. 160 ff.; Baumert & Kunter, 2006, 2011, S. 37). In der Subdimension DWÜ_VK *Digitalisierungsbezogene relevante Eingangskompetenzen* werden als relevant erachtete Kompetenzvoraussetzungen beschrieben, über die künftige kaufmännische Fachkräfte bereits vor Beginn einer dualen Ausbildung verfügen sollten, um mit den auf sie zukommenden Herausforderungen der Digitalisierung in der Ausbildung und Arbeitswelt umgehen zu können. Ebenfalls zu den Vorkenntnissen soll in der Subdimension DWÜ_SV *Digitalisierungsbezogene Schülervorstellungen* beschrieben werden, was sich aus Sicht von Lehrkräften angehende kaufmännische Fachkräfte unter der Digitalisierung vorstellen. Das Wissen über das individuelle Leistungsniveau der Lernenden ist relevant, um den Schwierigkeitsgrad von Aufgabenstellungen oder Erklärungen einschätzen zu können. In der Subdimension DWÜ_VS *Digitalisierungsbezogene Verständnisschwierigkeiten der Lernenden* werden daher Überzeugungen von Lehrkräften über Aspekte der Digitalisierung gefasst, die für künftige kaufmännische Fachkräfte schwierig zu verstehen sind. Das könnten z. B. die Tragweite und Komplexität der Digitalisierung über die Lebenswelten der Lernenden hinaus sein.

5.5 Technologisch-pädagogische Überzeugungen

Die Dimension der *technologisch-pädagogischen Überzeugungen* (TPÜ) ist angelehnt an das technologisch-pädagogische Wissen (TPK) des TPACK-Modells (Koehler & Mishra, 2009, S. 65). TPK beschreibt das Lehren und Lernen mit Technologien. Die Wissensdimension umfasst Kenntnisse über pädagogische Möglichkeiten und Herausforderungen beim Einsatz von digitalen Tools wie den Einfluss ebendieser auf Prozess- und Strukturmerkmale des Unterrichts. Auch Kenntnisse über die originären Verwendungszwecke eingesetzter Technologien sind dieser Dimension entsprechend von Lehrkräften zu antizipieren, weil die meisten Technologien aus betriebswirtschaftlichen Anforderungen entwickelt wurden. Die Herausforderung für Lehrkräfte liegt nun darin, Technologien zu Bildungszwecken neu zu denken (ebd.). Auch sind hierunter Aspekte der Klassenführung, der Sicherung effektiver Lernzeiten oder der Umgang mit Heterogenität (vgl. König & Blömeke, 2009, S. 506) beim Einsatz digitaler Medien mitzudenken.

Die Subdimension TPÜ_UG *Unterrichtsgestaltung mit digitalen Medien* greift die Frage auf, welche Bedeutung die Möglichkeiten digitaler Tools für den Unterrichtsprozess und die Unterrichtsstruktur aus Sicht von Lehrkräften haben können. Z. B. können in dieser Subdimension Ansichten von Lehrkräften eingeordnet werden, die sich auf digitale Tools für kooperative Lernformen oder Blended-Learning-Formate beziehen. Die Subdimension TPÜ_PDM *Potenziale digitaler Medien im Unterricht* beschreibt Überzeugungen von Lehrkräften über Vorteile und Möglichkeiten des Einsatzes digitaler Medien im Unterricht – z. B. die Steigerung der Lernleistung, Dezentralisierung und Flexibilisierung, Multimedialität, Authentizität, Adaptivität, Interaktivität, Kommunikation und Kooperation sowie eine individuelle und kollektive Wissensverarbeitung (Gerthofer & Schneider, 2021; Knüsel Schäfer, 2020, S. 21 f.; Schaumburg, 2015, S. 33 f.; Schmid, Goertz & Behrens, 2017, S. 14 ff.). Die Subdimension TPÜ_RDM *Risiken digitaler Medien im Unterricht* bildet das Gegenstück zu den Potenzialen. Empirische Belege zeigen, dass Lehrkräfte unter den Risiken vor allem die Gefahr sehen, dass Materialien aus dem Internet kopiert werden, sich Schreib- und Rechenkompetenzen verschlechtern, weniger persönlich kommuniziert wird, konzeptuelles Verstehen erschwert wird und Unterrichtsstörungen begünstigt werden (Fraillon, Ainley, Schulz, Friedman & Gebhardt, 2014, S. 200 ff.; Schaumburg, 2015, S. 42).

Digitale Medien finden im Unterricht auch ihre Funktion zum Prüfen und Beurteilen (Knüsel Schäfer, 2020, S. 22) sowie zur kompetenzorientierten Leistungsbeurteilung (BMBF, 2019; Seeber, Wuttke, Greiwe & Turhan, 2019; Vanecek, Pichler, Kopf & Hammermüller, 2013, S. 216 ff.). Der Einsatz computerbasierter Prüfungen bringt ebenfalls eine Reihe von organisatorischen Herausforderungen mit, die sich negativ in Überzeugungen von Lehrkräften zu digitalen Prüfungsformaten widerspiegeln könnten – darunter die Organisation von Raum- und Ressourcenkapazitäten, die Konzeption einer digitalen Prüfung, die Schaffung einer sicheren Prüfungsumgebung sowie die Einhaltung rechtlicher Anforderungen. Daneben bieten sie aber auch organisatorische Vorteile in Form von Zeitersparnissen durch Standardisierung und Routinisierung (Wannemacher, 2006, S. 163 f.). Die Subdimension TPÜ_LB *Digitale Leistungsbeurteilung* umfasst ebensolche Überzeugungen von Lehrkräften zu digitalen Prüfungsformaten. In der letzten Subdimension TPÜ_DM *Wahrnehmung digitaler Medien* steht die Gestalt digitaler Medien im Vordergrund und beschreibt, was sich Lehrkräfte unter dem Begriff „digitale Medien" vorstellen. Dies können einerseits Endgeräte wie Smartphones, Beamer, Tablets, Laptops etc. sein, andererseits Officeprogramme, Clouddienste, Videoangebote, Lernplattformen, Foren, Wikipedia, Simulationen etc. (Schmid et al., 2017, S. 25).

5.6   Technologisch-inhaltsbezogene Überzeugungen

In der Dimension *technologisch-inhaltsbezogene Überzeugungen* (TIÜ) wird erfasst, wie sich aus Sicht von Lehrkräften Technologien und Inhalte gegenseitig beeinflussen und wie mit Technologien digitale Lernumgebungen gestaltet werden können (vgl. Köhler & Mischra, 2009, S. 65). Der technologische Fortschritt führt nicht nur dazu, dass Innovationen entstehen, sondern er begünstigt und fördert auch neue Sichtweisen auf Gegenstände, Zusammenhänge und Sachverhalte, indem zuvor Nichtsichtbares durch Technologien aufgedeckt werden kann oder Nichterklärbares durch ein wachsendes technologisches Verständnis auf metaphorische Art technologisiert wird. Somit ist eine enge Verbindung zwischen technologischen Werkzeugen und unserer Wahrnehmung der Welt durch sie zu konstatieren, was beim Einsatz ebendieser zu Bildungszwecken bedacht werden muss (ebd.). Konkreter wird es am Beispiel der Buchhaltung. Es ist naheliegend, dass das Lernen von Buchungen schriftlich mittels T-Konten, Anfangs- und Schlussbeständen sowie einer Buchhalternase zu einer anderen kognitiven

Wissensdarstellung über das Buchen von Geschäftsvorfällen führt als ein Lernprozess über Inputfelder in Eingabemasken einer Buchhaltungssoftware. Das Beispiel verdeutlicht, dass Technologien zu einer Veränderung in der Darstellung und semantischen Einbettung von Wissen führen, aber auch, dass andere Darstellungsformen überhaupt erst ermöglicht werden. Dies ist in der Subdimension TIÜ_TIB *Technologische Inhaltsdarstellung* verankert.

Die Subdimension TIÜ_ALU *Anwendung berufs- und betriebstypischer Technologien* bezieht sich auf Überzeugungen zu Möglichkeiten und zur Sinnhaftigkeit des Einsatzes von Soft- und Hardware im Unterricht, um eine betrieblich reale Lernumgebung zu schaffen, wie es durch die Integration von Smart Factories in den kaufmännischen Unterricht erreicht werden könnte. In Kapitel 3.4 ist dargestellt, dass Produktionsmodelle eine Vielzahl an Möglichkeiten, die den kaufmännischen Unterricht betrieblich-authentisch erfahrbar machen, bieten. Eldracher, Ferdinand & Hehberger (2021, S. 238) verweisen zudem beim Einsatz von Produktionsmodellen auf Kooperationsmöglichkeiten zwischen gewerblich-technischer und kaufmännischer Ausbildung. So kann ein modellhafter, aber dennoch physisch existierender Produktionsprozess für kaufmännische Auszubildende realitätsnahe Erfahrungen mit Kalkulationsaufgaben wie der Berechnung von Selbst-, Einzel- und Gemeinkosten auf Basis realer Daten bieten. In diesem Zusammenhang ist auch festzuhalten, dass die Art und das Verfahren der Leistungsbeurteilung auf Basis solcher Lerngelegenheiten betroffen sind (vgl. Curriculum-Assessment-Triade; u. a. Achtenhagen, 2012), was in der Subdimension TIÜ_HLB *Handlungsorientierte Leistungsbeurteilung* beschrieben wird.

5.7 Überzeugungen zur Digitalisierung

Im TPACK-Modell stellt das Wissen über Technologien einen wesentlichen Baustein für einen produktiven Einsatz von Technologien dar (Koehler & Mishra, 2009, S. 64). Dazu zählen intellektuelle Fähigkeiten zum Verständnis von Technologien, Wissen über Informationstechnologiekonzepte sowie Fähigkeiten, Technologien zielgerichtet einzusetzen (National Research Council, 1999, S. 4). Die Dimension *Überzeugungen zur Digitalisierung* (ÜD) bezieht sich vor allem auf das Verständnis von Lehrkräften über Technologien im Zeitalter der Digitalisierung, ihre Komplexität und Tragweite für sie selbst und ihren Beruf. Das Technik-Radar 2019 (acatech & Körber-Stiftung, 2019) gibt Hinweise darauf, dass die Wahrnehmung der Digitalisierung zwischen Generationen unterschiedlich ausgeprägt ist (ebd., S. 28). Jede Alterskohorte hat die digitale Entwicklung anders kennengelernt: in den 1960er-Jahren als Zukunftstechnologie, in den 1970er-Jahren als Automatisierung und Bedrohung von Arbeitsplätzen, in den 1980er-Jahren als „Furcht vor einem Überwachungsstaat" sowie einer neuen „kulturellen Komponente", die mit dem Personal Computer in die Haushalte einzog. Bis heute andauernd ist die Wahrnehmung der Digitalisierung von der empfundenen Macht von Großkonzernen geprägt (acatech & Körber-Stiftung, 2019, S. 29 f.). Die Studie zeigt, dass interviewte Personen unter 35 Jahren die Digitalisierung in Verbindung mit einem hohen Zeit- und Leistungsdruck wahrnehmen, aber auch als kulturelle Selbstverständlichkeit sowie einen durch Schule und Beruf erzwungenen Wandel. Sie nutzen digitale Technologien intensiv im Alltag, für die Ausbildung und den Beruf. Sie schildern ein geringes Sicherheitsbedürfnis und schätzen den Stellenwert digitaler Lösungen höher ein als jenen analoger Varianten. Im Kontrast dazu zeigen die Personen der Generation der heute über 55-Jährigen, dass sie die Digitalisierung vornehmlich aus der Berufswelt wahrnehmen. Digitale Technologien werden „fakultativ als Spielerei" mit einer geringeren Nutzungsintensität bewertet. Zudem haben sie ein hohes Sicherheitsbedürfnis und vermeiden daher den Einsatz von digitalen Technologien (ebd., S. 55). Das Wissen über Generationsunterschiede sowie unterschiedliche Wahrnehmungen der Digitalisierung und digitaler Technologien gibt Anlass zur genaueren Betrachtung der Wahrnehmung von Lehrkräften unterschiedlichen Alters und beruflichen Status.

Knüsel Schäfer (2019) beschreibt „globale Überzeugungen von Lehrpersonen zu digitalen Medien" (ebd., S. 44) als ein bipolares Konstrukt, welches positiv oder negativ ausgeprägt sein kann. Da für Überzeugungen aber sowohl eine affektive als auch eine kognitive Dimension beschreibbar ist (vgl. Kapitel 3), wird hier neben den Subdimensionen ÜD_RD *Risiken der Digitalisierung* und ÜD_VD *Vorteile der Digitalisierung* die nicht-affektive Subdimension ÜD_WD *Wahrnehmung der Digitalisierung* mit aufgenommen. Die Subdimension ÜD_EE *Entwicklungseigenschaften der Digitalisierung* bezieht sich auf die Frage, ob die Digitalisierung als technologischer Wandel und Fortschritt oder eher als sozialer Wandel oder Veränderung von Wertestrukturen wahrgenommen wird (vgl. acatech & KörberStiftung, 2019, S. 29 f.).

Überzeugungen können je nach Stabilität handlungsleitend sein (siehe Kapitel 4.3). Die Subdimension ÜD_ÄU *Änderung des Unterrichts* fasst auf, inwieweit Lehrkräfte gewillt sind, ihren Unterricht aufgrund der Digitalisierung zu ändern bzw. ihn künftig an die Entwicklungen anzupassen. Dies soll Hinweise darauf geben, wie gefestigt die Überzeugungen zur Digitalisierung und deren Bedeutung für den kaufmännischen Unterricht sind. Zudem ist die Stabilität von Überzeugungen von ihren Quellen abhängig (vgl. Kapitel 4.2), was in der Subdimension ÜD_NE *Normative Erwartungen* verankert wird, welche den handlungsleitenden Charakter der getragenen Überzeugungen in Abhängigkeit von gestellten Erwartungen des Umfeldes an die Lehrkraft beschreibt. Hier ist zwischen deskriptiven normativen Erwartungen, die das eigene Verhalten in Abhängigkeit von der Wahrnehmung des Verhaltens anderer Personen beschreiben, und injunktiv-normativen Erwartungen, die die Wahrnehmung des von der Lehrkraft eingeforderten Verhaltens beschreiben, zu unterscheiden (siehe Kapitel 4; Rossmann, 2011, S. 50; Montaño & Kasprzyk, 2008, S. 77). Ebenfalls bedeutsam für die eigenen Überzeugungen können die Überzeugungen des direkten Umfeldes sein, was in der Subdimension ÜD_EK *Digitalisierungsbezogene Überzeugungen Kollegium* beschrieben werden soll. Abschließend sollen die Überzeugungen zu den notwendigen Kompetenzen, die eine Lehrkraft braucht, um die Digitalisierung in den Unterricht einzubringen, weitere Hinweise auf das vertretene Verständnis zur Digitalisierung bringen. Dazu umfassen die Subdimensionen ÜD_DLK *Digitalisierungsbe-*

zogene Lehrerkompetenzen und ÜD_DLP *Digitalisierungsbezogene Lehrerbildung* Fragen zur Gestaltung der Lehrerprofessionalisierung.

Die Abbildung 3 visualisiert die zuvor beschriebenen Dimensionen und Sub-dimensionen digitalisierungsbezogener Lehrerüberzeugungen in Anlehnung an die Darstellung des TPACK-Modells nach Köhler & Mishra (2009, S. 63). Darin wird sicht-bar, dass die einzelnen Dimensionen lediglich zu Analyse- und Deskriptionszwecken isoliert aufgefasst werden können. Es ist davon auszugehen, dass sich alle Bereiche gegenseitig bedingen. So kann z. B. eine generell ablehnende Überzeugung zur Digi-talisierung, zu neuen Medien oder Technologien auch bedeutsam für digitalisierungs-bezogene pädagogische Überzeugungen und deren handlungsleitende Funktion sein, was z. B. die Thematisierung von Risiken der Digitalisierung betrifft.

Abbildung 3: Modell digitalisierungsbezogener Lehrerüberzeugungen (Quelle: Eigene Darstellung in Anleh-nung an Köhler & Mishra, 2009; Baumert & Kunter, 2006)

Die bisherigen Ausführungen verdeutlichen, dass die Digitalisierung kaufmännische Handlungskompetenzen infolge neuer Geschäftsmodelle und -prozesse, die durch neue Technologien ermöglicht werden, beeinflusst. Sie berührt das private Leben eines jeden Menschen durch eine Verstrickung von Arbeit und Freizeit. Ferner stellt sie die Lehrkräfte der beruflichen Bildung vor neue Herausforderungen hinsichtlich der Unterrichtsgestaltung zur Förderung digitalisierungsbezogener kaufmännischer

Handlungskompetenzen. Damit diesen Herausforderungen begegnet werden kann, ist eine Antizipation der Komplexität der Digitalisierung für Lehrkräfte wichtig ist. Zu der Frage, was sie sich unter der Digitalisierung vorstellen und welche Überzeugungen sie zu der Thematik vertreten, gibt es bisher nur wenige Antworten. Erste Erkenntnisse zeigen, dass sie sich vor allem auf Medien des Bildungs- und Privatbereichs beziehen (Geiser et al., 2021; Gössling & Sloane, 2020). Wie die Erkenntnisse vertieft werden sollen, wird im folgenden Kapitel anhand des Forschungsdesigns, der entwickelten Erhebungsinstrumente und der Auswertungsstrategie zur Identifizierung von Lehrerüberzeugungen zur Digitalisierung in der kaufmännischen Berufsausbildung vorgestellt.

6 Forschungsmethodisches Vorgehen

6.1 Leitende Fragestellungen

Die leitenden Fragestellungen dieser Arbeit zielen darauf ab, die Überzeugungen zur Bedeutung der Digitalisierung für den kaufmännischen berufsbildenden Unterricht in der dualen Berufsausbildung darzustellen. Im ersten Schritt ist zu erfassen, welche Bedeutung Lehrkräfte der Digitalisierung hinsichtlich ihrer Auswirkungen auf kaufmännische Arbeit, betriebliche Handlungsbereiche, betriebswirtschaftliche Inhalte und notwendige kaufmännische Kompetenzen zuschreiben.

> *F1: Welche inhaltlichen digitalisierungsbezogenen Überzeugungen (auf Basis berufsfachlicher Kompetenzen kaufmännischer Fachkräfte) und welche fach- bzw. wirtschaftsdidaktischen Überzeugungen vertreten angehende und erfahrene Lehrkräfte?*

In der zweiten Frage steht die digitalisierungsbezogene Unterrichtsgestaltung im Fokus. Hier sollen vor allem Erkenntnisse darüber herausgearbeitet werden, wie Lehrkräfte ihren Unterricht zu gestalten vermögen, um angehende Kaufleute auf eine digitalisierte Arbeitswelt vorzubereiten. Vordergründig sind die Gestaltung von Lehr-Lern-Arrangements, Intentionen zur Einbindung von digitalen Medien und Technologien sowie diagnostische Potenziale und Herausforderungen im Kontext der Digitalisierung.

> *F2: Welche pädagogischen digitalisierungsbezogenen Überzeugungen (im Hinblick auf das Lehr-/Lern- und Diagnostikpotenzial digitaler Medien) vertreten angehende und erfahrene Lehrkräfte?*

Anschließend soll analysiert werden, ob und welche Unterschiede sich zwischen den befragten Personen zeigen, um verschiedene Überzeugungssysteme zur Wahrnehmung der Digitalisierung, zu ihrer Bedeutung für die kaufmännische Berufsausbildung und zur Gestaltung des berufsbildenden Unterrichts zu identifizieren. Zentral für diese Fragestellung ist die These, dass die Digitalisierung nicht von allen Lehrkräften identisch antizipiert wird. Unterschiede könnten bspw. in Überzeugungen zur Bedeutung beruflicher digitalisierungsbezogener Handlungskompetenzen, zum Stellenwert von Technologien an kaufmännischen Arbeitsplätzen oder zur Bedeutung digitaler Medien im Unterricht zu finden sein. Wenn mehrere Lehrkräfte ein ähnliches Überzeugungssystem tragen und sich die Gruppe ggf. durch ähnliche berufsbiografische Merkmale wie den Abschluss einer Berufsausbildung beschreiben lässt, kann dies Hinweise für die Gestaltung von Professionalisierungsprozessen eben solcher Gruppen bieten.

F3: Welche Überzeugungssysteme lassen sich identifizieren, wie können sie erklärt wer-
den und welche Implikationen ergeben sich aus ihnen für die Professionalisierung des
Lehrpersonals?

6.2 Forschungsdesign

6.2.1 Datenerhebung per halbstandardisierten Interviews

Zur Erhebung von Überzeugungen eignen sich je nach Gegenstand der Überzeugung, also z. B. zum Unterricht oder zur Epistemologie, unterschiedliche empirische
Zugriffe (vgl. S. Müller, 2009). Dominierend sind qualitative Methoden (Reusser &
Pauli, 2014, S. 648), was sich mit der Komplexität des Konstrukts „Überzeugung" und
mit den unterschiedlichen Gegenstandsbereichen, zu denen Überzeugungen untersucht werden, und der Trennung zum Konstrukt Wissen erklären lässt. Es ist es naheliegend, dass gerade für nicht allgemeine und wenig erforschte Konzepte, wie für die
hier adressierten unterrichtsbezogenen Lehrerüberzeugungen zur Digitalisierung in
der kaufmännischen Berufsausbildung, weder qualitative noch quantitative Erhebungsinstrumente vorliegen. Quantitative Methoden finden in deskriptiven und in-
ternationalvergleichenden Forschungen oder zur Analyse von Zusammenhängen
zwischen Überzeugungen und Handlungen Anwendung in der Überzeugungsforschung (Reusser & Pauli, 2014, S. 649). Dazu ist es allerdings notwendig, dass bereits
weitreichendes Wissen zum jeweiligen Gegenstandsbereich der Überzeugungen vorliegt, um entsprechende Operationalisierungen für Erhebungsinstrumente vornehmen zu können. Es muss also eine mögliche Menge dessen bekannt sein, was eine
Lehrkraft über Mathematik wissen könnte, um daran ihre Überzeugungen zum Wissen über Mathematik zu untersuchen. Zur Digitalisierung in der kaufmännischen
Berufsausbildung ist zum jetzigen Zeitpunkt ein ähnlich abgesichertes Wissen nur
begrenzt vorhanden, was vor allem für Zukunftsprojektionen zutrifft. Somit wäre ein
quantitatives Vorgehen als Fragebogenstudie nicht zielführend, um Lehrerüberzeugungen zur Digitalisierung zu identifizieren, da ein eindeutiger Vergleichsmaßstab,
an dem die Ergebnisse gemessen werden könnten, fehlt. Ein weiterer Grund gegen
eine quantitative Studie zum jetzigen Zeitpunkt der Forschung stellt die Problematik
dar, dass die Items eines Fragebogens bereits die Überzeugungen zur Digitalisierung
beeinflussen und dadurch einen Methodenbias verursachen könnten (Williams, Hartman & Cavazotte, 2010, S. 506). Denn die Proband*innen würden mit Perspektiven
zur Digitalisierung durch die Items konfrontiert, derer sie sich vor der Befragung vielleicht nicht bewusst waren. Zudem liegt das Ziel dieser Arbeit in der Erhebung von
Überzeugungssystemen und nicht in der Frage, wie stark Überzeugungen ausgeprägt
sind. Aus diesen Gründen ist hier ein offenes Vorgehen notwendig, damit die befragten Personen individuell nach ihren Kenntnissen, Erfahrungen und Vorstellungen
antworten können.

Es wird eine qualitative Interviewstudie mit halbstandardisierten Leitfäden, die
auch zur Rekonstruktion subjektiver Theorien eingesetzt werden (Flick, 2014, S. 194 ff.),

in einem deduktiv-induktiven Verfahren (Kuckartz, 2018, S. 49 f.) durchgeführt. Bei dieser Vorgehensweise können die Vorteile beider Verfahrensweisen kombiniert werden, um eine theoriegeleitete Durchführung und Analyse der Interviews zu ermöglichen. Die deduktive Leifadenentwicklung und Kategorienbildung ermöglichen die Einbindung des Forschungsstandes zum Untersuchungsgegenstand sowie die Orientierung an theoretischen Annahmen über das Überzeugungskonstrukt im Forschungsdesign. Die daran zu entwickelnden induktiven Analysekategorien sorgen dafür, dass der spezifische Charakter des Interviewmaterials bei der Auswertung berücksichtigt wird. Subjektive Theorien werden hier allerdings nicht als Synonym für Überzeugungen verstanden. Wie in Kapitel 4.2.1 beschrieben, enthalten Überzeugungen nicht nur mögliches Wissen einer Person zu einem Gegenstandsbereich. Sie bestehen auch aus affektiven Dimensionen, die sich durch gezielte Fragen im Interview erheben lassen. Ziel der Erhebung ist eine Momentaufnahme der Überzeugungen der Befragten (Flick, 2014, S. 187). Der Forschungsprozess erfolgt linear unter Trennung von Erhebung und Analyse. Dieses Vorgehen bringt aufgrund seiner Nähe zu quantitativen Forschungsdesigns und seiner klar festgelegten Forschungsschritte die Möglichkeit, die gewonnenen Erkenntnisse in der Logik quantitativer Forschung zu analysieren und durch die Kombination mit zusätzlich erhobenen Daten zu kombinieren (ebd., S. 186). Innerhalb der Interviewstudie haben die befragten Personen so entsprechende Freiräume für individuelle Antworten und in der inhaltsanalytischen Auswertung der Daten können induktiv und explorativ Überzeugungssysteme zur Digitalisierung herausgearbeitet werden.

6.2.2 Samplingstrategie und Rekrutierung

Das Sampling wird vorab festgelegt, damit gezielt nach möglichen Unterschieden in der Wahrnehmung der Digitalisierung nach dem Professionalisierungsgrad, der Berufsbiografie und den Generationsunterschieden, die sich als Quellen von Überzeugungen ansehen lassen (vgl. Kapitel 4.2.2), gesucht werden kann (Flick, 2014, S. 187). Das Sampling der Pilotstudie, die im Oktober 2019 durchgeführt wurde, besteht aus Studierenden der Wirtschaftspädagogik im Bachelor- und Masterstudium, die als Berufswunsch den Eintritt in das berufsbildende Lehramt angaben. Das Sampling der Haupterhebung wurde ebenfalls nicht aus einer Zufallsziehung heraus generiert, sondern durch eine bewusste Falleingrenzung. Im Erkenntnisinteresse der Hauptstudie stehen Überzeugungen von Studierenden der Wirtschaftspädagogik mit dem Berufswunsch, in das berufsbildende Lehramt einzumünden, Studienreferendar*innen im Vorbereitungsdienst für das Lehramt an berufsbildenden Schulen in der beruflichen Fachrichtung Wirtschaft und Verwaltung sowie Berufsanfänger*innen und erfahrenen Lehrkräften, die im Bereich Wirtschaft und Verwaltung mit der Ausbildung angehender kaufmännischer Fachkräfte in den berufsbezogenen Lernfeldern bzw. Fächern betraut sind. Ausgeschlossen sind jene Lehrkräfte, die an berufsbildenden Schulen zwar in Klassen des Bereiches Wirtschaft und Verwaltung eingesetzt sind, dort allerdings ausschließlich allgemeinbildende Fächer wie Mathematik, Deutsch oder Fremdsprachen unterrichten. Damit eine statistische Repräsentativität erreicht werden könnte, müsste bekannt sein, wie groß die Grundgesamtheit der Stichprobe ist (Kruse, 2014, S. 245). Wie häufig die ausgewählten Fälle in der Realität an niedersächsischen berufsbildenden Schulen vorkommen, kann jedoch nicht bestimmt werden. Für eine qualitative Verallgemeinerung für den definierten Falltypus ist es notwendig, dass zwischen zehn und 100 Fallanalysen durchgeführt werden. Auch wenn die Grundgesamtheit nur schwer auszumachen ist, werden Standardmerkmale bei der Fallauswahl möglichst berücksichtigt.

Die Auswahl der Proband*innen soll die drei Phasen der Lehrerbildung abbilden und damit in einem Querschnitt die Phasen der Professionalisierung darstellen. Damit soll versucht werden, in den einzelnen Stadien die unterschiedlichen (kollektiven) Überzeugungen der Digitalisierung zu einem (quasi) Zeitpunkt zu erheben. Aufgrund der unterschiedlichen Rahmenbedingungen, die auf die Wahrnehmung der Digitalisierung einwirken können, darunter z. B. abweichende curriculare Verankerungen in den Bundesländern (siehe Kapitel 3.3), wird sich hier auf berufsbildende Schulen im Bereich Wirtschaft und Verwaltung in Niedersachsen konzentriert. So soll die Problematik der unterschiedlichen Kontextbedingungen in den Ländern eingedämmt und eine Generalisierung der Ergebnisse auf den definierten Probandenbereich erleichtert werden.

Aufgrund der einsetzenden Pandemie war eine Interviewdurchführung in Präsenz nicht mehr möglich, weshalb alle per Telefon oder Videokonferenz stattfanden. Die Rekrutierung von Proband*innen erfolgte nach dem Gatekeeper*innen-Prinzip. Diese Methode sieht vor, dass ein*e Multiplikator*in Personen auswählt und benennt (Kruse, 2014, S. 256). Dieses Vorgehen hat einerseits den Vorteil, dass potenzielle Proband*innen durch ihre soziale Eingebundenheit einfacher zur Teilnahme zu überzeugen sind. Andererseits hat sie den Nachteil, dass eine nicht absehbare Steuerung bei der Probandenauswahl vorgenommen wird, um z. B. die Institution positiv darzustellen (ebd., S. 257). Um diesem Umstand entgegenzuwirken, wurde bei der Rekrutierung offen darüber gesprochen, dass die Institution aufgrund der Anonymisierung nicht in Erscheinung tritt. Zudem wurde darauf hingewiesen, dass es notwendig ist, Proband*innen mit zustimmenden und ablehnenden Meinungen zur Digitalisierung zu gewinnen, um ein vollständiges Spektrum abbilden zu können. Im ersten Schritt wurden nach der Genehmigung durch die Regionale Landesschulbehörde (RLSB) die Schulleitungen von insgesamt acht berufsbildenden Schulen und die Seminarleitungen von drei Studienseminaren im Land Niedersachsen per Mail angeschrieben bzw. angerufen, um das Promotionsvorhaben vorzustellen. Anhand der zur Verfügung gestellten Kontaktadressen wurde anschließend mit potenziell zu interviewenden Lehrkräften und Referendar*innen per E-Mail ein Erstkontakt aufgenommen, um das Ziel der Interviews darzustellen und um die Proband*innen für ein Interview zu gewinnen. In der E-Mail ist jeweils ein standardisiertes Anschreiben mit weiterführenden Informationen enthalten (Anhang H). Hierbei wurde bewusst darauf geachtet, dass alle notwendigen Informationen vorliegen, damit sich die Teilnehmenden darüber bewusst sind, in welchem Kontext und zu welchem Thema sie interviewt werden, wieso gerade sie mitmachen sollen und wie mit ihren Daten umgegangen wird. Es wurde aber darauf verzichtet, konkrete Inhalte und Zielrichtungen preiszugeben, damit die zu interviewenden Personen sich nicht im Vorfeld zu tief mit der Thematik beschäftigen und „im Interview vorgefertigte Reflexionen präsentieren" (ebd., S. 259). Zur Wahrung forschungsethischer Prinzipien wurden die Teilnehmenden anschließend weiter darüber aufgeklärt, warum sie im Vorfeld nicht detailliertere Informationen erhielten und warum der Interviewleitfaden nicht bereits vorab herausgegeben wurde (ebd.). Die Teilnehmenden wurde weiter darüber aufgeklärt, dass sie jederzeit die Möglichkeit haben, die Verwendung ihrer Daten zu verweigern, und sie bei Interesse einen Bericht über die Forschungsergebnisse erhalten können. Die Akquise der Studierenden erfolgte per Rundmail in den Veranstaltungsgruppen.

6.2.3 Interviewdurchführung und -speicherung

Bei erfolgreicher Terminvereinbarung erhielten die Proband*innen einen standardisierten Kurzfragebogen als PDF-Formular (siehe Kap. 5.3.4; Anhang I), der im Vorfeld des Interviews ausgefüllt und ausgewertet wurde. Merkmale wie die Berufserfahrung konnten so situativ in die Interviews eingebunden werden. Ebenfalls erhielten alle Teilnehmenden eine Datenschutzerklärung mit Informationen zur Verwendung der erhobenen Daten (Anhang I). Die Interviews starteten jeweils mit einer kurzen organisatorischen Einführung und inhaltlichen Zusammenfassung des Promotionsvorhabens (vgl. Kruse, 2014, S. 278 ff.). Die Aufzeichnung erfolgte mit einem digitalen Diktiergerät. Die Aufnahme fing mit der ersten Frage des Interviewleitfadens (siehe Kap. 5.3, Anhang I) an und endete mit der Danksagung. Informationen und Erklärungen im Nachgang des Interviews wurden als Gedächtnisprotokoll vermerkt. Während des Interviews konnten die Proband*innen jederzeit Rückfragen stellen, Fragen auslassen oder auch zurückstellen. Wenn eine Frage nicht verstanden wurde, erfolgte eine Umformulierung, ohne den Gegenstand der Frage zu verändern. Maxime jeden Interviews ist, den Redefluss der interviewten Person nicht zu stören und größtmöglichen Freiraum innerhalb der Standardisierung zu gewähren. Damit man der halben Standardisierung allerdings auch gerecht werden kann, wird bei zu großen Ausschweifungen vorsichtig wieder zur Thematik hingeleitet. Jedoch ist es nicht immer eindeutig, ab wann diese tatsächlich verlassen wurde, weshalb ein vorsichtiges „Cutting", also ein Unterbrechen der interviewten Person, ohne die Kommunikationssituation zu sehr einzuschränken, erfolgt (ebd., S. 314 ff.).

Nach dem Interview werden die Aufnahmen auf den Servern der GWDG (Gesellschaft für wissenschaftliche Datenverarbeitung mbH Göttingen) gespeichert, um die Vorgaben zur Datensicherheit und Datenschutz im Sinne des Forschungsdatenmanagements zu gewährleisten (vgl. Kruse, 2014, S. 275). Ebenfalls erhält jede*r Proband*in zur Anonymisierung eine fortlaufende Identifikationsnummer. Somit kann in den Forschungsdaten kein Rückschluss mehr auf die einzelne Person gezogen werden. Damit Einsprüchen und Nachfragen nachgegangen werden kann, ist eine Dokumentation der Namen der Interviewteilnehmenden notwendig. Diese ist alleine dem Autor dieser Arbeit zugänglich sowie getrennt vom Erhebungsmaterial dokumentiert und archiviert. Hierüber wurden alle Personen aufgeklärt.

6.3   Erhebungsinstrumente

6.3.1   Interviewleitfäden und Fragebogen

Die Erhebungsinstrumente der Interviewstudie umfassen Leitfäden für die halbstandardisierten Interviews und Kurzfragebögen zur Erhebung weiterer Merkmale zur Person. Insgesamt wurden zwei Leitfäden verwendet: ein Leitfaden für Berufsanfänger*innen, erfahrene Lehrkräfte und Referendar*innen sowie einer für Studierende. Der grundlegende Unterschied zwischen den Varianten ist in der Formulierung bestimmter Fragen zu finden. So zielt der Leitfaden für Studierende auf ihre künftige Unterrichtssituation und bisherigen Praktikumserfahrungen ab, was einer Formulierung von prospektiven Fragen (Kruse, 2014, S. 226) bedarf. Alle Leitfäden sind in thematische Blöcke unterteilt, die in den folgenden Unterkapiteln näher betrachtet werden.

Zur Wahrung des Charakters einer qualitativen Interviewstudie ist es bereits bei der Entwicklung der Leitfäden relevant, die Waage zwischen Offenheit und Strukturierung (siehe Kapitel 6.2.1) zu finden. Dazu orientieren sich die hier erstellten Leitfäden an der Leitlinie des „Erfragens [und] nicht dem Modus des Abfragens" (ebd., S. 217). Jeder Block beginnt mit einem Stimulus, der eine globale Eröffnung in das Themenfeld bietet (ebd.). Mit solch einem offen formulierten Stimulus beginnt auch die Einführung in das Interview und in den ersten Block: *„Zu Beginn möchte ich gerne mit Ihnen über die Digitalisierung im Allgemeinen sprechen. Dabei interessiert mich vor allem, was Sie mit der Digitalisierung verbinden?"*. Dieser erste Stimulus soll im Sinne einer „Warming-up-Frage" (ebd., S. 223) einen offenen Einstieg mit breiten Antwortmöglichkeiten in das Interview ermöglichen und die interviewte Person zum Reden animieren. Der Redeanteil wird primär bei der interviewten Person liegen. SmallTalk-Situationen sind zu vermeiden, damit keine Beeinflussung durch den Interviewer erfolgt (ebd.).

6.3.2   Überzeugungen zur Digitalisierung

Wie oben beschrieben, beginnt das Interview mit Fragen nach Überzeugungen zur Digitalisierung allgemein und mit einem offenen Stimulus. Es folgen Konkretisierungen mit Blick auf die Auswirkungen der Digitalisierung auf den Lehrerberuf der interviewten Person, um den Verlauf des Interviews langsam in das unterrichtliche Geschehen zu lenken. Fragen zu positiven und negativen erwarteten Folgen durch die Digitalisierung für den eigenen Beruf, zur Wahrnehmung der Digitalisierung aus epistemologischer Sicht (Schommer, 1990) und zur Selbstwirksamkeit bezogen auf die Digitalisierung (in Anlehnung an Jerusalem & Schwarzer, 2002; Ajzen & Fishbein, 2005) bilden den Kern des ersten Blockes. Ziel dieses Vorgehens ist die Aktivierung affektiv orientierter Überzeugungen (vgl. Kap. 4) der interviewten Person und die Identifizierung von Wissensquellen, die als Erklärung für ihre Überzeugungen herangezogen werden können. Lehrpersonen, die sich bspw. auf wissenschaftlich basierte Veröffentlichungen stützen, könnten andere Überzeugungen vertreten als jene, die sich ausschließlich im eigenen Kollegium informieren. Sollte die interviewte Person trotz der offen formulierten Fragestellungen zu kurzen und oberflächlichen Ant worten tendieren, werden direkt oder indirekt formulierte Nachfragen gestellt wie *„Warum sehen Sie dies als negative Folge für Ihren Beruf?"*.

In Anlehnung an die Theorie des geplanten Verhaltens und die Theorien zur Bedeutung von Überzeugungen für das Lehrerhandeln (siehe Kapitel 4.3) stehen abschließend im Einstiegsblock und noch einmal am Ende des Interviews Verhaltens- und Kontrollüberzeugungen sowie normative Überzeugungen im Vordergrund, um zu kontrollieren, ob im Interviewverlauf dispositionale Veränderungen erzeugt wurden. Verhaltensüberzeugungen beschreiben die wahrgenommene Nützlichkeit des eigenen Verhaltens (siehe Kapitel 4.3.1). Die Frage *„Für wie notwendig halten Sie es, dass Sie aufgrund der Digitalisierung Ihren Unterricht verändern müssen?"* soll Einblicke darin geben, ob Lehrkräfte es für wichtig halten, dass die Digitalisierung Veränderungen an ihrem Unterricht erfordert. Dies könnte einerseits Aufschluss über den individuellen Stellenwert der Digitalisierung für den Unterricht geben. Andererseits könnten die Antworten auch Hinweise auf die wahrgenommene derzeitige Unterrichtsqualität in Bezug auf die Vorbereitung angehender kaufmännischer Fachkräfte auf eine digitalisierte Arbeitswelt liefern.

Mit der Frage *„In welcher Form wird von Ihnen erwartet, dass Sie die Digitalisierung in den Unterricht einbringen, und wie sehr sind Sie gewillt, dieser Erwartung nachzukommen?"* werden normative Überzeugungen, die das erwartete Verhalten der Umwelt an die Person beschreiben, adressiert (siehe Kapitel 4.3.1). Ziel der Frage ist es, herauszufinden, ob die Digitalisierung für die Proband*innen eine Reform „von oben" oder eine individuell zu verfolgende Bildungsaufgabe ist. So könnte in Kombination mit der Verhaltensüberzeugung je nach Antwort angenommen werden, dass, wenn die Digitalisierung als auferlegte Bildungsaufgabe angesehen wird, wahrscheinlich auch die bisherigen curricularen Verankerungen größere Aufmerksamkeit erhalten als etwaige Eigeninitiativen über das Curriculum hinaus. Kontrollüberzeugungen sollen mit der Frage *„Inwieweit gehen Sie davon aus, dass Sie einen Beitrag dazu leisten können, Ihre Schüler*innen auf die Herausforderungen der Digitalisierung vorzubereiten?"* erhoben werden (siehe Kapitel 4.3.1). Diese können einen Einblick in die sich selbst zugesprochenen Fähigkeiten zur Vorbereitung angehender Kaufleute auf eine digitalisierte Arbeitswelt geben. Vertiefend dazu stehen die folgenden Fragen zu Überzeugungen über Anforderungen an Lehrkräfte und Möglichkeiten zur Professionalisierung des Lehrpersonals. Der Block endet mit einer offenen Abschlussfrage: *„Möchten Sie noch etwas zum Thema Digitalisierung hinzufügen?"*. Hier hat die interviewte Person noch einmal die Möglichkeit, um Themengebiete anzusprechen, die bisher nicht eröffnet oder in gewünschter Differenzierung vertieft wurden.

6.3.3 Überzeugungen zu kaufmännischen Arbeitswelten

Im Vordergrund des zweiten Blocks stehen kaufmännische digitalisierungsbezogene Themen. Nachdem der Übergang in den zweiten Block angekündigt wird, um einen Themenwechsel zu verdeutlichen, beginnt dieser mit einem ebenfalls offen formulierten Stimulus: *„Was verbinden Sie mit der Digitalisierung, wenn Sie an kaufmännische Berufe oder Tätigkeiten denken?"*. Thematisch fokussiert dieser Block Auswirkungen der

Digitalisierung auf kaufmännische Arbeitsplätze. Mit Bezug zu Auswirkungen der Digitalisierung auf Arbeitsmittel (siehe Kapitel 2) werden zu Beginn Überzeugungen zu relevanten Kommunikations- und Anwendungssystemen zur Verrichtung kaufmännischer Tätigkeiten abgefragt. Sich wandelnde Arbeitsformen und Auswirkungen digitalisierter Geschäftsprozesse sind am Einsatzgrad von digitalen Technologien und an Auswirkungen der Digitalisierung auf den Routinegrad kaufmännischer Tätigkeiten im Interview erhoben worden. Zur wahrgenommenen Bedeutung von sich verändernden Geschäftsprozessen durch die Digitalisierung wird eine Szenariofrage formuliert: *„Die Digitalisierung ermöglicht eine steigende Vernetzung von Geschäftsprozessen und -vorgängen. Welche Konsequenzen hat dies für kaufmännische Tätigkeiten?"* Diese Frageart wird an dieser Stelle eingesetzt, um gezielt auf die Verbindung von Geschäftsprozessen und kaufmännischer Arbeit zu lenken. Interessant ist, ob veränderte Geschäftsprozesse aus einer technologischen Automatisierungsperspektive oder aus einer prozessorientierten Neu- und Reorganisationsperspektive durch die Lehrkräfte wahrgenommen werden. Ebenso stehen erwartete veränderte Kompetenzanforderungen in diesem Block im Vordergrund. Hier wird ebenfalls auf eine Szenariotechnik zurückgegriffen, um die von der KMK (2017) vorgegebenen Kompetenzanforderungen an die Bildung in einer digitalen Welt aus einer kaufmännischen Tätigkeitsperspektive systematisch einzubringen.

Im Zentrum des letzten Abschnitts dieses Blocks stehen Konsequenzen, die Lehrkräfte aus ihren geschilderten Einflüssen der Digitalisierung auf die kaufmännische Arbeitswelt für ihren Unterricht ziehen. Die Fragen *„Welche Kompetenzziele würde Sie aufgrund der Digitalisierung im Berufsschulunterricht anvisieren?"* und *„Was müsste Ihrer Meinung nach im Berufsschulunterricht thematisiert werden, damit Auszubildende auf die stärkere digitale Durchdringung der kaufmännischen Arbeitsplätze vorbereitet sind?"* greifen einerseits die Notwendigkeit veränderter Kompetenzziele und andererseits dazu notwendige Unterrichtsinhalte auf. Abschließend für diesen Block steht die Frage, welche Unterrichtsinhalte den befragten Personen einfallen, die infolge der Digitalisierung überarbeitet werden sollten bzw. weiterentwickelt werden müssten.

6.3.4 Pädagogische und wirtschaftsdidaktische Überzeugungen

Der Stimulus des dritten Blocks, der auf die fachdidaktische und pädagogische Bedeutung der Digitalisierung abzielt, stellt den Berufsschulunterricht in den Vordergrund: *„Welche Bedeutung hat Ihrer Meinung nach die Digitalisierung für den kaufmännischen Berufsschulunterricht?"*. In diesem Block erfolgt keine konkrete Trennung zwischen wirtschaftsdidaktischer und pädagogischer Perspektive, da die Pilotierung gezeigt hat, dass solch eine Trennung aufgrund sehr ähnlicher Fragestellungen zu Verständlichkeitsproblemen bei den interviewten Personen führt, weil zu sehr das Gefühl redundanter Fragen aufkommt. Die Proband*innen wollten die Antworten zu den fachdidaktischen Fragestellungen auch zu den pädagogischen Fragestellungen formulieren. In der Kombination globalerer Fragestellungen obliegt es der befragten Person, ob ihre Antwort wirtschaftsdidaktisch oder pädagogisch orientiert ist, was Erkenntnisse darüber verhoffen lässt, welche Perspektive im Kontext der Digitalisierung präsenter ist.

Die pädagogisch orientierten Interviewfragen wurden entlang der Facetten des pädagogischen Wissens nach Baumert & Kunter (2006, S. 485) operationalisiert. Die erste Facette zum *konzeptuellen bildungswissenschaftlichen Grundlagenwissen* wird aufgrund der thematischen Ferne ausgeschlossen. Die zweite zum *allgemeindidaktischen Konzeptions- und Planungswissen* findet in Form von Unterrichtsprozessmerkmalen unter Bezug zur Digitalisierung Berücksichtigung: *„Welche Bedeutung hat die Digitalisierung für die Gestaltung von Lern-Arrangements?"*. Exemplarisch an dieser Frage ist zu erkennen, warum fachdidaktische und pädagogische Fragen in einem Block behandelt werden. So kann auf diese Frage einerseits eine allgemein pädagogische Antwort z. B. mit Bezug auf Modelle der Unterrichtsplanung (ebd.) erfolgen. Andererseits ist auch eine Antwort in einem wirtschaftsdidaktischen Sinne wie zur „curriculare[n] Anordnung von Stoffen" (ebd., S. 495) denkbar. Gleiches gilt für die folgenden Fragen zur Gestaltung von Prüfungsaufgaben und Klausuren, zur Lern- und Förderdiagnostik und zu Formen der Unterrichtsorganisation. Der letzte Abschnitt dieses Blockes bezieht sich auf das Verständnis und die Einsatzintention von digitalen Medien. In diesem Abschnitt sind Antwortmöglichkeiten in Richtung inhaltlicher, wirtschaftsdidaktischer und pädagogischer Richtung denkbar. Ein inhaltlich orientierter Einsatz liegt vor, wenn digitale Medien zum Unterrichtsgegenstand werden und nicht nur zur Unterrichtsgestaltung dienen. Eine fachdidaktische Verwendung liegt z. B. vor, wenn sie zur Schaffung beruflich authentischer Lernumgebungen genutzt werden. Eine pädagogisch orientierte Nutzung kann dann gedeutet werden, wenn sie zur Organisation des Unterrichts dienen (siehe Kapitel 3.4).

Die wirtschaftsdidaktischen Fragen werden in Anlehnung an die drei Dimensionen des fachdidaktischen Wissens nach Baumert & Kunter (2006, S. 495) und COACTIV operationalisiert: 1. Didaktisches und diagnostisches Potenzial von Aufgaben, kognitive Anforderungen und Voraussetzungen sowie didaktische und curriculare Sequenzierung, 2. Schülervorstellungen sowie Diagnostik und 3. multiple Repräsentations- und Erklärungsmöglichkeiten. Der Block beginnt nach der Einstiegsfrage mit dem Verständnis darüber, was aus Sicht der interviewten Personen digitalisierungsbezogene Kompetenzen sind und wie sie ihren Unterricht zu gestalten vermögen, um diese bei ihren Schüler*innen zu fördern. Damit an dieser fortgeschrittenen Stelle das Interview im Fluss bleibt, werden teils erneut Szenariofragen formuliert wie: *„Wenn Sie gefragt werden, was digitalisierungsbezogene Kompetenzen sind, was würden Sie antworten?"*. Bei der Frage: *„Wenn Sie von Ihren Schüler*innen gefragt werden, was die Digitalisierung ist, wie würden Sie die Frage beantworten?"* wird die Szenarioform angesetzt, um die interviewte Person ihre Antwort möglichst schülergerecht formulieren zu lassen und um herauszufinden, ob es einen Unterschied oder eine erweiterte Perspektive zwischen den eigenen Überzeugungen zur Digitalisierung und der für Schüler*innen aus Sicht der Lehrkraft relevanten Bedeutung der Digitalisierung gibt.

6.3.5 Technologisch-pädagogische und -inhaltliche Überzeugungen
Die Erhebung technologisch-pädagogischer und technologisch-inhaltlicher Überzeugungen erfolgt in den zuvor beschrieben Blöcken zwei und drei des Interviewleitfa-

dens. Hierfür wird kein eigener Block konzipiert, da eine Trennung nach technologieorientierten und nicht-technologieorientierten Fragestellungen in einem Interview zur Digitalisierung zu Verständnisschwierigkeiten, aber auch zu einer Beeinflussung der interviewten Person führen könnte. Letzteres ist vor allem deswegen in Bezug auf Technologien zu vermeiden, da es ein Ziel der Arbeit ist, herauszufinden, inwieweit die Digitalisierung aus Lehrkraftperspektive lediglich mit digitalen Medien in Verbindung gebracht wird. In der Analyse der Interviews werden beide Dimensionen durch den Codierer bedient, wenn in Anlehnung an das Modell digitalisierungsbezogener Lehrerüberzeugungen (siehe Kapitel 5; Abb. 3) eine wortwörtliche Beziehung zum Inhalt der Dimensionen erkennbar ist.

6.3.6 Berufsbiografische Merkmale und technologiebezogene Dispositionen

Der vor dem Interview eingesetzte Kurzfragebogen dient zur standardisierten Erhebung von Personenmerkmalen und Dispositionen. Anhand dieser können neben der Beschreibung der Stichprobe im weiteren Forschungsprozess einzelne Gruppen, bei denen sich nach der Analyse der Interviews zeigt, dass sie sich durch ähnliche Überzeugungssysteme zur Bedeutung der Digitalisierung auszeichnen, beschrieben werden. Auch können einzelne Merkmale wie die aktuelle Stufe im Professionalisierungsprozess oder das Wissen um kaufmännische Berufserfahrungen dienlich sein, um Aussagen aus den Interviews im Kontext der Person zu interpretieren. Der Fragebogen wurde als auswertbares PDF-Formular entwickelt. Jedes Item ist indiziert, sodass die Ergebnisse anschließend in SPSS zu einem Datensatz zusammengeführt und in MAXQDA zu den einzelnen Interviews hinterlegt werden können. Der Fragebogen unterscheidet zwischen Lehrkräften, Referendar*innen im Vorbereitungsdienst für das Lehramt an berufsbildenden Schulen und Studierenden der Wirtschaftspädagogik. Bei allen Gruppen werden zuerst Personenmerkmale (Alter, Geschlecht, Berufserfahrung, bisheriger akademischer Abschluss, zweites Unterrichtsfach sowie Teilnahme an Fortbildungen und Kongressen) erhoben. Ebenfalls ist für alle Gruppen eine Skala zur Selbstwirksamkeitsüberzeugung (Schwarzer & Jerusalem, 1999, S. 13), Technikbereitschaft (Neyer, Felber & Gebhardt, 2016) und zur Intention, handlungsorientierten Unterricht zu gestalten, enthalten. Alle Skalen dienen in erster Linie zur deskriptiven Unterstützung der Interviewergebnisse.

Referendar*innen und Lehrkräfte werden zudem zu ihrem Unterrichtseinsatz nach Zeit, Schulform und Ausbildungsberuf sowie nach besonderen Funktionsaufgaben wie Tätigkeiten in der Berufsorientierung, Planung und Koordination von Schulprogrammen, Fachbereichen oder Fächern in der Schule befragt (u. a. in Anlehnung an das Kernaufgabenmodell berufsbildender Schulen; KAM-BBS; NLQ, 2011). Ebenfalls wird der Einsatz digitaler Medien nach Medienart und durchschnittlicher Einsatzdauer pro Unterrichtsstunde und Woche (Autorengruppe Bildungsberichterstattung, 2020, S. 231 ff.) erhoben. Dies soll einen Einblick über verwendete und verfügbare Medien in der Schule geben und dient ebenfalls der Unterstützung der Interviewaussagen. Studierende werden zusätzlich nach ihrem aktuellen Studiengang und bisher absolvierten Bachelor- und Mastermodulen mit Bezug zur Digitalisierung befragt.

Dazu wurden im Vorfeld die Modulverzeichnisse für Bachelor- und Masterstudiengänge nach Modulen, die im Titel oder in der Modulbezeichnung einen begrifflichen Hinweis zur Digitalisierung liefern, selektiert. Ebenfalls wurde abgefragt, welche wirtschaftspädagogischen Module bereits absolviert wurden und in welchem Rahmen Schulpraktika stattfanden, um die schulischen Vorerfahrungen zu ermitteln.

6.4 Aufbereitung und Analyse der Interviews

6.4.1 Aufbereitung des Datenmaterials

Alle Interviews wurden vor der Analyse mithilfe der Webapplikation trint.com transkribiert. Trint wurde an dieser Stelle ausgewählt, um die große Datenmenge forschungsökonomisch aufzubereiten. Der Algorithmus benötigt wenige Minuten pro Interview für eine erste Transkription, die anschließend entlang festgelegter Transkriptionsregeln manuell finalisiert wird. Trint.com ist ISO27001-zertifiziert. Das Zertifikat bestätigt die Wirksamkeit des Informationssicherheitsmanagements des Seitenbetreibers. Damit ist u. a. sichergestellt, dass höchstmögliche Schutz- und Sicherheitsstandards verwendet werden und lediglich die Nutzer*innen des Trint-Services die eigenen Daten einsehen und verändern können. Nach Beendigung der Datenaufbereitung wurde das Material auf trint.com gelöscht, sodass es nur auf den Servern der GWDG gesichert ist.

Die finale Verschriftlichung erfolgt in Anlehnung an die Grundregeln zur Transkription nach Kruse (2014, S. 359 ff.). So wurde alles, was gehört werden kann, soweit es möglich und notwendig für die Analyse ist, auch verschriftlicht. D. h., es fand keine Korrektur der Alltagssprache statt und längere Pausen, Lachen etc. wurden genauso wie „Ähs" und „Mhms" mit übernommen, um eine möglichst detailgetreue Darstellung des Interviews zu gewährleisten. Diese außersprachlichen und sprachbegleitenden Handlungen werden innerhalb der Transkription nicht interpretiert. Es wurden nur die prosodischen Merkmale transkribiert, die für die Analyse der Textstellen sinnhaft erscheinen. Ebenfalls, wenn es für die Analyse sinnvoll erschien, wurde der Diskursverlauf im Transkript dokumentiert; z. B. gleichzeitiges Sprechen, Unterbrechungen, Überschneidungen etc. (vgl. ebd., S. 361). Die Notation in den Transkriptionen orientiert sich in einer vereinfachten Weise am *Gesprächsanalytischen Transkriptionssystem 2 Minimaltranskript* (GAT 2; Selting et al., 2009; Kruse, 2014, S. 362).

6.4.2 Begründung der Analysestrategie der Interviews

Das Ziel der Interviewanalyse ist es, herauszufinden, welche Überzeugungen die befragten angehenden und erfahrenen Lehrkräfte zur Digitalisierung in der kaufmännischen Berufsausbildung bezüglich des Unterrichts in der Berufsschule aufweisen. Ebenfalls soll herausgefunden werden, ob es gemeinsam geteilte Überzeugungssysteme gibt. Zur Analyse des qualitativen Datenmaterials eignen sich je nach Zielstellung und Beschaffenheit der Daten unterschiedliche Analyseansätze wie Grounded-Theory-Methoden (GTM), Inhaltsanalysen, objektiv hermeneutische oder dokumentarische Methoden (Kruse, 2014, S. 398). Das hiesige Forschungsdesign basiert auf einem Theo-

rie-Empirie-Zirkel, weshalb offene Verfahren, die überhaupt erst zu einer Theoriebil-
dung führen, wie sie die GTM vorsieht, nicht in Betracht gezogen werden. Zwei zentrale
Ansätze, die sich in ihrer analytischen Vorgehensweise auf das Gesagte beziehen und
theoretische Vorannahmen in die Analyse integrieren, sind die inhaltsanalytischen Ansätze nach Mayring (2010) und Kuckartz (2014) sowie die wissenssoziologisch rekon-
struktiven Ansätze der dokumentarischen Methode der Mannheimer Schule. Während
Mayrings Inhaltsanalyse auf der Bedeutungsebene von Aussagen verbleibt und diese
zusammenfasst, expliziert und strukturiert (Kruse, 2014, S. 408), sieht die dokumentarische Methode ein Wort oder etwas Gesagtes als ein Dokument für einen dahinterliegen-
den Sinn. Das Ziel dieser Arbeit liegt in der theoriegeleiteten Erhebung und Beschreibung dessen, was als unterrichtsbezogene Überzeugungen zur Digitalisierung in der
kaufmännischen Berufsausbildung von Lehrkräften getragen wird. Dazu soll in dieser
Arbeit das Gesagte ohne weitere Interpretation darüber, wie es gesagt wurde, analysiert
werden. Zudem wird keine (soziologische) Rekonstruktion über Proband*innen ange-
strebt, sondern lediglich eine Deskription der interviewten Gruppe bzw. von Subgruppen. Somit erscheint eine inhaltsanalytisch strukturierende Vorgehensweise als hinreichend zur Zielerreichung.

Zur Erschließung des Inhalts aus dem Interviewmaterial soll eine strukturierende Analyse auf drei Ebenen erfolgen (siehe Schema Kategoriensystem Abb. 4). Die
erste und die zweite Ebene bestehen aus deduktiv gebildeten Inhaltskategorien in Anlehnung an das Modell der Lehrerüberzeugungen zur unterrichtlichen Bedeutung der
Digitalisierung in der kaufmännischen Berufsausbildung (siehe Kapitel 5; Abb. 3;
Mayring, 2010, S. 66; Kuckartz, 2018, S. 43). Auf der dritten Ebene erfolgt auf Basis
induktiver Verallgemeinerung die Bildung von analytischen Kategorien aus dem Datenmaterial (Kuckartz, 2018, S. 43 f.). Zur Entwicklung dieser Kategorien werden Co-
diereinheiten, Kontexteinheiten und Auswertungseinheiten definiert (vgl. Mayring,
2010, S. 59). Als Codiereinheit, also als kleinster Materialbestandteil, wird mindestens
ein Satz angenommen. D. h., es erfolgt keine Codierung einzelner Wörter oder Satz-
fragmente, damit einzelne Codierungen mindestens einen inneren einzelnen Sinn
erhalten. Die Kontexteinheit, die den größten Textabschnitt festlegt, der codiert werden soll, besteht aus mehreren aufeinanderfolgenden Sätzen. Allerdings wird diese
Regel, wenn es zur Sinnerschließung notwendig ist, nicht als absolut angenommen.
Als Auswertungseinheit gilt jeweils ein einzelnes Interview, damit die Personen anschließend als einzelne Fälle betrachtet werden können. Zur Beschreibung der einzelnen Fälle, Subgruppen oder der gesamten Gruppe werden die Personenmerkmale der
Kurzfragebögen hinzugezogen. Der Datenkorpus wird vollständig in die Analyse mit
aufgenommen, sodass hier keine Stichprobenziehung notwendig ist.

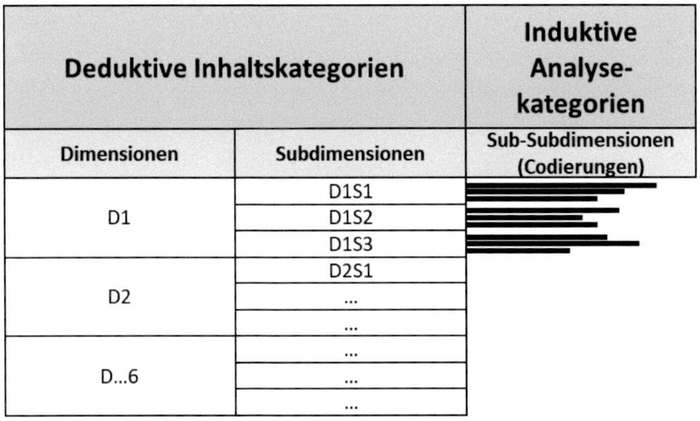

Deduktive Inhaltskategorien		Induktive Analyse- kategorien
Dimensionen	Subdimensionen	Sub-Subdimensionen (Codierungen)
	D1S1	
D1	D1S2	
	D1S3	
	D2S1	
D2	...	
	...	
	...	
D...6	...	
	...	

Abbildung 4: Drei-Ebenen-Schema des Kategoriensystems (Quelle: Eigene Darstellung)

Bei der Analyse ist die Entstehungssituation des Datenmaterials zu berücksichtigen (Mayring, 2010, S. 53). So ist zu bedenken, dass die Interviews vom Autor dieser Arbeit durchgeführt wurden. Der Interviewer selbst hat sich zum Zeitpunkt der Interviews bereits intensiv mit der Thematik beschäftigt. Dies birgt die Gefahr der Beeinflussung der Interviewten, weshalb bei der Auswertung auf entsprechende Vor- oder Nachgespräche, die Einführung in die Interviewsituation und -thematik oder auf die Preisgabe von Inhalten durch Nachfragen z. B. in Form von (ungewollten) Suggestivfragen zu achten ist. Es kommt hinzu, dass der Interviewer zum Interview- und Analysezeitpunkt selber Lehrerfahrungen in der berufsbildenden Schule über Schulpraktika hinaus besitzt, ansonsten aber im Vergleich zu den interviewten Referendar*innen sowie den Berufsanfänger*innen und erfahrenen Lehrkräften geringe Schulpraxisanteile vorzuweisen hat. Daher ist zu bedenken, dass es zu einer ablehnenden Haltung gegenüber den gestellten Interviewfragen kommen kann. Diese Situation könnte dann eintreten, wenn die interviewte Person die Meinung vertritt, dass aufgrund der fehlenden Praxiserfahrung des Interviewers die gestellten Fragen keine Schul- und Unterrichtsrelevanz besitzen können. So ist bei der Analyse auf ablehnende oder abwertende Antworten zu achten, welche in Verbindung zum gesamten Gesprächsverlauf zu interpretieren sind.

Zur Prüfung der Reliabilität wird eine weitere Codierung durch eine zweite Person durchgeführt (Mayring, 2010, S. 119 f.). Dabei handelt es sich um eine Person mit entsprechender Expertise in der qualitativen empirischen Forschung. Zur Erreichung einer gleichmäßig verteilten Stichprobe über alle interviewten Personengruppen hinweg, wird je Gruppe eine Zufallsziehung von 10 % durchgeführt. Diese jeweiligen 10 % werden nach einer thematischen Einführung in das Kategoriensystem und Einweisung in den Codierleitfaden ebenfalls mit MAXQDA codiert. Das Kriterium zur Bestimmung der Intercoder-Übereinstimmung bildet das Vorhandensein des Codes im Dokument, da es nicht relevant ist, ob ein Merkmal an derselben Stelle oder an demselben Wortlaut codiert und interpretiert wird. Lediglich die Frage, ob das Merkmal durch beide Codierer am Fall erkannt wird, ist für die Reliabilität in dieser Studie relevant. Die prozentuale Übereinstimmung der vergebenen Codes beträgt 75,80 %. Unter Berücksichtigung aller zur Verfügung stehenden Codes und bei Hinzunahme der nicht vergebenen Codes ergibt sich eine Übereinstimmung von 95,93 %. Bereinigt um die zufällige Übereinstimmung beträgt die Intercoder-Reliabilität 0.96 (vgl. Rädiker & Kuckartz, 2019, S. 299 ff.). Dabei handelt es sich auf den ersten Blick um einen sehr robusten Wert (Landis & Koch, 1977, S. 165), was allerdings daran liegt, dass es sehr viele mögliche Codes gibt, weshalb auch die Wahrscheinlichkeit, dass beide Codierer einen Code nicht vergeben haben, sehr groß ist und der Kappa-Wert übermäßig hoch ausfällt (vgl. MAXQDA, 2022). Daher ist das Übereinstimmungsmaß der vergebenen Codes in % für eine vorsichtigere Einschätzung der Güte in diesem Fall besser geeignet. Die niedrigste Übereinstimmung ist mit 66,96 % in der Dimension DWÜ digitalisierungsbezogene wirtschaftsdidaktische Überzeugungen in den Kategorien zu kaufmännischen Kompetenzanforderungen und Schülervorstellungen zur Digitalisierung vorhanden. Die höchste Übereinstimmung mit 86,52 % ist in der Dimension DAÜ digitalisierungsbezogene Überzeugungen zu kaufmännischen Arbeitswelten zu finden. Die Werte verdeutlichen, dass vor allem die pädagogischen und wirtschaftsdidaktischen Dimensionen durch die Codierer teilweise anders wahrgenommen wurden, was anhand der Dimensionsüberschneidungen (siehe Kapitel 5.7) erklärt werden kann.

6.5 Clusteranalysestrategie zur Identifikation von Überzeugungstypen

Rekonstruktive Verfahren zur Typenbildung, hier als Instrument zur Identifikation von Überzeugungstypen und -systemen verwendet, verfolgen im Gegensatz zur deskriptiven Typologie nicht das Ziel, Einzelfälle zu bereits festgelegten Typen anhand unterschiedlicher Merkmale zuzuordnen, sondern auf Basis der Gesamtheit aller Einzelfälle verschiedene Typen zu identifizieren und diese durch die Fälle zu beschreiben (Schulze, 2020, S. 615). Die innerhalb eines Typus verorteten Fälle dürfen dabei unterschiedliche Ausprägungen in den Typ-beschreibenden Kategorien besitzen, solange sie sich durch eine gemeinsame Überzeugungslogik auszeichnen (vgl. ebd., S. 615; Wohlrab-Sahr, 1994, S. 274). Die entstehende Typologie ist das „Ergebnis eines Gruppierungsprozesses" (Kluge, 2000, S. 2). Typenbildungen helfen der Freilegung versteckter Strukturen in (komplexen) Daten und können nach qualitativen sowie quantitativen Verfahrensweisen durchgeführt werden. Quantitative Verfahren nutzen z. B. Häufungen, Streuungen und Distanzen als Strukturierungsmaßstäbe. Da der statistische Gruppierungsprozess losgelöst vom Inhalt zugrunde liegender Kategorien Anwendung findet, ist von einem Verlust des inneren Sinnzusammenhangs durch die Quantifizierung und einer Zerschneidung von Logiken auszugehen (Wohlrad-Sahr, 1994, S. 270; Overmann, 1988). Qualitative Verfahren orientieren sich bei der Strukturierung am kategoriellen Inhalt (vgl. Kluge, 2000, S. 5). Jedoch stellen sehr große und komplexe Datenlagen nicht nur forschungsökonomische Barrieren dar, sondern bergen auch die Gefahr von Intransparenz oder zu komplexer Systematiken der Interpretations- und Zuordnungsverfahren.

Zur Reduktion der Komplexität unter einem möglichst geringen Verlust innerer Sinnzusammenhänge wird hier ein Mixed-Method-Ansatz auf Basis quantifizierter qualitativer Daten verfolgt (vgl. Prommer, 2018). Da es sich bei der quantitativen Analyse um ein Hilfsinstrument zur Schaffung von Struktur handelt, liegt hier ein qualitativ orientierter Mix vor, in dem die quantitative Methodik nicht dominiert (Johnson, Onwuegbuzie & Turner, 2007, S. 124). Somit erfolgt zur Identifikation von Überzeugungstypen eine Clusteranalyse zur Typenbildung auf Basis des bereits inhaltlich strukturierten Materials (vgl. Prommer, 2018). Die in MAXQDA vorhandene Möglichkeit einer Clusterung über die Segment-Matrix ermöglicht u. a. eine Gegenüberstellung von Dokumentengruppen. Diese sind allerdings durch das Forschungsdesign fest vorgegeben (Studierende, Studienreferendar*innen, Berufsanfänger*innen und erfahrene Lehrkräfte), sodass eine explorative Analyse zur Identifizierung von Gruppierungen nicht möglich ist. Zudem ist das Interviewmaterial zu umfangreich und das Codiersystem zu komplex, um auf Basis der Segment-Matrix Gruppen und deren Besonderheiten herauszufinden (vgl. ebd., S. 248). Aus den genannten Gründen ist eine statistische Herangehensweise unter anschließender „Einbeziehung der Originalzitate bei der Interpretation der Ergebnisse" (ebd., S. 249) erfolgversprechender, um das Datenmaterial zu durchdringen, ohne an inhaltlicher Tiefe zu verlieren, und um der Kritik am quantitativen Verfahren entgegenzuwirken (vgl. Wohlrad-Sahr, 1994, S. 270; Overmann, 1988).

Mit der Clusteranalyse (Bortz & Schuster, 2010; Cleff, 2015, S. 189 ff.) werden Gruppen aufgrund von ähnlich verteilten Merkmalsausprägungen über die Subdimensionen auf zweiter Ebene des Kategoriensystems gebildet. Dazu dient als Ausgangspunkt ein Dataset des MAXQDA-Code-Matrix-Browsers, welches als Exceldokument in SPSS importiert wird. Das Dataset enthält alle Fälle (n = 65), 37 Variablen (die Subdimensionen) sowie die Codierhäufigkeiten pro Fall und Variable. Die Codierhäufigkeiten geben an, zu wie vielen Sub-Subdimensionen (Merkmale einer Subdimension, also einer Variablen) ein Fall codiert wurde, und nicht, wie oft ein Fall zu einem Merkmal etwas gesagt hat. Die Merkmale pro Variable sind k-fach gestuft (vgl. Bortz & Schuster, 2010, S. 455). Da jede Variable unterschiedlich viele Merkmale hat, ist zu beachten, dass die Variable mit den meisten Merkmalen auch das größte Gewicht in der Clusterung erhält, weshalb eine Gewichtung in Abhängigkeit von k[27] notwendig ist (vgl. ebd.). Eine Liste der für die Clusteranalyse verwendeten Variablen befindet sich im Anhang (siehe Anhang F).

Da es keine vorherigen Hinweise auf mögliche Gruppierungen innerhalb der Fälle gibt und auch eine Gruppierung nach dem Professionalisierungsgrad nicht über alle Dimensionen des Modells unterrichtsbezogener Lehrerüberzeugungen zur Digitalisierung in der kaufmännischen Berufsausbildung (siehe Kapitel 5; Abb. 3) sinnvoll begründbar ist, soll ein agglomeratives hierarchisches Verfahren (Cleff, 2015, S. 190 ff.; Bortz & Schneider, 2010, S. 459 f.; W. Schneider & Scheibler, 1983, S. 210; Cormack, 1971) gewählt werden, um erste Hinweise auf mögliche Clusterungen zu

---

27 k = Anzahl der Merkmale je Subdimension; Gewichtungskoeffizient: k/(k-1) (vgl. Bortz & Schuster, 2010, S. 455)

erhalten. Bei diesen Verfahren bildet der Algorithmus Cluster, in denen jeder Fall im ersten Schritt ein einzelnes Cluster darstellt. Über Ähnlichkeitsmaße werden anschließend iterativ diejenigen Cluster fusioniert, die sich am ähnlichsten sind (Bortz & Schuster, 2010, S. 459). Als Ähnlichkeitsmaß wird hier die Pearson-Korrelation für metrische Variablen verwendet (Cleff, 2015, S. 195). Problematisch bei hierarchischen Verfahren ist die nicht kontrollierbare Zuordnung im Iterationsprozess, weshalb eine Prüfung des Clusterergebnisses mit einem nichthierarchischen Verfahren im Anschluss durchgeführt wird (vgl. ebd., S. 459). Wie groß die Distanz zwischen zwei Fällen ist, wird über Fusionskriterien festgelegt. Neben der absolut kleinsten, größten und durchschnittlichen Distanz arbeitet das Ward-Verfahren (Ward, 1963) mit der minimalen (Gruppen-)Varianz. Aufgrund der oben beschriebenen Gewichtung der Merkmale, wodurch die unterschiedliche Anzahl von Merkmalen je Variable ausgeglichen wurde, hält der Datensatz die Vorbedingung der gleichen Merkmalsanzahl je Variable ein. Die Ward-Methode bringt im Clusterprozess jeweils die beiden Fälle zusammen, deren Fusion die kleinste Erhöhung der gesamten Streuung hervorruft (ebd.). Zu Beginn führt die Methode die Fälle zusammen, die sich besonders nahe sind. Im weiteren Prozess fängt der Algorithmus an, die Besetzungszahlen der Cluster auszugleichen und, wenn möglich, Cluster mit ähnlichen Besetzungszahlen zu bilden (ebd., S. 465). Anhand des Dendrogramms, welches die Fusionsstufen und Clusterbildungen visualisiert, und des Struktogramms, welches die Entwicklung des Fehlerkoeffizienten ausgibt, wird abschließend eine Clusterlösung bestimmt.

Zur Prüfung der gefundenen Lösung erfolgt anschließend ein nichthierarchisches Verfahren mit vorgegebenen Clustern. Hierfür hat sich die k-Means-Methode (MacQueen, 1967) etabliert. Ausgehend von einer Partition mit vorgegebenen Clustern berechnet der Algorithmus die euklidische Distanz aller Fälle zu allen Clusterschwerpunkten. Anschließend erfolgt eine Umgruppierung derjenigen Fälle, die zu einem anderen Clusterschwerpunkt eine kleinere Distanz als zu ihrem eigenen aufweisen. Der Prozess läuft so lange, bis eine Verschiebung von Fällen keine bessere Lösung mehr bietet (Bortz & Schuster, 2010, S. 465). Das Verfahren wird mehrfach mit verschiedenen Startpartitionen durchgeführt, damit die Lösung gefunden wird, die auch bei einer anderen Reihenfolge der Fälle wiederholt zu gleichen Gruppierungen führen würde (ebd.).

Im nächsten Schritt wird geprüft, in welchen Variablen sich die Cluster signifikant unterscheiden. Der vorliegende Datensatz ist nicht-parametrisch (Normalverteilung nicht gegeben) und die Variablen sind unabhängig voneinander. Somit wird zur Prüfung der Unterschiedshypothese anhand der Verteilung der Merkmale je Gruppe ein Kruskal-Wallis-Test durchgeführt (Bortz & Schuster, 2010, S. 130; Kruskal & Wallis, 1952). Als Erstes ist zu prüfen, ob sich die Gruppen untereinander signifikant unterscheiden, und anschließend, in welchen Variablen die Unterschiede festgemacht werden können. Diese werden abschließend anhand der Variablenmerkmale näher betrachtet, um die Besonderheiten der Cluster herauszustellen. Diese Besonderheiten bilden die Basis für die Deskription von Überzeugungstypen (vgl. Prommer, 2018, S. 253 ff.).

6.6   Beschreibung der Stichprobe

6.6.1   Berufsbiografische Merkmale der Stichprobe

Insgesamt wurden in der Erhebung 27 Studierende (inkl. Pilotstudie) interviewt, darunter elf männliche und 16 weibliche. Zum Zeitpunkt des Interviews befanden sich zwölf im Bachelorstudium und 15 im Masterstudium der Wirtschaftspädagogik. Neun Studierende haben vor Aufnahme des Studiums eine duale Berufsausbildung absolviert, darunter sind acht Bankkaufleute, zwei Industriekaufleute, zwei Groß- und Außenhandelskaufleute sowie jeweils ein*e Kaufmann/-frau für Büromanagement, in der Lagerlogistik, im Bereich Verwaltung sowie ein*e Hotelkaufmann/-frau. Zwei Studierende haben mehr als sechs Jahre in ihrem Ausbildungsberuf gearbeitet, eine Person drei bis sechs Jahre und fünf weisen weniger als ein Jahr Berufserfahrung auf. 13 der übrigen Studierenden haben ein kaufmännisches Praktikum absolviert, davon fünf mit einer Dauer von mehr als sechs Monaten und acht von weniger als sechs Monaten. Somit haben insgesamt fünf Personen keine Berufserfahrung, wobei die Erfahrungszeiträume in der Gruppe zwischen einem Monat und über sechs Jahren schwanken. Die Verteilung der Zweitfächer zeigt einen Schwerpunkt auf Deutsch (8), Sport (6), Mathematik (4) und Fremdsprachen (4). Politik (3) und Informatik (2) bilden die kleinsten Gruppen. Auf die Frage nach den künftigen Berufsplänen antworten 22 Studierende, dass sie nach dem Studium direkt in den Vorbereitungsdienst für das berufsbildende Lehramt einmünden wollen. Dies ist für diese Studie eine wichtige Information, weil somit eher von einer Identifikation mit dem Lehrberuf und der Fähigkeit, sich in eine eigene künftige Lehrtätigkeit einzudenken, ausgegangen werden kann. Da in der Stichprobe mehrere Kohorten inkludiert sind, kann keine Aussage zur Repräsentativität bezüglich der Alters- und Geschlechterverteilung getroffen werden. Die Verteilung der Zweitfächer weicht von der Zweitfachbelegung im Wintersemester 2019/20 ab. In diesem Semester waren Sport und Politik am stärksten belegt, gefolgt von Deutsch, Informatik und Fremdsprachen.

Von den acht interviewten Studienreferendar*innen sind zwei männlich und sechs weiblich. Die Gruppe befindet sich vornehmlich in der Altersklasse von 26 bis 35 Jahren. Sie haben alle einen Master of Education in Wirtschaftspädagogik und eine abgeschlossene Berufsausbildung; darunter fünf als Bankkaufleute mit bis zu sechs Jahren Berufserfahrung. Die Verteilung der Zweitfächer zeigt einen Schwerpunkt auf Politik (4), gefolgt von Deutsch (2), Sport (1) und Religion (1). Bisherige Unterrichtserfahrungen wurden zum Zeitpunkt der Interviews in der Berufsschule (5) und Fachoberschule (4) erlangt. Sieben Studienreferendar*innen sind in der Ausbildung von Verkäufer*innen und Kaufleuten im Einzelhandel tätig, fünf in der Lagerlogistik und drei im Bereich Groß- und Außenhandel. Die Hälfte der Gruppe befindet sich in der ersten Hälfte des Vorbereitungsdienstes. Drei Studienreferendar*innen erwerben zum Zeitpunkt der Interviews eine Zusatzqualifikation (ZQ) im Bereich Informatik, eine Person im Bereich Coaching und eine in der internationalen Bildung. Eine besuchte eine Fortbildung zum Einsatz von Moodle. Zwei gaben an, dass sie eine Tagung einer berufsbildenden Schule zur Digitalisierung in der beruflichen Bildung besuchten, und eine weitere Person nahm an einer Fortbildung zur Erstellung von Erklärvideos teil.

Von den zwölf interviewten Berufsanfänger*innen ist die Hälfte weiblich. In der Gruppe ist ebenso wie bei den Studienreferendar*innen die Altersklasse 26 bis 35 Jahre am stärksten vertreten. Der Anteil an Personen mit einer Berufsausbildung ist mit siebe etwas geringer – darunter drei Bankkaufleute, drei Industriekaufleute und ein Verwaltungsfachangestellter. Die Berufserfahrung in dieser Gruppe ist deutlich geringer. Nur drei haben ein bis zwei Jahre in ihrem Ausbildungsberuf gearbeitet, alle anderen weniger als ein Jahr oder gar nicht. Entsprechend dominiert auch hier der Studienabschluss Master of Education in Wirtschaftspädagogik (9), gefolgt vom Dipl.-Hdl. (3). Drei Personen haben promoviert. Unter den Zweitfächern dominiert Deutsch (3), gefolgt von Sport (2), Fremdsprachen (1) und Religion (1). Fünf Personen haben kein Zweitfach. Die Berufsanfänger*innen in der Stichprobe unterrichten hauptsächlich in der Berufsschule (11), in der Fachoberschule (7) sowie in der Berufsfachschule Wirtschaft (4). Die am meisten unterrichteten Ausbildungsberufe sind Verkäufer*innen und Kaufleute im Einzelhandel (7), Fachkräfte für Lagerlogistik (5) sowie Kaufleute im Groß- und Außenhandel (3). Ein*e Berufsanfänger*in ist mit der Koordination von Fächern und Fachbereichen betraut. Bis auf ein*e Berufsanfänger*in haben alle im Vorbereitungsdienst eine ZQ erworben. Die Themen Coaching (7) und Informatik (5) sind dabei am häufigsten vertreten. Eine Lehrkraft hat eine ZQ zum Einsatz digitaler Medien im Unterricht. Mit steigender Dauer der Berufszugehörigkeit nimmt auch die Teilnahme an Fort- und Weiterbildungen, Tagungen und Kongressen zu. Vorreiter sind Themen zur Digitalisierung und zum Einsatz digitaler Medien im Unterricht mit einem Umfang von durchschnittlich zwei bis drei Tagen (9). Seltener wurden Themen zur Digitalisierung aus einer wirtschaftlichen Perspektive mit Unterrichtsbezug besucht. Hierunter finden sich z. B. Fort- und Weiterbildungen zum Einsatz von ERP-Systemen in der Fachoberschule zu Google Analytics (5). Eine Person besuchte einen Kongress der IHK zur Digitalisierung, allerdings ohne Bezug zur beruflichen Bildung.

Von den 18 erfahrenen Lehrkräften sind zwölf männlich und sechs weiblich. Die Gruppe befindet sich in der Altersklasse 46 bis 55 Jahre. Sie befinden sich demnach nicht mehr in der Phase der beruflichen Stabilisierung, wie es bei den Berufsanfänger*innen der Fall ist, sondern eher in einer routinierten Phase, die sich durch eine „individual-pädagogische Perspektive" auf den Unterricht auszeichnet (Fuller & Brown, 1975; nach Messner & Reusser, 2000, S. 160). Nach Hubermann (1991) ist in dieser Phase mit Experimentierfreudigkeit und Gelassenheit und/oder mit Selbstzweifeln und einer Neubewertung der eigenen Lehrerrolle zu rechnen (Messner & Reusser, 2000, S. 161). Elf der erfahrenen Lehrkräfte haben eine Berufsausbildung absolviert, darunter drei Bankkaufleute, drei Groß- und Außenhandelskaufleute, zwei Industriekaufleute und drei Büro-, Einzelhandels- und Schifffahrtskaufleute. Von ihnen weisen sechs Personen eine ein- bis sechsjährige Berufserfahrung im gelernten Ausbildungsberuf auf. Dem Alter der Gruppe entsprechend haben 15 Personen ihr Studium als Diplom-Handelslehrer*in, einer als Diplom-Berufspädagoge und zwei mit einem Master of Education abgeschlossen. Unter den studierten Zweitfächern sind primär Sport (3), Deutsch (2) und Fremdsprachen (2) vertreten. Acht interviewte erfahrene Lehrkräfte haben kein zweites Unterrichtsfach. Die Gruppe unterrichtet vornehmlich in der Berufsschule (14), gefolgt vom Unterricht in der Fachoberschule (6). Im Vorbereitungsdienst haben die meisten Personen dieser Gruppe eine ZQ im Themenbereich Coaching erworben (5), gefolgt von EDV und Informatik und Medieneinsatz im Unterricht (4), Beratung und Supervision (3) sowie Mathe (3). Unter den unterrichteten Ausbildungsberufen machen Verkäufer*innen und Einzelhändler*innen den größten Anteil aus, gefolgt von der Ausbildung von Groß- und Außenhandelskaufleuten und Fachkräften für Lagerlogistik. Zwei Personen sind im Ausbildungsberuf Kaufmann/-frau im E-Commerce tätig. Acht der Personen sind mit der Koordination von Fachbereichen und Fächern, drei mit der Koordination besonderer Arbeitsbereiche, zwei mit Aufgaben zur Berufsorientierung und zwei mit der Erstellung von Stunden- und Vertretungsplänen betraut. Entsprechend der bisher längeren Schulpraxiszeit ist in dieser Gruppe auch eine verstärke Teilnahme an Fort- und Weiterbildungen zu erkennen; darunter i. d. R. über einen Tag mit Bezug zur Digitalisierung im Unterricht zu den Themen Entwicklung digitaler Lernszenarien, digitale Schule und Organisation, digitale Medien im Unterricht, Datenschutz und Urheberrecht, Blended Learning, Google Zukunftswerkstatt und zu sozialen Netzwerken.

Zum 15.11.2020 befanden sich in Niedersachsen 10.899 hauptberufliche Lehrkräfte an öffentlichen berufsbildenden Schulen im Dienst. 62 % der Belegschaft befand sich im Alter von über 45 Jahren und ein Fünftel in der Altersklasse 50 bis 55. Im Fachbereich Wirtschaft und Verwaltung waren 3.220 Lehrkräfte beschäftigt, davon sind 54 % weiblich. Von den 71 Studienreferendar*innen im Bereich Wirtschaft und Verwaltung sind zum 01.12.2020 62 % weiblich (MK Niedersachsen, 2021a). Auf Basis dieser Zahlen des statistischen Landesamtes Niedersachsen kann die Altersverteilung im Vergleich der Gruppen der Berufsanfänger*innen und erfahrenen Lehrkräfte als repräsentativ angesehen werden. Bei der Geschlechterverteilung trifft dies nur für die Berufsanfänger*innen und eingeschränkt für die Studienreferendar*innen zu. Mit 37 % der Beschäftigungszeit ist die Berufsschule in Niedersachsen die Schulform mit dem größten Beschäftigungsumfang, gefolgt von den Berufsfachschulen (24 %), dem beruflichen Gymnasium (15 %) und den Berufseinstiegsschulen (11 %; ebd.). Diese Verteilung spiegelt sich über alle drei Gruppen der im Schuldienst tätigen Personen für den Einsatz in der Berufsschule auch wider, allerdings macht die Fachoberschule anstelle der Berufsfachschule den zweitgrößten Anteil bei ihnen aus.

6.6.2 Digitalisierungsbezogene Dispositionen (angehender) Lehrkräfte

Im Fragebogen wurde ebenfalls mit erhoben, wie sich die Personen im Umgang mit neuen Problemen selber einschätzen (SEL), welche persönliche Haltung sie gegenüber moderner Technik haben (TEB), inwieweit eine handlungsorientierte Unterrichtsgestaltung intendiert wird (HUG) und welche Medien im Unterricht eingesetzt werden (siehe Fragebogen Anhang B). Die Skala SEL (siehe Anhang B2) zum Umgang mit neuen Problemen nutzt Items zur Erfassung von allgemeiner Selbstwirksamkeit nach Jerusalem & Schwarzer (1999, S. 13). Wie in Kapitel 4.3.1 beschrieben, ist die wahrgenommene Selbstwirksamkeit einer Person bedeutsam für ihre Handlungsfähigkeit (Bandura, 1999, S. 46). Unter der Annahme, dass die Digitalisierung eine Situation darstellt, die professionelles Handeln von Lehrkräften erfordert, kann die wahrgenommene Selbstwirksamkeit der Personengruppen ggf. unterstützend bei der Interpretation der Interviewergebnisse herangezogen werden. Anhand dieser Skala ließe sich bspw. erklären, warum Personen mit einer komplexen Antizipation der Digitalisierung und ihrer Bedeutung für den kaufmännischen Unterricht eine geringe Veränderungs- und Handlungsbereitschaft zur eigenen Unterrichtsgestaltung im Interview artikulieren. Die Betrachtung aller drei Skalen bezieht sich auf 43 gültige Fälle. Ausgeschlossen sind die Fälle der Pilotierung, da sich das Erhebungsdesign aufgrund dieser veränderte, zwei fehlende Rückläufer sowie nicht vollständig ausgefüllte Fragebögen aus der Haupterhebung. Die Skala SEL weist über fünf Items (zehn im Original) ein weniger gutes Cronbachs Alpha von 0,6 auf, weshalb sie nur vorsichtig interpretiert werden kann.

Die Skala TEB (siehe Anhang B3) ist angelehnt an die Kurzskala zur Technikbereitschaft von Neyer, Felber & Gebhardt (2016). Diese stellt eine Erweiterung des Technikakzeptanzmodells nach Davis (1989) „um eine breitere persönlichkeitspsychologische Perspektive" dar (Neyer, Felber & Gebhard, 2016, S. 4). Sie umfasst drei Teilkonstrukte: Technikakzeptanz, Technikkompetenz und Technikkontrollüberzeugungen. In dieser Arbeit wird sie als eine Skala zur Erhebung der Technikbereitschaft verwendet. Die Skala wurde bereits mehrfach angewendet und weist alters- und geschlechtsübergreifend gute Gütewerte auf (ebd., S. 9). Negativ gepolte Fragen wurden positiv umformuliert. Ein Einblick in die Technikbereitschaft der hier untersuchten Stichprobe ist von Vorteil, da eine ablehnende Haltung gegenüber der Digitalisierung ggf. mit einer technologiezentrierten Betrachtungsweise und einer ablehnenden Haltung gegenüber Technik zusammenhängen könnte. Die Skala hat neun Items und weist ein gutes Cronbachs Alpha von 0,8 auf.

Die Skala HUG (siehe Anhang B4) zur handlungsorientierten Unterrichtsgestaltung ist selbst entwickelt. Sie zielt auf die Frage ab, inwieweit der kaufmännische Unterricht nach eigener Einschätzung der Proband*innen handlungsorientiert authentisch gestaltet wird. Im Kern stehen Fragen zur Orientierung an beruflichen Handlungssituationen bei der Unterrichtsgestaltung, die betriebliche Authentizität bei der Gestaltung von Lern- und Prüfungsaufgaben und der berufsbezogene Einsatz digitaler Medien im Unterricht. Die Skala soll unterstützende Hinweise auf die Wahrnehmung der Digitalisierung geben. So könnte eine geringe Ausprägung dieser Skala unterstützend bei der Interpretation von Interviewergebnissen sein, die für eine Person oder Personengruppe auf stärkere lebens- und bildungsweltliche Überzeugungen hindeuten oder auf eine arbeitsweltliche. Die Skala hat vier Items und weist ein gutes Cronbachs Alpha von 0,8 auf.

Bei der Betrachtung der Mittelwerte über alle drei Skalen (siehe Tabelle 11) ist auffällig, dass sich die Studierenden gegenüber den drei anderen Gruppen hinsichtlich der eigenen Aussagen zur handlungsorientierten Unterrichtsgestaltung unterscheiden. Dieser Unterschied gegenüber den Nicht-Studierenden wird durch einen Mann-Whitney-U-Test (Divine, Norton, Barón & Juarez-Colunga, 2018; Hart, 2001; Mann & Whitney, 1947) bestätigt (vgl. Bühner & Ziegler, 2017, S. 325; Asymp. Sig. (2-seitig) <0.001; siehe Anhang B5). Dieser Befund lässt sich unterschiedlich interpretieren. Einerseits kann dies durch die abweichende Formulierung im Fragebogen erfolgen. Die Studierenden wurden prospektiv danach gefragt, wie sie ihren künftigen Unterricht gestalten würden, während die Gegengruppe zu ihren aktuellen Handlungsweisen antwortete. Diese Argumentation würde bedeuten, dass das Antwortverhalten durch soziale Erwünschtheit geprägt ist, wofür auch die geringe Streuung spricht. Andererseits könnte die geringere Unterrichts- und Schulpraxiserfahrung auch zu einer anderen Sichtweise bei Studierenden beitragen. Die übrigen Unterschiede zwischen den Gruppen und Konstrukten sind nicht signifikant.

Tabelle 11: Auswertung Skalen Kurzfragebogen (Quelle: Eigene Darstellung)

n = 44	Selbst-wirksamkeit	Technik-bereitschaft	Handlungsorientierte Unterrichtsgestaltung
		M (SD)	
Studierende (n=16)	3,11 (0,33)	2,99 (0,49)	3,58 (0,33)*
Referendar*innen (n=4)	2,95 (0,44)	2,78 (0,54)	3,06 (0,72)
Berufsanfänger*innen (n=11)	2,96 (0,37)	2,71 (0,43)	2,73 (0,33)
Erfahrene Lehrkräfte (n=13)	3,23 (0,43)	3,18 (0,49)	2,77 (0,58)

* p<0.05; Test: Mann-Whitney-U für 2 nicht-parametrische unabhängige Stichproben
Gruppe 1: Studierende; Gruppe 2: Nicht-Studierende
Beispielitem Technikbereitschaft: "Ich finde schnell Gefallen an technischen Neuentwicklungen."
Die Aussagen wurden anhand von Selbsteinschätzungen auf einer Skala von 1 (trifft nicht zu) bis 4 (trifft genau zu) erfasst.
Lesebeispiel: Studierende schätzen ihre Technikbereitschaft mit einem Mittelwert von 2,99 auf dritthöchster Stufe ein.

6.6.3 Einsatz digitaler Technologien im Unterricht

Neben persönlichen Dispositionen und Einstellungen gegenüber Technik sollen zur Unterstützung der Interviewergebnisse auch die im Unterricht verwendeten Medien herangezogen werden (siehe Tabelle 12). Dazu wurde im Kurzfragebogen erhoben, welche Medien für Lehrkräfte verfügbar sind und in welchem zeitlichen Umfang sie pro Woche von der jeweiligen Lehrkraft eingesetzt werden. Dies ist u. a. interessant, um Anhaltspunkte für die Vertrautheit mit Medien zu erhalten. Neben Hardware zur Kommunikation sowie zum Austausch und zur Visualisierung von Wissen werden auch unterschiedliche Software wie ERP, MS-Officeprogramme, Planspielsoftware sowie auch online verfügbare Services abgefragt (vgl. Schmid et al., 2017). Damit die Gruppen und Fälle vergleichbar werden, wird in Abhängigkeit von der Unterrichtsverpflichtung in Stunden und dem wöchentlichen Umfang des Medieneinsatzes in Stunden eine gewichtete Intensitätskennziffer berechnet. Je näher die Kennziffer in Richtung eins geht, umso größer ist der zeitliche Umfang des Medieneinsatzes[28].

---

28 Ausgeschlossen wurden vier Fälle, die eine höhere Nutzungszeit von Medien pro Woche angaben, als ihre Unterrichtsverpflichtung zulassen würde. In einzelnen Fällen kann dies in der Praxis vorkommen, es kann aber auch eine Fehlinterpretation des Fragebogens angenommen werden.

Tabelle 12: Intensität Medieneinsatz nach Gruppen und Medium (Quelle: Eigene Darstellung)

	Medium	Gruppe (n=32)			Gruppen-unterschiede (Referendare x junge L. x erfahrene L.)	Gruppen-unterschiede (junge L. x erfahrene L.)
		Referendar*innen (n=6)	Berufs-anfänger*innen (n=12)	Erfahrene Lehrkräfte (n=14)		
		M (SD)			p	
Hardware	WLAN Lehrkräfte	0,47 (0,4)	0,61 (0,42)	0,25 (0,36)	0,133	0,053
	WLAN Lehrende	0,36 (0,31)	0,5 (0,33)	0,21 (0,24)	0,096	0,031*
	Schulengeräte	0,1 (0,15)	0,15 (0,17)	0,09 (0,15)	0,695	0,527
	Schülerendgeräte	0	0	0	1,000	1,000
	Beamer	0,5 (0,41)	0,82 (0,32)	0,62 (0,41)	0,117	0,347
	Smart-/Activeboard	0,11 (0,27)	0,18 (0,33)	0,18 (0,36)	0,807	0,940
	Interaktiver Monitor	0,11 (0,27)	0	0,09 (0,21)	0,261	0,374
	Dokumentenkamera	0,46 (0,36)	0,9 (0,17)	0,49 (0,41)	0,009**	0,02*
	Classroomscreen	0,29 (0,35)	0,11 (0,23)	0,04 (0,17)	0,098	0,494
Software	Word	0,04 (0,1)	0,43 (0,37)	0,24 (0,3)	0,031*	0,322
	PowerPoint	0,15 (0,27)	0,33 (0,38)	0,16 (0,17)	0,498	0,560
	Excel	0,1 (0,15)	0,17 (0,29)	0,12 (0,17)	0,902	0,940
	ERP	0	0,03 (0,06)	0,02 (0,08)	0,528	0,742
	Planspielsoftware	0	0	0	1,000	1,000
	Digitales Klassenbuch	0	0,51 (0,51)	0,51 (0,51)	0,032	0,781
	Onlinestundenplan	0,5 (0,41)	0,61 (0,49)	0,58 (0,46)	0,532	0,860
	Kommunikationstools	0,22 (0,34)	0,33 (0,43)	0,09 (0,27)	0,193	0,145
	Lernplattformen	0,39 (0,44)	0,4 (0,42)	0,16 (0,25)	0,340	0,193
	Education Technologies	0	0,1 (0,21)	0,04 (0,08)	0,417	0,820
	Open Education Ressources	0	0	0	1,000	1,000
	Wikipedia	0	0,08 (0,11)	0,09 (0,14)	0,208	0,860
	Youtube	0,15 (0,17)	0,21 (0,18)	0,15 (0,22)	0,765	0,527
	Cloudspeicher	0,19 (0,31)	0,43 (0,5)	0,16 (0,35)	0,261	0,212

* p<0.05; **p<0.01;
Test Referendar*innen x Berufsanfänger*innen x erfahrene Lehrkräfte: Kruskal-Wallis-H für k nicht-parametrische unabhängige Stichproben; Asymptotische Signifikanz
Test Berufsanfänger*innen x erfahrene Lehrkräfte: Mann-Whitney-U für 2 nicht-parametrische unabhängige Stichproben; exakte Signifikanz
Die Werte wurden jeweils anhand von Aussagen zum durchschnittlichen Medieneinsatz pro Woche berechnet.
Berechnung des Koeffizienten: durchschnittliche Unterrichtsverpflichtung pro Woche in Stunden/durchschnittlicher Medieneinsatz pro Woche in Stunden
Lesebeispiel: Erfahrene Lehrkräfte nutzen in 50 % ihrer Unterrichtszeit eine Dokumentenkamera.

Berufsanfänger*innen, also mit einer Berufserfahrung von maximal fünf Jahren, fallen in der Stichprobe zumindest bei Betrachtung der Mittelwerte der Einsatzintensität durch eine vermehrte Nutzung digitaler Medien auf. Wie in Tabelle 12 abgebildet, zeigen sich Unterschiede bei der Nutzung der Dokumentenkamera und, je nach Gruppen der Mittelwertvergleiche, beim Einsatz von MS-Word bzw. bei der Nutzung des WLANs für Lernende[29]. Der Gruppenvergleich weist vorsichtig darauf hin, dass Berufsanfänger*innen vermehrt Berührungspunkte mit digitalen Medien im Unterricht haben. Umgekehrt zeigt er, dass erfahrene Lehrkräfte nicht nur in den signifikanten Werten, sondern bei allen Medien einen niedrigeren Mittelwert in der Nutzungsintensität aufweisen. Auffällig ist, dass von keiner Gruppe die Endgeräte der Schüler*innen im Unterricht eingesetzt werden und der Einsatz von ERP-Systemen besonders gering ausfällt, obwohl sie an den meisten Schulen verfügbar sind.

---

29 Die Unterscheidung zwischen WLAN für Lehrer*innen und für Lernende erfolgt aufgrund von Medienkonzepten, die aus Sicherheitsgründen eine Trennung zwischen dem Schul- und Verwaltungsnetz für das Lehrpersonal und dem Netz für Schüler*innen vorsehen.

6.6.4 Digitalisierungsbezogene Wissensquellen (angehender) Lehrkräfte

Damit identifizierte Überzeugungen bei der Interpretation und Diskussion in ihre möglichen Entstehungskontexte eingeordnet werden können, wurde erhoben, welche Quellen die Lehrkräfte nutzen, um sich über die Digitalisierung zu informieren. Aufgrund des explorativen Charakters der Fragestellung nach Wissensquellen wurde sie nicht im Kurzfragebogen aufgenommen, sondern im Interview verankert. Dies brachte den Vorteil, dass einerseits direkt auf Verständnisschwierigkeiten bezüglich der Frage *„Welche Wissensquellen sind für Sie relevant, um sich über die Digitalisierung zu informieren?"* eingegangen und andererseits die Frage individuell vertieft werden konnte. Die quantitative Auswertung der Fragestellung ist in Tabelle 13 zusammengefasst.

Tabelle 13: Informationsquellen zur Digitalisierung (Quelle: Eigene Darstellung)

Quelle	Gruppe (n=54)				Gesamt
	Studierende (n=16)	Referendar *innen (n=8)	Berufsanfänger*innen (n=12)	Erfahrene Lehrkräfte (n=18)	
	M (SD)				
Onlinemedien	1 (0)	0,75 (0,46)	0,5 (0,52)	0,67 (0,49)	0,74 (0,44)
Kollegium/Kommiliton*innen	0,25 (0,45)	0,63 (0,52)	0,33 (0,49)	0,44 (0,51)	0,39 (0,49)
Learning by doing	0,13 (0,34)	0,5 (0,53)	0,25 (0,45)	0,5 (0,51)	0,33 (0,48)
Fortbildungen	0	0	0,5 (0,52)	0,28 (0,46)	0,2 (0,41)
Universität	0,44 (0,51)	0,13 (0,35)	0	0	0,15 (0,36)
Printmedien	0,13 (0,34)	0	0,17 (0,39)	0,17 (0,38)	0,13 (0,34)
Soziale Medien	0,06 (0,25)	0,13 (0,35)	0,08 (0,29)	0,11 (0,32)	0,09 (0,29)
Wissenschaftliche Literatur	0,19 (0,4)	0	0	0	0,06 (0,23)
Prüfungsausschuss	0	0	0,08 (0,29)	0,06 (0,24)	0,04 (0,19)
Schülerinnen und Schüler	0	0	0,08 (0,29)	0,06 (0,24)	0,04 (0,19)
Betriebe	0	0	0,08 (0,29)	0	0,02 (0,14)

Die Mittelwerte wurden aus einer dichotom kodierten Skala auf Basis der Antworten auf die Interviewfrage: *"Welche Wissensquellen sind für Sie relevant, um sich über die Digitalisierung zu informieren?"* gebildet.
Es wurden keine Antwortmöglichkeiten vorgegeben.
Lesebeispiel: Die Hälfte der Berufsanfäger*innen nutzt Onlinemedien, um sich über die Digitalisierung zu informieren.

An erster Stelle stehen Onlinemedien, darunter (Tages-)Zeitungen, Foren, Websites von Soft- und Hardwareanbietern usw. An zweiter Stelle steht das Kollegium bzw. stehen die Kommiliton*innen, um Informationen über Einsatzmöglichkeiten und die Funktionsweise von digitalen Medien zu erhalten. An dritter Stelle, vor allem bei Nicht-Studierenden, steht das Lernen durch Ausprobieren. Wissenschaftliche Literatur wird bei Studierenden im Zusammenhang mit der Anfertigung von Haus- und Abschlussarbeiten genannt und die Universität als Ort, an dem Erfahrungen mit digitaler Lehre gemacht werden, hervorgehoben. Auffällig ist, dass wissenschaftliche Literatur bei Lehrkräften in allen drei Gruppen keine Relevanz besitzt.

7 Empirische Ergebnisse der Studie

7.1 Überzeugungen zur Digitalisierung von Lehrkräften

Die Darstellung der Ergebnisse erfolgt in zwei Schritten: erstens durch die Präsentation der Überzeugungen für alle sechs Dimensionen von Lehrerüberzeugungen zur Bedeutung der Digitalisierung für die kaufmännische Berufsausbildung (siehe Kapitel 5) und zweitens durch die clusteranalytisch explorativ identifizierten Überzeugungssysteme. In der Dimension *ÜD Überzeugungen zur Digitalisierung* wird von 40 % der Interviewten (angehenden) Lehrkräfte die Digitalisierung mit einer vermehrten Nutzung digitaler Endgeräte in Verbindung gebracht; dicht gefolgt von der Nutzung digitaler Medien und Tools im Unterricht (37 %) und neuen Möglichkeiten zur Vernetzung und Kommunikation (19 %; siehe Abbildung 5; differenzierte Darstellung im Anhang F1): *„Digitalisierung bedeutet für mich das Arbeiten mit dem PC und über den PC, auch Kommunikation über den PC. Das heißt für mich vor allen Dingen Digitalisierung"* (EL1). Die Proband*innen beschreiben die Digitalisierung als endlosen technologischen Fortschritt seit den 1990er-Jahren, der bedingt vom Menschen beeinflussbar ist: *„Also, wenn ich jetzt so an meinen Unterricht denke, kann ich das schon sehr beeinflussen, weil ich ja noch entscheide, ob ich das möchte, dass das in meinem Unterricht Raum hat. Aber ob ich die Digitalisierung als solches aufhalten kann oder mitentscheiden kann, eher weniger"* (EL2). Bei Studienreferendar*innen zeigt sich ein etwas anderes Bild. Sie heben in Verbindung zur Digitalisierung zu 63 % digitale Medien und Tools im Unterricht sowie zum gleichen Anteil die Digitalisierung im Sinne einer Digitisation, also einer Überführung von analogen in digitale Medien, hervor. 23 % der Stichprobe beschreiben zu Beginn der Interviews die Digitalisierung als eine Veränderung der Arbeitswelt, darunter die Hälfte der Studienreferendar*innen, ein Viertel der Berufsanfänger*innen und jeweils ca. ein Sechstel der Studierenden und erfahrenen Lehrkräfte: *„[...] aber auch im Betrieb, dass dort digitale Medien mehr zur Anwendung kommen, teilweise vielleicht auch Arbeit ersetzt wird"* (ST1).

Auf die Frage nach den Vorteilen, die durch die Digitalisierung zu erwarten sind, vertreten 48 % der Stichprobe die Überzeugung, dass sie den Unterricht verändern wird: *„Ich erwarte neue Unterrichtsmöglichkeiten, Unterrichtsinhalte, neue methodische Möglichkeiten, um Unterrichtsinhalte zu vermitteln"* (JL1). 37 % sagen, dass mit der Digitalisierung eine Arbeitserleichterung im Lehrberuf, aber auch im privaten Umfeld einhergehe: *„Ich rede mir immer ein, dass es positive Folgen sind, wo ich aber auch dran glaube, dass dieser ganze Papierkrieg, dass das wegfällt und man alles auf einem Gerät zusammen hat"* (SR1). Über die einzelnen Gruppen sind die Verteilungen dieser beiden Überzeugungen gleich. Neue Kommunikationsmöglichkeiten werden nicht nur als Folge der Digitalisierung, sondern vereinzelnd auch explizit als Vorteil hervorgehoben. Auffällig ist, dass primär von Studierenden (22 %) die Digitalisierung mit ökologischen Vorteilen in Verbindung gebracht und dies mit der Reduzierung von Papier begründet wird: *„Vielleicht auch aus Umweltgesichtspunkten viel weniger Papierkram, den man ausdrucken und hin- und herschicken muss. Das sind die Vorteile"* (ST2).

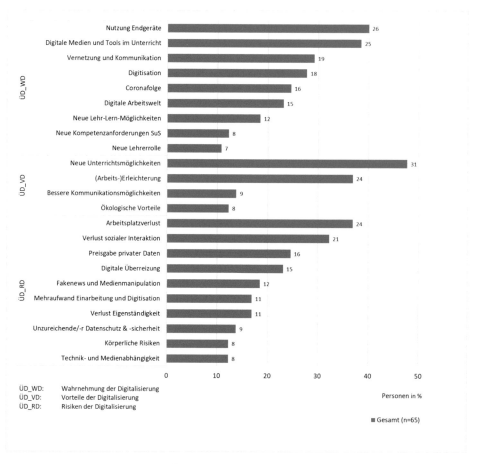

Abbildung 5: Digitalisierungsbezogene Überzeugungen, Wahrnehmung, Risiken, Vorteile (Quelle: Eigene Darstellung)

Die Überzeugungen zu Risiken durch die Digitalisierung fallen über alle Gruppen hinweg deutlich differenzierter aus, was an sich bereits ein Befund in der Stichprobe ist. An erster Stelle stehen Arbeitsplatzverluste von Fachkräften durch die Automatisierung und Robotisierung (37 %). Deutlich hervorgehoben wird dieses Risiko von erfahrenen Lehrkräften (56 %) und von Studierenden (41 %): *„Rationalisierung. Ich kann das einmal für den Kassenbereich sagen, wenn wir Self-Services-Kassen einsetzen, dann verschwinden drei Kassiererinnen, in der Regel ist nur noch eine Kassenaufsicht notwendig"* (EL3). Unter den Berufsanfänger*innen wird dieser Aspekt von nur 8 % geschildert. An zweiter Stelle steht die Überzeugung von der Gefahr von Verlusten sozialer Interaktionen durch zeitliche und räumliche Distanzen und einer digitaleren Kommunikation im Privaten sowie im Bildungsbereich. Jedoch wird dies primär von Studierenden (52 %) und von Studienreferendar*innen (38 %) hervorgehoben: *„Die sozialen Beziehungen unter Menschen, dass die sich ändern und sehr stark zum Negativen. Also in unserer Jugend war es noch so: Wir haben uns übers Telefon verabredet und dann waren wir auch da. Heutzutage ist es so, dass man das Potenzial hat, schneller abzusagen. Kennt jeder von uns, dass man dann auch mal eine WhatsApp schreibt eine halbe Stunde vorher"* (ST3).

Diese beiden Gruppen sind durch den ersten Lockdown infolge der Corona-Pandemie auch direkt betroffene Lernende, wodurch sie bereits in ihrer Ausbildungssituation mit einer sozialen Isolation im Bildungsbereich konfrontiert wurden: *„Das Fehlen von Sozialisation, also man vereinsamt ja – wie wir das jetzt im letzten Semester gesehen haben, also der direkte zwischenmenschliche Kontakt wird einfach erschwert"* (ST4). 39 % der erfahrenen Lehrkräfte sind davon überzeugt, dass die Risiken der Digitalisierung mit einer Zunahme von Falschmeldungen und Medienmanipulationen sowie einem unzureichenden Datenschutz und einer unzureichenden Datensicherheit einhergehen.

Bei der Betrachtung normativer Überzeugungen, die die wahrgenommene Erwartung an die Lehrkraft infolge der Digitalisierung beschreiben, wird deutlich, dass ein Drittel der Stichprobe keine an sie persönlich gestellten Erwartungen wahrnimmt. Sie schildern, dass es ihnen selbst überlassen sei, inwieweit sie die Digitalisierung in den kaufmännischen Unterricht einbringen: *„Ich bin sehr gewillt, dem nachzukommen, deswegen bin ich auch in dieser Arbeitsgruppe. Also es wird natürlich gesagt, dass wir das machen sollen und wir werden auch dazu angehalten. Aber sind wir mal ehrlich, überprüft wird das nicht und wenn ich jetzt theoretisch keinen Bock hätte, hätte ich keinen Bock"* (JL2). Jeweils ca. 17 % sind davon überzeugt, dass durch ihre Schulleitung und durch Ordnungsmittel die Erwartungshaltung an sie gestellt wird, die Digitalisierung in den Unterricht einzubringen. Die Überzeugungen der interviewten Personen bezüglich der Einstellungen ihres Kollegiums bzw. ihrer Kommiliton*innen zur Digitalisierung deuten auf einen Generationsunterschied hin. 45 % aller Personen sind davon überzeugt, dass ältere Lehrkräfte der Digitalisierung gegenüber negativ eingestellt und nicht sehr offen für Veränderungen seien. 30 % heben hervor, dass gerade jüngere offener und positiver eingestellt seien. Besonders Studierende (41 %) nehmen sich selber als deutlich offener im Vergleich zu Lehrkräften wahr: *„Wie sehr sind Lehrkräfte gewollt, würde ich differenzieren, also jüngere Lehrkräfte sind da schon noch eher gewollt. Ältere, so habe ich es auch im Praktikum manchmal festgestellt, sind da ein bisschen – ja, ich will nicht sagen resistent, aber beharren so ein bisschen auf ihrem alten Schema"* (ST5).

37 % der Befragten, darunter 50 % der Berufsanfänger*innen, vertreten die Überzeugung, dass für Lehrkräfte vor allem digitalisierungsbezogene Kompetenzen in Bezug zur kaufmännischen Domäne bedeutsam sind und weiter an Bedeutung gewinnen werden. So müssen ihrer Überzeugung nach Lehrkräfte wissen, wie sich die Digitalisierung auf betriebliche Prozesse und die innerbetriebliche IT auswirkt, wie Software in Prozesse eingebunden ist und wie sich Algorithmen auf Betriebs- und Geschäftsabläufe auswirken: *„Digitale Prozesse, die in den Unternehmen vorgehen und was dahintersteckt, müssen die Lehrkräfte wissen"* (JL3). Eine andere Berufsanfängerin

bezieht sich deutlicher auf den Medieneinsatz im Unternehmen: *„Und dann zu wis-sen, wie der betriebliche Ablauf oder der Einsatz von digitalen Medien erfolgt"* (JL4). Eine erfahrene Lehrkraft hebt zu diesem Aspekt auch klassische kaufmännische Tätigkei-ten hervor: *„Man muss diese Programme – zumindest in den einfachen kaufmännischen Sachen – zu nutzen wissen, also Excel zum Beispiel, um auch digital eine Kalkulation ma-chen zu können"* (EL4). 32 % der gesamten Gruppe heben Medienkompetenzen hervor, darunter die Hälfte aller interviewten Studierenden. Sie sagen, dass Lehrkräfte digi-tale Medien verstehen und auch zu Bildungszwecken einsetzen können müssen. Die berufstätigen Lehrkräfte sind der Überzeugung, dass diese Kompetenzen vor allem durch Fortbildungen gefördert werden müssen.

7.2 Digitalisierungsbezogene pädagogische Überzeugungen

Wie der Abbildung 6 (Anhang F3) zu entnehmen ist, besteht die größte Einigkeit in-nerhalb der interviewten Personen, bezogen auf die Gestaltung von Unterricht, in der Überzeugung, dass die Digitalisierung und ihre (Bildungs-)Herausforderungen einen offenen und selbstgesteuerten Unterricht (22 %) sowie kooperative Lernformen (17 %) erfordern. Eine solche Unterrichtsgestaltung wird als relevant angesehen, weil so He-ranwachsende dazu befähigt werden, sich in einer durch die Digitalisierung ständig wandelnden Welt selbstständig zu bilden, und sie lernen, digital zu kommunizieren und zu kooperieren. Diese Ziele sollen erreicht werden, indem sich Lernende selbst-ständig mit Problemen auseinandersetzen und zu deren Lösung auf digitale Möglich-keiten wie Onlinerecherchen oder das Zusammenarbeiten über Plattformen zurück-zugreifen. Eine erfahrene Lehrkraft sagt dazu: *„Also ich bin ja ein Fan von offenen Lernformen, wo Schüler tatsächlich selbstgesteuert und selbstorientiert lernen und sich dann die Fähigkeiten und Kenntnisse selbst aneignen; unter Zuhilfenahme von Lehrkräften und anderen Möglichkeiten"* (EL5). Ein*e Berufsanfänger*in ergänzt dazu: *„[...], weil im Zuge der Digitalisierung eigentlich schon sehr viel Wissen sehr einfach zu erreichen ist. Man muss es nur finden oder anwenden können auf die Situation. Und das ist ja ein extremer Vorteil durch die Digitalisierung und das sollte man meines Erachtens wesentlich stärker mit einbauen in den Unterricht"* (JL5). Diese Überzeugung deckt sich mit den Überzeugun-gen zu relevanten überberuflichen Kompetenzen angehender kaufmännischer Fach-kräfte. Selbstkompetenzen werden von allen (22 %), aber am deutlichsten von den Berufsanfänger*innen (42 %) hervorgehoben. Ebenfalls werden Lernkompetenzen in Verbindung mit der Digitalisierung mehrfach geschildert, auch hier vornehmlich von den Berufsanfänger*innen (25 %).

   Die Digitalisierung ist aus verschiedenen Perspektiven betrachtbar; z. B. aus einer lebensweltlichen Perspektive mit Bezügen zum privaten Leben der Lernenden oder aus einer arbeitsweltlichen Perspektive in Verbindung mit der kaufmännischen Do-mäne. Zur Aufdeckung der Perspektiven der (angehenden) Lehrkräfte sollten sie im Interview schildern, wie sie den Begriff „Digitalisierung" im Unterricht erklären wür-den, wenn sie von Schüler*innen danach gefragt werden. Beim Vergleich der Subdimensionen DPÜ_EL (*Erklärung an Lebenswelten*) und DPÜ_EA (*Erklärung an Arbeitswelten*) wird deutlich, dass lebensweltliche Ansätze von nahezu allen Personen (n = 63) genannt werden und dass diese Dimension eine umfangreichere Untergliederung hat. 30 % aller Personen, hierunter 41 % aller Studierenden, würden die Schülerfrage anhand von digitalen Technologien erklären, die die Lernenden aus ihrem privaten Umfeld kennen könnten: *„Ich würde antworten, dass es ein stetiger Wandel im Alltag ist, dass man eher von diesen handlichen Dingen weggeht ins Programmierbare und dass halt mehr online ist, die Kommunikation persönlich abnimmt und es halt alles eher online stattfindet, z. B. auf einer Social-Media-Plattform"* (ST6). Ebenfalls hoch ist der Anteil an Personen, die die Digitalisierung anhand lebensweltlicher Veränderungen wie einer steigenden Vernetzung im privaten Umfeld, aber auch anhand der steigenden Anforderungen an die Lernbereitschaft durch sich wandelnde Welten erklären würden (14 %): *„Und das ist letztendlich das, was die Auszubildenden für sich mitnehmen müssen, dass sie sich auch im Sinne der Bereitschaft des lebenslangen Lernens ganz anders einbringen müssen in der Digitalisierung und eine ganz andere Einstellung dazu kriegen müssen, um das eben langfristig in ihrem Berufsleben bewältigen zu können"* (ST7). 31 Personen schildern (teils zusätzlich) eine arbeitsweltlich orientierte Erklärung. Zusammengefasst lassen sie sich in zwei Arten unterteilen. Erstens ist das der Einsatz von digitalen Medien im Arbeitsprozess (17 %): *„[...] letztlich, manuelle Bearbeitung von Tätigkeiten durch Hard- und Software, sowie eben darüber hinaus noch andere Tools"* (EL6). Und zweitens sind das die Veränderungen von Prozessen und Organisationsstrukturen (31 %): *„Ich würde sagen mithilfe der Digitalisierung werden Geschäftsprozesse im Unternehmen vereinfacht und Digitalisierung sorgt dafür, dass Vorgänge, Produktionsprozesse oder auch Absatzprozesse oder Beschaffungsprozesse schneller vonstattengehen, weniger fehleranfällig sind, einfach effizienter sind, auch austauschbarer sind, also dass dann andere oder Kollegen, diese ebenfalls durchführen können, dass man nicht so abhängig von einzelnen Personen ist"* (JL3).

Zur Subdimension Leistungsmessung und -beurteilung lassen sich nur wenige Überzeugungen identifizieren. 12 % der (angehenden) Lehrkräfte, darunter 22 % der Studierenden, vertreten die Überzeugung, dass durch digitale Prüfungen eine höhere Objektivität in der Bewertung ermöglicht wird. Der höhere Anteil an Studierenden in dieser Dimension kann daran liegen, dass sie durch die Corona-Pandemie bereits im Studium vermehrt mit digitalen Klausuren Erfahrungen sammeln konnten. Erfahrene Lehrkräfte vertreten dagegen eher die Überzeugung, dass zur Bewertung des Umgangs mit digitalen Medien die Beurteilungskriterien und -maßstäbe fehlen: *„Also ich glaube, man braucht noch einige Kriterien, um zu beurteilen, wie gut die Schüler es gemacht haben, also wie gut Schüler mit einem Programm umgegangen sind, wie gut sie eine digitale Aufgabe gelöst haben. Da fehlen noch so die Beurteilungskriterien"* (EL4).

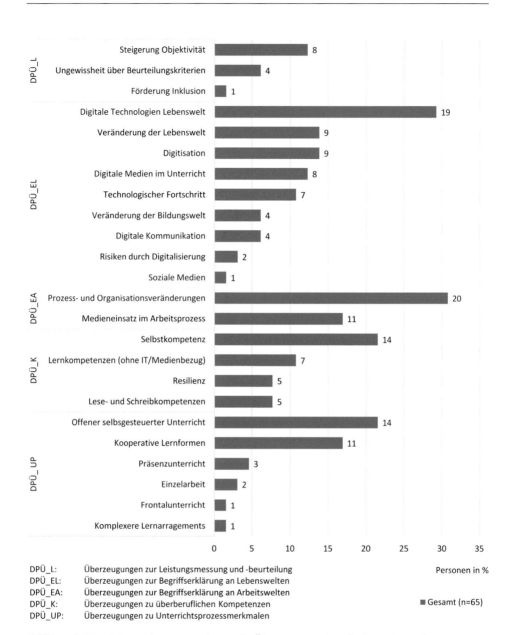

DPÜ_L: Überzeugungen zur Leistungsmessung und -beurteilung

DPÜ_EL: Überzeugungen zur Begriffserklärung an Lebenswelten

DPÜ_EA: Überzeugungen zur Begriffserklärung an Arbeitswelten

DPÜ_K: Überzeugungen zu überberuflichen Kompetenzen

DPÜ_UP: Überzeugungen zu Unterrichtsprozessmerkmalen

Personen in %

■ Gesamt (n=65)

Abbildung 6: Digitalisierungsbezogene pädagogische Überzeugungen (Quelle: Eigene Darstellung)

7.3 Digitalisierungsbezogene Überzeugungen zu kaufmännischen Arbeitswelten

Die interviewten erfahrenen Lehrkräfte (11 %) und Studierenden (22 %) vertreten die Überzeugung, dass sich kaufmännische Tätigkeitsprofile durch die Digitalisierung vermehrt durch digitale Kundenberatung und -betreuung auszeichnen werden und weniger Kundenkontakt in den Geschäftsräumen der Unternehmen stattfindet: *„Aber es ist gar kein direkter Mitarbeiter mehr vor Ort. So etwas zum Beispiel und klassische Beratung gibt es noch, aber auch da kann ich online, wenn ich zum Beispiel einen Kredit haben wollte oder so, da kann ich schon im Vorfeld ganz viel eingeben"* (EL6; Abb. 7; Anhang F3). Ebenfalls ist jeweils ca. ein Viertel der Studienreferendar*innen (25 %) und erfahrenen Lehrkräfte (22 %) überzeugt, dass die Planung, Steuerung, Optimierung und Überwachung von betrieblichen Prozessabläufen vermehrt zu den Tätigkeiten kaufmännischer Fachkräfte gezählt werden: *„Da kommen wir glaube ich wieder darauf zurück, dass viele Tätigkeiten automatisiert werden, dass dadurch vieles wegfällt und wir so Tätigkeitsverschiebungen haben. Gerade im kaufmännischen Bereich, dass der Mensch mehr planende und kontrollierende Aufgaben übernimmt, als selber aktiv im Prozess mitzuarbeiten"* (ST7).

Berufsanfänger*innen weisen teils die Überzeugung auf, dass das Eingeben von Daten in Programme einen größeren Stellenwert erfährt (17 %): *„Zum Beispiel Eingangsrechnungen mit Stempeln versehen, bevor die entsprechenden Daten eingepflegt werden"* (JL4). Insgesamt wurden nur wenige Aussagen zu Veränderungen in Tätigkeitsprofilen getroffen. Dagegen sind die Überzeugungen zu Veränderungen von Arbeitsformen komplexer. Große Übereinstimmung zeigt sich in allen vier Gruppen, dass die Tätigkeitsausführung vermehrt digital durch Hardware oder Software unterstützt wird (70 %): *„Dass halt alles über den PC läuft, Händisches oder ich sag mal alles, was man abheften muss, das wird einfach nur noch die Ordner reingeschoben auf dem PC"* (ST8). In Verbindung mit der vorherigen Subdimension gibt dies Hinweise darauf, dass (angehende) Lehrkräfte weniger von einem Wandel der Tätigkeiten und mehr von einer Veränderung in der Ausführung von Tätigkeiten infolge der Digitalisierung überzeugt sind. Besonders fällt auf, dass ebenfalls über alle Gruppen hinweg die Überzeugung zu finden ist, dass kaufmännische Tätigkeiten monotoner und einfacher durch die Digitalisierung werden (Studierende: 44 %; Studienreferendar*innen: 25 %; Berufsanfänger*innen: 75 %; erfahrene Lehrkräfte: 61 %): *„Ich glaube, manche werden vielleicht monotoner, weil sie durch die Digitalisierung auch automatisiert werden"* (ST9). Eine erfahrene Lehrkraft antwortet auf die Frage: *„In bestimmten Bereichen könnte es zu einer Monotonie führen, durch Standardisierung. Wenn ich aber weiter kreativ tätig sein kann und es mit Menschen zu tun habe, auf die Menschen eingehe, dann wird es interessanter. So eine Verkaufstätigkeit der Verkäufer, bei denen wird es interessanter. Bei jemandem, der nur Rechnungen bearbeitet, mit Formularen zu tun hat, für den wird es langweiliger"* (EL7).

Jeweils ein kleiner Teil der Gruppen äußert sich in die Richtung, dass die Arbeitsverrichtung ortsunabhängiger, kollaborativer und fremdgesteuerter wird: *„Die kaufmännischen Tätigkeiten werden oder sind zunehmend nicht ortsgebunden. Das heißt, ich* *kann auch vom Homeoffice arbeiten, in vielen Bereichen. Das ist so ein bisschen, was ich da sehe; vielleicht zeitliche und örtliche Flexibilität"* (ST10). Dieser Befund lässt vermuten, dass die untersuchten Gruppen die Digitalisierung mit einem Funktionsverlust in kaufmännischen Berufen verbinden, was auch durch das vielfach geschilderte Risiko des Arbeitsplatzverlustes durch die Digitalisierung unterstützt wird (siehe Kapitel 7.1). 38 % der gesamten Gruppe vertreten teils gleichzeitig die Überzeugung, dass Tätigkeiten komplexer und anspruchsvoller werden, was die Annahme einer Polarisierungsthese in einem Teil der Gruppe unterstützt: *„Ja, ich glaub schon, dass sie komplexer werden. Abwechslungsreicher bin ich mir nicht so sicher. […] ich glaube nicht, dass es monotoner wird. Anders, aber nicht monotoner"* (JL1). Ein Studienreferendar sagt dazu: *„Größtenteils würde ich sagen, dass einfache und monotone Tätigkeiten leichter ersetzt werden können, also tendenziell müsste man sagen, dass die Aufgabenfelder eher komplexer werden"* (SR1). 28 % der gesamten Gruppe vertreten die Überzeugung, dass die Ausführung von Tätigkeiten einen erhöhten kommunikativen Anteil erfordert, und 20 % gehen davon aus, dass z. B. durch einfachere und schlankere Prozesse kaufmännische Tätigkeiten auch einfacher durchzuführen sind.

Die Tendenzen in den Überzeugungen hin zu einfacheren und monotoneren Tätigkeiten werden durch die Annahmen über Veränderungen von Geschäftsprozessen in ihrer Argumentation unterstützt. So nehmen 65 % aller Fälle an, dass durch die Digitalisierung Geschäftsprozesse automatisiert werden, und 26 %, dass sie durch digitale Technologien auch optimiert werden: *„Wenn ich von meinem Beruf ausgehe im Einzelhandel, dann bestellen die Warenwirtschaftssysteme mittlerweile selber. Also, dass die Mitarbeiter noch bestimmte Dinge aktiv wahrnehmen, das wird immer weniger, weil viele Dinge im Hintergrund ablaufen und automatisiert sind"* (EL8). Zudem würden sie sich durch einen größeren E-Commerce-Anteil (18 %) und Customer-Self-Service-Möglichkeiten (11 %) auszeichnen: *„Wir haben Selfcheckout-Kassen, die mittlerweile viel eingesetzt werden in den Filialen, das jetzt nur auf den Einzelhandelsberuf bezogen, aber auch bei anderen Berufen"* (SR2).

Unter den Arbeitsmitteln werden das Laptop, Smartphone und Tablet als die wichtigsten Endgeräte eingestuft. 50 % aller Fälle sind der Überzeugung, dass ERP-Systeme zu den relevantesten Softwareanwendungen für kaufmännische Tätigkeiten gehören: *„Gerade Warenwirtschaftssysteme oder SAP sind schon große Programme, mit denen täglich gearbeitet wird. Ich denke, das ist berufsabhängig und vom Niveau abhängig. Aber insgesamt würde ich das schon als sehr hoch einschätzen"* (JL6). Dass dies nicht für alle Branchen gleichermaßen gilt, hebt eine erfahrene Lehrkraft hervor: *„Also Warenwirtschaftssysteme, die dann direkt genutzt werden. Also nicht unbedingt SAP. SAP ist im Handel bei den Einzelhandelskaufleuten, wo ich bin, noch nicht so richtig verbreitet, aber halt adäquate Branchenlösungen hinsichtlich Warenwirtschaftssystemen"* (EL5). Nach ERP-Systemen gelten MS-Office-Produkte zur Textverarbeitung, Tabellenkalkulation und Präsentation als die wichtigsten Arbeitsmittel. 43 % der interviewten Personen stufen die E-Mail als relevantestes Kommunikationsmedium ein, 25 % die Videotelefonie, 23 % das Telefon, 22 % multimediale Kommunikationsplattformen, 15 % Messenger und 12 % soziale Netzwerke.

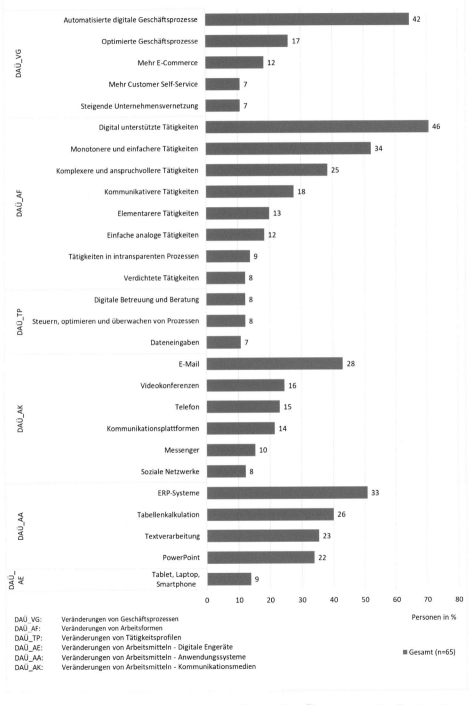

Abbildung 7: Digitalisierungsbezogene kaufmännisch-arbeitsweltliche Überzeugungen (Quelle: Eigene Darstellung)

7.4 Wirtschaftsdidaktische Überzeugungen zur Digitalisierung

Die interviewten (angehenden) Lehrkräfte heben in der ersten Subdimension zu Kompetenzanforderungen für kaufmännische Fachkräfte infolge digitalerer Geschäftsprozesse die Relevanz des betriebswirtschaftlichen Fachwissens deutlich hervor (31 %) – vor allem Berufsanfänger*innen (75 %) und erfahrene Lehrkräfte (50 %): *„Dadurch, dass man nur noch in einem Programm arbeitet, muss er natürlich gewährleisten, dass er nicht die Übersicht verliert. Praktisch jetzt in seinem Laden oder in seiner kaufmännischen Tätigkeit sich nicht nur auf die Maschine verlässt, sondern er muss schon in der Lage sein, alles, was da passiert, mit dem Programm abgleichen, einschätzen und einordnen zu können"* (EL5; siehe Abb. 8; Anhang F4). Explizites Wissen über Geschäftsprozesse wird dagegen nur von 17 % aller Fälle genannt. Ein Studierender sagt dazu: *„Durch komplexere Geschäftsprozesse […] müssen kaufmännische Fachkräfte […] gerade dort hinterherkommen und die müssen verstehen, inwiefern diese komplexen Prozesse vernetzt sind, wie sie dargestellt werden, wo sie zu finden sind"* (ST11).

Insgesamt formuliert die interviewte Gruppe sehr wenige Überzeugungen zu Veränderungen von Arbeitsformen aufgrund der Digitalisierung. Zur Bearbeitung von Aufgaben in neuen Arbeitsformen wird, wie in Kapitel 2.2.4 dargestellt, kollaboratives Arbeiten wichtiger. Hiermit übereinstimmend vertreten 23 % der Fälle die Überzeugung, dass verantwortungsvolles digitales Zusammenarbeiten notwendiger wird. Am vielfältigsten fallen Überzeugungen zu Kompetenzanforderungen infolge neuer Arbeitsmittel aus. 89 % aller Fälle vertreten die Überzeugung, dass neue Arbeitsmittel auch die Kompetenzanforderung mit sich bringen, diese zielorientiert einsetzen zu können. Damit wird eine Kompetenzstufe angesprochen, die über der Fähigkeit, ein Programm bedienen zu können, liegt. Es wird hervorgehoben, dass den Auszubildenden die Funktionen digitaler Medien bereits bekannt sind. Die Herausforderung wird vielmehr darin gesehen, dass diese auch eingesetzt werden können, um Tätigkeiten wie Informationsrecherchen, Fehlersuche in Prozessen oder Verwalten von Daten und Informationen zu vollziehen: *„Dass sie aber auch, wenn sie aus der Berufsschule rausgehen, in der Lage sind, alle Aufgaben, die sie im Betrieb machen sollen, ordentlich über die Bühne bringen, auch mit digitalen Medien"* (JL2). Daran angelehnt heben 60 % der Fälle hervor, dass Rahmenbedingungen wie Datenschutzgesetze und Urheberrechte einzuhalten sind, und 55 % vertreten die Überzeugung, dass ein zielgerichteter Einsatz der Sprache im digitalen Raum einen hohen Stellenwert einnimmt. So ist z. B. das Erlernen einer digitalen Netiquette im Kontakt mit Kunden, Kolleg*innen und Vorgesetzten wichtig: *„Die Schüler sollten lernen, wie man zum Beispiel E-Mails verfasst. Die E-Mail ist ja ein bisschen anders aufgebaut als früher die ganz normalen Standardgeschäftsbriefe"* (ST2). Ein*e Berufsanfänger*in verdeutlicht dazu: *„Der muss natürlich kommunizieren können. Rhetorisch muss er vernünftig agieren können, gerade auch mit Vorgesetzten oder halt auch mit Externen, wenn er das Unternehmen repräsentiert"* (JL7). 29 % der (angehenden) Lehrkräfte sind der Überzeugung, dass Organisations- und Strukturierungskompetenzen relevant im Umgang mit neuen Arbeitsmitteln sind.

Damit verbinden sie die Kompetenz, Daten und Informationen zu strukturieren und zu organisieren.

Damit u. a. diese Kompetenzen im Unterricht gefördert werden können, sind 30 % der Fälle der Überzeugung, dass betriebliche Lernsituationen für den Unterricht gestaltet werden müssen, in denen sich Lernende bei der Kompetenzentwicklung an einer möglichst realistischen beruflichen Situation orientieren können: *„Man könnte zum Beispiel auch ein Planspiel durchführen, wo das alles sehr realistisch ist, und so kommt es näher an die Wirklichkeit und ist vielleicht auch einprägsamer, als wenn sie nur was auf einem Blatt Papier ausfüllen würden"* (ST12). Weniger als 10 % der Fälle heben dagegen das Lernen in Lernbüros hervor. Auf die Frage, welche kaufmännischen Unterrichtsinhalte sich durch die Digitalisierung verändern sollten bzw. werden, nennen 26 % das Rechnungswesen und Controlling. Vordergründig wird das Argument aufgeführt, dass das Lehren des Bilanzwesens auf T-Konten-Blöcken nicht zeitgemäß sei: *„[...] die Schüler, die verstehen das, können sich aber nicht vorstellen, dass das dann im Unternehmen im Hintergrund abläuft, weil sie es nie anhand eines Computerprogramms gesehen haben. [...] aber wenn sie es dann verstanden haben, dann verstehen sie nicht, wie es im Unternehmen abläuft, weil man immer nur sagen kann: Ja, im Unternehmen malt ihr keine T-Konten auf und da macht ihr keine Buchhalternase, dass macht das Computerprogramm"* (SR3).

Studierende (33 %) und Studienreferendar*innen (25 %) sind der Überzeugung, dass digitale Technologien zum Unterrichtsgegenstand gemacht werden sollten, damit sie nicht nur beiläufig bei der Unterstützung und Organisation von Lernprozessen autonom ohne Instruktion erlernt werden: *„Der allgemeine Informatikunterricht. Dass man weggeht von den Programmiersprachen und vielleicht hin zur allgemeinen Anwendung, um das jetzt zu verbildlichen, dass man erst mal laufen lernt, bevor man rennt"* (ST13). Lediglich 17 % (bzw. 15 %) vertreten die Überzeugung, dass Fragen zu Datenschutz und -sicherheit bzw. die Digitalisierung selber im Unterricht thematisiert werden sollten.

Ähnlich wie die Kompetenz, Medien zielgerichtet im Arbeitsprozess einsetzen zu können, wird auch die Überzeugung vertreten, dass angehende kaufmännische Auszubildende bereits zu Ausbildungsbeginn in der Lage sein sollten, unterschiedliche Medien zu nutzen, um damit berufliche Ziele zu verfolgen. So sollten sie z. B. in der Lage sein, Suchmaschinen zu nutzen, um sich selbstständig informieren zu können (40 %). 34 % sagen, dass sie Offenheit im Erlernen und Umgang mit neuen Medien mitbringen sollten, da sie im Laufe ihrer Ausbildung und im Arbeitsleben mit vielen unterschiedlichen und neuen Medien konfrontiert werden: *„Die sollten auf jeden Fall bereit sein, immer wieder Neues lernen zu wollen und sich darauf einstellen, dass Lernen ein lebenslanger Prozess ist und dass das nicht nach der Ausbildung endet und damit geht ja auch einher, dass sie sich quasi selbst Sachen eigenständig erarbeiten können"* (SR4). Allerdings vertreten auch 15 %, verteilt über alle Gruppen, die Überzeugung, dass die junge Generation bereits alle Kompetenzen im Umgang mit digitalen Medien besitzt und daher keine expliziten Vorkenntnisse notwendig sind: *„Da denke ich, dass unsere Schüler, also in dem Alter, in dem sie jetzt sind, als Kaufleute eigentlich alles mitbringen, um die Digitalisierung nutzen zu können, weil unsere Schüler Digital Natives sind und sich teilweise besser auskennen als die Lehrer"* (EL9).

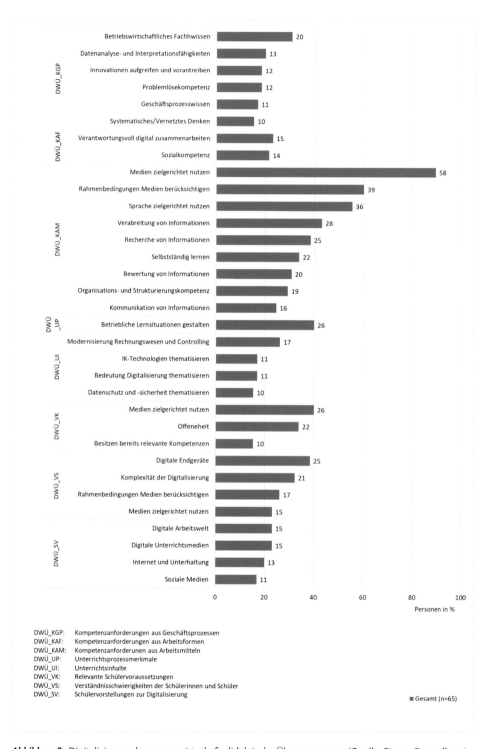

Abbildung 8: Digitalisierungsbezogene wirtschaftsdidaktische Überzeugungen (Quelle: Eigene Darstellung)

Ca. ein Drittel der Interviewten ist der Überzeugung, dass kaufmännischen Auszubildenden die Antizipation der Komplexität der Digitalisierung schwerfällt. Z. B. ist es schwierig für sie, die Auswirkungen der Digitalisierung auf andere Bereiche außerhalb ihrer privaten Lebenswelt wahrzunehmen. Ein Viertel schildert die Überzeugung, dass es für die Lernenden schwer sei, die Relevanz von Rahmenbedingungen wie Gesetze zum Datenschutz beim Umgang mit personenbezogenen Daten einzuschätzen und die Folgen der Preisgabe eigener Informationen im Internet zu berücksichtigen. Aus der Sicht von 39 % aller Personen, darunter 44 % der Studierenden, wird die Überzeugung vertreten, dass angehende kaufmännische Fachkräfte sich unter der Digitalisierung einen vermehrten lebens- und bildungsweltlichen Einsatz digitaler Endgeräte vorstellen. Dass die Digitalisierung von Auszubildenden auch als bedeutsam für die Arbeitswelt eingestuft wird, vertreten 23 % der Fälle.

7.5   Technologisch-pädagogische Überzeugungen

Mehr als die Hälfte der befragten (angehenden) Lehrkräfte (65 %) ist der Überzeugung, dass es wichtig ist, überhaupt digitale Medien im Unterricht einzubinden, um angehende kaufmännische Fachkräfte adäquat auszubilden (siehe Abb. 9; Anhang F5). Diese Überzeugung wird zum größten Teil von Studierenden (70 %) und Studienreferendar*innen (88 %) vertreten: *„[...] so etwas wie Sicherung zum Beispiel mithilfe von Tablets oder so gestaltet werden können, indem zum Beispiel ein Quiz gespielt wird oder irgendwelche Onlineabfragen gemacht werden oder auch Onlinetests erstellt werden [...]"* (ST14). Im Gegenzug hebt rund ein Fünftel hervor, dass der Einsatz von Medien stets abzuwägen ist, weil es einerseits nicht zu jedem Unterrichtsinhalt passt und andererseits über die Potenziale zur Förderung von Lernprozessen wenige Erkenntnisse vorliegen: *„Ja, also Digitalisierung hält jetzt Einzug, das finde ich gut. Ich bin da schon lange dran, aber man muss das immer sehr kritisch sehen und auch wirklich die Vorteile des alten Mediums nochmal reflektieren"* (EL10). Ein kleinerer Teil der Fälle ist der Überzeugung, dass Standardsoftware wie MS-Officeprodukte, Lernplattformen und Quiztools im Unterricht eingesetzt werden sollte, um einen digitaleren Unterricht zu gestalten. Lediglich 10 % heben hervor, dass im Unterricht auch digitale Handlungsprodukte entstehen sollten.

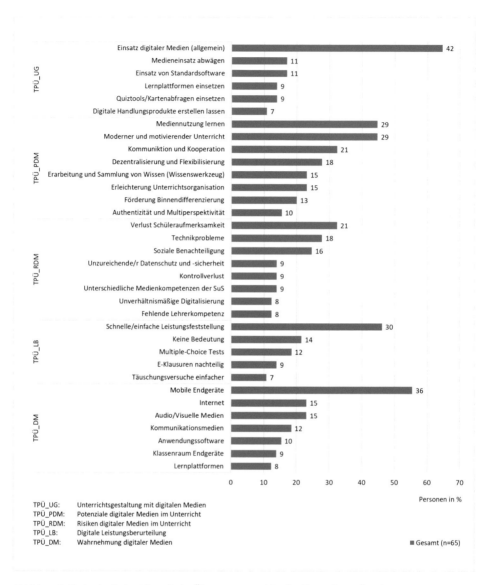

Abbildung 9: Technologisch-pädagogische Überzeugungen (Quelle: Eigene Darstellung)

Im Hinblick auf die Frage, welche Potenziale digitale Medien haben, herrscht mit 45 % die größte Einigkeit darin, dass der Einsatz im Unterricht ein selbstständiges Erlernen des Umgangs mit ihnen fördere, sie einen modernen und motivierenden Unterricht ermöglichen sowie die Kommunikation und Kooperation unter den Lernenden und mit der Lehrkraft erleichtern würden (32 %). 27 % der gesamten Fälle, darunter die Hälfte aller Berufsanfänger*innen, sind der Überzeugung, dass die Potenziale digitaler Medien in der Dezentralisierung und Flexibilisierung des Unterrichts und Ausbildungsprozesses liegen. Mit Dezentralisierung wird hier eine Steigerung der Orts- und

Raumunabhängigkeit angesprochen und mit Flexibilisierung die Möglichkeiten, Unterricht freier und offener zu gestalten: *„Positiv erwarte ich, dass ich mehr Zeit und Raum dafür habe, Schüler individuell abzuholen. Also da steckt ja auch eine Chance drin, dass Schüler vielleicht mehr von zu Hause aus lernen können oder individuell abgeholt werden können und ich dann auch mehr Zeit habe, für vielleicht Beratungsgespräche und um zu beobachten, wer braucht wo wie Unterstützung"* (EL2). Vor allem Berufsanfänger*innen sind der Überzeugung, dass digitale Medien die Erarbeitung und Sammlung von Wissen erleichtern. Studierende (26 %) und Studienreferendar*innen (50 %) heben dagegen eher die Vorteile zur Organisation des Unterrichts in den Vordergrund: *„Häufig setzte ich Classroomscreen ein, damit mein eigener Unterricht strukturiert wird und ich diese unterstützenden Medien einfach gut gebrauchen kann, bspw., um die Zeit für eine Gruppenarbeit anzeigen zu lassen, aber auch, um den Verlaufsplan der Stunde dort einzufügen, dann brauche ich das nicht mehr aufwendig an die Tafel zu schreiben"* (SR5).

In Bezug auf die Risiken digitaler Medien wird am meisten die Überzeugung vertreten (32 %), dass sie mit einem Verlust der Schüleraufmerksamkeit einhergehen. Argumentiert wird dieses Risiko mit der Gefahr der Überreizung durch einen gering strukturierten und wenig kanalisierten oder einen zu intensiven Medieneinsatz. Ein weiteres Argument beschreibt die Gefahr, dass z. B. bei Rechercheaufträgen mit dem eigenen Smartphone die Lernenden schnell durch eingehende Nachrichten etc. vom Unterricht abgelenkt werden: *„Ein großes Risiko ist, dass immer, wenn digitale Medien im Spiel sind, häufig nicht mehr konsequent genug gearbeitet wird, sondern dass der Ablenkungsgrad sehr hoch ist, weil hier was reinzuklicken, mal da was zu checken, mal da eine Nachricht schicken und dann eben nicht konzentriert genug und zielorientiert gearbeitet wird"* (EL5). An zweiter Stelle wird das Risiko der Störung des Unterrichtsverlaufes aufgrund technischer Probleme von 28 % der Fälle, darunter von 50 % der Studienreferendar*innen und 44 % der erfahrenen Lehrkräfte, geschildert. Daran anknüpfend nennt die Hälfte der Studienreferendar*innen fehlende Kompetenzen der Lehrkräfte im Umgang mit digitalen Medien. Berufsanfänger*innen heben dagegen öfter das Risiko der sozialen Benachteiligung aufgrund heterogen verteilter Medienkompetenzen der Lernenden sowie ihrer ökonomischen Hintergründe hervor, die zu einer ungleichmäßigen Verteilung von Endgeräten und Marken führt: *„Dass Schüler abgehängt werden, die sich noch nicht mit den entsprechenden Geräten ausstatten können"* (JL4). Etwa ein Drittel der erfahrenen Lehrkräfte vertritt die Überzeugung, dass die Digitalisierung und der damit einhergehende Einsatz digitaler Medien im Unterricht das Risiko der Unverhältnismäßigkeit und den Glauben, dass digitale Medien ein Allheilmittel für guten Unterricht seien, mit sich bringen: *„Ich fange mal mit den Bedenken an, dass zum Beispiel der Fokus nachher nur auf der Digitalisierung liegt, also sprich digitaler Einsatz des digitalen Einsatzwillens, nur weil es jetzt neu ist und weil es jetzt gerade hip ist ein Smartphone, ein Laptop, ein Tablet einzusetzen, deswegen muss es jetzt eingesetzt werden. Merke ich auch selber im Unterricht, dass das einfach nur in meinen Augen ein Teil des Unterrichtseinsatzes sein kann. Der gute alte Frontalunterricht – auch wenn er partiell verpönt wird – hat genauso seine Daseinsberechtigung wie die Gruppenarbeit ohne digitale Medien [...]"* (EL11).

Hinsichtlich der Frage nach Technologien zur Leistungsmessung und -beurteilung ist sich rund die Hälfte der Interviewten einig, dass sie vor allem für eine schnellere und einfachere Leistungsfeststellung sinnvoll sind. Ca. 22 %, darunter vor allem Berufsanfänger*innen und erfahrene Lehrkräfte, vertreten die Überzeugung, dass digitale Technologien keine Bedeutung für Prüfungen und Klausuren besitzen. 63 % der Referendar*innen verbinden mit der Digitalisierung die Möglichkeit von Multiple-Choice-Tests. Studierende und Studienreferendar*innen vertreten häufiger die Überzeugung, dass E-Klausuren nachteilig sind und dass sie Täuschungsversuche begünstigen. Dies könnte aus den eigenen Erfahrungen aus dem Studium mit Onlineklausuren in der Corona-Pandemie resultieren. Ein Studierender sagt dazu: *„Natürlich, wenn ich digitale Medien einsetze, kann ich vielleicht mal schneller eine Wissensabfrage oder eine Leistungsüberprüfung vornehmen. Auch vielleicht vereinfachter, als wenn ich das immer erst in Papierform erstellen muss. Die Herausforderung ist natürlich, wenn ich eine Leistungsüberprüfung digital durchführe, wie kann ich sicherstellen, dass es letztendlich auch derjenige ist, der dies bearbeitet?"* (ST5).

Auf die Frage, was digitale Medien sind, zeigen 55 % aller Fälle, vornehmlich Studierende, Studienreferendar*innen und Berufsanfänger*innen, die Überzeugung, dass damit mobile Endgeräte gemeint sind. 23 % verbinden mit dem Begriff das Internet sowie auditive und visuelle Medien. Weniger als 20 % verknüpfen damit Kommunikationsmedien, Anwendungssoftware, Endgeräte im Klassenraum sowie Lernplattformen. Diese werden vornehmlich von Berufsanfänger*innen genannt (25 %).

7.6 Technologisch-inhaltliche Überzeugungen

Die Subdimension zu technologischen-inhaltlichen Überzeugungen (siehe Abb. 10; Anhang F6) wurde mit Abstand am wenigsten angesprochen. Studierende und erfahrene Lehrkräfte vertreten zu 41 % bzw. 56 % die Überzeugung, dass es wichtig ist, digitale Technologien so im Unterricht einzusetzen, wie es auch in der betrieblichen Realität der Fall ist: *„Versuchen, reale Situationen zu erschaffen und den Schülern dann Möglichkeiten an die Hand geben, wie sie reagieren können. Mein Beispiel vorhin, dass man schulisch auch die Technik hat, denen zu zeigen, wie man Verkaufsgespräche in einer Telefonkonferenz führt, in Videokonferenzen auf den Kunden eingeht und das Ganze dann mit Grafikprogrammen unterstützt"* (EL7). Zu 32 % heben alle Gruppen hervor, dass betrieblich eingesetzte Technologien zum Unterrichtsgegenstand gemacht werden sollten, um ihre Funktionsweise und Einsatzmöglichkeiten zu erlernen: *„IT-Programme, wo es sich anbietet, ja, im Unterricht thematisieren und anwenden, um dann die Arbeit damit im Betrieb zu erleichtern"* (ST1). Eine erfahrene Lehrkraft schildert dazu die Überzeugung, dass das Bedienen von betrieblichen Programmen geschult werden muss: *„Vor allen Dingen müssten wir erst mal über Digitalisierung sprechen, dass ich wirklich die Möglichkeit habe, kontinuierlich mit der Anwendungssoftware oder dem ERP-System zu arbeiten, um dann zu zeigen: Mensch, wenn ich hier klicke, warum hab ich das gemacht?"* (EL12).

Lediglich Studierende und Studienreferendar*innen sagen, dass auch Klausuren in Anlehnung an handlungsorientierte beruflich authentische Situation zu gestalten seien, damit die Kompetenzen getestet werden, die zum Ausführen einer Handlung im Betrieb relevant sind. Aus der Gruppe der Studierenden wird einmal gesagt, dass durch den Einsatz von Technologien manche Unterrichtsinhalte nicht korrekt oder nur unvollständig dargestellt werden würden und dass durch ihren Einsatz berufliche Fertigkeiten verloren gehen könnten, wenn Aufgabenstellungen nur über Technologien bearbeitet werden. So z. B. im Rechnungswesen, wenn Geschäftsvorfälle nur über eine Maske am PC eingegeben werden und die folgenden Buchungen nicht mehr sichtbar sind oder wenn Kennzahlen nur automatisch errechnet werden und keine Auseinandersetzung mit den zugrunde liegenden Formeln erfolgt: *„Risiken sind, finde ich, definitiv die Tatsache, dass sie dann die entsprechenden Prozesse, die automatisch ausgeführt werden, gar nicht mehr selber ausführen können"* (ST4). Ein*e zweite*r Studierende*r sagt dazu: *„Auf der Arbeit wird nur mit Programmen gebucht. [...], dass sie sich sagen, gut ich arbeite dann irgendwann mit einem Programm, da tippe ich meine Sachen ein und eigentlich muss ich nicht wissen, wie die Systematik im Rechnungswesen funktioniert. Viele sagen ja auch, warum soll ich das im Kopf rechnen. Ich habe doch den Taschenrechner"* (ST15).

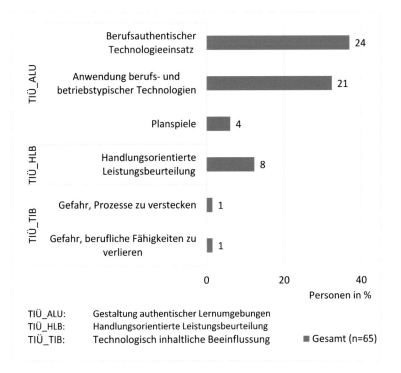

Abbildung 10: Technologisch-inhaltliche Überzeugungen (Quelle: Eigene Darstellung)

7.7   Überzeugungssysteme zur Digitalisierung in der kaufmännischen Berufsausbildung

Die bisherigen Erkenntnisse über die interviewte Gruppe deuten bereits an, dass nicht alle die gleichen Überzeugungen vertreten. Es gilt nun herauszufinden, welche Überzeugungen gleichermaßen von einzelnen Gruppen vertreten werden, um einzelne Überzeugungssysteme zu identifizieren. Hierzu wurden Clusteranalysen getrennt für den Dimensionsraum (a) zu Überzeugungen zur Digitalisierung, digitalisierungsbezogenen pädagogischen Überzeugungen und technologisch-pädagogischen Überzeugungen sowie für den Dimensionsraum (b) zu digitalisierungsbezogenen arbeitsweltlichen Überzeugungen, digitalisierungsbezogenen wirtschaftsdidaktischen Überzeugungen und technologisch-inhaltlichen Überzeugungen durchgeführt. Die Überzeugungsdimensionen wurden getrennt, um ein differenzierteres Bild für pädagogische und inhaltliche Überzeugungen zu erhalten und um zu verhindern, dass Übergewichte in einzelnen Dimensionen zu starken Clusterzentren führen. Die hierarchische Clusteranalyse gibt anhand der Koeffizientensteigung und des Dendrogramms Hinweise darauf, dass eine optimale Clusterung für den Dimensionsraum (a) bei drei Gruppen liegt. Für den Dimensionsraum (b) kann aus der Koeffizientenlösung kein eindeutiges Ergebnis generiert werden. Das Dendrogramm zeigt eine Zwei-Gruppen-Lösung (siehe Anhang M). Die Clusterung wurde mit dem K-Means-Algorithmus (siehe Kapitel 6.5) optimiert, sodass sich folgende Aufteilungen (siehe Tabelle 14) ergeben, die nachfolgend anhand ihrer Überzeugungsunterschiede beschrieben werden.

Tabelle 14: Fallverteilung Clusteranalyse (Quelle: Eigene Darstellung)

Cluster	Studierende (n=27)	Referen- dar*innen (n=8)	Berufs- anfänger*innen (n=12)	Erfahrene Lehrkräfte (n=18)	Gesamt (n=65)
	in % (Häufigkeiten)				
Päd-Cluster 1 (PC1)	59,26 (16)	12,5 (1)	66,67 (8)	55,56 (10)	53,85 (35)
Päd-Cluster 2 (PC2)	7,41 (2)	12,5 (1)	25 (3)	27,78 (5)	16,92 (11)
Päd-Cluster 3 (PC3)	33,33 (9)	75 (6)	8,33 (1)	16,67 (3)	29,23 (19)
Inhalt-Did Cluster 1 (IDC1)	81,48 (22)	50 (4)	41,67 (5)	50 (9)	61,54 (40)
Inhalt-Did Cluster 2 (IDC2)	18,52 (5)	50 (4)	58,33 (7)	50 (9)	38,46 (25)

Lesebeispiel: Etwa 54 % aller Personen und ca. 60 % aller Studierenden sind im Cluster PC1 .

Das pädagogische Cluster 1 (PC1), welches sich auf den Dimensionsraum (a) bezieht, umfasst ca. 54 % aller Fälle der Stichprobe und besteht vornehmlich aus Studierenden sowie Berufsanfänger*innen und erfahrenen Lehrkräften. PC2 umfasst dagegen nur 17 % aller Fälle und enthält vornehmlich Überzeugungen von Berufsanfänger*innen und erfahrenen Lehrkräften. Die Studienreferendar*innen sind maßgeblich in PC3 vertreten, zusammen mit einem Drittel der Studierenden. Für den Dimensionsraum (b) weisen die Analysen auf eine Teilung in zwei Cluster hin. Das inhaltliche-didaktische Cluster 1 (IDC1) nimmt mit ca. 62 % den Großteil aller Fälle auf und wird im Unterschied zu IDC2 (ca. 38 %) durch 81 % der Studierenden beschrieben. Es ist auffällig, dass die Studienreferendar*innen sowie die Berufsanfänger*innen und erfahrenen Lehrkräfte ungefähr jeweils zur Hälfte auf die beiden Cluster aufgeteilt sind.

Besonderheiten Cluster PC1

Die Fälle im Cluster PC 1 haben zu 57 % eine Berufsausbildung absolviert und 14 % von ihnen können auf eine Berufserfahrung im gelernten Ausbildungsberuf von mehr als drei Jahren zurückblicken. Damit liegen sie im Mittelfeld der Cluster des Dimensionsraumes (a). Neben den hohen Teilnahmerzahlen an Fort- und Weiterbildungen zum Einsatz digitaler Medien aus einer pädagogischen Orientierung haben 23 % auch an Veranstaltungen teilgenommen, die den wirtschaftsdidaktischen Medieneinsatz thematisierten (PC2: 18 % und PC3: 5 %). Hinsichtlich des zeitlichen Medieneinsatzes pro Unterrichtsstunde liegen sie ebenfalls im Mittelfeld der drei Cluster (siehe Anhang D).

Zur Identifikation von Unterschieden und Besonderheiten der Cluster wurde nach signifikanten Mittelwertunterschieden gesucht. Damit unterschieden werden kann, ob sich ein Cluster von den beiden übrigen unterscheidet, wurden die beiden anderen jeweils zusammengefasst, um einen Vergleich zwischen zwei Gruppierungen durchführen zu können. Die Teststrategie umfasst also Mittelwertvergleiche für PC1 X PC2/PC3, PC2 X PC1/PC3 und PC3 X PC1/PC2 (siehe Kapitel 5.5). PC1 zeigt im Vergleich zu PC2/PC3 signifikante Unterschiede in 18 Variablen[30]. In zwölf davon fallen die Mittelwerte in PC1 deutlich geringer aus als in PC2/PC3. In PC1 befinden sich mehr Fälle, die zu den zwölf identifizierten Überzeugungen keine Aussage getroffen haben. Es ist naheliegend, dass dies auch zur Clusterung durch den Algorithmus geführt hat. Die signifikanten Überzeugungsunterschiede für PC1 können in Tabelle 15 eingesehen werden. Mehr als die Hälfte in PC1 vertritt die Überzeugung, dass die Digitalisierung sich durch die Nutzung von Endgeräten im Bildungs-, Privat- und Arbeitskontext auszeichnet. Die Wahrnehmung der Digitalisierung in Verbindung mit Endgeräten zeigt sich in der Gruppe auch in den nicht-signifikanten unterschiedlichen Variablen „Einsatz digitaler Medien zur Unterrichtsgestaltung" (TPÜ_UG; MD = 0,66; SD = 0,48) und der „Wahrnehmung digitaler Medien als mobile Endgeräte" (TPÜ_DM; MD = 0,57; SD = 0,5). Die Proband*innen nennen unter den Risiken digitaler Medien, dass ihnen ein zu hoher Stellenwert aus technologisch-pädagogischer Sicht zugeschrieben werde und dass der Wahrheitsgehalt von Informationen in digitalen Medien schwer zu verifizieren bzw. nicht immer eindeutig sei. In den digitalisierungsbezogenen pädagogischen Überzeugungen wird aus dieser Gruppe im Vergleich zu den anderen beiden hervorgehoben, dass sie Lese- und Schreibkompetenzen als relevant für kaufmännische Fachkräfte im Kontext der Digitalisierung erachten. Besonders auffällig ist, dass gesagt wird, die Digitalisierung habe keine Bedeutung für die Leistungsmessung und -beurteilung. Mehr als die Hälfte der Gruppe hebt allerdings auch hervor, dass digitale Technologien eine schnelle und einfachere Leistungsmessung und -beurteilung begünstigen. Diese Überzeugung wird in den übrigen Gruppen ebenfalls vertreten. Ein auffällig hoher Anteil an Personen

---

30 Als Variable gilt jeweils eine inhaltliche Codierung auf dritter induktiver Ebene des Kategoriensystems.

vertritt die Überzeugung, dass die Digitalisierung mit dem Risiko des Arbeitsplatzverlustes für kaufmännische Fachkräfte einhergeht (ÜD_RD; MD = 0,46; SD = 0,41). Auch wird von vielen die Aussage getroffen, dass ältere Lehrkräfte der Digitalisierung gegenüber nicht offen eingestellt seien (ÜD_EK; MD = 0,49; SD = 0,51).

Tabelle 15: Gruppenvergleich PC1 X PC2/3 (Quelle: Eigene Darstellung)

Gruppenvergleich PC1 X PC2/3					
Dimensionsraum a: UD, DPÜ, TPÜ	**MD (SD) PC1**		**MD (SD) PC2/3**	**Asymp. Sig. (2-seitig)**	**Effektstärke r**
TPÜ_LB: keine Bedeutung	0,34 (0,48)	>	0,07 (0,25)	0,007**	0,332
ÜD_WD: Nutzung Endgeräte	0,51 (0,51)	>	0,27 (0,45)	0,044*	0,250
TPÜ_RDM: Unverhältnismäßige Digitalisierung	0,2 (0,41)	>	0,03 (0,18)	0,043*	0,251
ÜD-EE: Ausgelöst durch Globalisierung und Wettbewerb	0,14 (0,36)	>	0 (0)	0,033*	0,265
DPÜ_K: Lese- und Schreibkompetenzen	0,14 (0,36)	>	0 (0)	0,033*	0,265
TPÜ_RDM: Wahrheitsgehalt Informationen	0,14 (0,36)	>	0 (0)	0,033*	0,265
ÜD_LB: Ausstattung bereitstellen	0,03 (0,17)	<	0,2 (0,41)	0,027*	0,274
TPÜ_UG: Digitale Handlungsprodukte erstellen lassen	0,03 (0,17)	<	0,2 (0,41)	0,027*	0,274
TPÜ_LB: Komplexere Leistungstests möglich	0 (0)	<	0,17 (0,38)	0,013*	0,309
TPÜ_LB: Onlineklausur	0 (0)	<	0,17 (0,38)	0,013*	0,309
TPÜ_RDM: Fehlende Lehrerkompetenz	0,03 (0,17)	<	0,23 (0,43)	0,013*	0,308
ÜD_WD: Coronafolge	0,14 (0,36)	<	0,37 (0,49)	0,038*	0,257
DPÜ_EL: Technologischer Fortschritt	0 (0)	<	0,23 (0,43)	0,003**	0,372
ÜD_ÄU: Positive Einstellung	0,63 (0,49)	<	0,87 (0,35)	0,031*	0,268
ÜD-EE: Ausgelöst durch technologische Entwicklung	0,46 (0,51)	<	0,73 (0,45)	0,025*	0,277
ÜD_RD: Verlust sozialer Interaktion	0,2 (0,41)	<	0,47 (0,51)	0,023*	0,282
TPÜ_PDM: Erleichterung Unterrichtsorganisation	0,06 (0,24)	<	0,43 (0,5)	0,000***	0,442
ÜD-EE: Digitalisierung ist endlos	0,29 (0,46)	<	0,77 (0,43)	0,000***	0,476

Lesebeispiel: 34 % der Proband*innen in PC1 schreiben der Digitalisierung hinsichtlich der Leistungsmessung und -beurteilung aus pädagogischer Perspektive keine Bedeutung zu. PC1 hebt sich signifikant durch mehr Proband*innen mit dieser Überzeugung von PC2/3 ab.

Zusammenfassend kann festgehalten werden, dass sich das Cluster PC1 durch kritische und technologiebezogene Überzeugungen zur Digitalisierung auszeichnet. Dieses kann als ein **kritisch-technologiebezogenes Überzeugungssystem (ktÜs)** betitelt werden, welches sich durch Überzeugungen über negative Arbeitsmarktfolgen, fehlende Informationstransparenz in digitalen Medien sowie eine übermäßige Digitalisierung in Verbindung mit digitalen Endgeräten auszeichnet. In diesem System sind nur wenige pädagogische Überzeugungen zur Unterrichtsgestaltung und zum Einsatz von digitalen Technologien im Unterricht enthalten.

Besonderheiten Cluster PC2

Das Cluster PC2 wird von Berufsanfänger*innen und erfahrenen Lehrkräften dominiert. Im Vergleich zu den anderen beiden Clustern umfasst dieses die wenigsten Personen mit einer Berufsausbildung (46 %) und ebenfalls die wenigsten verfügen zudem über Berufserfahrung im Ausbildungsberuf von mehr als drei Jahren (9 %). Ihre Teilnahme an Fort- und Weiterbildungen zum pädagogischen und wirtschaftsdidaktischen Einsatz digitaler Medien im Unterricht liegt im Mittelfeld. Allerdings haben 18 % von ihnen an Veranstaltungen zur Digitalisierung ohne einen direkten Bezug zum Unterricht teilgenommen. 27 % sind mit besonderen Funktionsaufgaben in der Schule betraut und sie weisen den höchsten durchschnittlichen Medieneinsatz im Unterricht auf (siehe Anhang D).

Das Cluster hebt sich in 13 Überzeugungen signifikant von PC1/PC3 ab (siehe Tabelle 16). Etwa die Hälfte der Fälle in PC2 vertritt die Überzeugung, dass die Digitalisierung mit einer neuen Lehrerrolle einhergeht. Wie diese konstituiert sein könnte, wurde nicht spezifiziert, womit vor allem die Überzeugung von einer eintretenden Veränderung hervorgehoben wird. Sie schildern, dass Lehrkräfte dem Wandel gegenüber insgesamt offen eingestellt seien und dass ältere Kolleg*innen sorgfältiger mit den neuen Medien umgehen würden. Es zeigt sich in der Gruppe, dass sie den Einsatz von Anwendungssoftware hervorhebt, um bspw. Aufgabenstellungen in Word, Excel oder PowerPoint zu bearbeiten. Ebenfalls sagen sie, dass durch die Digitalisierung der Unterricht dezentraler und flexibler gestaltet werden könne, indem die Lernenden z. B. auch außerhalb des Klassenzimmers am Unterricht teilnehmen können. Ein Drittel von ihnen hebt aber auch hervor, dass die Digitalisierung für sie mit dem Risiko des Cybermobbings in Verbindung steht und dass vor allem Corona der Grund ist, warum die Digitalisierung in den Unterricht Einzug hält. Sie vertreten die Überzeugung, dass Lehrkräfte auf die Digitalisierung vorbereitet werden, indem ihnen die notwendige Ausstattung an Technologien und Medienzugängen zur Verfügung gestellt wird, um sich selbstständig auszuprobieren. Hinsichtlich der Leistungsmessung und -beurteilung digitaler Kompetenzen angehender kaufmännischer Fachkräfte hebt die Gruppe PC2 die Problematik hervor, dass die Beurteilungskriterien fehlen, um entsprechende Klausuren oder Tests zu konzipieren. In diesem Cluster findet sich die Überzeugung, dass Schüler*innen durch den Einsatz digitaler Medien im Unterricht schnell überfordert werden könnten. Dies kann mit multimedialen Inhalten und der Gefahr einer zu geringen Reduzierung von Inhalten in Verbindung stehen.

Tabelle 16: Gruppenvergleich PC2 X PC1/3 (Quelle: Eigene Darstellung)

Gruppenvergleich PC2 X PC1/3				
Dimensionsraum a: UD, DPÜ, TPÜ	**MD (SD) PC2**		**MD (SD) PC1/3**	**Asymp. Sig. (2-seitig)**	**Effekt-stärke r**
ÜD_EK: Insgesamt offen	0,64 (0,5)	>	0,15 (0,36)	0,001**	0,431
TPÜ_DM: Anwendungssoftware	0,55 (0,52)	>	0,07 (0,26)	0,000***	0,486
ÜD_WD: Neue Lehrerrolle	0,45 (0,52)	>	0,04 (0,19)	0,000***	0,501
TPÜ_PDM: Dezentralisierung und Deregulierung	0,55 (0,52)	>	0,22 (0,42)	0,030*	0,269
TPÜ_RDM: Überforderung der SuS	0,36 (0,5)	>	0,04 (0,19)	0,001**	0,420
ÜD_LB: Ausstattung bereitstellen	0,36 (0,5)	>	0,06 (0,23)	0,003**	0,370
DPÜ_L: Ungewissheit über Beurteilungskriterien	0,27 (0,47)	>	0,02 (0,14)	0,002**	0,394
ÜD_RD: Cybermobbing	0,27 (0,47)	>	0,04 (0,19)	0,008**	0,329
ÜD_NE: Injunktiv Corona-Situation	0,27 (0,47)	>	0,04 (0,19)	0,008**	0,329
ÜD_EK: Ältere sorgfältiger	0,18 (0,4)	>	0 (0)	0,002**	0,392
ÜD_LB: Individuelle Freiräume	0,18 (0,4)	>	0,02 (0,14)	0,020*	0,290
ÜD_LB: Top-down-Ansatz	0,18 (0,4)	>	0,02 (0,14)	0,020*	0,290
ÜD_LK: Mensch-Maschinenschnittstelle kennen	0,09 (0,3)	>	0 (0)	0,027*	0,275
ÜD_LB: Schülergespräche	0,09 (0,3)	>	0 (0)	0,027*	0,275
TPÜ_UG: Einsatz digitaler Medien (allgemein)	0,36 (0,5)	>	0,7 (0,46)	0,033*	0,265

Lesebeispiel: 45 % der Proband*innen in PC2 tragen die Überzeugung, dass die Digitalisierung eine neue Lehrerrolle mit sich bringt. PC2 hebt sich signifikant durch mehr Proband*innen mit dieser Überzeugung von PC1/3 ab.

Schwach signifikant, aber mit einem deutlichen Mittelwertunterschied zu den anderen Gruppen ist in PC2 auffällig, dass die Proband*innen dieses Clusters das Potenzial digitaler Medien in der Erleichterung der Unterrichtsorganisation ausmachen (TPÜ_PDM; MD = 0,45; SD = 0,52; p < 0.10; r = 0,2). Damit werden z. B. die Möglichkeiten zur einfacheren Distribution von Unterrichtsmaterialien, der Zugriff auf online verfügbare Medien, die Kommunikation mit Kolleginnen und Kollegen sowie mit Lernenden, Onlinestundenpläne und digitale Klassenbücher angesprochen. Ebenfalls nur schwach signifikant findet sich die Überzeugung, dass die Digitalisierung ein beeinflussbarer Prozess ist, den Lehrkräfte durch ihre Unterrichtsgestaltung verändern können (ÜD_EE; MD = 0,64; SD = 0,5; p < 0.10; r = 0,2). Nicht signifikant, aber mit einem Mittelwert von 0,82 ist in der Gruppe auffällig, dass sie eine positive Einstellung, den eigenen Unterricht infolge der Digitalisierung zu ändern, hat.

Zusammenfassend zeigt sich aus der Analyse von PC2 ein **gestaltungsorientiertes-unterrichtsbezogenes Überzeugungssystem (goÜs)**, welches vornehmlich von neutralen bis positiven Überzeugungen zur Digitalisierung geprägt ist. Die Handlungen in diesem Überzeugungssystem werden durch injunktive Erwartungen aus der Corona-Situation und durch Gefahren aus sozialen Netzwerken wie Cybermobbing heraus geleitet. Das System zeichnet sich durch die Überzeugung aus, dass sich die Digitalisierung in einer vermehrten Nutzung von Anwendungssystemen sowie digitalen Medien manifestiert. Dazu kommt, dass die Digitalisierung ihrer Überzeugung nach durch Bildung beeinflussbar ist, wobei sich dieser Aspekt auf das Erlernen der Bedienung von Hard- und Software bezieht. Des Weiteren konnte die Überzeugung identifiziert werden, dass Lehrkräfte sich autodidaktisch digitalisierungsbezogene Kompetenzen aneignen, wenn ihnen die entsprechende Ausstattung zur Verfügung gestellt wird. Dass die Digitalisierung in den Unterricht einzieht, ist dem Überzeugungssystem nach von curricularen Vorgaben abhängig. Zudem sagt das System aus, dass Lernende schnell durch Medien überfordert sind und dass das Potenzial digitaler Medien in der Vereinfachung und Flexibilisierung von Unterricht liegt.

Besonderheiten Cluster PC3

Die Fälle in Cluster PC3 haben zu 63 % eine Berufsausbildung und weisen zu 26 % mehr als drei Jahre Berufserfahrung im gelernten Ausbildungsberuf auf, was diese Gruppe zu jener mit dem stärksten Berufsbezug macht. Auffällig ist, dass der Anteil an Teilnahmen an Fort- und Weiterbildungen zum pädagogischen Einsatz digitaler Medien im Unterricht mit 31 % am geringsten ausfällt. Das gleiche Bild zeigt sich hinsichtlich der Teilnahme an Veranstaltungen zum wirtschaftsdidaktischen Einsatz (5 %) und mit Bezug zur Digitalisierung ohne Verbindung zum Unterricht (0 %). Zusätzlich zeichnet sich diese Gruppe dadurch aus, dass sie am seltensten digitale Medien im Unterricht einsetzt.

PC3 besteht zum Großteil aus Studierenden und Referendar*innen. Die Fälle in diesem Cluster verbindet die Überzeugung, dass die Digitalisierung ein endloser Wandel ist, der durch technologische Entwicklungen ausgelöst wurde. Sie nehmen diesen Wandel als Digitisation wahr, also als eine Substitution von analogen Formaten und physischen Interaktionen durch digitale Technologien. Diese Überzeugung festigt sich darin, dass sie so auch angehenden kaufmännischen Fachkräften die Digitalisierung erklären würden. Die Technologiezentrierung dieses Clusters spiegelt sich in der Überzeugung wider, dass Lehrkräfte nicht über die notwendigen Kompetenzen verfügen, um digitale Medien im Unterricht einzusetzen, diese aber den Kern der Digitalisierung ausmachen. Gleichzeitig schildern sie zu den Risiken der Digitalisierung, dass eine passive Haltung ihr gegenüber zur Selbstbenachteiligung führe, da der Anschluss an eine moderne Welt verpasst würde. Ebenfalls sind sie der Überzeugung, dass durch die Digitalisierung soziale Interaktionen verloren gehen.

Auf die Frage nach einer Änderung ihres Unterrichts bzw. zur Motivation, einen anderen Unterricht zu gestalten als den, den sie bisher kennen, äußert die Hälfte der Gruppe, dass dies nicht notwendig sei (siehe Tabelle 17). Der Unterricht, wie sie ihn kennen, ist ihrer Ansicht nach bereits ausreichend zur Förderung künftig relevanter Kompetenzen. Dem steht aber auch ein großer Anteil an Personen innerhalb der Gruppe gegenüber, die eine positive Überzeugung bezüglich der Relevanz, den Unterricht durch die Digitalisierung zu verändern, zeigen (ÜD_ÄU: MD = 0,89; SD = 0,32; $p < 0,1$; $r = 0,2$). Sie vertreten die Überzeugung, dass im Unterricht digitale Handlungsprodukte erstellt werden sollten, mit Standardsoftware wie MS-Office gearbeitet werden muss, aber der Medieneinsatz generell abzuwägen ist. Sie heben sich von den anderen am signifikantesten in der Aussage ab, dass die Potenziale digitaler Medien in der Erleichterung der Unterrichtsorganisation liegen.

Das Cluster zeichnet sich auch durch Überzeugungen aus, die deutlich weniger von ihnen vertreten werden. So z. B., dass die Digitalisierung einen ortsunabhängigen, dezentraleren und flexibleren Unterricht ermöglicht oder erfordert. Sie sagen im Vergleich mit den anderen Gruppen deutlich seltener, dass das Kollegium insgesamt offen gegenüber der Digitalisierung sei. Auch die Nutzung von digitalen Endgeräten wird von der Gruppe vergleichsweise wenig hervorgehoben, was mit einer selbstverständlichen Lebensweise mit Smartphones, Tablets etc. zusammenhängen könnte.

Die Analyse von PC3 verweist auf ein **substitutionsorientiertes-unterrichtsbezogenes Überzeugungssystem (suÜs)** hin. Es wird dadurch geleitet, dass die Digitalisierung als endloser technologischer Entwicklungsprozess wahrgenommen wird und dass sie einen Prozess des Substituierens von analogen in digitale Medien beschreibt. Ebenfalls herrscht die negative Überzeugung, dass mit der Digitalisierung der Kommunikation ein Verlust sozialer Interaktion einhergeht. Auch eher negativ ausgelegt ist die Überzeugung, dass die Digitalisierung Disparitäten in der Gesellschaft hervorruft, wenn sich nicht jeder in den Prozess einfügt. Es herrschen positive ebenso wie negative Überzeugungen zur Motivation, den eigenen Unterricht aufgrund digitalisierungsindizierter Anforderungen zu verändern, wobei die positiven überrepräsentiert sind. Das Überzeugungssystem wird durch die Überzeugungen geleitet, dass im Unterricht digitale Handlungsprodukte durch die Lernenden erstellt werden sollten, dass der Einsatz von Medien abzuwägen ist und dass die Potenziale digitaler Medien in der Erleichterung der Unterrichtsorganisation liegen.

Tabelle 17: Gruppenvergleich PC3 X PC1/2 (Quelle: Eigene Darstellung)

PC3 X PC1/2					
Dimensionsraum a: UD, DPÜ, TPÜ	**MD (SD) PC3**		**MD (SD) PC2/3**	**Asymp. Sig. (2-seitig)**	**Effekt-stärke r**
ÜD-EE: Digitalisierung ist endlos	0,89 (0,32)	>	0,35 (0,48)	0,000***	0,494
DPÜ_EL: Technologischer Fortschritt	0,37 (0,5)	>	0 (0)	0,000***	0,536
TPÜ_RDM: Fehlende Lehrerkompetenz	0,37 (0,5)	>	0,02 (0,15)	0,000***	0,476
ÜD-EE: Ausgelöst durch technologische Entwicklung	0,79 (0,42)	>	0,5 (0,51)	0,033*	0,265
ÜD_RD: Verlust sozialer Interaktion	0,53 (0,51)	>	0,24 (0,43)	0,025*	0,277
ÜD_ÄU: Negative Einstellung	0,53 (0,51)	>	0,26 (0,44)	0,041*	0,253
TPÜ_PDM: Erleichterung Unterrichtsorganisation	0,42 (0,51)	>	0,15 (0,36)	0,020*	0,288
ÜD_WD: Digitisation	0,47 (0,51)	>	0,2 (0,4)	0,024*	0,280
TPÜ_LB: Onlineklausur	0,26 (0,45)	>	0 (0)	0,000***	0,446
TPÜ_DM: E-Book/E-Paper	0,26 (0,45)	>	0,02 (0,15)	0,002**	0,376
TPÜ_UG: Digitale Handlungsprodukte erstellen lassen	0,26 (0,45)	>	0,04 (0,21)	0,010*	0,320
ÜD-EE: Beginn 90er-Jahre	0,32 (0,48)	>	0,11 (0,31)	0,044*	0,249
TPÜ_UG: Einsatz von Standardsoftware	0,32 (0,48)	>	0,11 (0,31)	0,044*	0,249
TPÜ_UG: Medieneinsatz abwägen	0,32 (0,48)	>	0,11 (0,31)	0,044*	0,249
ÜD_WD: Technologischer Fortschritt	0,21 (0,42)	>	0,02 (0,15)	0,010*	0,320
TPÜ_LB: Komplexere Leistungstest möglich	0,21 (0,42)	>	0,02 (0,15)	0,010*	0,320
ÜD_RD: Selbstbenachteiligung	0,16 (0,37)	>	0,02 (0,15)	0,039*	0,256
ÜD_LB: Im Studienseminar	0,16 (0,37)	>	0,02 (0,15)	0,039*	0,256
ÜD_LK: Problemlösekompetenz	0,11 (0,32)	>	0 (0)	0,027*	0,275
TPÜ_RDM: Kontrollverlust	0 (0)	<	0,2 (0,4)	0,039*	0,256
TPÜ_LB: keine Bedeutung	0,05 (0,23)	<	0,28 (0,46)	0,042*	0,252
TPÜ_PDM: Dezentralisierung und Deregulierung	0,11 (0,32)	<	0,35 (0,48)	0,049*	0,245
ÜD_EK: Insgesamt offen	0,05 (0,23)	<	0,3 (0,47)	0,030*	0,270
ÜD_WD: Nutzung Endgeräte	0,21 (0,42)	<	0,48 (0,51)	0,047*	0,247

Lesebeispiel: 53 % der Proband*innen in PC3 tragen die Überzeugung, dass durch die Digitalisierung soziale Interaktionen verloren gehen. PC3 hebt sich signifikant durch mehr Proband*innen mit dieser Überzeugung von PC1/2 ab.

Besonderheiten Cluster IDC1 und IDC2

Die Cluster IDC1 und IDC2 enthalten jeweils ca. die Hälfte aller Fälle. Sie unterscheiden sich in ihrer Zusammensetzung vor allem darin, dass in IDC1 die Fälle aus PC1 überrepräsentiert sind. Wie in Tabelle 18 dargestellt, besteht IDC1 zu 60 % und IDC2 zu 44 % aus PC1; also aus jenem Cluster, welches sich durch ein kritisch-technologie-bezogenes Überzeugungssystem (ktÜs) auszeichnet. Zu ca. 30 % finden sich in IDC1 und IDC2 Fälle aus PC3, in welchem ein substitutionsorientiertes unterrichtsbezogenes Überzeugungssystem (suÜs) identifiziert wurde. Die Fälle aus PC2, die sich durch ein unterrichtsbezogenes gestaltungsorientiertes Überzeugungssystem (goÜs) auszeichnen, machen in IDC1 einen Anteil von 13 % und in IDC2 von 24 % aus.

Tabelle 18: Verteilung der Fälle der inhaltlich-didaktischen Cluster (Quelle: Eigene Darstellung)

	PC1 n=35	**PC2** n=11	**PC3** n=19
	in % (Häufigkeit)		
IDC1 n=40	60 (24)	12,5 (5)	27,5 (11)
IDC2 n=25	44 (11)	24 (6)	32 (8)

Bei Betrachtung der berufsbiografischen Merkmalsverteilung in den beiden Clustern fällt auf, dass der Anteil an Personen, die eine Berufsausbildung absolviert haben, relativ gleich groß ist (58 % in IDC1 und 56 % in IDC2). Dafür enthält IDC2 mehr Personen, die über eine mehr als dreijährige Berufserfahrung verfügen. Ebenfalls sind in diesem Cluster anteilig mehr Personen, die an Fort- und Weiterbildungen teilnahmen. Der relative Anteil an Personen, die eine Veranstaltung zum wirtschaftsdidaktischen Einsatz digitaler Medien im Unterricht besuchten, ist in IDC2 nahezu doppelt so hoch (24 % vs. 12,5 %). Ebenfalls mehr als doppelt so hoch ist der relative Anteil von Lehrkräften, die an Veranstaltungen zur Digitalisierung ohne direkten Bezug zum Unterricht teilnahmen. Auch hinsichtlich der Besetzung von Funktionsstellen ist der relative Anteil in IDC2 mehr als doppelt so groß (12,5 % vs. 32 %). Die Einsatzintensität von digitalen Medien ist in beiden Gruppen identisch.

In IDC1 findet sich häufiger die Überzeugung, dass aufgrund neuer und sich stetig verändernder Arbeitsmittel Selbstlernkompetenzen an Relevanz gewinnen, um sich z. B. eigenständig in neue Programme einzuarbeiten, womit die Technologieorientierung aus PC1 unterstützt wird (siehe Tabelle 19). Ebenfalls in diesem Cluster wird die Überzeugung vertreten, dass sich Schüler*innen unter der Digitalisierung den Einsatz von digitalen Medien im Unterricht vorstellen. In den nicht-signifikanten Gruppenunterschieden sind beide Cluster weitgehend gleich. Das Cluster IDC2 zeichnet sich durch mehr signifikante Überzeugungen mit einem höheren Mittelwert im Vergleich zu IDC1 aus. 80 % des Clusters vertreten die Überzeugung, dass zu den relevanten Kompetenzen hinsichtlich des Umgangs mit Arbeitsmitteln das Berücksichtigen von Rahmenbedingungen wie das Einhalten von Datenschutz- und -sicherheitsvorgaben und des Urheberrechts gehören. Ebenfalls heben sie Kompetenzen zur Verarbeitung von Informationen mit digitalen Tools, zum zielgerichteten Einsatz von digitalen Medien im Arbeitsprozess und zur Kommunikation von Informationen über digitale Medien hervor. Zudem vertreten sie die Überzeugung, dass neue digitale Arbeitsmittel Organisations- und Strukturierungskompetenzen erfordern. Allerdings vertritt auch ein Drittel dieses Clusters, dass sich kaufmännische Arbeit durch einfache und analoge Tätigkeiten auszeichnen wird. Im Hinblick auf die Frage, welche Arbeitsmittel für kaufmännische Fachkräfte relevant sind, bezieht sich der größte Teil auf Programme zur Tabellenkalkulation und Textverarbeitung, Präsentationsprogramme und ERP-Systeme. Sie vertreten die Überzeugung, dass für die kaufmännische Kommunikation E-Mails, Telefon und Kommunikationsplattformen relevant sind und bleiben. In Bezug auf den kaufmännischen Unterricht sind sie überzeugt, dass Lernsituationen beruflich realistisch zu gestalten sind und Technologien so im Unterricht eingesetzt werden sollten, wie sie auch im Betrieb Anwendung finden.

Tabelle 19: Gruppenvergleich IDC1 X IDC2 (Quelle: Eigene Darstellung)

IDC1 X IDC2					
Dimensionsraum b: DAÜ, DWÜ, TIÜ	**MD (SD) IDC1**		**MD (SD) IDC2**	**Asymp. Sig. (2-seitig)**	**Effekt- stärke r**
DWÜ_KAM: Selbstständig lernen (IT/Medienbezug)	0,45 (0,50)	>	0,16 (0,37)	0,02*	0,3
DWÜ_SV: Digitale Unterrichtsmedien	0,33 (0,47)	>	0,08 (0,28)	0,02*	0,28
DWÜ_KAM: Rahmenbedingungen Medien berücksichtigen	0,48 (0,51)	<	0,80 (0,41)	0,01*	0,32
DAÜ_AA: Tabellenkalkulation	0,15 (0,36)	<	0,80 (0,41)	0,00***	0,64
DAÜ_AA: ERP-Systeme	0,35 (0,48)	<	0,76 (0,44)	0,00***	0,4
DAÜ_AA: Textverarbeitung	0,10 (0,30)	<	0,76 (0,44)	0,00***	0,67
DAÜ_AA: PowerPoint	0,08 (0,27)	<	0,76 (0,44)	0,00***	0,7
DWÜ_KAM: Verabeitung von Informationen	0,25 (0,44)	<	0,72 (0,46)	0,00***	0,46
DAÜ_AK: E-Mail	0,28 (0,45)	<	0,68 (0,48)	0,00***	0,39
DWÜ_UP: Betriebliche Lernsituationen gestalten	0,30 (0,46)	<	0,56 (0,51)	0,04*	0,26
DWÜ_VK: Medien zielgerichtet nutzen	0,30 (0,46)	<	0,56 (0,51)	0,04*	0,26
TIÜ_ALU: Betriebsauthentischer Technologieeinsatz	0,25 (0,44)	<	0,56 (0,51)	0,01*	0,31
DWÜ_KAM: Organisations- und Strukturierungskompetenz	0,13 (0,33)	<	0,56 (0,51)	0,00***	0,46
DWÜ_VS: Rahmenbedingungen Medien berücksichtigen	0,10 (0,30)	<	0,52 (0,51)	0,00***	0,46
DWÜ_KAM: Kommunikation von Informationen	0,13 (0,33)	<	0,44 (0,51)	0,00***	0,35
DAÜ_AK: Telefon	0,13 (0,33)	<	0,40 (0,50)	0,01*	0,32
DAÜ_AK: Kommunikationsplattformen	0,13 (0,33)	<	0,36 (0,49)	0,03*	0,28
DAÜ_AF: Einfache analoge Tätigkeiten	0,10 (0,30)	<	0,32 (0,48)	0,03*	0,27
DWÜ_UI: Modernisierung Absatz und Beschaffung	0,03 (0,16)	<	0,16 (0,37)	0,05*	0,24

Lesebeispiel: 33 % der Proband*innen in IDC1 tragen die Überzeugung, dass sich Schüler*innen unter der Digitalisierung digitale Unterrichtsmedien vorstellen. IDC1 hebt sich signifikant durch mehr Proband*innen mit dieser Überzeugung von IDC2 ab.

Nur schwach signifikant mit p < 0,1 unterscheidet sich IDC2 von IDC1 darin, dass ca. ein Drittel von IDC2 vermehrt die Überzeugung vertritt, dass Videokonferenzen für kaufmännische Tätigkeiten relevanter werden, und rund 84 %, dass Tätigkeiten vermehrt digital unterstützt werden. 44 % sind überzeugt, dass für kaufmännische Tätigkeiten betriebswirtschaftliches Fachwissen im Zuge der Digitalisierung sehr wichtig ist. 52 % der Fälle heben die Kompetenz, Informationen mit digitalen Tools recherchieren zu können, hervor.

Insgesamt lässt sich feststellen, dass sich die Überzeugungen in ihrer Komplexität der Antizipation der Digitalisierung unterscheiden. IDC1 zeichnet sich durch einen kritischeren Blick auf die Digitalisierung aus, was sich mit den Überzeugungen aus PC1 deckt. Darüber hinaus lassen sich in dieser Gruppe Überzeugungen erkennen, die sich eher auf den Arbeitsplatz und das selbstständige Erlernen des Umgangs mit Medien und Software im faktischen Handlungsfeld (siehe Kapitel 2.2.1) beziehen. Dieser Medien- und Softwarebezug wird durch die Überzeugung gestützt, dass sich auch die angehenden kaufmännischen Fachkräfte unter der Digitalisierung den Einsatz von digitalen Medien zur Durchführung von Aufgaben im Unterricht vorstellen. Daran angelehnt ist aus IDC1 heraus ein **arbeitsplatzorientiertes Überzeugungssystem (AÜs)** identifiziert worden. Dies verdeutlicht sich im Unterschied zu IDC2. Hier zeigt sich eine facettenreichere Antizipation der arbeitsweltlichen Veränderungen. Neben Überzeugungen zum Einsatz von digitalen Arbeitsmitteln finden sich auch Überzeugungen zum beruflich realistischen Einsatz digitaler Medien im Unterricht und zur betrieblich authentischen Gestaltung von Lernsituationen. Damit wird vorsichtig auf Antizipationen, die über das faktische Handlungsfeld (vgl. Tramm, 2009;

siehe Kapitel 2.2.1) hinausgehen, in den Überzeugungen hingewiesen. Dies wird dadurch gestützt, dass ein zielorientierter Einsatz von digitalen Medien relevant für die Ausführung kaufmännischer Tätigkeiten ist. Aus IDC2 heraus lässt sich daran angelehnt ein **handlungsfeldorientiertes Überzeugungssystem (HÜs)** erkennen.

8 Diskussion und Ausblick

8.1 Zusammenfassung und Interpretation der zentralen Befunde

8.1.1 Inhaltlich-wirtschaftsdidaktische Überzeugungsdimensionen zur Digitalisierung

Das Ziel der Beantwortung von Forschungsfrage 1 und 2 bezieht sich auf die empirische Identifikation und Deskription von Überzeugungsdimensionen zur Digitalisierung. Die in Anlehnung an Köhler & Mishra (2009), Baumert & Kunter (2006) sowie anhand aktueller Forschungserkenntnisse zur Digitalisierung in der kaufmännischen Domäne hergeleiteten Dimensionen (siehe Kapitel 5.7) wurden in der Interviewstudie mit Studierenden, Studienreferendar*innen sowie Berufsanfänger*innen und erfahrenen Lehrkräften als Ausgangspunkt für die Erhebung ihrer Überzeugungen verwendet. Die Ergebnisse der Interviewstudie zeigen, dass sich die sechs Dimensionen des Modells digitalisierungsbezogener Lehrerüberzeugungen qualitativ empirisch darstellen lassen. Die Dimensionen sind in der Stichprobe nicht gleichmäßig repräsentiert. Vor allem die Dimension der technologiebezogenen inhaltlichen und der kaufmännisch-arbeitsweltlichen Überzeugungen sind im Vergleich zu den übrigen deutlich unterrepräsentiert. Einerseits zeigt sich darin bereits ein Befund in Form einer verkürzten Sichtweise zur Bedeutung der Digitalisierung und andererseits ist hierin auch Optimierungspotenzial hinsichtlich der Operationalisierung der Dimensionen und ihrer Abgrenzung zu den übrigen Dimensionen im Erhebungsinstrument zu erkennen. Auf beide Aspekte soll in den folgenden Abschnitten näher eingegangen werden.

Die Verfolgung der **ersten Forschungsfrage**, die auf digitalisierungsbezogene inhaltliche und wirtschaftsdidaktische Überzeugungen von angehenden und erfahrenen berufsbildenden Lehrkräften in der kaufmännischen Berufsausbildung abzielt, zeigt, dass die Digitalisierung und ihre Folgen für kaufmännische Arbeitswelten unterschiedlich wahrgenommen werden. Die größte Einigkeit besteht in der Überzeugung, dass Geschäftsprozesse automatisiert, digitalisiert und somit auch optimiert werden. Unter diesem Punkt werden u. a. die Übernahme von routinierten Vorgängen durch Computersysteme, die Reduzierung von Medienbrüchen und die Verschlankung von Prozessen angesprochen (vgl. Große-Schwiep et al., 2020; Mertens et al., 2017). Hierbei handelt es sich um einen Kern der Digitalisierung, der einer breiten bildungspolitischen, wissenschaftlichen, berufssoziologischen und arbeitsmarktbezogenen Diskussion und Verankerung unterliegt. Seitens der curricularen Vorgaben für die berufliche Bildung lässt sich vor allem in den neu geordneten Ausbildungsberufen sowie in den Handreichungen und Leitlinien der KMK (2017) die Anforderung finden, neue und sich verändernde Prozesse in der Berufsausbildung zu adressieren. Aber auch in der

Forschung um die Digitalisierung spielt die Automatisierung eine bedeutende Rolle aus betriebswirtschaftlicher Sicht (Bauernhansl, Hompel & Vogel-Heuser, 2014; Große-Schwiep et al., 2020; Weber & Schütte, 2021, S. 147) wie auch aus der Arbeitsmarktperspektive (Dengler & Matthes, 2015, 2018; Dengler, 2019).

Deutlich nachrangig ließen sich aus den Interviews Überzeugungen zu Veränderungen von Geschäftsmodellen identifizieren. Neben dem Einzug von E-Commerce-Absatzwegen in unterschiedlichen Branchen und der Steigerung von Customer-Self-Service-Möglichkeiten vornehmlich im Finanzbereich werden weitreichendere Veränderungen von Geschäftsmodellen oder generell neue Geschäftspraktiken nicht antizipiert. Dass Self-Service-Möglichkeiten hervorgehoben werden, könnte mit den eigenen Erfahrungen mit dem privaten Onlinebanking zusammenhängen. Geschäftsmodelle in der Industrie mit 4.0-Konzepten bringen über die Robotisierung von Produktionsprozessen hinaus auch neue Vertriebswege sowie Steuerungs- und Vergütungsarten in kaufmännischen Bereichen mit sich. Im Handel begünstigen sie neben dem Ausbau des digitalen Vertriebs auch eine neue Art der Plattformökonomie und das Geschäft mit neuen Handelsgütern (Schallmo, Rusnjak, Anzengruber, Werani & Jünger, 2017). Wie in Kapitel 2.2.1 dargestellt, bringt die Digitalisierung auch Veränderungen mit sich, die sich neben neuen Arten und Implementierungen der Daten- und Informationsverarbeitung auf Managementpraktiken auswirken. Zudem hat sie durch Eingriffe in die nationalen und internationalen Märkte weitreichende Folgen (siehe Kapitel 2.1). Die identifizierten Überzeugungen in der Stichprobe bewegen sich allerdings nach dem Stufenmodell der Digitalisierung, welches auf der ersten Stufe das Überführen von analogen in digitale Signale, auf der zweiten Stufe die Automatisierung von Prozessen und Tätigkeiten und auf der dritten Stufe die Veränderungen von Geschäftsmodellen (Schumann & Lange, 2019) beschreibt, auf der zweiten Stufe. In wenigen Fällen werden auch die erste und deutlich unterrepräsentiert die dritte Stufe antizipiert.

Dieses Bild bestätigt sich bei der Betrachtung der vertretenen Überzeugungen zu Arbeitsformen und Tätigkeitsprofilen. Kaufmännische Tätigkeiten werden nach Ansicht der interviewten Lehrkräfte vor allem durch digitale Technologien unterstützt. Daraus, und aus der Überzeugung, dass Tätigkeiten einfacher und monotoner werden, liegt der Schluss nahe, dass die Digitalisierung als das Hinzukommen neuer Technologien im Arbeitsprozess ohne bedeutende Veränderung für die Art der Tätigkeiten antizipiert wird. Vor allem erfahrene Lehrkräfte vertreten vermehrt die Überzeugung, dass kaufmännische Arbeit durch einfache analoge Tätigkeiten bestimmt wird. Durch die technologische Unterstützung, wie sie digitale Ablagesysteme bieten, wird die Ausführung ihrer Meinung nach vereinfacht und der referenzierte betriebswirtschaftliche Sinn hinter der Tätigkeit (siehe Kapitel 2.1; Tramm, 2009) bleibt unverändert. Anders sieht dies ein Viertel der Stichprobe. Dies hebt, teils gleichzeitig zur vorherigen Überzeugung, hervor, dass kaufmännische Arbeit komplexer und anspruchsvoller wird. Damit vertreten sie die Ansicht, dass durch die Automatisierung von Tätigkeiten diejenigen Aufgaben übrig bleiben und ausgebaut werden, die nur durch eine menschliche Arbeitskraft ausgeführt werden können. Diese bringen aber nicht zwangsläufig ein höheres Anforderungsniveau mit sich. Darunter finden sich Tätigkeiten wie die Beratung und Betreuung von Kunden oder das Steuern, Optimieren und Überwachen von Prozessen bzw. der Systeme selbst. Die unterschiedlichen Ansichten darüber, wie sich kaufmännische Arbeit infolge der Digitalisierung verändert, werden ebenfalls aus der aktuellen Forschungslage ersichtlich (siehe Kapitel 2.2.2). Die Analysen des Job-Futoromaten (2020) verweisen für kaufmännische Berufe auf einen Wegfall von Routinetätigkeiten, die durch Computersysteme ausgeführt werden können. Es können zwar neue Aufgaben hinzukommen (Seibold & Stieler, 2016, S. 20), diese werden aber je nach Anforderungsniveau und (Ausbildungs-)Beruf in ihrer Komplexität und Schwierigkeit variieren. Mit steigendem Anforderungsniveau zeichnen sich die hinzukommenden Aufgaben durch kognitiv anspruchsvollere und interaktivere Tätigkeiten aus (N. v. d. Bach et al., 2020, S. 120; Zinke, 2019, S. 60 ff.). Wenngleich sich die vertretenen Überzeugungen ebenfalls in wissenschaftlichen Analysen und Projektionen wiederfinden lassen, ist es problematisch, dass ein nicht unbeachtlicher Anteil der interviewten Lehrkräfte einer Berufswelt entgegensieht, die durch einfachere, monotonere und lediglich digital unterstützte Tätigkeiten bestimmt ist. Unter der Annahme, dass diese Überzeugungen handlungsleitend sind (siehe Kapitel 4.3), ist davon auszugehen, dass im Unterricht berufliche und überberufliche Kompetenzen von angehenden kaufmännischen Fachkräften (unbewusst) auf einem ebenfalls niedrigen Niveau gefördert werden. Gerade in Berufen im Einzelhandel, Verkauf oder in der Logistik, die in den Interviews in Verbindung mit einer weniger anspruchsvollen Arbeitswelt genannt werden, sind Bildungs- und Qualifikationsangebote zu gewährleisten, die ein zukunftssicheres Erwerbs- und Karriereleben sowie Aufstiegschancen ermöglichen.

Unter den kaufmännisch relevanten Arbeitsmitteln werden mobile Endgeräte sowie die E-Mail als wichtigste Kommunikationsmedien genannt, was sich mit den Ausführungen in Kapitel 2.2.3 deckt. Die Arbeit mit integrativen Kommunikationsplattformen und sozialen Netzwerken nimmt nur in wenigen Fällen einen besonderen Stellenwert ein, zumeist dann, wenn sie selber davon z. B. durch die Corona-Pandemie betroffen waren. Besonders zu diskutieren ist dagegen die von einem Drittel hervorgehobene Überzeugung, dass die Digitalisierung den Einsatz von ERP-Systemen bzw. E-Business-Systemen fordert und fördert. Nur von den Studierenden werden sie seltener hervorgehoben, was mit Blick auf ihre Nähe zum betriebswirtschaftlichen Studium verwundert. Diese Systeme finden mit steigender Unternehmensgröße eine weitreichende Verbreitung (Statista, 2021) und sie sind in allen kaufmännischen Handlungsbereichen einsetzbar. Ebenfalls sind ERP-Systeme seit der Jahrtausendwende im Zusammenhang mit dem Einzug der Prozess- und Handlungsorientierung in der beruflichen Bildung ein fester Bestandteil der Berufsbildungsforschung (vgl. Ehrke & Meister, 2009; Hommel, 2017; Pongratz, Tramm & Wilbers, 2009; Tramm, 2009). Curricular sind entsprechende Systeme in den bisher nicht neu geordneten kaufmännischen Berufen unkonkret verankert (siehe Kapitel 3), was sich auch im tatsächlichen Einsatz von ERP-Systemen im kaufmännischen berufsbildenden Unterricht in der Stichprobe dieser Arbeit widerspiegelt (siehe Kapitel 6.6.3). Aber auch darüber hinaus ist der Einsatz von berufsspezifischer Software im Vergleich zu anderen Medienarten in der beruflichen Bildung sehr klein (Autorengruppe Bildungsberichterstattung, 2020, S. 260). Diese Befundlage zeigt eine Lücke zwischen Überzeugung und tatsächlicher Handlung: Wenngleich ERP-Systeme insgesamt als relevant eingeschätzt werden, ist ihr Einsatz im Unterricht, trotz ihrer Verfügbarkeit, an den Schulen dieser Stichprobe sehr gering. Stimmig ist das Bild dagegen im Vergleich zu Officetools zur Textverarbeitung, Tabellenkalkulation und Präsentationserstellung. Die Überzeugung zu ihrer Relevanz spiegelt sich auch in der Einsatzintensität innerhalb der Stichprobe wider. Der geringe Einsatz von ERP-Systemen kann demnach mit geringen Selbstwirksamkeits- und Verhaltenskontrollüberzeugungen sowie einem zu hohen Schwierigkeitsgrad zusammenhängen (siehe Kapitel 4.3.1 und 4.3.2).

Es besteht in der Stichprobe eine große Übereinstimmung in der Überzeugung, dass der zielgerichtete Einsatz digitaler Medien im Arbeitskontext bei angehenden kaufmännischen Fachkräften aufgrund der Digitalisierung eine besondere Relevanz erfährt. Damit wird eine Kompetenzdimension angesprochen, der in Ausbildungsordnungen ebenfalls ein großer Stellenwert zukommt (Krämer, 2015, S. 36). Die Dimension umfasst die Auswahl adäquater Medien zur Bewältigung von Aufgabenstellungen, die Nutzung von allgemeiner Soft- und Hardware und das Beherrschen berufsspezifischer Systeme (ebd., 46). Aber auch darüber hinaus sind mehrere Dimensionen beruflicher Medienkompetenzen in den Interviews präsenter als Kompetenzanforderungen zu sich verändernden Arbeitsformen oder aufgrund sich wandelnder Geschäftsprozesse und -modelle. Der Befund deckt sich insofern mit der Studie von Gössling & Sloane (2020, S. 150), als die Komplexität der betrieblichen Auswirkungen der Digitalisierung den berufsbildenden Lehrkräften meist nicht bekannt ist. So werden auch nur von ca. 10 % der Teilnehmenden Kompetenzanforderungen angesprochen, die sich auf das Analysieren und Interpretieren von Daten, den Umgang mit Innovationen sowie auf Anforderungen, die sich aus digitalisierten Geschäftsprozessen ergeben, beziehen. Gleiches gilt für Kompetenzanforderungen aus neuen Arbeitsformen. Hier wird vornehmlich auf mitmenschliche Interaktionen rekurriert. Die medienzentrierten Überzeugungen zeigen sich auch hinsichtlich der wirtschaftsdidaktischen Unterrichtsgestaltung. Ein Viertel der Stichprobe bezieht sich zwar auf die Relevanz der Umsetzung betrieblicher Situationen im Unterricht. Allerdings sind die Überzeugungen zu Unterrichtsinhalten, relevanten Vorkenntnissen, Verständnisschwierigkeiten sowie Vorstellungen zur Digitalisierung von Schüler*innen aus Sicht der (angehenden) Lehrkräfte primär auf Medien und Endgeräte im beruflichen Kontext bezogen. Dies verdeutlicht erneut die Dimension der technologisch-inhaltlichen Überzeugungen, die sich durch den Einsatz betrieblicher Software in berufsauthentischen Situationen im Unterricht auszeichnet, was allerdings eher von Studienreferendar*innen und Berufsanfänger*innen hervorgehoben wird. Diese vertreten ebenfalls die Überzeugung, dass IK-Technologien und ihre Funktionsweise im Unterricht thematisiert werden sollten. Das veränderte Geschäftsprozesse und -modelle aber dennoch eine Rolle in den Überzeugungen spielen, verdeutlicht sich daran, dass zumindest ein Fünftel aller Personen ihren Schüler*innen die Digitalisierung anhand von Prozess-

und Organisationveränderungen erklären würde, wenn sie danach gefragt werden. Zudem vertreten besonders Berufsanfänger*innen und erfahrene Lehrkräfte die Überzeugung, dass betriebswirtschaftliches Fachwissen nicht in den Hintergrund geraten darf. Es ist notwendig, um unternehmerische Entscheidungen zu verstehen und um wirtschaftliche Kennzahlen zu interpretieren. Studierende heben diesen Aspekt nicht hervor. Allerdings vertreten gerade sie die Überzeugung, dass Auszubildende bereits alle notwendigen Kompetenzen im Umgang mit digitalen Medien besitzen, da sie in ihrer Generation alltäglich sind.

Als Quelle dieser Medienzentrierung kann einerseits das Curriculum angenommen werden, welches ebenfalls diesen Bezug vordergründig thematisiert (siehe Kapitel 3). Es ist aber auch zu hinterfragen, ob die genutzten Wissensquellen der Interviewten zur Digitalisierung (siehe Kapitel 6.6.4) imstande sind, ein anderes Bild zu vermitteln. Onlinemedien bergen nicht per se diese Gefahr, aber im Vergleich zu Fortbildungen, wissenschaftlicher Literatur und dem Betrieb als Wissensquelle neigen Onlinequellen eher dazu, das anzuzeigen, was mit den Erfahrungen des Nutzers/der Nutzerin (bereits) übereinstimmt. Dieser Filterblaseneffekt kann somit auch dazu führen, dass zur Digitalisierung aufgrund eines medienzentrierten Interesses ein Ausbrechen aus dem Informationsfilter erschwert wird (Moeller & Helberger, 2018). Neben dieser technologischen Erklärung über die Algorithmen spielen auch Kommunikationsnetzwerke eine entscheidende Rolle als Quelle bei der Entstehung von Überzeugungen (siehe Kapitel 4.2.2). Das Kollegium stellt ein solches professionelles Kommunikationsnetzwerk dar, welches zu unterschiedlichen Zwecken zum Informationsaustausch genutzt wird (Jahn & Goller, 2015). Diese Form des Austausches wird von Lehrkräften als gewinnbringende Kommunikation erlebt (Heitmann, 2013, S. 392) und hat damit auch einen wichtigen Stellenwert als Überzeugungsquelle. Wird in diesem Netzwerk die Digitalisierung ebenfalls medienzentriert diskutiert, wird eine komplexere Antizipation des Transformationsprozesses erschwert.

Ähnlich wie unter pädagogischen und allgemeindidaktischen Gesichtspunkten scheint die Digitalisierung aus Sicht der interviewten Gruppen eine geringe Rolle für die Leistungsmessung und -beurteilung zu spielen. Allerdings handelt es sich gerade aus wirtschaftsdidaktischer Perspektive um ein relevantes Tätigkeitsfeld von berufsbildenden Lehrkräften, welches vor weitreichenden Herausforderungen steht. Darunter finden sich Fragen zur Bewertung von Kompetenzen im Umgang mit Arbeitsmitteln zur Lösung beruflicher Probleme, Fragen der Gestaltung von Klausuren zur Leistungsfeststellung in berufsauthentischen Situationen sowie der Erstellung von komplexen Tests und Klausuren, die über vorprogrammierte Antwortformate hinausgehen (vgl. Kleinhans, 2017, S. 35). Dass die Diagnostik eine besondere Relevanz durch die Digitalisierung in der kaufmännischen Domäne erfährt, erschließt sich auch aus der Anforderung, dass Fachkräfte digitale Geschäftsprozesse steuern, kontrollieren und optimieren können sollen. Damit die Erreichung dieser Kompetenzziele auch getestet werden kann, sind Konzepte notwendig, wie solche komplexen Kompetenzanforderungen in Simulationen dargestellt werden können. Dazu gehört bspw. auch die Anforderung, Geschäftsvorfälle in digitalen Systemen buchen und abbilden zu können (Schumann, 2021, S. 128 f.).

Dass die Digitalisierung in Verbindung zur Leistungsmessung und -beurteilung so gering repräsentiert ist, könnte auch damit zusammenhängen, dass wissenschaftliche Beiträge im Zusammenhang mit der Digitalisierung eine geringe bis keine Rolle als Informationsquelle spielen (siehe Kapitel 6.6.4). Sowohl zur beruflichen Bildung (z. B. Schön & Ebner, 2013; Ebner, 2019; Zwickelbauer et al., 2015; Gedrimiene, 2020; Kotsifakos, 2020) als auch aus den Bereichen der allgemeinen und hochschulischen Bildung bietet die Wissenschaft jedoch ein breites Spektrum an Ansätzen zur digitalen Leistungsmessung und -beurteilung. Eine weitere Erklärung für die verkürzte Wahrnehmung ist, dass bisher noch keine standardisierten Systeme für den täglichen Einsatz im Unterricht verfügbar sind (Ebner, Leitner & Ebner, 2020) und demensprechend nur wenige schulpraktische Erfahrungsmöglichkeiten für Lehrkräfte vorliegen.

8.1.2 Pädagogisch-didaktische Überzeugungen zur Digitalisierung

Im Kern der **zweiten Forschungsfrage** steht die Erhebung und Identifizierung pädagogischer und didaktischer Überzeugungen zur Digitalisierung in Bezug auf die kaufmännische Berufsausbildung und zum Berufsschulunterricht. Dicht mit der Digitalisierung verbunden ist die Frage, was sich Lehrkräfte unter digitalen Medien vorstellen. Die interviewte Gruppe versteht unter dem Begriff vor allem mobile Endgeräte, auf denen native und webbasierte Anwendungen ausführbar sind, die unterschiedliche Formen der digitalen Kommunikation ermöglichen und audio-visuelle Medien verarbeiten, die über das Internet abgerufen werden können. Aber auch unterschiedliche Endgeräte im Klassenraum und Lernplattformen werden damit assoziiert.

In der pädagogischen Dimension ist die Frage verankert, wie Lehrkräfte ihren Schüler*innen die Digitalisierung erklären würden, wenn sie in einer Unterrichtssituation danach gefragt werden. Die Antworten verdeutlichen, dass lebensweltliche und technologische Überzeugungen zur Digitalisierung differenzierter repräsentiert sind als arbeitsweltliche Überzeugungen. Es stehen ebenfalls Medien im Vordergrund, gefolgt von Formen der Digitisation, also der Überführung analoger in digitale Formate, der allgemeinen Veränderungen in Lebens- und Bildungswelten sowie der digitalen Kommunikation. Dieser Befund deckt sich mit der Subdimension zur Wahrnehmung der Digitalisierung durch die Lehrkräfte. Auch hier stehen digitale Medien und Endgeräte sowie die Digitisation und Kommunikation vor arbeits- und bildungsweltlichen Veränderungen. Nur wenige Lehrkräfte würden bei der Frage nach der Digitalisierung von ihren Schüler*innen auf Risiken eingehen, was teils konträr zu ihren eigenen Überzeugungen ist. In dieser Dimension zeigt sich eine insgesamt kritische Haltung aufgrund von drohenden Arbeitsplatzverlusten für kaufmännische Fachkräfte, mangelnder Datensicherheit, Desinformationen und Medienmanipulationen, körperlichen Risiken etc. Zu überberuflichen Kompetenzanforderungen zeigt sich am deutlichsten die Überzeugung zur Relevanz von Selbstkompetenzen, die hauptsächlich von Berufsanfänger*innen vertreten wird. Gestützt wird dies durch die Überzeugung, dass die Digitalisierung eines offenen und selbstgesteuerten Unterrichts mit kooperativen Lernformen bedarf, der Lernkompetenzen fördert, um in einer sich wandelnden Welt mithalten zu können.

Auch aus nicht-arbeitsweltlicher Sicht ist die Medienzentrierung deutlich im Kontext der Digitalisierung ausgeprägt, was an der facettenreichen Dimension zu technologisch-pädagogischen Überzeugungen sichtbar wird. Dies zeigt sich z. B. an der Überzeugung, dass digitale Medien im Unterricht so eingesetzt werden müssen, dass ein Prozess der aktiven Auseinandersetzung und des Selbstlernens mit dem jeweiligen Medium ermöglicht wird. Darin findet sich die Überzeugung, dass der Erwerb von Kompetenzen zum Umgang mit digitalen Medien durch situiertes Lernen auf induktivem Weg (vgl. Mandl, Gruber & Renkl, 1995) gefördert werden sollte. Aber der Medieneinsatz erfolgt auch aus der Überzeugung heraus, dass auf diese Weise ein moderner und motivierender Unterricht gestaltet werden kann, der weniger Orts- und Zeitbarrieren aufweist, um mit ihnen Wissen zu sammeln und den Unterricht zu organisieren. Studienreferendar*innen heben öfter die Überzeugung hervor, dass Medien die Unterrichtsorganisation erleichtern, und Berufsanfänger*innen, dass sie zur Wissenssammlung nützlich sind. Dem stehen die Ergebnisse der Studie von Quast, Rubach & Lazarides (2021) gegenüber. Sie können zeigen, dass Lehrkräfte[31] digitale Medien zwar zur Organisation von Unterricht einsetzen, aber nicht um mit ihnen eine kognitive Aktivierung zu initiieren. Ob sie Medien aber überhaupt einsetzen, hängt darüber hinaus von ihren Wertüberzeugungen, ihren Kompetenzselbsteinschätzungen und der Akzeptanz gegenüber technischen Innovationen ab (ebd., S. 331; Petko, 2012, S. 39). Diesbezüglich lassen vor allem Studienreferendar*innen erkennen, dass sie sich selber als nicht kompetent genug einschätzen, um Medien förderlich im Unterricht einzusetzen. Über alle Gruppen hinweg zeigt sich aber aus den Kurzfragebögen eine erhöhte Technikbereitschaft (siehe 6.6.2). Deutlich seltener werden Überzeugungen geäußert, dass digitale Medien zur Förderung der Binnendifferenzierung und zur Gestaltung authentischer Unterrichtsinhalte dienen können. Dies deckt sich mit dem Befund, dass digitale Technologien wie Assistenzsysteme zur Förderung benachteiligter Schüler*innen oder zur Förderung individuellen Lernens nur selten in der Berufsausbildung zum Einsatz kommen (Hähn & Ratermann-Busse, 2020, S. 137; Schmid et al., 2017, S. 16). Die Bandbreite an Möglichkeiten zur individuellen Förderung wird dagegen aus wissenschaftlicher Perspektive intensiv diskutiert und es existiert auch entsprechende praxisorientierte Literatur (Bertelsmann Stiftung, 2015; Fischer, Fischer-Ontrup & Schuster, 2020; Muuß-Merholz, 2015; Peyer, Studer & Thonhauser, 2015).

Als größtes Risiko wird die Überzeugung geschildert, dass der Einsatz digitaler Medien zum Verlust der Schüleraufmerksamkeit führen kann. Die Sorge wird damit begründet, dass die Medienvielfalt in multimedialen Lernarrangements eine gleichzeitige Verarbeitung von unterschiedlichen visuellen und auditiven Informationsquellen erfordert, was zur kognitiven Überlastung führen kann. Doch auch die Dar-

---

31 Die Studie basiert auf einer Stichprobe von 280 Lehrkräften, die in Schulen der allgemeinbildenden Sekundarstufe verteilt über alle Bundesländer tätig sind. Die Erhebung erfolgte in einer 30-minütigen Onlinebefragung. Die Teilnehmer*innen sind durchschnittlich 44 Jahre (SD = 10,00) und weisen ca. 14 Jahre (SD = 9,87) Berufserfahrung auf (Quast, Rubach & Lazarides, 2021, S. 319), womit sie mit der Gruppe der erfahrenen Lehrkräfte in dieser Studie vergleichbar sind.

bietung derselben Information auf einem Sinneskanal mit zu vielen weiterführenden Materialien, die nicht zur Vertiefung, sondern zur Verdeutlichung der Information beitragen, kann zu einer Überlastung führen (Mayer & Moreno, 2003; Wild & Möller, 2015, S. 135). Diese Herausforderungen zu kontrollieren, erfordert einen „erheblichen Zusatzaufwand" (Wild & Möller, 2015, S. 136), was auch in den Überzeugungen der Lehrkräfte so verankert ist.

Neben dieser pädagogischen Herausforderung im Umgang mit digitalen Medien wird die Überzeugung geäußert, dass der Einsatz mit dem Risiko eines Technikausfalls verbunden ist. Die Nutzung von digitalen Medien hängt also nicht nur mit deren Verfügbarkeiten, sondern auch mit ihrer wahrgenommenen Funktionsfähigkeit und Zuverlässigkeit zusammen. Zudem würde ein Ausfall mit einer weniger effektiv genutzten Lernzeit einhergehen (Petko, 2012, S. 35/43; Tenberg & Eder, 2007, S. 191). Hiermit wird nicht nur die IT-Kompetenz der Lehrkräfte angesprochen, sondern auch ein schulorganisatorisches Problem hinsichtlich fehlender Unterstützungsleistungen innerhalb der Bildungsinstitutionen. Die Notwendigkeit, digitale Lernarrangements zu schaffen, fordert die administrative und verwaltende Ebene der Schule (Kretzschmar, 2020, S. 5). Gerade bei erfahreneren Lehrkräften ist das Vorhandensein entsprechender Supportleistungen, die einen funktionierenden Medieneinsatz ermöglichen, entscheidend für die tatsächliche Nutzung (A. Bach, 2016, S. 116 f.). Dass dies ein hemmender Faktor ist, ist bei Betrachtung des Aufgabenspektrums zur Sicherstellung einer einwandfrei funktionierenden IT-Ausstattung, die neben der Bedarfsermittlung, Bestellung und Installation auch die Pflege der Anwendungen, ihre Aktualisierung, das Beheben von Fehlern, Schließen von Sicherheitslücken sowie ein umfassendes Lizenz- und Vertragsmanagement beinhaltet (Kretzschmar, 2020, S. 56 ff.), nachvollziehbar. Diese umfangreichen Anforderungen bedürfen einer IT-Betreuung und entsprechender IT-Konzepte (vgl. ebd.). Im Land Niedersachsen wurde dafür ein entsprechender jährlicher Finanzausgleich für Schulträger zur Einrichtung einer Systembetreuung für Schulen geschaffen (§ 5 Abs. 1 NFVG).

Ähnlich häufig werden unter den Risiken im Zusammenhang mit digitalen Medien mögliche Gefahren sozialer Benachteiligung und auftretender Schwierigkeiten aufgrund unterschiedlicher Medienkompetenzen von Schüler*innen genannt. Diese können durch ökonomische Disparitäten, welche sich durch Ausstattungsunterschiede zeigen, und damit einhergehende fehlende Lernmöglichkeiten, aber auch durch andere Effekte der sozialen Herkunft begründet sein. Gegen eine fehlende Ausstattung spricht, dass im Jahr 2018 nahezu alle Jugendlichen im Alter von 16 bis 19 Jahren im Besitz eines Smartphones waren und im Jahre 2019 bereits über 90 % der Haushalte einen Zugang zum Internet hatten; allerdings nur 80 % der einkommensschwachen Haushalte (Autorengruppe Bildungsbericht, 2020, S. 238). Während das Smartphone mittlerweile weit verbreitet ist, stellt sich die Frage, ob dies auch für Laptops und Tablets gilt, die nicht nur primär zu kommunikativen und informativen, sondern auch zu produktiven Zwecken genutzt werden können. Im Jahr 2020 standen in 98 % der befragten Haushalte der Jim-Studie[32] ein Computer/Laptop zur Verfügung und 84 % der Jugendlichen im Alter von 16 bis 19 waren im Besitz eines eigenen Computers/Laptops (JIM-Studie, 2020, S. 6 ff.). Es ist anzumerken, dass die berichteten Daten der Studie keine klare Trennung zwischen Laptop und Computer zulassen. Paschke (2021, S. 235) weist in diesem Zusammenhang darauf hin, dass ein Viertel der Kinder, deren Eltern Leistungen nach SGB II beziehen, im Jahr 2020 kein Computer mit Internetzugang zur Verfügung hatte. Die soziale Herkunft kann nicht nur eine Erklärung für die Ausstattung, sondern auch für computer- und informationsbezogene Kompetenzen sein. Schüler*innen aus höheren sozialen Herkunftsschichten erreichen entsprechend der ICILS-Studie 2018 höhere Leistungspunktwerte in computer- und informationsbezogenen Kompetenzen als diejenigen aus niedrigeren sozialen Herkunftsschichten (Eickelmann, Bos & Labusch, 2019, S. 325). Schüler*innen aus höheren sozialen Schichten nutzen digitale Medien auch außerhalb der Schulzeiten vermehrt für schulbezogene Zwecke (ebd., S. 319) und diese außerschulische Nutzung zu Schulzwecken steht im Zusammenhang mit höheren Leistungspunktwerten zu computer- und informationsbezogenen Kompetenzen. Der Zugang zu digitalen Medien hat hingegen keinen signifikanten Erklärungsbeitrag für höhere Punktwerte (ebd., S. 325).

Hinter diesen Überzeugungen ist das mehrdimensionale Konstrukt der digitalen Ungleichheit zu verorten (Kutscher, 2019, S. 381). Zentral verbergen sich hinter dem Konstrukt die Dimensionen Teilhabe und Bildungschancen, die durch unterschiedliche Faktoren bestimmt werden. Dazu gehören sowohl die Nutzungspraxis, die abhängig von „Interessen, Wissen, Fähigkeiten und Möglichkeiten" der Lernenden ist, als auch ihre „materiellen, kulturellen und sozialen Ressourcen" (ebd., S. 381). Zudem ist auch eine infrastrukturelle Ungleichheit, die aus Nutzungsdaten und einer daraus generierten personenbezogenen Präsentation von Inhalten im Internet resultiert und zu einer „sozialen Diskriminierung im Zuge algorithmischer Berechnungen" führt (ebd., S. 382), zu beachten. Diese vornehmlich von Berufsanfänger*innen geäußerte Überzeugung legitimiert sich dadurch, dass angehende Auszubildende zwar über Medienkompetenzen verfügen, aber nicht in dem Rahmen, wie es von ihnen erwartet wird, was sich auch empirisch widerspiegelt. Sie können Medien zwar im alltäglichen Leben einsetzen, allerdings fehlt es an Kommunikationsregeln, der Sensibilität zum Einhalten von rechtlichen und gesellschaftlichen Normen und an der Fähigkeit, Medien zielorientiert einzusetzen (Krämer, 2020, S. 116).

Hinsichtlich des diagnostischen Potenzials digitaler Medien und Technologien herrscht unter Berufsanfänger*innen und erfahrenen Lehrkräften die Überzeugung, dass sie zwar eine schnelle und einfache Leistungsfeststellung mit Multiple-Choice-Tests ermöglichen, ansonsten aber keine Bedeutung für die Leistungsmessung und -beurteilung haben. Diese verkürzte Einschätzung ist z. B. vor dem Hintergrund zu diskutieren, dass bereits seit mehreren Jahren ein Teil der Abschlussprüfung im Ausbildungsberuf Kaufmann/-frau für Büromanagement computergestützt erfolgt (Bü-

---

32 Die Stichprobe umfasst 1.200 Kinder und Jugendliche zwischen 12 und 19 Jahren. Die Erhebung fand im zweiten Quartal 2020 im Mixed-Method-Design statt. 52 % der Teilnehmenden befinden sich im Alter von 16 bis 19. Die Daten werden als repräsentativ eingeschätzt (JIM-Studie, 2020, S. 3).

roMKfVAPb, 2013). Bezogen auf den Berufsschulunterricht soll der Prüfling nachweisen, „dass er in der Lage ist, im Rahmen eines ganzheitlichen Arbeitsauftrages Büro- und Beschaffungsprozesse zu organisieren und kundenorientiert zu bearbeiten [...]" (ebd., § 3). Eine Erklärung für die dennoch geringe Einschätzung der Relevanz könnte darin liegen, dass die Abschlussprüfungen von den IHKs organisiert werden. Darüber hinaus sind Systeme, die diagnostische, bewertende, beurteilende, fördernde und erziehende Tätigkeiten von Lehrpersonen, z. B. beim Treffen von pädagogischen Entscheidungen, unterstützen, unterrepräsentiert (Kärner, Fenzl, Warwas & Schumann, 2019, S. 53). Auf Basis einer Marktanalyse von insgesamt 463 digitalen Tools unterstützen lediglich 36 eben dieses Tätigkeitsfeld von Lehrkräften (ebd., S. 52). Allerdings handelt es sich sowohl aus pädagogischer als auch aus wirtschaftsdidaktischer Sicht um ein relevantes Feld im Zuge der Digitalisierung. Neue Technologien, die über Single- und Multiple-Choice-Tests, Lückentexte, Image-Map-Fragen und Rangordnungen hinausgehen (Kleinhans, 2017, S. 35), sind durch ihre Prüfungsvalidität bei variierenden Schwierigkeitsgraden bei der Bewertung komplexer Aufgabenstellungen sowie bei der Auswertung von Freitexteingaben limitiert (Schumann, 2021, S. 136). Auch auf Forschungsebene existiert eine Vielzahl von Projekten, die sich mit der computergestützten Messung kaufmännischer Kompetenzen auseinandersetzen und die digitale Gestaltung von Prüfungsformaten in den Blick nehmen; so z. B. das Projekt CoBALIT (Competencies in the Field of Business and Administration, Learning, Instruction, and Transition), in welchem auf Basis von Unternehmenssimulationen, Videosequenzen, digitalen Dokumenten und unter Hinzunahme unterschiedlicher Anwendungssysteme Testszenarien entwickelt und erprobt wurden (Baethge & Seeber, 2016, S. 20). Hinzuweisen ist dabei auch auf das Projekt TeKoP (Technologiebasiertes kompetenzorientiertes Prüfen). Ziel des Projektes ist, das Bildungspersonal zur Gestaltung kompetenzorientierter und technologiebasierter Prüfungsaufgaben zu befähigen (BMBF, 2019).

8.1.3 Diskussion der Überzeugungssysteme zur Bedeutung der Digitalisierung

Es zeigen sich zwar Unterschiede zwischen den Fällen in den einzelnen Stadien der Professionalisierung, aber in den Unterschieden lässt sich kein sinnvoll begründbares Muster von gemeinsamen Überzeugungen finden. Aus diesem Grund wurde eine Clusteranalyse durchgeführt (siehe Kapitel 7.7), um der dritten Forschungsfrage nachzugehen. Sie adressiert die Annahme, dass es unterschiedliche Systeme von Überzeugungen gibt, die von mehreren Fällen getragen werden. Die Clusterlösungen verweisen auf drei pädagogische und auf zwei inhaltlich-didaktische Gruppierungen. Innerhalb dieser zeigen sich fünf Überzeugungssysteme, die sich aus den Überzeugungen der einzelnen Fälle in den jeweiligen Clustern abzeichnen:

1. Kritisch-technologisches Überzeugungssystem (ktÜs)
2. Gestaltungsorientiert-unterrichtsbezogenes Überzeugungssystem (guÜs)
3. Substitutionsorientiert-unterrichtsbezogenes Überzeugungssystem (suÜs)

4. Arbeitsplatzbezogenes Überzeugungssystem (AÜs)
5. Handlungsfeldbezogenes Überzeugungssystem (HÜs)

Die identifizierten Überzeugungssysteme ähneln sich grundsätzlich in den Überzeugungen aus den Forschungsfragen 1 und 2 zur Bedeutung der Digitalisierung für die kaufmännische Berufsausbildung. Sie zeichnen sich aber auch jeweils durch eigene Schwerpunkte aus, die sie von den anderen abgrenzen und als eigene Systeme dastehen lassen. Wie in Kapitel 4.3 zur Bedeutung von Überzeugungen für das Lehrerhandeln aufgezeigt, ist davon auszugehen, dass ebendiese Schwerpunkte neben den gemeinsam getragenen Überzeugungen die besonderen handlungsleitenden Funktionen ausmachen. Die Systeme unterscheiden sich u. a. darin, dass sie nicht vereinbare Elemente besitzen. So ist z. B. eine kritische ablehnende Haltung nicht mit einer gleichzeitig positiven Haltung vereinbar, woraus sich ein Hinweis auf unterschiedliche Systeme ergibt. Eine solche ablehnende oder annehmende Haltung ist ebenfalls bezeichnend für ein Überzeugungssystem. Allerdings sind sie grenzenlos und durch unterschiedliche Grade an Gewissheit geprägt, weshalb Überzeugungssysteme auch Schnittmengen zueinander aufweisen können (siehe Kapitel 4.2.1), wie es auch bei den hier identifizierten Systemen der Fall ist. Es ist also die These denkbar, dass die Interpretation der Digitalisierung je nach Überzeugungssystem individuell ausfällt, im Kern aber ein ähnliches Verständnis davon existiert, was die Digitalisierung ist. Die Systeme sind also als sich verschränkend und weniger als parallel nebeneinander existierend zu verstehen.

Kritisch-technologisches Überzeugungssystem

Der Schwerpunkt des ersten Überzeugungssystems (ktÜs) ist nicht im Unterrichtsbezug, sondern in der kritischen Auffassung der Folgen von Technologien in Lebens- und Arbeitswelten zu erkennen. Die negative Haltung wird an den hervorgehobenen Überzeugungen sichtbar, dass digitale und soziale Medien das Risiko von schwer erkennbaren verzerrten Wahrheiten und Desinformationen (Shu, Sliva, Wang, Tang & Liu, 2017; vgl. Zimmermann & Kohring, 2018, S. 537 f.) fördern und damit z. B. politische Wahlkämpfe beeinflusst werden (Graber & Lindemann, 2018). Das System zeichnet sich auch dadurch aus, dass die Relevanz von Lese- und Schreibtechniken, also von elementaren Kulturtechniken, im Zeitalter der Digitalisierung im Vergleich zu Medien- oder ICT-Kompetenzen im Vordergrund steht. Das kann nicht als negative Überzeugung interpretiert werden, aber als das Wahrnehmen einer latenten Gefahr vor Verlusten kultureller Fähigkeiten durch Technologien, indem z. B. nachfolgende Generationen nur auf digitalen Endgeräten schreiben und dadurch Handschriften vernachlässigt werden. Empirisch zeigen Reble, Meyer, Fleckenstein & Köller (2020, S. 54 f.) in einer Studie mit 226 Gymnasialschüler*innen, dass beim Schreiben am Computer die Textqualität, gemessen an der Textlänge, im Vergleich zu handschriftlich geschriebenen Texten besser ist. Allerdings ist die Anzahl an Rechtschreibfehlern beim digitalen Schreiben erhöht. Die Autor*innen weisen darauf hin, dass keine Unterscheidung zwischen Rechtschreib- und Tippfehlern im Studiendesign gemacht werden kann. Gestützt wird die kritische Perspektive der Lehrkräfte auch dadurch, dass in diesem Überzeugungssystem die Digitalisierung mit digitalen Endgeräten und mit der Globalisierung aus ökonomischen Interessen von Großunternehmen assoziiert wird.

Skepsis gegenüber der Digitalisierung kann unterschiedliche Gründe haben. Studierende, die der Digitalisierung in der Hochschullehre gegenüber negativ eingestellt sind, begründen ihre Überzeugung mit einer mangelhaften technischen Ausstattung und instabilen Infrastruktur in der Lehre (Berndt, Felix, Anacker & Pohlenz, 2021, S. 124). Dies zeigt sich bei angehenden Lehrkräften im Studium aufgrund ihrer negativen Erfahrungen mit der Digitalisierung in der Bildung und der wahrgenommenen Nachteile des Distanzlernens in der Hochschule (Borukhovich-Weis, Grey, Łączkowska & Gryl, 2021, S. 314 f.). Auf empirische Befunde zur Einstellung gegenüber der Digitalisierung von aktiven Lehrkräften kann aufgrund der Forschungslage nicht zurückgegriffen werden. Allerdings bietet das Technikradar 2018 weitere Ansätze über die Vielfältigkeit negativer Einstellungen zur Digitalisierung. So geben 61 % der Befragten (n = 1.975) an, dass die Digitalisierung bestehende Infrastrukturen störanfälliger mache, 60 % befürchten den Kontrollverlust über ihre Daten, 47 % sehen in ihr eine Steigerung der Arbeitslosigkeit und nur 16 % sagen, dass durch die Digitalisierung das Bildungssystem verbessert werde (acatech & Körber-Stiftung, 2018, S. 29).

Anzunehmen ist, dass sich eine kritische Haltung gegenüber der Digitalisierung auch auf die Unterrichtsgestaltung auswirkt, da diese als Filter für eingehende Informationen und handlungsleitend funktionieren kann (Fives & Buehl, 2012). Dies könnte sich z. B. durch einen möglichst reduzierten Einsatz digitaler Medien auszeichnen oder durch Intentionen, ebenfalls eine kritische und reflexive Haltung bei Schüler*innen gegenüber technologischen Entwicklungen und ihren Folgen zu fördern. Ebenfalls könnte davon ausgegangen werden, dass sie einen präsenzorientierten Unterricht bevorzugen, da viele Studierende in diesem Cluster eigene Erfahrungen im Distanzunterricht an der Universität gemacht haben, woran sich eine ablehnende Haltung erklären ließe.

Gestaltungsorientiert-unterrichtsbezogenes Überzeugungssystem

Das zweite herausgearbeitete Überzeugungssystem zeichnet sich durch eine digitalisierungsbezogene Gestaltung des Unterrichts und neutrale bis positive Überzeugungen zur Digitalisierung aus. Das System ist durch Überzeugungen geprägt, die sich auf die Gestaltung eines zeitlich und räumlich unabhängigen sowie digitaleren Unterrichts beziehen. Damit ist nicht die Adaption des klassischen Unterrichts in eine digitale Form gemeint, sondern eher ein Neudenken von Unterricht mit den Möglichkeiten digitaler Medien. Verglichen mit den Stufen des SAMR-Modells (Puentedura, 2014) zeigt dieses System Tendenzen zur Erweiterung bis hin zur Modifikation von Unterricht. Empirische Studien zu Intentionen des Medieneinsatzes im Unterricht in der kaufmännischen Berufsausbildung sind zum aktuellen Zeitpunkt nicht vorhanden. Und auch in anderen beruflichen Bildungsdisziplinen sind sie selten. In der gewerblich-technischen Berufsausbildung gibt es Erkenntnisse, die auf eine Nutzung digitaler Medien in Form von Selbstlernprogrammen, Simulationen oder Spielen im Unterricht verweisen. Dabei handelt es sich um eine Befragung von 113 Lehrkräften, von denen deutlich weniger als die Hälfte, angelehnt an das SAMR-Modell, eine Erweiterung von Unterricht mit dem Einsatz von Medien verfolgt (A. Bach, 2019, S. 54). Hierunter lassen sich Ziele zur Darstellung und Organisation von Wissen durch den Einsatz von Medien als Wissenswerkzeuge verstehen (vgl. Kerres, 2009, S. 4). Lehrerhandlungen, die durch solch ein Überzeugungssystem bedingt werden, könnten sich durch eine Erweiterung von Unterrichtsmaterialien, die den Lernenden geplant oder ad hoc zur Vertiefung des Unterrichtsinhaltes zur Verfügung gestellt werden, auszeichnen. Dabei könnte es sich um Bild- oder Videomaterial handeln, welches von den Lernenden selbstständig nach ihrem Bedarf abgerufen wird.

Weiterreichende Konzepte, wie der *digitale Erfahrraum*, der einer Verbindung zwischen den Lernorten sowie zwischen kaufmännischer Theorie und Praxis schaffen kann (Schwendimann et al., 2015), werden auch in diesem Überzeugungssystem nicht in den Blick genommen. Ebenfalls werden neue bzw. durch digitale Technologien neu gestaltbare Lehr-Lern-Arrangements nicht angesprochen. Während Blended-Learning-Konzepte noch von wenigen Lehrkräften genannt werden, sind z. B. Inverted-Classroom-Konzepte nicht in den artikulierten Überzeugungen repräsentiert. Hierbei handelt es sich um eine Möglichkeit, die Lernaktivität mittels digitaler Medien außerhalb des Klassenzimmers zu initiieren und die Klassenaktivität zur Übung und Vertiefung der Inhalte zu nutzen. So kann die Zeit in Präsenz intensiver für Problemlöseprozesse und kollaboratives Arbeiten genutzt werden (Kamsker & Slepcevic-Zach, 2018, S. 10).

Substitutionsorientiert-unterrichtsbezogenes Überzeugungssystem

Das dritte Überzeugungssystem der pädagogischen Dimension zeichnet sich durch die Substitution klassischen Unterrichts mittels digitaler Medien ohne funktionale Verbesserungen (Puentedura, 2014) aus, wodurch es sich vom gestaltungsorientierten System abgrenzt. Hierunter lässt sich vor allem eine Einschätzung digitaler Medien als Wissenswerkzeug zur Kommunikation und Kooperation finden (vgl. Kerres, 2009, S. 4). Wird dieses System auf mögliche Lehrerhandlungen übertragen, könnte es bewirken, dass anstelle der Ausgabe von Arbeitsblättern diese auf digitalem Weg verteilt und z. B. mittels eines Textverarbeitungsprogrammes bearbeitet werden. Die Organisation des Unterrichts wird somit zwar durch das digitale Management von Dokumenten verändert, aber die Möglichkeiten digitaler Medien werden auf einem einfachen Level umgesetzt. Digitale Medien werden also nur lernprozessbegleitend, aber nicht zur Förderung dieser verwendet. Dass der Medieneinsatz möglichst nicht zu intensiv in den Unterricht eingreifen soll, wird in diesem System durch die Überzeugung gestützt, dass die Nutzung von Technologien stets abzuwägen ist. Es liegt aufgrund der Aussagen der Fälle dieses Systems nahe, dass das Abwägen im Zusammenhang mit den erwarteten negativen Folgen der Digitalisierung für den sozial-kommunikativen Umgang unter Menschen hervorgehoben wird, womit gleichzeitig die mehrdimensional-kompetenzfördernden Aspekte digitaler Medien in den Hintergrund treten oder nicht gesehen werden. Es stellt sich die Frage, ob dieses Überzeugungssystem auch in Verbindung zu der Annahme steht, dass sich die Digitalisierung in der Arbeitswelt ebenfalls hauptsächlich durch Substitutionen zeigt. Anhand der hier vorliegenden Daten kann dies nicht beantwortet werden.

Arbeitsplatzorientiertes Überzeugungssystem

Die teils kritischen und eher technologieorientierten Perspektiven der Fälle in den vorherigen Überzeugungssystemen lassen sich auch im arbeitsplatzorientierten Überzeugungssystem wiederfinden. Dieses zeichnet sich durch Wahrnehmungen digitalisierungsinduzierter Veränderungen am physischen Ort der kaufmännischen Leistungserbringung, also im faktischen Handlungsfeld (vgl. Tramm, 2009), aus. Damit wird ein Verständnis zur Bedeutung der Digitalisierung für kaufmännische Fachkräfte postuliert, welches sich auf die Bedienung von Technologien zur Ausführung von Arbeitsprozessen und zur Kommunikation sowie zur Erleichterung von Arbeitsprozessen bezieht. Für die Gestaltung kaufmännischen Unterrichts kann ein solches Überzeugungssystem handlungsleitend für die Nutzung von digitalen Medien ebenfalls ohne funktionale Veränderungen des Unterrichts sein; so z. B. bei der Berechnung von Deckungsbeiträgen mit den arithmetischen Funktionen eines Tabellenkalkulationsprogramms anstelle einer händischen Berechnung im Arbeitsheft unter Zuhilfenahme eines Taschenrechners. Dieses Überzeugungssystem adressiert also sich verändernde Arbeitsmittel an kaufmännischen Arbeitsplätzen. Den Veränderungen von Tätigkeitsprofilen, Geschäftsprozessen und -modellen sowie den Folgen einer sich wandelnden Wirtschaftsordnung trägt es weniger Rechnung.

Handlungsfeldorientiertes Überzeugungssystem

Das handlungsorientierte Überzeugungssystem bezieht sich dagegen eher auf Veränderungen, die durch digitale Geschäftsprozesse und daraus folgende Anforderungen für kaufmännische Fachkräfte wie prozessorientiertes Denken und der zielgerichtete Einsatz digitaler Medien zur Lösung komplexer beruflicher Probleme induziert werden. Dies wird durch die Hervorhebung der Notwendigkeit deutlich, berufliche Situationen zu gestalten, um anhand authentischer Problemstellungen zu lernen. Der Bezug zum Referenzhandlungsfeld (vgl. Tramm, 2009) schafft eine Verbindung in der Antizipation zu den Auswirkungen durch die Digitalisierung, die nicht direkt physisch sichtbar sind. Lehrkräfte, die maßgeblich durch dieses Überzeugungssystem in ihrem Handeln geleitet werden, werden nach Fives & Buehl (2012) wahrscheinlich eher eine digitalisierungsbezogene Gestaltung von Lehr-Lern-Arrangements präferieren, die sich durch eine Substitution und Erweiterung von Unterricht durch digitale Medien (Puentedura, 2014) und ggf. durch die Möglichkeiten der Digitalisierung für eine Modifikation und Redefinition von Unterricht (ebd.) auszeichnen, um arbeitsweltliche Veränderungen in den Unterricht zu integrieren. Dazu können z. B. die Möglichkeiten eines digitalen Erfahrraums (siehe Kapitel 3.4; Schwendimann et al., 2015) in Betracht gezogen werden. Aber auch das Lernen an modellhaft gestalteten Geschäftsprozessen, die durch digitale Medien und moderne Technologien geprägt sind oder dadurch als Lerngegenstand überhaupt erst verfügbar gemacht werden können, könnte diesem Überzeugungssystem naheliegen. Auch ist davon auszugehen, dass die arbeitsweltliche Digitalisierung im verbalen Handeln der Lehrkräfte wie bei der Erklärung dessen, was die Digitalisierung ist, im Vordergrund steht und dass die Förderung sozialer Kompetenzen zur beruflichen Kooperation und Kollaboration eine relevante Rolle spielt.

In Verbindung mit dem gestaltungsorientierten unterrichtsbezogenen Überzeugungssystem ist es naheliegend, dass auch neue didaktische Konzepte in diesem System verortet werden können. Hervorzuheben ist in diesem Zusammenhang die „konzeptionelle Wende" (Zinke, 2019, S. 105 f.) als Implikation von Anforderungen an die berufliche Bildung infolge der Digitalisierung. Bisherige Konzepte sehen einen Lernprozess „vom Einfachen zum Komplexen" vor. Prozess- und Systemverständnis sind nachgelagert im Lernprozess verortet. Da aufgrund der Digitalisierung gerade dieses Verständnis bedeutsamer für die Handlungsfähigkeit wird, fordert die konzeptionelle Wende eine zeitliche Umkehrung. Prozess- und Systemwissen soll in den Vordergrund gestellt werden, um daran aufbauend berufliche Kompetenzen an handlungsorientierten Situationen zu fördern (ebd.).

Handlungsorientierte Gestaltungen von Unterricht, die zeitlich und räumlich neu definiert sind, lassen sich auch in Planspielen wiederfinden. Auf diese wurde in den Interviews nur selten rekurriert. Exemplarisch ist auf den Einsatz von Planspielen in der Lehrerbildung am wirtschaftspädagogischen Standort Göttingen im Rahmen der didaktischen Ausbildung von Lehrkräften hinzuweisen. Auf Basis einer interaktiven technologiegestützten Unternehmenssimulation werden Lernende dazu aktiviert, über mehrere unternehmerischen Perioden hinweg eine Geschäftsidee zu entwickeln und begründet wirtschaftliche Entscheidungen zu deren Umsetzung zu treffen. Je nach Lerngruppe können unterschiedliche Berufe und Anforderungsniveaus adressiert und verschiedene Szenarien handlungs- und kompetenzorientiert durchlaufen werden (D. Schneider, o. J.).

Hypothesen zu Lehrerüberzeugungen zur Digitalisierung

Da aufgrund der Stichprobe und des methodischen Designs keine Verallgemeinerung möglich ist, sollen die Erkenntnisse in erste Hypothesen überführt werden. Deren Bestätigung oder Ablehnung obliegt der weiteren Forschung. Die Ergebnisse dieser Stichprobe zeigen, dass kaufmännisch berufsbildende Lehrkräfte die Digitalisierung als Einsatz digitaler Medien im Unterricht verstehen. Demnach sehen sie neue Technologien im pädagogischen Kontext des Lehrerberufes und weniger im Kontext einer fach- bzw. wirtschaftsdidaktischen Auseinandersetzung unter Bezug zur Digitalisierung in der kaufmännischen Arbeitswelt ihrer Schüler*innen. Von den Lehrkräften wird zwar hervorgehoben, dass die Förderung beruflicher Medienkompetenzen wichtig ist (siehe Kapitel 7.4). Allerdings steht das nicht in Verbindung zu den genannten Potenzialen digitaler Medien beim Einsatz im Unterricht (siehe Kapitel 7.5).

Diese Erkenntnis wird durch andere Forschungsbefunde gestützt. Gössling & Sloane (2020, S. 150) heben hervor, dass berufsbildende Lehrkräfte die Bedeutung der Digitalisierung auf betrieblicher Ebene nicht antizipieren und sie entsprechend auch keinen berufsbezogenen Einsatz digitaler Technologien im Unterricht verfolgen.

Auch die Erkenntnisse des Projektes Digi-KaB (u. a. Geiser et al., 2021, S. 649 f.) zeigen, dass Lehrkräfte in Verbindung mit der Digitalisierung die Relevanz der Förderung von Medienkompetenzen zum Umgang mit Technologien und zum Erstellen von Dokumenten sowie zum Bewerten und Recherchieren von Informationen hervorheben. Berufliche Kompetenzanforderungen aus sich wandelnden Geschäftsprozessen, Arbeitsformen und Arbeitsmitteln sind weniger präsent oder bekannt. Dass technologisch-pädagogische Überzeugungen dominieren, wird auch daran ersichtlich, dass 75 % von 200 befragten Berufsschullehrkräften den Nutzen digitaler Medien in der Motivierung der Lernenden, 67 % in der Verbesserung individueller Lernzugänge und 48 % in der besseren Darstellung komplexer Zusammenhänge sehen (Autorengruppe Bildungsbericht, 2020, S. 273; Schmid et al., 2016). Die Befunde sind in der folgenden Hypothese in Anlehnung an das Modell zu Lehrerüberzeugungen zur Bedeutung der Digitalisierung für die kaufmännische Berufsausbildung (siehe Kapitel 5.7) formuliert:

> H1: Kaufmännisch berufsbildende Lehrkräfte vertreten ein pädagogisch-technologieorientiertes Verständnis über die Digitalisierung für den berufsbildenden Unterricht.

In den beiden inhaltlich-didaktisch orientierten Clustern AÜs und HÜs macht der Anteil an Personen mit einer Berufsausbildung jeweils ungefähr die Hälfte aus. Da sich bei der Clusterbildung also kein Schwerpunkt in einem Cluster aufgrund einer Berufsausbildung darstellen lässt, könnte vermutet werden, dass sie auch kein Prädiktor für ein fach- bzw. wirtschaftsdidaktisches Verständnis über die Digitalisierung ist. Ein Grund dafür könnte darin liegen, dass die Berufsausbildung bereits mehrere Jahre zurückliegt und dass die ca. dreijährige Berufsausbildungserfahrung nicht ausreicht, um auf eine entsprechende Expertise zurückzugreifen, die im Kontext der Digitalisierung in Lehrsituationen aktiviert werden kann. Denn der Aufbau von Expertenwissen, welches den Abruf von Wissen über den Expertisebereich fördert, bedarf nach dem Experten-Novizen-Paradigma mehrerer Jahre an Berufserfahrung (Gruber, 2021; W. Schneider, 1992, S. 108). Dies führt zu folgender Hypothese:

> H2: Das Absolvieren einer Berufsausbildung ist kein Prädiktor für ein stärker ausgeprägtes digitalisierungsbezogenes fach- bzw. wirtschaftsdidaktisches Verständnis kaufmännisch berufsbildender Lehrkräfte.

Allerdings zeigt sich im handlungsfeldorientierten Cluster, dass in diesem relativ gesehen zum arbeitsplatzorientierten Cluster der Anteil an Personen mit einer Berufserfahrung von mehr als drei Jahren sowie von Personen, die an Fortbildungen oder Veranstaltungen zum fach- bzw. wirtschaftsdidaktischen Einsatz digitaler Medien im Unterricht teilnahmen, größer ist. Dies könnte damit erklärt werden, dass die Berufserfahrung zu einem besseren Abruf von Wissen aus dem Expertisebereich führt (W. Schneider, 1992, S. 108), weil die Person auf langjährige Erfahrungen mit eigener Verantwortung in einem betrieblichen Handlungsfeld zurückgreifen kann, was den Unterschied zwischen Ausbildungserfahrung und Berufserfahrung ausmacht. Zudem ist zu prüfen, inwieweit die Teilnahme an digitalisierungsbezogenen Fortbildungen ein entsprechendes Überzeugungssystem erklären kann. Da beide Merkmale, also die Berufserfahrung und die Teilnahme an Fortbildungen, in einer Gruppierung vorkommen, kann hier kein Unterschied zur Bedeutung der einzelnen Merkmale erklärt werden. Es ist aber davon auszugehen, dass zumindest eines der Merkmale ausschlaggebend für digitalisierungsbezogene fach- bzw. wirtschaftsdidaktische Überzeugungen sein kann, weshalb sie jeweils einzeln als Hypothese formuliert werden:

> H3: Die Berufserfahrung im kaufmännischen Beruf ist ein Prädiktor für stärker ausgeprägte digitalisierungsbezogene fach- bzw. wirtschaftsdidaktische Überzeugungen kaufmännisch berufsbildender Lehrkräfte.

> H4: Die Teilnahme an digitalisierungsbezogenen fach- bzw. wirtschaftsdidaktisch orientierten Fortbildungen oder Veranstaltungen ist ein Prädiktor für stärker ausgeprägte digitalisierungsbezogene fach- bzw. wirtschaftsdidaktische Überzeugungen kaufmännisch berufsbildender Lehrkräfte.

Ebenfalls verweisen die Erkenntnisse vorsichtig darauf, dass Lehrkräfte, die digitale Medien als Ersatz von analogen Medien im Unterricht einsetzen, ohne eine funktionale Veränderung des Unterrichts zu intendieren, auch aus kaufmännisch beruflicher Perspektive die Digitalisierung eher als Veränderung von Arbeitsmitteln im faktischen Handlungsfeld antizipieren. So könnten Textverarbeitungsprogramme dazu genutzt werden, um Arbeitsaufträge digital und nicht handschriftlich zu bearbeiten. Umgekehrt zeigt sich bei einigen Lehrkräften, die digitale Medien zur funktionalen Veränderung von Unterricht einsetzen, dass diese nicht nur Technologien in den Vordergrund stellen, sondern auch die Folgen ihres Einsatzes in kaufmännischen Handlungsfeldern im Unterricht adressieren wollen, was zu folgenden Hypothesen führt:

> H5: Lehrkräfte, die die Möglichkeiten der Digitalisierung zur funktionalen Veränderung des Unterrichts nutzen wollen, vertreten im Vergleich zu technologiekritischen und substitutionsorientierten Lehrkräften vermehrt handlungsfeldorientierte Überzeugungen über die Digitalisierung.

> H6: Technologiekritische und substitutionsorientierte Lehrkräfte nutzen die Möglichkeiten der Digitalisierung vermehrt zur Förderung technologischer Kompetenzen von angehenden kaufmännischen Fachkräften zur Nutzung von digitalen Arbeitsmitteln am Arbeitsplatz.

8.2 Implikationen für die Aus- und Weiterbildung kaufmännischer Lehrkräfte

8.2.1 Ausbau des doppelten Praxisbezugs im Studium

Die Digitalisierung der Arbeitswelt bringt aufgrund sich verändernder fachlicher, pädagogischer, didaktischer, methodischer und sozial-kommunikativer Anforderungen an Lehrkräfte weitreichende Herausforderungen für das berufsbildende Lehrpersonal mit sich, die über den Einsatz digitaler Medien hinausgehen (Enquete-Kommission, 2021, S. 172). Die Erkenntnisse dieser Studie zeigen, dass unterschiedliche Überzeugungen zum pädagogischen, didaktischen und methodischen Einsatz digitaler Medien zur Unterrichtsgestaltung existieren. Auch zeigt sich in den Überzeugungen, dass die Digitalisierung mit ihren Auswirkungen auf die kaufmännische Arbeitswelt, Geschäftsprozesse und -modelle, Arbeitsmittel und Arbeitsformen sowie Kompetenzanforderungen für kaufmännische Fachkräfte zwar antizipiert wird, jedoch zum Teil sehr verkürzte Sichtweisen zu den Auswirkungen der Digitalisierung auf die kaufmännische Domäne vorherrschen (siehe Kapitel 7.3). Zudem existieren wenige Vorstellungen darüber, wie beide Perspektiven fach- bzw. wirtschaftsdidaktisch miteinander zu verbinden sind, um angehende kaufmännische Fachkräfte auf eine digitale Arbeitswelt vorzubereiten (siehe Kapitel 7.4) und wie digitale Technologien berufs- und handlungsorientiert eingesetzt werden können (siehe Kapitel 7.6). Die Analyse von Überzeugungssystemen zeigt zudem, dass diese Überzeugungen über alle Professionalisierungsstadien hinweg vertreten sind (siehe Kapitel 7.7), weshalb Implikationen aus den Erkenntnissen zwar für die einzelnen Phasen der Lehrerbildung beschrieben, aber die verkürzten Sichtweisen nicht auf einzelne Phasen zurückgeführt werden können. Aus der notwendigen digitalisierungsbezogenen Verschränkung inhaltlicher und didaktischer Dimensionen im kaufmännischen Unterricht (siehe Kapitel 2.2 & 2.3) ergeben sich verschiedene Herausforderungen für die Ausbildung von kaufmännisch berufsbildenden Lehrkräften über die Phasen der Lehrerbildung hinweg, auf die folgend näher eingegangen wird.

   Die verkürzten Vorstellungen zu den Auswirkungen der Digitalisierung in kaufmännischen Handlungsbereichen und zu ihrer betrieblichen und unternehmerischen Bedeutung über digitale Arbeitsmittel hinaus unterstreichen die Relevanz einer Theorie-Praxis-Verzahnung in der Ausbildung von kaufmännisch berufsbildenden Lehrkräften. Gerholz & Goller (2021, S. 398) verweisen in diesem Zuge auf den doppelten Praxisbezug für auszubildende Lehrkräfte in der beruflichen Bildung: die Lehr-Lern-Praxis in der berufsbildenden Schule und die betriebliche Praxis in kaufmännischen Handlungsbereichen der Lernenden. Im Rahmen der Qualitätsoffensive Lehrerbildung sind unterschiedliche Projekte und Modellversuche entstanden, die eine Verbindung von Theorie, Schul- und Fachpraxis, also von Bildungswissenschaft, Fachwissenschaft und Fachdidaktik in der ersten Phase der Lehrerbildung adressieren. So ist es exemplarisch im Projekt OLE⁺ zu sehen. In fachspezifisch ausgestatteten Räumen wird Studierenden die Möglichkeit geboten, selbst entwickelte Unterrichtsentwürfe mit Schüler*innen auszuprobieren (OLE+, 2019). Im Projekt KoLBi wird projekt- und praxisorientiertes Studieren mit fachwissenschaftlicher Verankerung curricular konzipiert und in Modellversuchen u. a. in der gewerblich-technischen Lehrerbildung am Berufskolleg umgesetzt (KoLBi, 2016; Leschke, Kronenberg, Frank & Weber, 2020). Andere Projekte versuchen die Differenzen zwischen der Lernfeldorientierung in den berufsbildenden Schulen und der Fachorientierung im Studium zu überwinden (FAKTUR, 2020).

Die Projekte zielen größtenteils auf die Theorie-Praxis-Verzahnung in Lehramtsstudiengängen für das allgemeinbildende Lehramt oder das Lehramt für gewerblich-technische Berufe ab. Neben der Schul- und Unterrichtspraxis werden auch fachpraktische Verknüpfungen im Kontext von Inklusion, Umgang mit Heterogenität und Einsatz digitaler Medien gefördert. Die Ergebnisse der vorliegenden Interviewstudie verweisen aber darauf, dass eine stärkere Anbindung an die berufspraktischen Handlungsfelder der kaufmännischen Domäne im Studium der Wirtschaftspädagogik wichtig ist, um die Komplexität der Digitalisierung zu antizipieren. Ansätze wie Theorie-Praxis-Räume (OLE+, 2019) können zwar Chancen bieten, digitalisierungsbezogene fachwissenschaftliche Inhalte in Unterrichtskonzepten zu verankern und entsprechende Lehr-Lern-Arrangements zu erproben. Die Konzepte verbleiben aber auf universitärer Ebene oder verbinden Schule und Universität, ohne die berufliche (kaufmännische) Fachpraxis einzubinden.

Die Dissonanz zwischen der Überzeugung, dass berufstypische Technologien authentisch im Unterricht eingesetzt werden müssen (siehe Kapitel 7.7), und der geringen Einsatzhäufigkeit von ERP-Systemen (exemplarisch für E-Businesssysteme) in der Stichprobe (siehe Kapitel 6.6.2) verdeutlicht die Relevanz von handlungsorientierten Lerngelegenheiten, in denen die Einbindung von E-Businesssystemen aus konkreten Situationen heraus erlernt werden kann. Dabei sind die beruflichen Handlungsfelder kaufmännischer Fachkräfte aus fachwissenschaftlicher und -praktischer Sicht einzubinden (vgl. Gerholz & Goller, 2021, S. 413) und dürfen nicht in den Hintergrund der pädagogischen Handlungsfelder geraten. So sind curriculare Verzahnungen zwischen den betriebs- und volkswirtschaftlichen Bezugswissenschaften des wirtschaftspädagogischen Studiums zu ihrer Fach- bzw. Wirtschaftsdidaktik unter Berücksichtigung der beruflichen Handlungsfeldsystematik (vgl. KoLBi-BK, 2020) mit berufspraktischen Bezügen und digitalisierungsbezogenen Kompetenzanforderungen an kaufmännische Fachkräfte auszubauen.

8.2.2 Erweiterung des fach- bzw. wirtschaftsdidaktischen Fortbildungsangebotes

Für Berufsanfänger*innen und erfahrene Lehrkräfte sind Fortbildungen eine relevante Quelle für digitalisierungsbezogenes Wissen (siehe Kapitel 6.6.3). Doch bei der Betrachtung des Fortbildungsangebotes wird deutlich, dass vor allem pädagogisch, didaktisch und methodisch orientierte Angebote vorherrschen (Geiser et al., 2019). Die fach- bzw. wirtschaftsdidaktische Gestaltung von betrieblichen Handlungssituationen war zum Zeitpunkt der Erhebung eher unterrepräsentiert; bspw. im Zusammenhang mit Betriebsbesichtigungen (ebd., S. 28). Doch auch ist zu hinterfragen, inwieweit diese genügend Freiraum bieten, um tiefere Einblicke in digitalisierungsinduzierte Veränderungen auf der Handlungsfeldebene zu ermöglichen und darauf aufbauend digitalisierungsbezogene Lernsituationen zu entwickeln, die über Veränderungen am kaufmännischen Arbeitsplatz hinausgehen. Zur Initiierung einer berufspraxisorientierten Auseinandersetzung mit digitalisierungsbezogenen Auswirkungen auf Arbeitsmittel, Arbeitsformen sowie Geschäftsprozesse und -modelle könnten kooperative Fortbildungen für das schulische und betriebliche Bildungspersonal unter Nutzung der jeweiligen Expertise aus den Lernorten gestaltet werden. Dies brächte den Vorteil, dass Lehrkräfte von der Expertise des Ausbildungspersonals über berufliche und überberufliche Kompetenzanforderungen an kaufmännische Fachkräfte profitieren können und dass dem Ausbildungspersonal Berührungspunkte mit z. B. der berufsschulischen Lernfeldsystematik ermöglicht werden.

Exemplarisch ist hierzu auf einen Modellversuch aus dem gewerblich-technischen Bereich zu verweisen. In Kooperation mit Lehrkräften, Ausbildungspersonen, Vertreter*innen der IHK und Mitarbeiter*innen einer Universität, die die Konzeption und Durchführung moderierten, wurde eine lernortübergreifende Fortbildungsreihe erprobt. Ausgangspunkt ist die Identifizierung von Ausbildungsinhalten, die von beiden Lernorten als besonders relevant in einem gegebenen Themengebiet angesehen werden. Die Fortbildung selber ist in zwei Abschnitte gegliedert: erstens die fachliche Themenerarbeitung und zweitens die didaktisch-methodische Aufarbeitung. Das beteiligte Bildungspersonal schilderte zu dem Versuch die positiven Aspekte, dass ein gegenseitiges Verständnis für die Lernorte aufgebaut werden konnte und dass das Angebot Einblicke in unterschiedliche Betriebe bzw. Schulen ermöglichte. „Die Lehrkräfte profitierten insbesondere von dem verbesserten Zugang zu betrieblichen Realitäten und dem Arbeitsprozesswissen der Ausbilder/-er" (Eder & Rütters, 2013, S. 123).

Wissenschaftliche Literatur wird nur von Studierenden als relevante Wissensquelle angegeben, was durch ihre Studienanforderungen zum Zeitpunkt der Erhebung bedingt ist (siehe Kapitel 6.6.3). Dieser Befund deutet auf einen ausbaubaren Wissenschafts-Praxis-Transfer hin. Die Kommunikation zur und mit der Praxis ist relevant, um Problemfelder zu Identifizieren und Handlungsmöglichkeiten zu eröffnen. Fortbildungen können als Instrument zur Förderung des Wissenschaftstransfers genutzt werden. Doch das Fortbildungsangebot bildet, wie oben beschrieben, die Komplexität der Digitalisierung noch unzureichend ab, was auf die Notwendigkeit einer stärkeren Verzahnung von Fortbildungsanbietern und wissenschaftlichen Institutionen hindeutet. Zudem könnten Fortbildungen zum Ziel haben, Lernkompetenzen von Lehrkräften im Sinne des lebenslangen (wissenschaftlich orientierten) Lernens auszubauen, indem der Zugang zu wissenschaftlichen Erkenntnissen erleichtert wird. Das Recherchieren und Erschließen von Beiträgen sowie die kritische Einordnung ihres Stellenwerts und die Möglichkeiten sowie Grenzen des Praxisübertrags sind Herausforderungen, zu denen ihnen der Zugang erleichtert werden sollte.

8.2.3 Lernortkooperationen als Lerngelegenheit für Lehrkräfte

Die Lernorte Betrieb und Berufsschule agieren „weitgehend überschneidungsfrei nebeneinander" (Foraus, o. J.). Zur Kooperation sind die Lernorte per Gesetz verpflichtet

(§ 2, Abs. 2, BBiG). Zur inhaltlichen Gestaltung gibt es jedoch keine verbindlichen Gesetze oder Normen. Da die Digitalisierung bedeutende Veränderungen in den Betrieben und damit auch für die zu fördernden kaufmännischen Kompetenzen mitbringt (siehe Kapitel 2.2 und 2.3), können Lernortkooperationen dazu beitragen, Symbiosen aus den Expertisen der Lernorte zu schaffen, um diese Herausforderungen zu bewältigen (Geiser et al., 2021, S. 651). Die Zusammenarbeit des Berufsbildungspersonals über die Grenzen der Lernorte hinaus kann dazu beitragen, unterschiedliche Perspektiven auf die Digitalisierung zu ermöglichen und Sichtweisen sowie Kompetenzen zu erweitern (Enquete-Kommission, 2021, S. 173). „Eine reflektierte Verknüpfung der an beiden Lernorten gewonnenen Erfahrungen kann Synergien erzeugen und zu mehr Qualität im beruflichen Lernen führen" (ebd., S. 189), was nicht nur für Schüler*innen, sondern auch für Lehrkräfte vielfältige Lerngelegenheiten bietet. In solchen Kooperationen können gemeinsam Lernsituationen, Lehr-Lern-Arrangements und Lernmaterialien entwickelt, inhaltliche Rückmeldungen zu Lernergebnissen kommuniziert und Defizite unterschiedlicher digitaler Ausstattungen an den Lernorten ausgeglichen werden. Letzteres bietet Lehrkräften an berufsbildenden Schulen die Möglichkeit, betriebstypische Technologien, die in der Schule nicht verfügbar sind, kennenzulernen (ebd., S. 190 f.).

Eine Möglichkeit zur Schaffung entsprechender Schnittstellen zwischen den Lernorten, die eine inhaltliche und didaktische Verzahnung von Berufsschule und Betrieb ermöglichen, ist der digitale Erfahrraum (Schwedimann et al., 2015; siehe Kapitel 3.4). Das Konzept des Erfahrraums erfordert die gemeinsame Arbeit des Bildungspersonals über die Lernortgrenzen hinweg unter Zuhilfenahme digitaler Technologien. Auszubildende identifizieren für sie relevante betriebliche Situationen, bereiten diese digital mittels Bild, Text, Ton etc. auf und machen sie in einem digitalen Workspace verfügbar (ebd., S. 375 ff.). Die Kooperation des Bildungspersonals kann in ebendiesem Workspace stattfinden, indem die Handlungssituationen gemeinsam auf eine allgemeinere Ebene zur theoretischen Durchdringung im Berufsschulunterricht gehoben werden. Hierbei sind sowohl inhaltliche und didaktische als auch pädagogische Kompetenzen gefragt, was durch die Symbiose der eingebrachten Expertise aus beiden Lernorten erfolgen kann. Ebenfalls ist es auch denkbar, dass relevante Handlungssituationen auf curricularer Basis sowie angelehnt an betriebsspezifische Anforderungen durch das Berufsbildungspersonal im Workspace entwickelt werden (Enquete-Kommission, 2021, S. 190). In dieser Form kann eine gemeinsame Steuerung bei der Auswahl und Konkretisierung von Handlungssituationen, die die Grundlage für Lernsituationen sind, aus beiden Lernorten erfolgen und sie können im Berufsschulunterricht sowie in betrieblichen Unterweisungen eingebracht werden.

8.2.4   Produktions- und Geschäftsprozesssimulationen in der Lehrerbildung

Auch interdisziplinäre Bildungsangebote werden durch die Digitalisierung und die durch sie stärker werdende Verzahnung von kaufmännischen und gewerblich-technischen Inhalten bedeutsamer (Thimet, 2020, S. 71). Lernfabriken (siehe Kapitel 3.4) bieten in diesem Zusammenhang nicht nur für Schüler*innen, sondern auch für

Lehrkräfte Gelegenheiten für eine übergreifende Betrachtung kaufmännischer Frage-stellungen und Berührungspunkte mit anderen Berufsrichtungen. Das Projekt BBS fit für 4.0 (MK Niedersachsen, 2016a) kann beispielhaft für eine solche Verzahnung herangezogen werden. Im Mittelpunkt stehen Smart Factories, an denen eine unter-nehmerische Situation simuliert und durch Schüler*innen verschiedener Berufsrich-tungen bearbeitet wird – z. B. die Entwicklung, Produktion und Vermarktung eines Produktes unter Mitwirkung von Schüler*innen unterschiedlicher kaufmännischer und gewerblich-technischer Bildungsgänge. Die verantwortlichen Lehrkräfte sind mit der Konstruktion einer unternehmerischen Problemstellung betraut, deren Bewälti-gung digitalisierungsbezogene Kompetenzen aus den verschiedenen Berufsberei-chen erfordert. Lernfabriken oder Smart Factories haben zudem das Potenzial, dass ihre Einrichtung mit regionalen Bildungsnetzwerken zwischen Betrieben, berufsbil-denden Schulen, Bildungsträgern und weiteren Akteuren beruflicher Bildung einher-gehen kann. Entsprechende Netzwerke ermöglichen aufgrund der Zusammenarbeit von Expert*innen unterschiedlicher Fachgebiete ebenfalls Lerngelegenheiten zur Di-gitalisierung für das Berufsbildungspersonal (Enquete-Kommission, 2021, S. 192).

Eine weitere Möglichkeit, um Lehrkräften Lerngelegenheiten zu digitalisierungs-bezogenen kaufmännischen Veränderungen sowie zur digitalen Unterrichtsgestaltung zu bieten, sind Unternehmenssimulationen. In Form von Planspielen (eine Übersicht bietet Blötz, 2015) können diese in allen Phasen der Lehrerbildung verankert werden. Der Einsatz von Simulationen in der wirtschaftspädagogischen Lehrerbildung blickt auf eine lange Geschichte zurück und findet z. B. in der Zusammenarbeit mit berufsbilden-den Schulen in der didaktischen Ausbildung statt (D. Schneider, o. J.). Preiss & Klauser (1992, S. 495) haben schon vor vielen Jahren darauf verwiesen, dass aufgrund des gestie-genen Einsatzes von Informations- und Kommunikationstechnologien in den Betrie-ben der Einsatz von Unternehmensplanspielen in der Lehrerbildung an Bedeutung ge-winnen sollte. „Die anwendungsorientierte Nutzung des Computers wird heute von jedem Lehrer in den kaufmännischen Kernfächern erwartet" (ebd.). In der Professiona-lisierung von kaufmännischen Lehrkräften sind ihnen unterschiedliche Zielperspekti-ven zuzuschreiben. Sie können zur Förderung des unternehmerischen Denkens und Handelns in ökonomischen Problemsituationen (Fürstenau, 1999; Riebenbauer & Stock, 2015; Wespi & Steiner, 2019) z. B. im Bereich der Planung, Steuerung und Opti-mierung von digitalen Geschäftsprozessen eingesetzt werden, aber auch, um mit ihnen zu erlernen, wie technologiegestützte Lehr-Lern-Arrangements gestaltet werden kön-nen und wie komplexe problemhaltige digitalisierungsbezogene Lernsituationen in sol-chen Systemen entwickelt und implementiert werden können (D. Schneider, o. J.). Wie wirksam Planspiele zur Förderung digitalisierungsbezogener Kompetenzen von kauf-männischen Lehrkräften sind, kann anhand der aktuellen Studienlage nicht beantwor-tet werden. Aus anderen Forschungsbereichen kann jedoch gezeigt werden, dass Plan-spiele zumindest in der Lage sind, das Interesse an neuen bzw. bisher individuell wenig beachteten Themengebieten bei Lernenden zu fördern (Tafner, 2013, S. 122 ff.). In An-lehnung an die Ergebnisse der vorliegenden Arbeit, die auf eine verkürzte Sichtweise auf die Digitalisierung in der kaufmännischen Domäne und ihre wirtschaftsdidaktische

Bedeutung hinweisen, sind Unternehmenssimulationen zur Förderung digitalisierungsbezogener wirtschaftsdidaktischer Kompetenzen ebenso wie zur Erweiterung unternehmerischer und berufsbezogener Wahrnehmungen, die zur realitätsnahen und authentischen Gestaltung von Lernsituationen wichtig sind, in Betracht zu ziehen.

8.2.5 Einbezug digitalisierungsbezogener Überzeugungen von Lehrkräften

Neben Möglichkeiten, die einen Bezug zu typischen kaufmännischen Handlungsfeldern schaffen und sich auf die Entwicklung von Lernsituationen auf Basis betriebspraktischer Erfahrungen und Lernortkooperationen beziehen, verweisen die Ergebnisse auf die Frage, wie bestehende Überzeugungssysteme in der Lehrerbildung einbezogen, erweitert oder verändert werden können. Wie in Kapitel 4.2.3 dargestellt, wird eine Vielzahl unterschiedlicher Theorien diskutiert, die die Veränderbarkeit von Überzeugungen erklären. Im Kern dieser stehen die kognitive Auseinandersetzung mit einer Thematik, die persönliche Betroffenheit und Relevanz, die Einstellung gegenüber der Thematik sowie die wahrgenommene Einstellung des sozialen Umfeldes zum Thema. Je eher die einzelnen Faktoren zutreffen, desto höher ist die Chance, dass auf bestehende Überzeugungen eingewirkt werden kann. Allerdings spielt der Stabilitätsgrad der Überzeugungen auch eine relevante Rolle für ihre Veränderbarkeit (siehe Kapitel 4.2.3). Daran angelehnt ist davon auszugehen, dass die Teilnahme an einer Fortbildung zur Digitalisierung dann effektiv ist, wenn die Komplexität und Tragweite der Digitalisierung in Verbindung mit eigenen Erfahrungen und Ansichten gebracht sowie Reflexionsmöglichkeiten geschaffen werden. Wenn also der Schwerpunkt im bildungspolitischen, wissenschaftlichen und kollegialen Diskurs um die Digitalisierung primär auf den pädagogischen und didaktisch-methodischen Einsatz digitaler Medien im Unterricht abstellt und dies nicht im Fortbildungskontext antizipiert wird, so könnte es schwierig sein, eine erweiterte Perspektive zur Digitalisierung nachhaltig zu etablieren.

Ebenfalls erschwerend für die Veränderung von Überzeugungen können negative Technologieüberzeugungen sein. Deren Quellen müssen identifiziert werden, denn sie können eine unterrichtsübergreifende und privatlebensweltlich prägende Überzeugung darstellen, die tief im Überzeugungssystem verankert ist und daher sehr stabil sein kann. Wenn stabile Überzeugungen z. B. zu Technologien oder zum Sinn von Veränderungen des eigenen Unterrichts durch Fortbildungen verändert werden sollen, dann spielt die Dauer der Fortbildung eine besondere Rolle (Lipowsky & Rzejak, 2012, S. 239 ff.; Lipowsky & Rzejak, 2015, S. 26 ff.). Einerseits können kurze Fortbildungsformate gefestigte Routinen und Handlungsmuster wenig tradieren. Andererseits führen lange Fortbildungen nicht per se durch ihre Länge zum erhofften Resultat (ebd.). Zudem spielen neben der Aktivierung einer kognitiven Auseinandersetzung mit einer Thematik auch affektive Dispositionen eine Rolle und sollten im Fortbildungsformat angesprochen werden, um auf Überzeugungssysteme verändernd oder erweiternd zu wirken. Zuber (2019) zeigt in ihrer Studie in Anlehnung an die Theorie des geplanten Verhaltens (u. a. Ajzen, 2005; siehe Kapitel 4.3.1) zur Akzeptanz von „Innovationen im Schulsystem", dass Einstellungen, subjektive Theorien und die wahrgenommene Verhaltenskontrolle relevante Faktoren für eine erfolgreiche Implementation von Innovationen sind. Aber ähnlich wie in den Fällen dieser Arbeit, die sich trotz negativer und kritischer Einstellungen der Digitalisierung oder neuen Technologien gegenüber nicht ablehnend zeigen, diese auch im Unterricht einzusetzen, zeigt auch Zuber (2019, S. 119), dass Einstellungen alleine nicht im direkten Zusammenhang mit den Handlungen der Lehrkräfte stehen. Vielmehr scheint die wahrgenommene Verhaltenskontrolle entscheidend für das Verhalten zu sein (ebd.).

Das würde bedeuten, dass die wahrgenommene Schwierigkeit zur Erreichung eines Ziels entscheidend für die Frage ist, ob ein Verhalten stattfindet (siehe Kapitel 4.3.1). Bezogen auf die Frage der Professionalisierung von Lehrkräften ist daraus die Annahme zu treffen, dass entsprechende Bildungsangebote für Lehrkräfte zur Digitalisierung in der kaufmännischen Arbeitswelt auch mit passenden Unterstützungen kombiniert werden müssen, um die Wahrnehmung des Schwierigkeitsgrades zu beeinflussen. So könnten z. B. professionell angeleitete Betriebserkundungen auf konkrete digitalisierungsbezogene Aspekte ausgerichtet werden, um daraus entsprechende Lernsituationen oder Lehr-Lern-Arrangements zu gestalten. Eine weitere relevante Komponente stellen die berufsethischen Überzeugungen von Lehrkräften dar. Wenn sich eine Veränderung oder ein neues Konzept als nicht passend zur beruflichen Identität der Lehrperson herausstellt, dann wird eine Überzeugungsveränderung wahrscheinlich oberflächlich bleiben (Gregoire, 2003, S. 164 ff.). Dieser Fall wäre dann denkbar, wenn eine Lehrkraft, deren Ziel die Ausbildung von kaufmännischen Fachkräften für ein selbstbestimmtes, zukunftsorientiertes und sicheres Privat- und Erwerbsleben ist, mit der Digitalisierung hauptsächlich Risiken wie Arbeitsplatzverluste, Fremdbestimmung und Desinformationen verbindet. Die Digitalisierung passt in diesem Beispiel nicht zum Berufsethos der Lehrperson, weshalb davon auszugehen ist, dass ihre Überzeugungen nur schwer veränderbar sind.

8.3   Limitationen und Forschungsperspektiven

Bei den herausgearbeiteten Überzeugungssystemen ist zu bedenken, dass es sich um Überzeugungen handelt und nicht darum, was sich als richtig oder falsch, als gut oder schlecht beschreiben lässt. Es ist davon auszugehen, dass die Systeme miteinander zusammenhängen. Ihre Trennung erfolgt hier vor allem im Sinne der Analysestrategie, um sie anhand ihrer Unterschiede identifizieren und beschreiben zu können. Es kann aus den Daten also nicht per se die Aussage getroffen werden, dass eine Lehrkraft, die Medien in einer substitutiven Form einsetzt, auch gleichzeitig ein oberflächliches Verständnis der Digitalisierung in der kaufmännischen Arbeitswelt hat. Aber Überzeugungen zeichnen sich auch durch ihre unterschiedliche Repräsentativität aus, was wiederum Rückschlüsse auf ihre handlungsleitende Funktion zulässt (Fives & Buehl, 2012; Rokeach, 1968). Die hier identifizierten Systeme stammen aus einer zeitlich begrenzten Erhebung (ca. 45 Minuten pro Person) ohne langfristige Vorbereitung der Proband*innen, weshalb es naheliegend ist, dass die geschilderten Überzeugungen, die kurzfristig aktiviert und verbalisiert werden mussten, auch diejenigen darstellen, die präsenter sind als tiefer liegende Überzeugungen. Darüber hinaus ist zu hinterfragen, ob zu dem Thema Digitalisierung überhaupt tief verankerte Überzeugungen, die Einflüsse auf langjährig eintrainierte Handlungsroutinen haben und nur schwer veränderbar sind, vorliegen können. Denn es könnte sich vor allem bei diesen tiefer liegenden eher um technologie- und fortschrittsbezogene Überzeugungen handeln, die als Prädiktor für das digitalisierungsbezogene Handeln auftreten.

Eine weitere Limitation besteht darin, dass sich die Dimensionen des Modells digitalisierungsbezogener Überzeugungen von berufsbildenden Lehrkräften (siehe Kapitel 5.7) zwar in der generierten Stichprobe (siehe Kapitel 6.6) widerspiegeln. Inwieweit sich dies aber in einer statistisch repräsentativen Stichprobe bestätigen würde, kann auf Basis des vorliegenden Studiendesigns nicht beantwortet werden. Die Ausbildung von kaufmännischen Lehrkräften sowie Fortbildungsangebote sind über die Bundesländer hinweg unterschiedlich gestaltet, was die Generalisierbarkeit der Ergebnisse einschränkt. Gleiches gilt auch für die identifizierten Überzeugungssysteme. Zudem zeigen alle drei pädagogisch-didaktischen Überzeugungssysteme ein unterschiedliches Bild zur Wahrnehmung der Digitalisierung im Bildungsbereich sowie zu Zielen und Möglichkeiten des Einsatzes von Technologien im Unterricht. Diese sowie die arbeitsplatz- und handlungsorientierten Überzeugungssysteme sind bei den gleichen Personen identifiziert worden, d. h., es ist davon auszugehen, dass einzelne Personen nicht genau ein Überzeugungssystem tragen, sondern dass die Systeme miteinander verbunden sind. Wie die Verbindung dieser Systeme konstituiert ist und wodurch sie bedingt werden, kann auf Basis der vorliegenden Daten nicht analysiert werden. Ebenfalls kann keine abschließende Aussage darüber getroffen werden, welchen Beitrag sie zur Erklärung von Lehrerhandlungen hinsichtlich der Unterrichtsplanung, -gestaltung und -durchführung leisten können.

Neben den Hypothesen zu den Überzeugungssystemen aus Kapitel 8.1.3 liefern auch die Limitationen Forschungsperspektiven zur Validierung und Erweiterung der vorliegenden Erkenntnisse – darunter z. B. eine quantitative empirische Überprüfung des Modells digitalisierungsbezogener Überzeugungen berufsbildender Lehrkräfte (siehe Kapitel 5.7) auf Basis einer statistisch repräsentativen Stichprobe über alle Bundesländer hinweg. Ebenfalls erscheint eine differenzierte Betrachtung nach schwerpunktmäßig unterrichteten kaufmännischen Ausbildungsberufen relevant, da sich unterschiedliche Überzeugungen zur Digitalisierung zwischen Lehrkräften, die in Verkaufsberufen oder in Berufen der Unternehmensführung und -organisation unterrichten, gezeigt haben (siehe Kapitel 7.3). Eine weitere Perspektive stellt die Analyse von Zusammenhängen der Überzeugungssysteme, den Auswirkungen von Überzeugungssystemen auf die Gestaltung des berufsbildenden Unterrichts mit digitalen Technologien und der Festlegung von Inhalts- und Zieldimensionen zur Erklärung des Lehrerhandelns dar. Weiterer Forschungsbedarf ergibt sich auch aus der Notwendigkeit, herauszufinden, wie auf bestehende Überzeugungen und Überzeugungssysteme zur Digitalisierung (siehe Kapitel 7) in der Lehrerbildung Einfluss genommen werden kann (siehe Kapitel 4.2.3). Die vorliegende Studie gibt zudem Hinweise darauf, dass sowohl das Vorwissen als auch das Wissen über verkürzte Sichtweisen und affektive Komponenten zu einer Thematik relevante Lernvoraussetzungen darstellen, die in Entwicklungsmaßnahmen eingebunden werden müssen.

Die Ergebnisse verweisen auch darauf, dass die Schulausstattung, die ein hemmender Faktor für den Einsatz von Medien und Technologien sein kann (Petko, 2012), auch eine Bedeutung für den Einzug der Digitalisierung aus arbeitsweltlicher Perspektive in den Unterricht haben kann. Es ist anzunehmen, dass je nach Ausstattung der Schule und Lehrkräfte auch andere Überzeugungen oder die gleichen Überzeugungssysteme in abweichender Konstitution aufgedeckt werden könnten. Es wäre zu prüfen, ob sich die Überzeugungen von Lehrkräften an Schulen mit einer modernen Medienausstattung, SAP-Laboren oder Smart Factories von denjenigen unterscheiden, an deren Schulen entsprechende Ressourcen nicht verfügbar sind. So könnte der Frage nachgegangen werden, ob das Bereitstellen einer modernen Ausstattung Einflüsse auf Überzeugungen zum Medien- und Technologieeinsatz hat. Dies würde die These des „digitalen Spielzimmers" (Fobizz, o. J.) unterstützen und es Lehrkräften ermöglichen, sich mit verfügbaren Medien auszuprobieren und Konzepte zu entwickeln, welche dann im Unterricht eingesetzt werden können. Dabei ist aber zu beachten, dass neben der Ausstattung auch Selbstwirksamkeits- und Verhaltensüberzeugungen, die Medien- und IT-Kompetenzen der Lehrkräfte und das Vorhandensein sowie der Leistungsumfang eines IT-Supports in der Schule kontrolliert werden müssen.

Als weitere Forschungsperspektive ist die Identifizierung von Intentionen zum Einsatz digitaler Medien in der kaufmännischen Berufsausbildung hervorzuheben. So könnte z. B. auf Basis der Theorie des geplanten Verhaltens (Ajzen, 2005) sowie des für die berufliche Bildung zu adaptierenden SAMR-Modells (Puentedura, 2014) anhand des Vorschlages eines Modells zu digitalisierungsbezogenen Überzeugungen von Lehrkräften (siehe Kapitel 5.7) gefragt werden, was kaufmännisch berufsbildende Lehrkräfte mit dem Einsatz von digitalen Medien in ihrem Unterricht erreichen möchten. Die vorliegende Arbeit verweist auf die Existenz unterschiedlicher Intentionen, die von einer Erleichterung der Unterrichtsgestaltung bis hin zur Förderung kaufmännisch beruflicher Kompetenzen reichen. Wie unterschiedliche Intentionen erklärt werden können und wie sie mit den hier dargestellten Überzeugungssystemen oder mit Überzeugungen z. B. zu einer transmissiven oder konstruktivistischen Unterrichtsgestaltung (Seifried, 2006) zusammenhängen, könnte weitere Hinweise für die Gestaltung der Lehrkräfteprofessionalisierung bieten und würde zusätzliche Erkenntnisgewinne zu professionellen Lehrerkompetenzen bringen.

Literaturverzeichnis

Abel, A. & Stuflesser, M. (2006). Interviewstudie zum Zusammenspiel von Überzeugungen, Erfahrungen und Sprachenlernen: ein Werkstattbericht. In A. Abel, M. Stuflesser & M. Putz (Hrsg.), *Mehrsprachigkeit in Europa: Erfahrungen, Bedürfnisse, Gute Praxis* (S. 65–76). Bozen: Europäische Akademie Bozen.

Abelson, R. P. (1979). Differences Between Belief and Knowledge System. *Cognitive Science, 3,* 355–366.

Acatech & Körber-Stiftung. (2018). *TechnikRadar 2018. Was die Deutschen über Technik denken.* Zugriff am 23.02.2021. Verfügbar unter: https://www.acatech.de/publikation/technikradar-2018-was-die-deutschen-ueber-technik-denken/

Acatech & Körber-Stiftung. (2019). *TechnikRadar 2019. Was die Deutschen über Technik denken.* Zugriff am 10.12.2021. Verfügbar unter: https://www.acatech.de/publikation/technikradar-2019/

Achtenhagen, F. (2012). The curriculum-instruction-assessment triad. *Empirical Research in Vocational Education and Training, 4*(1), 5–25.

Achtenhagen, F., John, E. G., Lüdecke, S., Preiß, P., Seeman, H., Sembill, D. et al. (1988). Lernen, Denken, Handeln in komplexen ökonomischen Situationen – unter Nutzung neuer Technologien in der kaufmännischen Berufsbildung. *Unterrichtswissenschaft <Weinheim>: Zeitschrift für Lernforschung, 16*(4), 3–17.

Aeschbacher, U. & Wagner, D. (2016). Blinder Fleck bei der TEDS-M-Messung der Überzeugungen zum Lehren und Lernen. *Beiträge zur Lehrerinnen- und Lehrerbildung, 34*(1), 98–102. https://doi.org/10.25656/01:13922

Ajzen, I. (1985). From intentions to actions: A Theory of planned behavior. In J. Kuhl & J. Beckmann (Hrsg.), *Action Control. From Cognition to Behavior* (S. 11–39). Berlin: Springer.

Ajzen, I. (2005). *Attitudes, personality and behavior* (Mapping social psychology, 2. ed., reprint). Maidenhead: Open Univ. Press.

Altmann, N. & Kammerer, G. (1968). *Wandel der Berufsstruktur.* München: Institut für sozialwissenschaftliche Forschung.

Ameax. (o. J.). *Unterschied zwischen CRM und eCRM.* Zugriff am 09.04.2021. Verfügbar unter: https://www.akquisemanager.com/faq/unterschied-zwischen-crm-und-ecrm

Anderson, R. C., Shirey, L. L., Wilson, P. T. & Fielding, L. G. (1984). *Interestingness of Children's Reading Material. Center for the Study of Reading* (Bd. 323). Illinois: University of Illinois.

Arntz, M., Gregory, T., Lehmer, F., Matthes, B. & Zierrahn, U. (2016). *Arbeitswelt 4.0 – Stand der Digitalisierung in Deutschland: Dienstleister haben die Nase vorn.* Nürnberg: IAB.

Autorengruppe Bildungsberichterstattung. (2020). *Bildung in Deutschland 2020. Ein indikatorengestützter Bericht mit einer Analyse zu Bildung in einer digitalisierten Welt.* Bielefeld: WBV.

Bach, A. (2016). Nutzung von digitalen Medien an berufsbildenden Schulen – Notwendig-
keit, Rahmenbedingungen, Akzeptanz und Wirkungen. In S. Jürgen, S. Seeber &
Z. Birgit (Hrsg.), *Jahrbuch der berufs- und wirtschaftspädagogischen Forschung 2016*
(S. 107–124). Opladen: Verlag Barbara Budrich.

Bach, A. (2019). Kriterien zur Bewertung und Reflexion des digitalen Medieneinsatzes in
der bautechnischen Berufsbildung. In B. Mahrin & J. Meyser (Hrsg.), *Berufsbildung
am Bau digital. Hintergründe – Praxisbeispiele – Transfer* (S. 44–64). Berlin: Universitäts-
verlag.

Bach, N. v. d., Baum, M., Blank, M., Ehmann, K., Güntürk-Kuhl, B., Pfeiffer, S. et al. (2020).
Umgang mit technischem Wandel in Büroberufen. Version 1.0. Bonn: BIBB.

Baethge, M. (2001). Zwischen Individualisierung und Standardisierung * zur Qualifikati-
onsentwicklung in den Dienstleistungsberufen. In W. Dostal & P. Kupka (Hrsg.), *Globalisierung, veränderte Arbeitsorganisation und Berufswandel. IAB-Kontaktseminar vom
8.-12.11.1999 am Soziologischen Forschungsinstitut (SOFI) an der Georg-August-Universität Göttingen* (Beiträge zur Arbeitsmarkt- und Berufsforschung, Bd. 240, S. 27–44).
Nürnberg.

Baethge, M. & Seeber, S. (2016). Die gemeinsame theoretische und methodische Basis der
ASCOT-Projekte. In K. Beck, M. Landenberger & F. Oser (Hrsg.), *Technologiebasierte
Kompetenzmessung in der beruflichen Bildung. Ergebnisse aus der BMBF-Förderinitiative
ASCOT* (Wirtschaft – Beruf – Ethik, Bd. 32, S. 15–32). Bielefeld: W. Bertelsmann Ver-
lag GmbH & Co. KG.

Baethge-Kinsky, V. (2019). Digitalisierung in der industriellen Produktion und Facharbeit:
Gefährdung 4.0? *Mitteilungen aus dem SOFI, 13*(30), 2–5.

Bandura, A. (1999). A social cognitive theory of personality. In L. Pervin & O. John (Hrsg.),
Handbook of personality (2. Aufl., S. 154–196). New York: Guilford Publications. Zugriff
am 25.03.2020. Verfügbar unter: http://www.uky.edu/~eushe2/BanduraPubs/Bandu
ra1999HP.pdf

Bardmann, M. (2019). *Grundlagen der Allgemeinen Betriebswirtschaftslehre.* Wiesbaden:
Springer Fachmedien.

BA-Statistik. (2020). *Sozialversicherungspflichtige Beschäftigungsverhältnisse (Quartalszah-
len),* Statistik der Bundesagentur für Arbeit.

Bauer, J. (2004). Fehlerkultur und epistemische Überzeugungen als Einflussfaktoren individuellen Kompetenzerwerbs im Arbeitsalltag. In H. Gruber, C. Harteis, H. Heid &
B. Meier (Hrsg.), *Kapital und Kompetenz. Veränderungen der Arbeitswelt und ihre Auswirkungen aus erziehungswissenschaftlicher Sicht* (S. 59–75). Wiesbaden: VS Verlag für
Sozialwissenschaften.

Bauernhansl, T., Hompel, M. t. & Vogel-Heuser, B. (Hrsg.). (2014). *Industrie 4.0 in Produktion, Automatisierung und Logistik.* Wiesbaden: Springer Fachmedien Wiesbaden.
https://doi.org/10.1007/978-3-658-04682-8

Baumert, J. & Kunter, M. (2006). Stichwort: Professionelle Kompetenz von Lehrkräften.
Zeitschrift für Erziehungswissenschaft, 9(4), 469–520.

Beck, N. & Rygl, D. (2015). Categorization of multiple channel retailing in Multi-, Cross-, and Omni-Channel Retailing for retailers and retailing. *Journal of Retailing and Consumer Services, 27*, 170–178.

Bender, E., Schaper, N. & Seifert, A. (2018). Professionelle Überzeugungen und motivationale Orientierungen von Informatiklehrkräften. *Journal for educational research online, 10*(1), S. 70–99. https://doi.org/10.25656/01:15414

Bender, U. & Hertrampf, A. (2014). Fachbezogene moralische Überzeugungen von Lehrpersonen in der Ernährungs- und Verbraucherbildung (EVB). *Haushalt in Bildung & Forschung, 3*(4), 3–15. https://doi.org/10.25656/01:20430

Benton, M. H., Casper, M., Karner, S. & Tafner, G. (2018). Materialismus, Glück und epistemische Überzeugungen von Studierenden der Wirtschaftswissenschaften in Hamburg, Graz und Bangkok: Eine interkulturelle Erhebung und Diskussion vor dem Hintergrund Ökonomischer Bildung. *Beruf- und Wirtschaftspädagogik – online,* (35), 1–20. Zugriff am: 28.07.2022. Verfügbar unter: http://www.bwpat.de/ausgabe35/benton_etal_bwpat35.pdf

Berding, F. (2015). Entwicklung eines Modells zur Beschreibung des Einflusses der epistemischen Überzeugungen von Lehrkräften auf den Aufgabeneinsatz im kaufmännischen Unterricht. *Beruf- und Wirtschaftspädagogik – online,* (28), 1–30. Zugriff am 19.05.2022. Verfügbar unter: http://www.bwpat.de/ausgabe28/berding_bwpat28.pdf

Berding, F. (2016a). Epistemische Überzeugungen und Berufswissen von Lehrenden. In J.-P. Pahl (Hrsg.), *Lexikon Berufsbildung. Ein Nachschlagewerk für die nicht-akademischen und akademischen Bereiche* (3. erweiterte und aktualisierte Aufl., S. 335–356). Bielefeld: WBV.

Berding, F. (2016b). Welche Bedeutung haben epistemische Überzeugungen für Lernende in der beruflichen Bildung? Ein Vorschlag zur situationsabhängigen Betrachtung der Vorstellungen zu Wissen und Wissenserwerb in der kaufmännischen beruflichen Bildung. *Zeitschrift für Berufs- und Wirtschaftspädagogik, 112*(2), 80–107.

Berding, F. (2016c). Wie stellen sich Auszubildende und Studierende Wissen und Wissenserwerb vor? Eine Studie zur Entwicklung und Validierung des "Instrument for Measuring Epistemic Beliefs in Accounting" (IMEB-A). *Zeitschrift für Berufs- und Wirtschaftspädagogik, 112*(2), 211–242.

Berding, F., Brauer, H., Lindhorst, K. v. H., Basten, M., Rebmann, K. & Wilde, M. (2015). Gemeinsamkeiten und Unterschiede in den epistemischen Überzeugungen von angehenden Handelslehrkräften, Bankkaufleuten und Biologielehrkräften. *Zeitschrift für Berufs- und Wirtschaftspädagogik, 111*(3), 398–416.

Berding, F., Irmscher, M. & Vossmann, M. (2018). Eine Frage des Stils? Individuelle Sicht- und Vorgehensweisen von kaufmännischen Auszubildenden bei der Konstruktion von Wissen im Kontext der Digitalisierung. *Zeitschrift für Berufs- und Wirtschaftspädagogik, 114*(2), 213–246.

Berding, F. & Lamping, C. (2014). *Epistemologische Überzeugungen als Bestandteil der professionellen Kompetenz von Lehrkräften und ihre Bedeutung für die Auswahl und Bewertung von Lernaufgaben aus Schulbüchern des Wirtschaftslehreunterrichts. Eine explorative Studie* (Schriften zur Berufs- und Wirtschaftspädagogik, 1. Auflage). Mering: Rainer Hampp Verlag.

Berger, J.-L. & D'Ascoli, Y. (2012). Motivations to Become Vocational Education and Training Educators: A Person-Oriented Approach. *Vocations and Learning, 5*(3), 225–249. https://doi.org/10.1007/s12186-012-9075-z

Berger, J.-L., Girardet, C., Vaudroz, C. & Aprea, C. (2017). The Motivational Basis of Classroom Management Practices and Beliefs of Swiss Vocational Teachers. In H. M. G. Watt, P. W. Richardson & K. Smith (Hrsg.), *Global Perspectives on Teacher Motivation* (S. 126–161). Cambridge: Cambridge University Press. https://doi.org/10.1017/9781316225202.005

Berndt, S., Felix, A., Anacker, J. & Pohlenz, P. (2021). Pandemiebedingte Digitalisierung der Lehre – Empirische Befunde und hochschuldidaktische Ableitungen zu studentischen Digitalisierungstypen und deren Studienerfolg. In M. Barnat, E. Bosse & B. Szczyrba (Hrsg.), *Forschungsimpulse für hybrides Lehren und Lernen an Hochschulen* (Bd. 10, S. 119–132). Köln: Technische Hochschule Köln.

Bertelsmann Stiftung (Hrsg.). (2015). *Individuell fördern mit digitalen Medien. Chancen, Risiken, Erfolgsfaktoren.* Gütersloh: Verlag Bertelsmann Stiftung.

BIBB. (2017). *Ausbildungsordnungen und wie sie entstehen.*

Biedermann, H., Brühwiler, C. & Krattenmacher, S. (2012). Lernangebote in der Lehrerausbildung und Überzeugungen zum Lehren und Lernen. Beziehungsanalysen bei angehenden Lehrpersonen. *Zeitschrift für Pädagogik, 58*(4), 460–475. Zugriff am 03.02.2022. Verfügbar unter: https://www.pedocs.de/frontdoor.php?source_opus=10389

Biedermann, H., Steinmann, S. & Oser, F. (2015). «Glaubensbestände und Glaubenswandel»: Zur Transformation von konstruktions- und transmissionsorientierten Lehr-Lern-Überzeugungen in der Lehrpersonenausbildung. *Beiträge zur Lehrerinnen- und Lehrerbildung, 33*(1), 46–68. https://doi.org/10.25656/01:13896

Bilz, L., Steger, J., Fischer, S. M., Schubarth, W. & Kunze, U. (2016). Ist das schon Gewalt? Zur Bedeutung des Gewaltverständnisses von Lehrkräften für ihren Umgang mit Mobbing und für das Handeln von Schülerinnen und Schülern. *Zeitschrift für Pädagogik, 62*(6), 841–860. https://doi.org/10.25656/01:16893

BITKOM. (2016). *Digitalisierung verändert die Unternehmensorganisation,* BITKOM. Zugriff am 09.04.2021. Verfügbar unter: https://www.bitkom.org/Presse/Presseinformation/Digitalisierung-veraendert-die-Unternehmensorganisation.html

Blechmann, J. & Engelen, M. (2020). *Einkauf 4.0 – Möglichkeiten und Herausforderungen der Digitalisierung im Einkauf. Einführung in die Digitalisierung in der Einkauffunktion und praktische Handlungsempfehlungen für Unternehmen,* TH Köln. Zugriff am 09.04.2021. Verfügbar unter: https://epb.bibl.th-koeln.de/files/1569/PraxisPaper_Einkauf4.pdf

Blömeke, S. (2000). *Medienpädagogische Kompetenz. Theoretische und empirische Fundierung eines zentralen Elements der Lehrerausbildung* (1. Aufl.). München: KoPäd Verlag.

Blömeke, S. (2011). Überzeugungen in der Lehrerausbildungsforschung. Wie lässt sich dasselbe in unterschiedlichen Kulturkreisen messen? *Beiträge zur Lehrerbildung, 29*(1), 53–65. https://doi.org/10.25656/01:13766

Blötz, U. (Hrsg.). (2015). *Planspiele und Serious Games in der beruflichen Bildung. Auswahl, Konzepte, Lernarrangements, Erfahrungen – aktueller Katalog für Planspiele und Serious Games 2015* (Berichte zur beruflichen Bildung, 5., überarbeitete Auflage). Bonn: BIBB Bundesinstitut für Berufsbildung; W. Bertelsmann Verlag GmbH & Co. KG.

BMBF. (o. J.a). *Digitalpakt Schule – Das sollten Sie jetzt wissen,* Bundesministerium für Bildung und Forschung. Zugriff am 11.04.2021. Verfügbar unter: https://www.bmbf.de/de/wissenswertes-zum-digitalpakt-schule-6496.php

BMBF. (o. J.b). *Zusammenarbeit von Bund und Ländern,* Bundesministerium für Bildung und Forschung. Zugriff am 11.04.2021. Verfügbar unter: https://www.bmbf.de/de/kooperation-von-bund-und-laendern-in-wissenschaft-und-bildung-77.html

BMBF. (2016). *Bildungsoffensive für die digitale Wissensgesellschaft.* Bundesministerium für Bildung und Forschung.

BMBF. (2019). *TeKoP – Technologiebasiertes kompetenzorientiertes Prüfen. ASCOT+-Projekte,* Georg-August-Universität Göttingen. Zugriff am 19.05.2022. Verfügbar unter: https://www.ascot-vet.net/ascot/de/ascot-projekte/tekop/tekop

BMBF. (2020). *Industrie 4.0. Innovationen im Zeitalter der Digitalisierung.* Bonn: Bundesministerium für Bildung und Forschung – Referat Zukunft von Arbeit und Wertschöpfung; Industrie 4.0.

Boes, A., Kämpf, T., Langes, B. & Lühr, T. (2018). *»Lean« und »agil« im Büro. Neue Organisationskonzepte in der digitalen Transformation und ihre Folgen für die Angestellten.* Bielefeld: transcript Verlag.

Boraita, F. (2013). Effet d'un module de formation sur les croyances de futurs enseignants eu égard au redoublement étude qualitative à l'Université de Genève. *Schweizerische Zeitschrift für Bildungswissenschaften, 35*(2), 347–369. https://doi.org/10.25656/01:10276

Bortz, J. & Schuster, C. (2010). *Statistik für Human- und Sozialwissenschaftler* (Springer-Lehrbuch, 7., vollständig überarbeitete und erweiterte Auflage). Berlin, Heidelberg: Springer.

Borukhovich-Weis, S., Grey, J., Łączkowska, E. & Gryl, I. (2021). Distanzlehre und die Einstellungen zukünftiger Lehrer*innen zu Digitalisierung. Ergebnisse einer Mixed-Method-Analyse. In A. Kienle (Hrsg.), *Die 19. Fachtagung Bildungstechnologien (DELFI), Lecture Notes in Informatics (LNI)* (S. 307–318).

Bowersox, D. J., Closs, D. J. & Drayer, R. W. (2015). The Digital Transformation: Technology an Beyond. *Supply Chain Management Review, 9*(1), 22–29.

Bronfenbrenner, U. (1993). *Die Ökologie der menschlichen Entwicklung. Natürliche und geplante Experimente* (Ungekürzte Ausg., 4. – 5. Tsd). Frankfurt am Main: Fischer-Taschenbuch-Verl.

Brötz, R., Annen, S., Kaiser, F., Kock, A., Krieger, A., Noack, I. et al. (2014). *Gemeinsamkeiten und Unterschiede kaufmännisch-betriebswirtschaftlicher Aus- und Fortbildungsberufe (GUK). Abschlussbericht Forschungsprojekt 4.2.202 (JFP 2008).* Bonn: BIBB.

Brötz, R. & Kaiser, F. (2015). Berufsbildungstheoretische Konzeption der Tätigkeiten und Qualifikationen kaufmännischer Angestellter. In R. Brötz & F. Kaiser (Hrsg.), *Kaufmännische Berufe – Charakteristik, Vielfalt und Perspektiven* (Berichte zur beruflichen Bildung, S. 49–90). Bielefeld: Bertelsmann.

Brownlee, J., Boulton-Lewis, G. & Berthelsen, D. (2008). Epistemological beliefs in child care: implications for vocational education. *The British Journal of Educational Psychology, 78*(3), 457–471. https://doi.org/10.1348/000709907X262503

Brüggen, M. (1974). Wissen. In H. Krings, H. M. Baumgartner & C. Wild (Hrsg.), *Handbuch philosophischer Grundbegriffe. Transzendenz-Zweck. Register* (Handbuch philosophischer Grundbegriffe, Bd. 6, Studienausgabe, S. 1723–1739). München: Kösel-Verlag.

Brunner, V. & Mariauzoul, C. (1995). *Anforderungsprofile in kaufmännischen Stelleninseraten 1984 und 1994.* Zürich: Kaufmännischer Verband Zürich.

Bühner, M. & Ziegler, M. (2017). *Statistik für Psychologen und Sozialwissenschaftler* (2. aktualisierte und erweiterte Auflage). Hallbergmoos: Pearson.

Die Bundesregierung. (2017). *Legislaturbericht Digitale-Agenda 2014–2017.* Frankfurt am Main.

Bürkardt, D. & Seibold, B. (2015). *IMU Informationsdienst 4/2015 Blinder Fleck „Lean Office" – mittlere Qualifikationen, neue Tätigkeiten, arbeitsorientierte Handlungsansätze. Endbericht „Blinder Fleck 'Lean Office' – mittlere Qualifikationen, neue Tätigkeiten, arbeitsorientierte Handlungsansätze" zum Forschungsprojekt Nr. S-2014-772-1* (IMU-Informationsdienst, 4/2015, Neue Ausg). Stuttgart: IMU Institut.

BüroMKfVAPb. (2013). *Verordnung über die Berufsausbildung zum Kaufmann für Büromanagement und zur Kauffrau für Büromanagement* (Bundesgesetzblatt). Bonn.

Busse, J., Geiser, P., Schumann, M., Seeber, S., Weber, S., Zarnow, S. et al. (i. E.). *Didaktische Bedeutung der Digitalisierung für die kaufmännische Berufsausbildung.*

Butler, A. S. (2021). The impact of external contextual factors on teaching candidates. *CEPS Journal, 11*(3), 55–74. https://doi.org/10.25656/01:23370

Campbell, D. J. (1988). Task complexity: A review and analysis. *Academy of Management Review, 13,* 40–52.

Chai, C. S., Koh, J. H. L. & Tsai, C.-C. (2012). A Review of Technological Pedagogical Content Knowledge. *Educational Technology & Society, 16*(2), 31–51.

Chaiken, S. (1980). Heuristic Versus Systematic Information Processing and the Use of Source Versus Message Cues in Persuasion. *Journal of Personality and Social Psychology, 39*(5), 752–766.

Chaiken, S. & Eagly, A. H. (1989). Heuristic and systematic information processing within and. In J. S. Uleman & J. A. Bargh (Hrsg.), *Unintended Thought* (S. 212–252). New York: The Guilford Press.

Chambliss, C. A. & Chiariello, P. (1988). *Student Perceptions of Vocational Education.*

Cleff, T. (2015). *Deskriptive Statistik und Explorative Datenanalyse.* Wiesbaden: Gabler Verlag. https://doi.org/10.1007/978-3-8349-4748-2

Cormack, R. M. (1971). *A Review of Classification.* Vortrag der Royal Statistical Society. Edinburgh: University of Edinburgh.

Cox, D. & Prestridge, S. (2020). Understanding fully online teaching in vocational education. *Research and Practice in Technology Enhanced Learning, 15*(1). https://doi.org/10.1186/s41039-020-00138-4

Csíkos, C., Kovács, Z. & Kereszty, O. (2018). Hungarian vocational education teachers' views on their pedagogical knowledge and the information sources suitable for their professional development. *Empirical Research in Vocational Education and Training, 10*(1). https://doi.org/10.1186/s40461-018-0063-x

Dagarin Fojkar, M. & Skubic, D. (2017). Pre-service preschool teachers' beliefs about foreign language learning and early foreign language teaching in Slovenia. *CEPS Journal, 7*(4), 85–104. https://doi.org/10.25656/01:15213

Davis, F. D. (1989). Perceived usefulness, perceived ease of use, and user acceptance of information technology. *MIS Quarterly, 13*, 319–340.

DAZUBI. (2021). *Auszubildende – Zeitreihen (DAZUBI). Nach KldB2010 Berufsgruppen 6 und 7*, Bundesinstitut für Berufsbildung. Zugriff am: 28.07.2022. Verfügbar unter: https://www.bibb.de/de/1866.php

Deci, E. & Ryan, R. M. (1993). Die Selbstbestimmungstheorie der Motivation und ihre Bedeutung für die Pädagogik. *Zeitschrift für Pädagogik, 39*(2), 223–238.

Demary, V., Engels, B., Röhl, K.-H. & Rusche, C. (2016). *Digitalisierung und Mittelstand. Eine Metastudie* (IW-Analysen, Forschungsberichte aus dem Institut der deutschen Wirtschaft Köln, Bd. 109). Köln: Institut der deutschen Wirtschaft Köln Medien GmbH, IW Medien.

Dengler, K. (2019). *Substituierbarkeitspotenziale von Berufen und Veränderbarkeit von Berufsbildern. Impulsvortrag für die Projektgruppe 1 der Enquete-Kommission „Berufliche Bildung in der digitalen Arbeitswelt" des Deutschen Bundestags am 11.3.2019*. IAB-Stellungnahme.

Dengler, K. & Matthes, B. (2015). Folgen der Digitalisierung für die Arbeitswelt. Substituierbarkeitspotenziale von Berufen in Deutschland. *IAB-Forschungsbericht*, (11).

Dengler, K. & Matthes, B. (2018). Substituierbarkeitspotenziale von Berufen. Wenige Berufsbilder halten mit der Digitalisierung Schritt. *IAB-Kurzbericht*, (4).

Dessibourg, M. S. (2020). Preservice teachers in Switzerland: effects of a thinking journal on self-efficacy beliefs regarding behaviour management. *Schweizerische Zeitschrift Für Bildungswissenschaften, 42*(2), 501–523. https://doi.org/10.25656/01:21505

DigitalPakt. (2019). *Verwaltungsvereinbarung DigitalPakt Schule 2019 bis 2024*. DigitalPakt Schule.

Divine, G. W., Norton, H. J., Barón, A. E. & Juarez-Colunga, E. (2018). The Wilcoxon–Mann–Whitney Procedure Fails as a Test of Medians. *The American Statistician, 72*(3), 278–286. https://doi.org/10.1080/00031305.2017.1305291

Dohrmann, J. (2021). *Überzeugungen von Lehrkräften. Ihre Bedeutung für das pädagogische Handeln und die Lernergebnisse in den Fächern Englisch und Mathematik*. Münster, New York: Waxmann. https://doi.org/10.25656/01:22498

Dole, J. A. & Sinatra, G. M. (1998). Reconceptualizing Change in the Cognitive Construction of Knowledge. *EDUCATIONAL PSYCHOLOGIST, 33*(2), 109–128.

Dubberke, T., Kunter, M., McElvany, N., Brunner, M. & Baumert, J. (2008). Lerntheoretische Überzeugungen von Mathematiklehrkräften. Einflüsse auf die Unterrichtsgestaltung und den Lernerfolg von Schülerinnen und Schülern. *Zeitschrift für Pädagogische Psychologie, 22*(34), 193–206.

Dumitrescu, R. (2016). Die Chancen für den Standort nutzen. In U. Sendler (Hrsg.), *Industrie 4.0 grenzenlos* (S. 201–2016). Berlin, Heidelberg: Springer Berlin Heidelberg. https://doi.org/10.1007/978-3-662-48278-0

Eagly, A. H. & Chaiken, S. (1993). The psychology of attitudes. *Psychology and Marketing, 12*(5), 459–466. https://doi.org/10.1002/mar.4220120509

Eckstein, B., Reusser, K., Stebler, R. & Mandel, D. (2013). Umsetzung der integrativen Volksschule – Was Lehrpersonen optimistisch macht. Eine Analyse der Überzeugungen von Klassenlehrpersonen im Kanton Zürich. *Schweizerische Zeitschrift für Bildungswissenschaften, 35*(1), 91–112. https://doi.org/10.25656/01:10289

Eder, A. & Rütters, K. (2013). Erprobung kooperativer Fortbildungen von Lehrkräften und Ausbilder/-innen im Ausbildungsberuf Mechatroniker/-in. *Die berufsbildende Schule, 65*(4), 122–124.

Ehrke, M. & Meister, V. (Hrsg.). (2009). *Prozessorientierung in der Berufsbildung. Neue Leitbilder, neue Praxisprojekte* (2. aktualisierte und erweiterte Aufl.). Frankfurt am Main: IG Metall.

Eickelmann, B., Bos, W. & Labusch, A. (2019). Die Studie ICILs 2018 im Überblick. Zentrale Ergebnisse und mögliche Entwicklungsperspektiven. In B. Eickelmann, W. Bos, J. Gerick, F. Goldhammer, H. Schaumburg, K. Schwippert et al. (Hrsg.), *ICILS 2018 #Deutschland. Computer- und informationsbezogene Kompetenzen von Schülerinnen und Schülern im zweiten internationalen Vergleich und Kompetenzen im Bereich Computational Thinking* (S. 7–31). Münster: Waxmann. https://doi.org/10.25656/01:18319

Eldracher, T., Ferdinand, A. & Hehberger, S. (2021). Verknüpfung von kaufmännischer und gewerblich-technischer Ausbildung in Kempten. In K. Wilbers & L. Windelband (Hrsg.), *Lernfabriken an beruflichen Schulen. Gewerblich-technische und kaufmännische Perspektiven* (Texte zur Wirtschaftspädagogik und Personalentwicklung, Bd. 26, S. 223–242). Berlin: epubli.

Endres, A., Risch, B., Schehl, M. & Weinberger, P. (2020). „Teachers' Beliefs": Inklusionsbezogene Überzeugungen von angehenden Lehrkräften hinsichtlich eines gemeinsamen Unterrichts. *Qfl – Qualifizierung für Inklusion, 2*(1).

Engeström, Y. (2008). *Entwickelnde Arbeitsforschung. Die Tätigkeitstheorie in der Praxis* (L. Rosa, Übers.) (Schriftenreihe International Cultural-historical Human Sciences, Bd. 25, 1., Aufl.). Berlin: Lehmanns.

Enquete-Kommission. (2021). *Unterrichtung der Enquete-Kommission berufliche Bildung in der digitalen Arbeitswelt.* Deutscher Bundestag.

Enyedy, N., Goldberg, J. & Welsh, K. M. (2006). Complex dilemmas of identity and practice. *Science Education, 90*(1), 68–93. https://doi.org/10.1002/sce.20096

Ertmer, P. A., Ottenbreit-Leftwich, A. T., Sadik, O., Sendurur, E. & Sendurur, P. (2012). Teacher beliefs and technology integration practices: A critical relationship. *Computers & Education, 59*(2), 423–435. https://doi.org/10.1016/j.compedu.2012.02.001

Euler, D. & Hahn, A. (2007). *Wirtschaftsdidaktik* (Utb-studi-e-book, Bd. 2525, 2. Aufl.). Stuttgart: UTB GmbH; Haupt.

FAKTUR. (2020). *Vorhabenbeschreibung (Einzelvorhaben) für das Ausschreibungsformat des BMBF zur „Qualitätsoffensive Lehrerbildung mit dem Schwerpunkt Lehrerbildung für die beruflichen Schulen".* Siegen: Universität Siegen.

Fazio, R. H. (1986). How Do Attitudes Guide Behavior? In R. M. Sorrentino & E. T. Higgins (Hrsg.), *Handbook of motivation and cognition: Foundations of social behavior* (S. 204–243). New York: Guilford Press.

Ferrari, A. & Urban, K. (2013). *DigComp: A Framework for Developing and Understanding Digital Competence in Europe.* Lublin: Fundacja ECCC.

Festinger, L. (1957). *A Theory of Cognitive Dissonance.* Evanston: Peterson Row.

Fikret, Ö. (2019). Research Report. Digitalisierung in Kleinbetrieben: Ergebnisse aus Baugewerbe, Logistik und ambulanter Pflege. *Forschung Aktuell, (2)*, 1–26.

Fischer, C., Fischer-Ontrup, C. & Schuster, C. (2020). Individuelle Förderung und selbstreguliertes Lernen. Bedingungen und Optionen für das Lehren und Lernen in Präsenz und auf Distanz. In D. Fickermann & B. Edelstein (Hrsg.), *„Langsam vermisse ich die Schule ...".. Schule während und nach der Corona-Pandemie* (Die Deutsche Schule: Zeitschrift für Erziehungswissenschaft, Bildungspolitik und pädagogische Praxis, Bd. 16, S. 136–152). Münster: Waxmann.

Fishbein, M. (1967). Attitude and the prediction of behavior. In M. Fishbein (Ed.), *Readings in attitude theory and measurement* (S. 477–492). New York: Wiley.

Fives, H. & Buehl, M. M. (2012). Spring cleaning for the "messy" construct of teachers' beliefs: What are they? Which have been examined? What can they tell us? In K. R. Harris, S. Graham, T. Urdan, S. Graham, J. M. Royer & M. Zeidner (Hrsg.), *APA educational psychology handbook, Vol 2: Individual differences and cultural and contextual factors* (S. 471–499). Washington: American Psychological Association. https://doi.org/10.1037/13274–019

Fleisch, E., Weinberger, M. & Wortmann, F. (2015). Geschäftsmodelle im Internet der Dinge. *Schmalenbachs Zeitschrift für betriebswirtschaftliche Forschung, 67*(4), 444–465.

Flick, U. (2014). *Qualitative Sozialforschung. Eine Einführung* (Rororo Rowohlts Enzyklopädie, Bd. 55694, 6. Aufl., Originalausgabe). Reinbek bei Hamburg: rowohlts enzyklopädie im Rowohlt Taschenbuch Verlag.

Fobizz. (o. J.). *Eine Schule macht's vor: Digitales Spielzimmer für kreatives Lernen,* fobizz – Online-Fortbildungen für Lehrkräfte. Zugriff am 08.03.2022. Verfügbar unter: https://fobizz.com/digitale-spielzimmer-fur-kreatives-lernen/

Foraus. (o. J.). *Gesetzliche Grundlagen, Potenziale und Formen der Lernortkooperation.* Zugriff am 19.05.2022. Verfügbar unter: https://www.foraus.de/de/themen/foraus_108648.php#

Fraillon, J., Ainley, J., Schulz, W., Friedman, T. & Gebhardt, E. (2014). *Preparing for Life in a Digital Age. The IEA International Computer and Information Literacy Study International Report.* Cham: Springer International Publishing. https://doi.org/10.1007/978-3-319-14222-7

Freyth, A. (2020). *Veränderungsbereitschaft stärken. Impulse und Übungen für Mitarbeiter und Führungskräfte* (1. Aufl. 2020). Wiesbaden: Springer Gabler.

Fuller, F. F. & Brown, O. H. (1975). Becoming a Teacher. In K. Ryan (Hrsg.), *Teacher Education. 74th Yearbook of the NSSE, Part I* (S. 25–52). Chicago.

Fürstenau, B. (1999). Förderung von Problemlösefähigkeit im planspielgestützten Unterricht. *Unterrichtswissenschaft – Zeitschrift für Lernforschung, 27*(2), 135–158. https://doi.org/10.25656/01:7731

Gawlitza, G. & Perels, F. (2013). Überzeugungen, Berufsethos und Professionswissen von Studienreferendaren. Eine Studie zur Übertragung des COACTIV-Modells auf Studienreferendare. *Lehrerbildung auf dem Prüfstand, 6*(1), 7–31. https://doi.org/10.25656/01:14740

Gay, G. (2010). Acting on Beliefs in Teacher Education for Cultural Diversity. *Journal of Teacher Education, 61*(1–2), 143–152. https://doi.org/10.1177/0022487109347320

Geiser, P., Busse, J., Seeber, S., Schumann, M., Weber, S., Zarnow, S. et al. (2021). Kompetenzen in digitalisierten kaufmännischen Arbeitsplatzsituationen – Eine vergleichende Perspektive von Ausbildenden und Lehrenden. *Zeitschrift für Berufs- und Wirtschaftspädagogik, 117*(4), 630–657.

Geiser, P., Greiwe, C. & Seeber, S. (2019). Fortbildungsangebote für Lehrkräfte an berufsbildenden Schulen im Bereich der Digitalisierung. *Berufsbildung, 73*(176), 26–29.

Geithner, S. (2014). Arbeit als Tätigkeit: Ein Plädoyer zur tätigkeitstheoretischen Konzeptualisierung von ,Arbeit'. In J. Sydow & D. Sadowski (Hrsg.), *Arbeit – eine Neubestimmung* (S. 1–32). Wiesbaden: Springer Fachmedien Wiesbaden.

Gerholz, K.-H. & Dormann, M. (2017): Ausbildung 4.0: Didaktische Gestaltung der betrieblich-beruflichen Ausbildung in Zeiten der digitalen Transformation. *bwp@ Berufs- und Wirtschaftspädagogik – online*, Ausgabe 32, S. 1–22, Abgerufen am 25.08.2022 unter: http://www.bwpat.de/ausgabe32/gerholz_dormann_bwpat32.pdf

Gerholz, K.-H. & Goller, M. (2021). Theorie-Praxis-Verzahnung in der Wirtschaftspädagogik: Potenziale und Grenzen des Lernortes Praxis. In C. Caruso, C. Harteis & A. Gröschner (Hrsg.), *Theorie und Praxis in der Lehrerbildung* (Edition Fachdidaktiken, S. 393–419). Wiesbaden: Springer Fachmedien Wiesbaden. https://doi.org/10.1007/978-3-658-32568-8_22

Gerling, M. (2017). Vom Barcode zu Mobile Commerce – Moderne Handels-IT stellt Kundennutzen in den Mittelpunkt. In R. Gläß & B. Leukert (Hrsg.), *Handel 4.0. Die Digitalisierung des Handels – Strategien, Technologien, Transformation* (S. 117–128). Berlin: Springer Gabler.

Gerthofer, L. & Schneider, J. (2021). Fallkonstellationen zum Einsatz digitaler Medien im Unterricht. Eine qualitative, lehrendenzentrierte Betrachtung. *MedienPädagogik: Zeitschrift für Theorie und Praxis der Medienbildung, 16*, 281–315.

Girardet, C. & Berger, J.-L. (2018). Factors Influencing the Evolution of Vocational Teachers' Beliefs and Practices Related to Classroom Management during Teacher Education. *Australian Journal of Teacher Education, 43*(4), 138–158. https://doi.org/10.14221/ajte.2018v43n4.8

Goldshteyn, M. & Thelen, S. (2016). *Praxishandbuch digitale Betriebsprüfung. Anforderungen der neuen GoBD an Buchführung, Datenspeicherung und Datenzugriff.* Stuttgart: Schäffer-Poeschel.

Gössling, B. & Sloane, P. F. E. (2020). Implikationen der digitalen Transformation für die didaktische Arbeit an berufsbildenden Schulen. In J. Rützel, M. Friese & J. Wang (Hrsg.), *Digitale Welt – Herausforderungen für die berufliche Bildung und die Professionalität der Lehrenden. Ergebnisse des 5. und 6. Chinesisch-Deutschen Workshops zur Berufsbildungsforschung* (Darmstädter Beiträge zur Berufspädagogik, Bd. 35, S. 135–156). Detmold: Eusl.

Götzl, M., Jahn, R. & Held, G. (2013). Bleibt alles anders!? Sozialformen, Unterrichtsphasen und echte Lernzeit im kaufmännischen Unterricht. Didaktik der beruflichen Bildung. *Beruf- und Wirtschaftspädagogik – online, 24,* 1–23.

Graber, R. & Lindemann, T. (2018). Neue Propaganda im Internet. Social Bots und das Prinzip sozialer Bewährtheit als Instrument der Propaganda. In K. Sachs-Hombach & B. Zywietz (Hrsg.), *Fake News, Hashtags & Social Bots. Neue Methoden populistischer Propaganda* (Aktivismus- und Propagandaforschung, S. 51–68). Wiesbaden: Springer VS.

Green, T. F. (1971). *The activities of teaching* (McGraw-Hill series in education. Foundations in education). New York: McGraw-Hill.

Gregoire, M. (2003). Is It a Challenge or Treat? A Dual-Orocess Model of Teacher's Cognition and Appraisal Processes During Conceptual Change. *Educational Psychology Review, 15*(2), 147–179.

Große-Schwiep, B., Bensberg, F. & Schinnenburg, H. (2020). Entwicklung eines Reifegradmodells zur Bewertung des Digitalisierungsgrades von Geschäftsprozessen. *Anwendungen und Konzepte der Wirtschaftsinformatik,* (11), 1–14. Zugriff am 19.05.2022. Verfügbar unter: http://www.bibliothek.uni-regensburg.de/ezeit/?2744595

Gruber, H. (2021). Reflexion. Der Königsweg zur Expertise-Entwicklung. *Journal für LehrerInnenbildung, 21*(1), 108–117.

Gruber, H., Harteis, C., Hasanbegovic, J. & Lehner, F. (2007). Über die Rolle epistemischer Überzeugungen für die Gestaltung von E-Learning – eine empirische Studie bei Hochschul-Lehrenden. In M. H. Breitner, B. Bruns & F. Lehner (Hrsg.), *Neue Trends im E-Learning. Aspekte der Betriebswirtschaftslehre und Informatik* (1. Aufl., S. 123–132). Heidelberg: Physica-Verlag.

Güntürk-Kuhl, B., Lewalder, A. C. & Martin, P. (2017). *Die Taxonomie der Arbeitsmittel des BIBB.* Bonn: Bundesinstitut für Berufsbildung.

Habig, S., van Vorst, H. & Sumfleth, E. (2018). Merkmale kontextualisierter Lernaufgaben und ihre Wirkung auf das situationale Interesse und die Lernleistung von Schülerinnen und Schülern. *Zeitschrift für Didaktik der Naturwissenschaften, 24,* 99–114.

Hackl, B., Wagner, M., Attmer, L., Baumann, D. & Zünkeler, B. (2017). *New Work: Auf dem Weg zur neuen Arbeitswelt. Management-Impulse, Praxisbeispiele, Studien.* Wiesbaden: Springer Gabler.

Hähn, K. & Ratermann-Busse, M. (2020). *Digitale Medien in der Berufsbildung – eine Herausforderung für Lehrkräfte und Ausbildungspersonal?* Münster, New York: Waxmann. https://doi.org/10.25656/01:20768

Haipeter, T. (2011). *Kaufleute zwischen Angestelltenstatus und Dienstleistungsarbeit – eine soziologische Spurensuche. Industriesoziologische Expertise kaufmännisch-betriebswirtschaftlicher Berufe; Heft-Nr. 126.* Bonn: Bundesinstitut für Berufsbildung.

Hamilton, E. R., Rosenberg, J. M. & Akcaoglu, M. (2016). The Substitution Augmentation Modification Redefinition (SAMR) Model: a Critical Review and Suggestions for its Use. *TechTrends, 60*(5), 433–441. https://doi.org/10.1007/s11528-016-0091-y

Hanekamp, Y. (2010). Epistemologische Überzeugungen und ihre Relevanz im Kontext der Berufsbildung für eine nachhaltige Entwicklung. In S. Behrends, A. Bloemen, B. Mokwinski & W. Schröder (Hrsg.), *Wissen und Wissensmanagement. Chancen in der Wirtschaftskrise* (Schriftenreihe Oldenburger Forschungsnetzwerk Wirtschaft – Recht – Bildung, Bd. 7, S. 157–204). Oldenburg: BIS-Verlag.

Hart, A. (2001). Mann-Whitney test is not just a test of medians: differences in spread can be important. *BMJ (Clinical Research Ed.), 323*(7309), 391–393. https://doi.org/10.1136/bmj.323.7309.391

Härtel, M., Averbeck, I., Brüggemann, M., Breiter, A., Howe, F. & Sander, M. (2018). *Medien- und IT-Kompetenz als Eingangsvoraussetzung für die berufliche Ausbildung – Synopse. Laufzeit IV/2016 bis IV/2017* (Wissenschaftliche Diskussionspapiere, Heft 193, 1. Aufl.). Leverkusen: Verlag Barbara Budrich. Zugriff am: 28.07.2022. Verfügbar unter: https://www.bibb.de/dienst/veroeffentlichungen/de/publication/show/9223

Härtwig, C., Borgnäs, K., Tuleweit, S., Lenski, A. & Niebuhr, C. (2019). *Beschäftigtenbefragung „Monitor Digitalisierung". Entwicklungen der Arbeitsqualität in zwölf Industriebranchen.* Berlin: Stiftung Arbeit und Umwelt der IG BCE.

Härtwig, C., Borgnäs, K., Tuleweit, S., Lenski, A. & Niedbuhr, C. (2019). *Beschäftigtenbefragung Monitor Digitalisierung: Entwicklungen der Arbeitsqualität in zwölf Industriebranchen.* Berlin: Stiftung Arbeit und Umwelt der IG BCE.

Heinemann, G. (2020). *B2B eCommerce. Grundlagen, Geschäftsmodelle und Best Practices im Business-to-Business Online-Handel* (Lehrbuch). Wiesbaden: Springer Gabler.

Heitmann, K. (2013). *Wissensmanagement in der Schulentwicklung.* Wiesbaden: Springer Fachmedien Wiesbaden. https://doi.org/10.1007/978-3-658-00249-7

Helmke, A. (2021). *Unterrichtsqualität und Lehrerprofessionalität. Diagnose, Evaluation und Verbesserung des Unterrichts: Franz Emanuel Weinert gewidmet* (Schule weiterentwickeln, Unterricht verbessern, Orientierungsband, 8. Aufl.). Seelze-Velber: Klett/Kallmeyer.

Helmrich, R., Tiemann, M., Troltsch, K., Lukowski, F., Neuber-Pohl, C., Lewalder, A. C. et al. (2016). *Digitalisierung der Arbeitslandschaften. Keine Polarisierung der Arbeitswelt, aber beschleunigter Strukturwandel und Arbeitsplatzwechsel* (Bd. 180). Bonn: Bundesinstitut für Berufsbildung.

Hermans, R., Braak, J. v. & Keer, H. V. (2008). Development of the Beliefs about Primary Education Scale: Distinguishing a developmental and transmissive dimension. *Teaching and Teacher Education, 24*, 127–139.

Hermans, R., Tondeur, J., van Braak, J. & Valcke, M. (2008). The impact of primary school teachers' educational beliefs on the classroom use of computers. *Computers & Education, 51*(4), 1499–1509. https://doi.org/10.1016/j.compedu.2008.02.001

Hertwig, M. (2020). Digitalisierung der Wissensgesellschaft. Paradoxien des technologischen Wandels im Zeitalter von Crowdsourcing und Industrie 4.0. In Y. Kouli, P. Pawlowsky & M. Hertwig (Hrsg.), *Wissensökonomie und Digitalisierung. Geschichte und Perspektiven* (S. 129–156). Wiesbaden: Springer VS. https://doi.org/10.1007/978-3-658-22 333-5_7

Hess, T. (2018). *Digitalisierung,* Lehrstuhl für Wirtschaftsinformatik (insb. Prozesse und Systeme), Universität Potsdam. Zugriff am 12.02.2019. Verfügbar unter: http://www.enzyklopaedie-der-wirtschaftsinformatik.de/lexikon/technologien-methoden/Infor matik--Grundlagen/digitalisierung/index.html/?searchterm=Digitalisierung

Hilker, C. (2021). *Was ist Marketing 4.0?* Zugriff am 09.04.2021. Verfügbar unter: https://www.hilker-consulting.de/digitalisierung/marketing-4-0-im-zeitalter-der-digitalisie rung

Hoffmann, C. P., Weber, J., Zepic, R., Greger, V. & Krcmar, H. (2019). Dimensionen digitaler Mündigkeit und politische Beteiligung im Netz. *Politische Partizipation im Medienwandel, 6,* 79–99.

Holtsch, D. (2011). Fachdidaktische Kompetenz (künftiger) Lehrender im kaufmännischen Bereich. In: Grundlagen zum Dualen System und Kompetenzentwicklung in der Lehrerbildung. Schriftreihe der Sektion Berufs- und Wirtschaftspädagogik. S. 21–34. Opladen, Berlin, Farmington Hills: Verlag Barbara Budrich.

Hommel, M. (2017). Geschäftsprozess- und funktionsorientiertes Lernen am Beispiel von SAP ERP HCM. In K. Wilbers (Hrsg.), *Industrie 4.0. Herausforderungen für die kaufmännische Bildung* (Texte zur Wirtschaftspädagogik und Personalentwicklung, Bd. 19, S. 155–186). Berlin: epubli.

Jahn, R. W. & Goller, M. (2015). „Ich muss mal um Rat/Bestätigung/kollektives Aufregen bitten" – Kommunikations(t)räume für Lehrkräfte. In W. Wittwer, A. Diettrich & M. Walber (Hrsg.), *Lernräume* (S. 184–203). Wiesbaden: Springer Fachmedien Wiesbaden. https://doi.org/10.1007/978-3-658-06371-9_11

Jansen, R. (1988). Neue Technologien am Arbeitsplatz. *Arbeit und Sozialpolitik, 42*(5), 160–164. Zugriff unter: 28.07.2022. Verfügbar unter: https://www.jstor.org/stable/26887437

Jaschke, T. (2018). Mathematikunterrichtsbezogene Überzeugungen mithilfe der Q-Methode typisieren. *Bildungsforschung,* (1), 1–15.

JIM-Studie. (2020). *JIM-Studie 2020 – Jugend, Information, Medien.* Medienpädagogischer Forschungsverbund Südwest.

Job Futuromat. (2020). *Werden digitale Technologien Ihren Job verändern?* Institut für Arbeitsmarkt- und Berufsforschung. Zugriff am 09.04.2021. Verfügbar unter: https://job-futuromat.iab.de/

Johnson, R. B., Onwuegbuzie, A. J. & Turner, L. A. (2007). Toward a Definition of Mixed Methods Research. *Journal of Mixed Methods Research, 1*(2), 112–133. https://doi.org/10.1177/1558689806298224

Jordanski, G., Schad-Dankwart, I. & Nies, N. (2019). *Berufsbildung 4.0-Fachkräftequalifikationen und Kompetenzen für die digitalisierte Arbeit von morgen: Der Ausbildungsberuf „Industriekaufmann/-kauffrau" im Screening. Wissenschaftliche Diskussionspapiere* (Bd. 205). Bonn: BIBB.

Jucks, R. & Päuler-Kuppinger, L. (2017). Teachers' and parents' beliefs about effective teaching and their assumptions on the other group's perspective. *Journal for Educational Research Online, 9*(3), 12–25. https://doi.org/10.25656/01:15299

Kagan, D. M. (1992). Implication of Research on Teacher Belief. *EDUCATIONAL PSYCHOLOGIST, 27*(1), 65–90. https://doi.org/10.1207/s15326985ep2701_6

Kahlenborn, W., Keppner, B., Uhle, C., Richter, S. & Jetzke, T. (2018). *Die Zukunft im Blick: Konsum 4.0: Wie Digitalisierung den Konsum verändert. Trendbericht zur Abschätzung der Umweltwirkungen.* Dessau-Roßlau: Umweltbundesamt.

Kampa, N., Kunter, M., Maaz, K. & Baumert, J. (2011). Die soziale Herkunft von Mathematik-Lehrkräften in Deutschland. Der Zusammenhang mit Berufsausübung und berufsbezogenen Überzeugungen bei Sekundarstufenlehrkräften. *Zeitschrift für Pädagogik, 57*(1), 70–92.

Kampa, N., Neuman, I., Heitmann, P. & Kremer, K. (2016). Epistemological beliefs in science – a person-centered approach to investigate high school students' profiles. *Contemporary educational psychology, 46*, 81–93.

Kärner, T., Fenzl, H., Warwas, J. & Schumann, S. (2019). Digitale Systeme zur Unterstützung von Lehrpersonen. *zbw (Zeitschrift für Berufs- und Wirtschaftspädagogik), 115*(1), 39–65. https://doi.org/10.25162/zbw-2019-0002

Katzengruber, W. & Pförtner, A. (2017). *Sales 4.0 – Strategien und Konzepte für die Zukunft im Vertrieb.* Weinheim: Wiley-VCH Verlag.

Keller-Schneider, M. (2013). Schülerbezogene Überzeugungen von Studierenden der Lehrerbildung und deren Veränderung im Rahmen einer Lehrveranstaltung. https://doi.org/10.25656/01:14745

Kerres, M. (2000). Mediendidaktische Analyse digitaler Medien im Unterricht. *Computer + Unterricht: Lernen und Lehren mit digitalen Medien.* 10(1). S. 26–28.

Khan, M. S. H. & Markauskaite, L. (2017). Approaches to ICT-enhanced teaching in technical and vocational education: a phenomenographic perspective. *Higher Education, 73*(5), 691–707. https://doi.org/10.1007/s10734-016-9990-2

Kim, C., Kim, M. K., Lee, C., Spector, J. M. & DeMeester, K. (2013). Teacher beliefs and technology integration. *Teaching and Teacher Education, 29*, 76–85. https://doi.org/10.1016/j.tate.2012.08.005

Kistner, S., Rakoczy, K., Otto, B., Klieme, E. & Büttner, G. (2015). Teaching learning strategies. The role of instructional context and teacher beliefs. *Journal for Educational Research Online, 7*(1), 176–197. https://doi.org/10.25656/01:11052

Kleemann, F., Westerheide, J. & Matuschek, I. (2019). *Arbeit und Subjekt. Aktuelle Debatten der Arbeitssoziologie* (Studientexte zur Soziologie, 1. Aufl.). Wiesbaden: Springer VS.

Kleinhans, J. (2017). *IT-gestützte Werkzeuge zur Kompetenzmessung* (Berufsbildung, Arbeit und Innovation – Dissertationen und Habilitationen, Bd. 51). Dissertation. Bielefeld: W. Bertelsmann Verlag.

Kluge, S. (2000). Empirisch begründete Typenbildung in der qualitativen Sozialforschung. FQS. *Forum qualitative Sozialforschung, 1*(1). Zugriff am: 28.07.2022. Verfügbar unter: http://www.qualitative-research.net/index.php/fqs

KMK. (o. J.). *Aufgaben der Kultusministerkonferenz,* Kultusministerkonferenz. Zugriff am 11.04.2021. Zugriff am: 28.07.2022. Verfügbar unter: https://www.kmk.org/kmk/auf gaben.html

KMK. (2007). *Handreichung für die Erarbeitung von Rahmenlehrplänen der Kultusministerkonferenz für den berufsbezogenen Unterricht in der Berufsschule und ihre Abstimmung mit Ausbildungsordnungen des Bundes für anerkannte Ausbildungsberufe.* Kultusministerkonferenz.

KMK. (2015). *Rahmenvereinbarung über die Berufsschule.* Kultusministerkonferenz.

KMK. (2017). *Bildung in der digitalen Welt. Strategie der Kultusministerkonferenz.* Kultusministerkonferenz.

Knigge, M. & Rotter, C. (2015). Unterrichtsplanungen bei Lehramtsstudierenden im Falle der Wahrnehmung von vermeintlich „besonderen" Schülerinnen und Schülern und ihr Zusammenhang mit Selbstwirksamkeitsüberzeugungen und Einstellungen in Bezug zu Inklusion – beispielhafte Mixed-Method-Analysen aus der EiLInk-Studie. *Empirische Sonderpädagogik, 7*(3), 223–240. https://doi.org/10.25656/01:11384

Knoor, A. & Müller, L. (2020). *Mit B2B-Websites individuell und vorausschauend handeln.* Zugriff am 09.04.2021. Verfügbar unter: https://www.marconomy.de/mit-b2b-websites-individuell-und-vorausschauend-handeln-a-937256/

Knüsel Schäfer, D. (2020). *Überzeugungen von Lehrpersonen zu digitalen Medien. Eine qualitative Untersuchung zu Entstehung, Bedingungsfaktoren und typenspezifischen Entwicklungsverläufen.* Bad Heilbrunn: Verlag Julius Klinkhardt. https://doi.org/10.25656/01:20271

Koehler, M. J. & Mishra, P. (2009). What Is Technological Pedagogical Content Knowledge? *Contemporary Issues in Technology and Teacher Education, 9*(1), 60–70.

Köhler, M. J., Mishra, P. & Cain, W. (2013). What is technological pedagogical content (TPACK)? *Journal of Education, 193*(3), 13–19. Zugriff am: 28.07.2022. Verfügbar unter: https://www.researchgate.net/publication/260281100_What_is_technological_peda gogical_content_TPACK

KoLBi. (2016). *Kohärenz in der Lehrerbildung – Projektposter,* Bergische Universität Wuppertal. Zugriff am: 28.07.2022. Verfügbar unter: https://www.qualitaetsoffensive-lehrer bildung.de/lehrerbildung/shareddocs/projekte/kohaerenz-in-der-lehrerbil dung_01ja1507.html?nn=297658&cms_projectView=Basisdokumente

Kommer, S. & Biermann, R. (2012). Der mediale Habitus von (angehenden) LehrerInnen. Medienbezogene Dispositionen und Medienhandeln von Lehramtsstudierenden. In R. Schulz-Zander, B. Eickelmann, H. Moser, H. Niesyto & P. Grell (Hrsg.), *Jahrbuch Medienpädagogik* (S. 51–80). Wiesbaden: VS Verlag für Sozialwissenschaften.

König, J. & Blömeke, S. (2009). Pädagogisches Wissen von angehenden Lehrkräften. *Zeitschrift für Erziehungswissenschaft, 12*(3), 499–527. https://doi.org/10.1007/s11618-009-0085-z

König, J., Doll, J., Buchholtz, N., Förster, S., Kaspar, K., Rühl, A.-M. et al. (2018). Pädagogisches Wissen versus fachdidaktisches Wissen? *Zeitschrift für Erziehungswissenschaft*, *21*(3), 1–38. https://doi.org/10.1007/s11618-017-0765-z

König, J., Kaiser, G. & Felbrich, A. (2012). Spiegelt sich pädagogisches Wissen in den Kompetenzselbsteinschätzungen angehender Lehrkräfte? Zum Zusammenhang von Wissen und Überzeugungen am Ende der Lehrerausbildung. *Zeitschrift für Pädagogik*, *58*(4), 476–491. https://doi.org/10.25656/01:10390

Kopp, B. (2009). Inklusive Überzeugung und Selbstwirksamkeit im Umgang mit Heterogenität. Wie denken Studierende des Lehramts für Grundschulen? *Empirische Sonderpädagogik*, *1*(1), 5–25.

Kösel, S. (2012). Triadengespräche zur Rekonstruktion didaktischer Überzeugungen als Bestandteil berufspädagogischer Professionalität. In U. Fasshauer, B. Fürstenau & E. Wuttke (Hrsg.), *Berufs- und wirtschaftspädagogische Analysen – aktuelle Forschungen zur beruflichen Bildung* (S. 115–126). Opladen: Verlag Barbara Budrich.

Kouli, Y., Pawlowsky, P. & Hertwig, M. (2020). Wissen, Wissensbasierte Ökonomie, Wissensgesellschaft: Einleitung. In Y. Kouli, P. Pawlowsky & M. Hertwig (Hrsg.), *Wissensökonomie und Digitalisierung. Geschichte und Perspektiven* (S. 1–9). Wiesbaden: Springer VS. https://doi.org/10.1007/978-3-658-22333-5_1

Krämer, H. (2015). *Medien anwenden und produzieren – Entwicklung von Medienkompetenz in der Berufsausbildung*. Bonn: BIBB.

Krämer, H. (2020). Entwicklung von Medienkompetenz in Zeiten der Digitalisierung: Über welche Kompetenzen verfügen Jugendliche und welchen Anteil muss Berufsausbildung leisten? In D. Heisler & J. Meier (Hrsg.), *Digitalisierung am Übergang Schule Beruf. Ansätze und Perspektiven in Arbeitsdomänen und beruflicher Förderung* (Berufsbildung, Arbeit und Innovation, Band 56, S. 103–118). Bielefeld: WBV.

Krapp, A. (1992). Interesse, Lernen und Leistung. Neue Forschungsansätze in der Pädagogischen Psychologie. *Zeitschrift für Pädagogik*, *38*(5), 747–770.

Kreilkamp, N., Schmidt, M. & Wöhrmann, A. (2019). Effizienzsteigerung durch Debiasing: Empfehlungen für die Praxis. *Controlling – Zeitschrift für erfolgsorientierte Unternehmenssteuerung*, *31*(2), 57–65.

Kreis, A. & Staub, F. (2004). Zwischen Handlungsorientierung und direkter Instruktion. Überzeugungen zur Unterrichtsgestaltung im allgemeinbildenden Unterricht an Berufsschulen. In P. Bock (Hrsg.), *Höheres Lehramt für Berufsschulen; Höheres Lehramt für Mittelschulen. Beiträge zur Handlungsorientierung. Berichte aus Praxis und Forschung* (Berichte aus Praxis und Forschung, Bd. 1, S. 187–200). Bern: H. e. p.

Kretzschmar, T.-M. (2020). *IT-Betreuung für berufliche Schulen. Konzeptionierung des Einsatzes digitaler Medien* (Wismarer Diskussionspapiere, Heft 2020, 08). Wismar: Hochschule Wismar Fakultät für Wirtschaftswissenschaften. Zugriff am: 28.07.2022. Verfügbar unter: https://www.fww.hs-wismar.de/storages/hs-wismar/_FWW/Forschung_und_Kooperationen/Veroeffentlichungen/wdp/2020/WDP_Kretzschmar_08_2020.pdf

Kruse, J. (2014). Qualitative Interviewforschung. Ein integrativer Ansatz. Basel, Weinheim: Beltz Juventa.

Kruskal, W. H. & Wallis, A. W. (1952). Use of Ranks in One-Criterion Variance Analysis. *Journal of the American Statistical Association, 47*(260), 583–621.

Kuckartz, U. (2018). *Qualitative Inhaltsanalyse. Methoden, Praxis, Computerunterstützung* (Grundlagentexte Methoden, 4. Aufl.). Weinheim, Basel: Beltz Juventa. Zugriff am: 28.07.2022. Verfügbar unter: http://ebooks.ciando.com/book/index.cfm?bok_id/2513416

Kuhl, J., Moser, V., Schäfer, L. & Redlich, H. (2013). Zur empirischen Erfassung von Beliefs von Förderschullehrerinnen und -lehrern. *Empirische Sonderpädagogik, 5*(1), 3–24. https://doi.org/10.25656/01:8907

Kühlmann, T. M. (1987). Kaufmännische Arbeit im Wandel: Überzeugungen, Gefühle und Anpassungsstrategien von Betroffenen. *Zeitschrift für Berufs- und Wirtschaftspädagogik, 83*(3), 195–204.

Kunter, M., Baumert, J. & Blum, W. (2011). *Professionelle Kompetenz von Lehrkräften. Ergebnisse des Forschungsprogramms COACTIV*. Münster, München, Berlin: Waxmann. Zugriff am: 28.07.2022. Verfügbar unter: https://elibrary.utb.de/doi/book/10.31244/9783830974338

Kutscher, N. (2019). Digitale Ungleichheit als Herausforderung für Medienbildung. *DDS – Die Deutsche Schule, 111*(4), 379–390. https://doi.org/10.31244/dds.2019.04.02

Läge, D. & McCombie, G. (2015). Berufsbezogene Lehrerüberzeugungen als pädagogisches Bezugssystem erfassen. Ein Vergleich von angehenden und berufstätigen Lehrpersonen der verschiedenen Schulstufen in der Schweiz. *Zeitschrift für Pädagogik, 61*(1), 118–143.

Lahn, L. C. & Nore, H. (2018). ePortfolios as hybrid learning arenas in vocational education and training. *Integration of vocational Education and Training Experiences, 29*, 207–226.

Länderkonferenz MedienBildung. (2015). *Kompetenzorientiertes Konzept für die schulische Medienbildung. LKM-Positionspapier.* Zugriff am: 28.07.2022. Verfügbar unter: https://lkm.lernnetz.de/index.php/mitglieder.html

Landis, R. J. & Koch, G. G. (1977). The Measurement of Observer Agreement for Categorical Data. *International Biometric Society, 33*(1), 159–174.

Lazarus, R. S. (1991). Progress on a Cognitive-Motivational-Relational Theory of Emotion. *American Psychologist, 46*(8), 819–834.

Leschke, J., Kronenberg, P., Frank, C. & Weber, S. (2020). *Verknüpfung von Fachwissenschaft und Fachdidaktik in der Lehramtsausbildung für technische Berufskollegs: Potenziale von Laborpraktika zur Kohärenzwahrnehmung im Studium.* Posterbeitrag. Berlin. Zugriff am: 28.07.2022. Verfügbar unter: https://www.kolbi.uni-wuppertal.de/de/projektergebnisse/poster.html

Lipowsky, F. & Rzejak, D. (2012). Lehrerinnen und Lehrer als Lerner – Wann gelingt der Rollentausch? – Merkmale und Wirkungen wirksamer Lehrerfortbildungen. In D. Bosse, L. Criblez & T. Hascher (Hrsg.), *Reform der Lehrerbildung in Deutschland, Österreich und der Schweiz* (Theorie und Praxis der Schulpädagogik, Band 4, S. 235–254). Immenhausen: Prolog-Verlag.

Lipowsky, F. & Rzejak, D. (2015). Was wir über gelingende Lehrerfortbildungen wissen. *Journal für LehrerInnenbildung, 15*(4), 26–32.

Lister, M. (2018). Die Perspektiven deutscher Kreditinstitute unter dem Druck von Niedrig-zinsen, Regulierung und Digitalisierung. In W. Böhnke (Hrsg.), *Neue Erlösquellen oder Konsolidierung? – Geschäftsmodelle der Banken und Sparkassen auf dem Prüfstand* (S. 1–30). Wiesbaden: Springer Fachmedien Wiesbaden.

Lorenz, R. & Endberg, M. (2019). Welche professionellen Handlungskompetenzen benöti-gen Lehrpersonen im Kontext der Digitalisierung in der Schule? *MedienPädagogik: Zeitschrift für Theorie und Praxis der Medienbildung*, 61–81. https://doi.org/10.21240/mpaed/00/2019.10.16.X

Lucas, B., Spencer, E. & Claxton, G. (2012). *How to Teach Vocational Education: A theory of vocational pedagogy*. Zugriff am: 19.05.2022. Verfügbar unter: https://www.academia.edu/36404510/How_to_teach_vocational_education_A_theory_of_vocational_pedagogy

Lucks, K. (Hrsg.). (2017). *Praxishandbuch Industrie 4.0. Branchen – Unternehmen – M&A* (1. Aufl.). Stuttgart: Schäffer-Poeschel Verlag.

MacQueen, J. (1967). Some methods for classification and analysis of multivariate observa-tions. *Proceedings of the fifth Berkeley symposium on mathematical statistics and probabi-lity*, 1(14), 281–297.

Maheswaran, D. & Chaiken, S. (1991). Promoting Systematic Processing in Low-Motivation Settings: Effect of Incongruent Information on Processing and Judgement. *Journal of Personality and Social Psychology*, 61(1), 13–25.

Mandl, H., Gruber, H. & Renkl, A. (1995). Situiertes Lernen in multimedialen Lernumge-bungen. In L. J. Issing & P. Klimsa (Hrsg.), *Information und Lernen mit Multimedia* (S. 167–178). Weinheim: Beltz; PVU.

Mann, H. B. & Whitney, D. R. (1947). On a Test of Whether one of Two Random Variables is Stochastically Larger than the Other. *The Annals of Mathematical Statistics*, 18(1), 50–60. https://doi.org/10.1214/aoms/1177730491

Marcoux, G., Boraita, F. & Crahay, M. (2016). À propos de la structuration, de l'enracine-ment culturel et de la modifiabilité des croyances des enseignants sur le redouble-ment: synthèse d'un programme de recherche FNS. *Schweizerische Zeitschrift für Bil-dungswissenschaften*, 38(2), 367–384. https://doi.org/10.25656/01:14794

MAXQDA. (2022). *Das Problem der Intercoder-Übereinstimmung in der qualitativen For-schung*. Zugriff am 17.05.2022. Verfügbar unter: https://www.maxqda.de/hilfe-mx20/teamwork/das-problem-der-intercoder-uebereinstimmung-in-der-qualitativen-for-schung

Mayer, R. E. & Moreno, R. (2003). Nine ways to reduce cognitive load in multimedia learn-ing. *EDUCATIONAL PSYCHOLOGIST*, 38, 43–52.

Mayring, P. (2010). *Qualitative Inhaltsanalyse. Grundlagen und Techniken*. Basel, Weinheim: Beltz Juventa.

Mazzone, D. (2014). *Digital or death: Digital transformation – The only choice for business to survive, smash and conquer*. Mississauga: Smashbox Consulting.

Meitinger, T. H. (2017). Smart contracts. *Informatik-Spektrum*, 40(4), 371–375.

Mellati, M., Khademi, M. & Shirzadeh, A. (2015). The Relationships among Sources of Teacher Pedagogical Beliefs, Teaching Experiences, and Student Outcomes. *International Journal of Applied Linguistics & English Literature, 4*(2). https://doi.org/10.7575/aiac.ijalel.v.4n.2p.177

Merk, S., Schneider, J., Bohl, T., Kelava, A. & Syring, M. (2017). Epistemologische Überzeugungen von Lehramtsstudierenden bezüglich pädagogischen Wissens: Gegenstands-, Quellen- und Kontextspezifität. *Journal for educational research online, 9*(1), 169–189. https://doi.org/10.25656/01:12973

Mertens, P., Bodendorf, F., König, W., Schumann, M., Hess, T. & Buxmann, P. (2017). *Grundzüge der Wirtschaftsinformatik* (Lehrbuch, 12., grundlegend überarbeitete Aufl.). Berlin: Springer Gabler.

Messner, H. & Reusser, K. (2000). Die berufliche Entwicklung von Lehrpersonen als lebenslanger Prozess. *Beiträge zur Lehrerbildung, 18*(2), 157–171.

Meyer, H. (2008). *Unterrichtsmethoden* (19. Aufl.). Berlin, Frankfurt am Main: Cornelsen.

Mitra, J. & Matlay, H. (2004). Entrepreneurial and Vocational Education and Training. *Industry and Higher Education, 18*(1), 53–61. https://doi.org/10.5367/000000004773040979

MK Niedersachsen. (o. J.). *Ordnungsmittel der berufsbildenden Schulen.* Zugriff am 09.04.2021. Verfügbar unter: https://www.mk.niedersachsen.de/startseite/schule/unsere_schulen/berufsbildende_schulen/ordnungsmittel_fur_den_unterricht_lehrplane/ordnungsmittel-der-berufsbildenden-schulen-5686.html

MK Niedersachsen. (2016a). *BBS fit für 4.0 – Kultusministerium und Wirtschaftsministerium geben Startschuss für vier „smart factories" an berufsbildenden Schulen in Niedersachsen,* Niedersächsisches Kultusministerium. Zugriff am 12.04.2021. Verfügbar unter: https://www.mk.niedersachsen.de/startseite/aktuelles/presseinformationen/bbs-fit-fuer-40--kultusministerium-und-wirtschaftsministerium-geben-startschuss-fuer-vier-smart-factories-an-berufsbildenden-schulen-in-niedersachsen-148362.html

MK Niedersachsen. (2016b). *Handreichung für berufsbildende Schulen zur Erstellung eines schuleigenen Medienkonzeptes.* Niedersächsisches Kultusministerium Abteilung 4 (berufliche Bildung).

MK Niedersachsen. (2021a). *Die niedersächsischen berufsbildenden Schulen in Zahlen. Schuljahr 2020/2021,* Kultusministerium Niedersachsen. Zugriff am: 28.07.2022. Verfügbar unter: https://www.mk.niedersachsen.de/startseite/service/statistik/die-niedersaechsischen-berufsbildenden-schulen-in-zahlen-6511.html

MK Niedersachsen. (2021b). *Qualitätsmerkmal 5.2: Schuleigenes Curriculum.* Zugriff am 11.04.2021. Verfügbar unter: https://www.mk.niedersachsen.de/startseite/schule/schulqualitat/orientierungsrahmen_schulqualitat_in_niedersachsen/bildungsangebote_und_anforderungen/schuleigenes_curriculum/qualitaetsmerkmal-52-schuleigenes-curriculum-128776.html

Moeller, J. & Helberger, N. (2018). *Beyond the filter bubble: Concepts, myth, evidence and issues for future debates,* University of Amsterdam. Zugriff am 21.02.2022. Verfügbar unter: https://www.ivir.nl/publicaties/download/Beyond_the_filter_bubble__concepts_myths_evidence

Mokwinski, B. (2011). *Entwicklungen von epistemologischen Überzeugungen in ausgewählten Berufsfeldern der dualen Berufsausbildung* (1. Aufl.). Mering: Hampp.

Montaño, D. E. & Kasprzyk, D. (2008). Theory of reasoned action, theory of planned behavior, and the integrated behavior model. In K. Glanz, B. K. Rimer & K. Viswanath (Hrsg.), *Health behaviour and health education. Theory, research and practice /Karen Glanz, Barbara K. Rimer and K. Viswanath, editors* (4th ed., S. 67–96). San Francisco, Calif.: John Wiley.

Mukminin, A., Habibi, A., Muhaimin, M., Asrial, A., Haryanto, E., Setiono, P. et al. (2019). Vocational Technical High School Teachers' Beliefs Towards ICT for 21ST Century Education: Indonesian Context. *Problems of Education in the 21st Century,* (77), 22–38.

Müller S., Paechter, M. & Rebmann, K. (2008). Aktuelle Befunde zur Lehr-Lernforschung: Epistemologische Überzeugungen zu Wissen und Wissenserwerb. *Beruf- und Wirtschaftspädagogik – online,* (14), 1–17. Zugriff am 12.04.2021. Verfügbar unter: http://www.bwpat.de/ausgabe14/mueller_etal_bwpat14.pdf

Müller, S. (2009). *Methoden zur Erfassung epistemologischer Überzeugungen von Handelslehramtsstudierenden. Eine empirische Vergleichsstudie* (Schriften zur Berufs- und Wirtschaftspädagogik, Bd. 5, 1. Aufl.). Zugl.: Oldenburg, Univ., Diss., 2009. München: Hampp.

Müller, S., Rebmann, K. & Liebsch, E. (2008). Überzeugungen zu Wissen und Lernen von Ausbilder(inne)n – eine Pilotstudie. *Europäische Zeitschrift für Berufsbildung, 45*(3), 99–118.

Müller, S. & Sulimma, M. (2008). Überzeugungen zu Wissen und Lernen als Merkmal beruflicher Lehr-Lernprozesse, (14), 1–13. Zugriff am: 28.07.2022. Verfügbar unter: http://www.bwpat.de/ausgabe14/mueller_sulimma_bwpat14.pdf

Muuß-Merholz, J. (2015). *Chancen der Digitalisierung für individuelle Förderung im Unterricht – zehn gute Beispiele aus der Schulpraxis.* Gütersloh: BertelsmannStiftung.

MW Niedersachsen. (2018). *Masterplan Digitalisierung.* Niedersächsisches Ministerium für Wirtschaft, Arbeit und Verkehr und Digitalisierung.

Najderek, A. (2020). Auswirkungen der Digitalisierung im Rechnungswesen – ein Überblick. In A. Müller, M. Graumann & H.-J. Weiß (Hrsg.), *Innovationen für eine digitale Wirtschaft. Wie Unternehmen den Wandel meistern* (S. 127–148). Wiesbaden: Springer Gabler.

National Research Council. (1999). *Being Fluent with Information Technology.* Washington, D. C.: National Academies Press. https://doi.org/10.17226/6482

Negrini, L. (2016). *Subjektive Überzeugungen von Berufsbildnern. Stand und Zusammenhänge mit der Ausbildungsqualität und den Lehrvertragsauflösungen.* Wiesbaden: Springer VS.

Nespor, J. (1987). The role of beliefs in the practice of teaching, *19*(4), 317–328.

Neyer, F. J., Felber, J. & Gebhardt, C. (2016). *Kurzskala Technikbereitschaft (TB, technology commitment).* https://doi.org/10.6102/zis244

Niebauer, J. & Riemath, A. (2017). Wandel des klassischen Büroarbeitsplatzes. In V. P. Andelfinger & T. Hänisch (Hrsg.), *Industrie 4.0. Wie cyber-physische Systeme die Arbeitswelt verändern* (S. 215–228). Wiesbaden: Springer Fachmedien Wiesbaden.

Niederhäuser, M. & Rosenberger, N. (2018). *Kommunikation in der digitalen Transformation. Bestandsaufnahme und Entwicklungsbedarf des strategischen Kommunikationsmanagements von Wirtschaftsunternehmen, Verwaltungen und Non-Profit-Organisationen in der Schweiz* (Working Papers in Applied Linguistics, Bd. 15). Winterthur: ZHAW Zürcher Hochschule für Angewandte Wissenschaften.

Niedersächsische Staatskanzlei. (2021). *Medienkompetenz in Niedersachsen. Ziellinie 2025.* Zugriff am 19.05.2022. Verfügbar unter: https://www.medienkompetenz-niedersachsen.de/landeskonzept

Niemöller, C., Zobel, B., Berkmeier, L., Metzger, D., Werning, S., Adelmeyer, T. et al. (2017). Sind Smart Glasses die Zukunft der Digitalisierung von Arbeitsprozessen? Explorative Fallstudien zukünftiger Einsatzszenarien in der Logistik. *Proceedings der 13. Internationalen Tagung Wirtschaftsinformatik (WI 2017)*, 410–424.

NLQ. (2011). *Kernaufgabenmodell für berufsbildende Schulen in Niedersachsen (KAM-BBS).* Zugriff am 12.04.2021. Verfügbar unter: https://kam-bbs.nline.nibis.de/

NLQ. (2018). *Informations- und Transferveranstaltung zu den Innovationsvorhaben Industrie 4.0/Wirtschaft 4.0/Arbeit 4.0,* Niedersächsisches Landesinstitut für schulische Qualitätsentwicklung. Zugriff am 12.04.2021. Verfügbar unter: https://www.nibis.de/aktuelle-und-schon-durchgefuehrte-veranstaltungen-und-ereignisse_9990

NLQ. (2020). *Fachtagung zum Projektabschluss am 11.03.2020 an der BBS Neustadt am Rübenberge,* Niedersächsisches Landesinstitut für schulische Qualitätsentwicklung. Zugriff am 12.04.2021. Verfügbar unter: https://www.nibis.de/aktuelle-und-schon-durchgefuehrte-veranstaltungen-und-ereignisse_9990

NLQ. (2021a). *BBS fit für 4.0,* Niedersächsisches Landesinstitut für schulische Qualitätsentwicklung. Zugriff am 12.04.2021. Zugriff am: 28.07.2022. Verfügbar unter: https://www.nibis.de/bbs---fit-fuer-40-smart-factory_9989

NLQ. (2021b). *Schulisches Curriculum-BBS (SchuCu-BBS),* Niedersächsisches Landesinstitut für schulische Qualitätsentwicklung. Zugriff am 11.04.2021. Verfügbar unter: https://schucu-bbs.nline.nibis.de/

Nüesch, C. & Metzger, C. (2010). Lernkompetenzen und ihr Zusammenhang mit motivationalen Überzeugungen und Lernleistungen in der kaufmännischen Berufsausbildung. *Zeitschrift für Berufs- und Wirtschaftspädagogik, 106*(1), 36–51.

O'Brien, T. (2015). *Assessing the impact of teachers' technology, pedagogy and content knowledge, and beliefs, in a regional vocational education and training context.* Murdoch University, Perth.

OLE+. (2019). *Das Projekt OLE+ an der Universität Oldenburg (2. Förderphase),* Carl von Ossietzky Universität Oldenburg. Zugriff am: 28.07.2022. Verfügbar unter: https://uol.de/ole

Ortoleva, G. & Bétrancourt, M. (2015). Collaborative writing and discussion in vocational education: Effects on learning and self-efficacy beliefs. *Journal of Writing Research, 7*(1), 95–122. https://doi.org/10.17239/jowr-2015.07.01.05

Oser, F. & Blömeke, S. (2012a). Überzeugungen von Lehrpersonen. *Zeitschrift für Pädagogik, 58*(4), 415–421.

Oser, F. & Blömeke, S. (2012b). Überzeugungen von Lehrpersonen. Einführung in den Thementeil. *Zeitschrift für Pädagogik, 58*(4), 415–421. https://doi.org/10.25656/01: 10405

Overmann, U. (1988). Eine exemplarische Fallrekonstruktion zum Typus versozialwissen-schaftlichter Identitätsformation. In H.-G. Brose & B. Hildenbrand (Hrsg.), *Vom Ende des Individuums zur Individualität ohne Ende* (S. 243–286). Wiesbaden: VS Verlag für Sozialwissenschaften.

Pajares, F. M. (1992). Teachers' Beliefs and Educational Research: Cleaning Up a Messy Construct. *Review of Educational Research, 62*(3), 307–332.

Paschke, A. (2021). Digitale Teilhabe von Kindern und Jugendlichen im Lichte des Verfas-sungs- und Verwaltungsrechts. *Recht der Jugend und des Bildungswesens, 69*(3), 233–243. https://doi.org/10.5771/0034-1312-2021-3-233

Pearson, D. P., Ferding, R. E. & Blomeyer, R. L., JR. (2005). *The effects of technology on reading performance in the middle-school grades: A meta-analysis with recommendations for policy.* Naperville: Learning Point Associates.

Petko, D. (2012). Hemmende und förderliche Faktoren des Einsatzes digitaler Medien im Unterricht: Empirische Befunde und forschungsmethodische Probleme. In R. Schulz-Zander, B. Eickelmann, H. Moser, H. Niesyto & P. Grell (Hrsg.), *Jahrbuch Medienpädagogik* (S. 29–50). Wiesbaden: VS Verlag für Sozialwissenschaften.

Petty, R. E., Cacioppo, J. T., Sedikides, C. & Strathman, A. J. (1988). Affect and persuasion: A contemporary perspective. *American Behavioral Scientist, 31*(3), 355–371.

Peyer, E., Studer, T. & Thonhauser, I. (Hrsg.). (2015). *Individuell fördern mit digitalen Medien. Chancen, Risiken, Erfolgsfaktoren.* Gütersloh: Verlag Bertelsmann Stiftung.

Pongratz, H., Tramm, T. & Wilbers, K. (Hrsg.). (2009). *Prozessorientierte Wirtschaftsdidaktik und Einsatz von ERP-Systemen im kaufmännischen Unterricht* (Texte zur Wirtschafts-pädagogik und Personalentwicklung, Bd. 4). Aachen: Shaker Verl.

Posner, G. J., Strike, K. A., Hewson, P. W. & Gertzog, W. A. (1982). Accomodation of a Scientific Conception: Toward a Theory of Conceptual Change. *Science Education, 66*(2), 211–227.

Preiss, P. & Klauser, F. (1992). Lehrerbildung und Problemlöseforschung mit einem LAN-Unternehmensplanspiel. *Multimedia und Computeranwendungen in der Lehre, 5,* 495–502.

Prenzel, M., Kramer, K. & Drechsel, B. (2001). Selbstbestimmt motiviertes und interessier-tes Lernen in der kaufmännischen Erstausbildung – Ergebnisse eines Forschungs-projekts. In K. Beck & V. Krumm (Hrsg.), *Lehren und Lernen in der beruflichen Erstaus-bildung* (S. 37–61). Wiesbaden: VS Verlag für Sozialwissenschaften. https://doi.org/ 10.1007/978-3-663-10645-6_2

Probst, T. (2018). *Digitalisierung und Vertragsrecht. Probleme des Schutzes der Privatsphäre aus vertragsrechtlicher Sicht.* Zugriff am 08.01.2021. Verfügbar unter: https://www3.unifr. ch/ius/probst/de/assets/public/003_PROBST_Digitalisierung%20und%20Vertrags recht_Corrigé_sans%20espaces_2018.02.09.pdf

Prommer, E. (2018). Clusteranalysen und qualitative Interviews: Typenbildung durch „Mixed-Methods". In A. M. Scheu (Hrsg.), *Auswertung qualitativer Daten* (S. 247–260). Wiesbaden: Springer Fachmedien Wiesbaden.

Puentedura, R. R. (2014). *Building Transformation: An Introduction to the SAMR Model.* Zugriff am: 28.07.2022. Verfügbar unter: http://hippasus.com/rrpweblog/

Quast, J., Rubach, C. & Lazarides, R. (2021). Lehrkräfteeinschätzungen zu Unterrichtsqualität mit digitalen Medien: Zusammenhänge zur wahrgenommenen technischen Schulausstattung, Medienunterstützung, digitalen Kompetenzselbsteinschätzungen und Wertüberzeugungen. *Zeitschrift für Bildungsforschung, 11*(2), 309–341. https://doi.org/10.1007/s35834-021-00313-7

Rädiker, S. & Kuckartz, U. (2019). *Analyse qualitativer Daten mit MAXQDA.* Wiesbaden: Springer Fachmedien Wiesbaden. https://doi.org/10.1007/978-3-658-22095-2

Rambe, P. & Ndofirepi, T. M. (2016). Gender Differences in the Perceptions of Entrepreneurship Hindrances: A Case of Vocational Education Students in Zimbabwe. *Journal of economics and behavioral studies.* Zugriff am 03.02.2022. Verfügbar unter: http://ir.cut.ac.za/handle/11462/1602

Rasch, M. & Koß, R. (2015). *Digital Controlling – Digitale Transformation im Controlling.* PricewaterhouseCoopers AG Wirtschaftsprüfungsgesellschaft (PwC).

Rau, C. (2020). *Kulturtradierung in geisteswissenschaftlichen Fächern. Eine rekonstruktive Studie zu epistemologischen Überzeugungen von Lehrkräften.* Bad Heilbrunn: Verlag Julius Klinkhardt. https://doi.org/10.25656/01:19218

Rausch, A. (2013). Analyse ist gut, Intuition ist besser – Oder umgekehrt? *Controlling & Management Review, 57*(3), 14–22.

Reble, R., Meyer, J., Fleckenstein, J. & Köller, O. (2020). Am Computer oder handschriftlich? In K. Kaspar, M. Becker-Mrotzek, S. Hofhues, J. König & D. Schmeinck (Hrsg.), *Bildung, Schule, Digitalisierung* (S. 51–56). Münster: Waxmann.

Redecker, C. (2017). *European framework for the digital competence of educators: DigCompEdu.* Publications Office. https://doi.org/10.2760/178382

Resch, M. (1988). *Die Handlungsregulation geistiger Arbeit. Bestimmung u. Analyse geistiger Arbeitstätigkeiten in d. industriellen Produktion* (Schriften zur Arbeitspsychologie, Nr. 45). Bern, Stuttgart, Toronto: Huber.

Reusser, K. & Pauli, C. (2014). Berufsbezogene Überzeugungen von Lehrerinnen und Lehrern. In E. Terhart, H. Bennewitz & M. Rothland (Hrsg.), *Handbuch der Forschung zum Lehrerberuf* (2., überarbeitete und erweiterte Aufl., S. 642–661). Münster: Waxmann.

Richardson, V. (1996). The role of attitudes and beliefs in learning to teach. In J. Sikula (Hrsg.), *Handbook of research on teacher education* (2. Aufl., S. 102–119). New York: Macmillan.

Richter, D., Böhme, K., Becker, M., Pant, H. A. & Stanat, P. (2014). Überzeugungen von Lehrkräften zu den Funktionen von Vergleichsarbeiten. Zusammenhänge zu Veränderungen im Unterricht und den Kompetenzen von Schülerinnen und Schülern. *Zeitschrift für Pädagogik, 60*(2), 225–244. https://doi.org/10.25656/01:12846

Riebenbauer, E. & Stock, M. (2015). Förderung unternehmerischen Denkens und Handelns in der universitären Übungsfirma. *ZFHE, 10*(3), 129–160. Werkstattbericht.

Riedl, R. (2020). Agiles Arbeiten in offenen Büroumgebungen und Mitarbeiterstress. *Wirtschaftsinformatik & Management, 12*(6), 434–439. https://doi.org/10.1365/s35764-020-00298-4

Rokeach, M. (1968). *Beliefs, Attitudes and Values. A Theory of Organization and Change.* San Francisco: Jossey-Bass, Inc., Publishers.

Rossmann, C. (2011). *Theory of reasoned action, theory of planned behaviour* (Konzepte, Bd. 4, 1. Aufl.). Baden-Baden: Nomos.

Roßmeißl, E. & Gleich, R. (2014). Industrie 4.0 – Herausforderung für das Produktionsmanagement und -controlling. In P. Horváth & U. Michel (Hrsg.), *Controller Agenda 2017. Trends und Best Practices* (EBL-Schweitzer, 1. Aufl., S. 23–36). Stuttgart: Schäffer-Poeschel Verlag für Wirtschaft Steuern Recht GmbH.

Saam, M., Viete, S. & Schiel, S. (2016). *Digitalisierung im Mittelstand: Status Quo, aktuelle Entwicklungen und Herausforderungen.* Mannheim: Zentrum für Europäische Wirtschaftsforschung.

Sachs, S., Meier, C. & McSorley, V. (2016). *Digitalisierung und die Zukunft kaufmännischer Berufsbilder – eine explorative Studie. Schlussbericht.* Zürich: Die Hochschule für Wirtschaft in Zürich.

Sandkühler, H. J. (2009). *Kritik der Repräsentation. Einführung in die Theorie der Überzeugungen, der Wissenskulturen und des Wissens* (Suhrkamp-Taschenbuch Wissenschaft, Bd. 1920, 1. Aufl.). Frankfurt am Main: Suhrkamp.

SAP. (o. J.). *SAP Business One.* Zugriff am: 28.07.2022. Verfügbar unter: https://www.sap.com/germany/products/business-one/features.html

Schaap, H., Baartman, L. & Bruijn, E. de. (2012). Students' Learning Processes during School-Based Learning and Workplace Learning in Vocational Education: A Review. *Vocations and Learning, 5*(2), 99–117. https://doi.org/10.1007/s12186-011-9069-2

Schaap, H., Bruijn, E. de, van der Schaaf, M. F. & Kirschner, P. A. (2009). Students' personal professional theories in competence-based vocational education: the construction of personal knowledge through internalisation and socialisation. *Journal of Vocational Education & Training, 61*(4), 481–494. https://doi.org/10.1080/13636820903230999

Schäffer, U. & Weber, J. (2018). Digitalisierung Ante Portas – Die Veränderung des Controllings im Spiegel der dritten WHU-Zukunftsstudie. In P. Horváth, T. Reichmann, U. Baumöl, A. Hoffjan, K. Möller & B. Pedeli (Hrsg.), *Transformation im Controlling: Umbrüche durch VUCA-Umfeld und Digitalisierung. Spezialausgabe 2018* (Controlling & Management Review, S. 4–11). Vahlen.

Schallmo, D., Rusnjak, A., Anzengruber, J., Werani, T. & Jünger, M. (Hrsg.). (2017). *Digitale Transformation von Geschäftsmodellen. Grundlagen, Instrumente und Best Practices* (Schwerpunkt). Wiesbaden: Springer Gabler. https://doi.org/10.1007/978-3-658-12388-8

Schank, R. C. (1979). Interestingness: Controlling inferences. *Artificial Intelligence, 12*(3), 273–297. https://doi.org/10.1016/0004-3702(79)90009-2

Schaumburg, H. (2015). *Chancen und Risiken digitaler Medien in der Schule. Medienpädagogische und -didaktische Perspektiven* (3. Aufl.). Gütersloh: Verlag Bertelsmann Stiftung.

Schellinger, J., Goedermans, M., Kolb, L. P. & Sebai, Y. (2020). Digitale Transformation und Human Resource Management. In I. Kissling-Näf, K. O. Tokarski & J. Schellinger (Hrsg.), *Digitale Transformation und Unternehmensführung* (S. 183–222). Wiesbaden: Springer Fachmedien Wiesbaden GmbH.

Schieke, S. & Ternès, A. (2018). *Mittelstand 4.0: Wie mittelständische Unternehmen bei der Digitalisierung den Anschluss nicht verpassen.* Wiesbaden: Springer Fachmedien Wiesbaden.

Schmid, U., Goertz, L. & Behrens, J. (2017). *Monitor Digitale Bildung. Die Schulen im digitalen Zeitalter.* Gütersloh: Bertelsmann Stiftung.

Schmotz, C. & Blömeke, S. (2009). Zum Verhältnis von fachbezogenem Wissen und epistemologischen Überzeugungen bei angehenden Lehrkräften. *Lehrerbildung auf dem Prüfstand, 2*(1), 148–165. https://doi.org/10.25656/01:14696

Schneider, D. (o. J.). *Kompetenzorientierung in der universitären Ausbildung von Wirtschaftspädagogik-Studierenden,* Georg-August-Universität Göttingen. Zugriff am: 28.07.2022. Verfügbar unter: https://www.uni-goettingen.de/de/kompetenzorientierung+in+der +universit%C3%A4ren+ausbildung+von+wirtschaftsp%C3%A4dagogik-studieren den+/590808.html

Schneider, W. (1992). Erwerb von Expertise. Zur Relevanz kognitiver und nichtkognitiver Voraussetzungen. In E. A. Hany & A. Nickel (Hrsg.), *Begabung und Hochbegabung* (S. 105–122). Berlin: Hans Huber.

Schneider, W. & Scheibler, D. (1983). Probleme und Möglichkeiten bei der Bewertung von Clusteranalyse-Verfahren. *Psychologische Beiträge, 25,* 208–237.

Schoenfeld, A. H. (2000). Models of the Teaching Process. *The journal of mathematical behavior, 18*(3), 243–261.

Schommer, M. (1990). Effects of Beliefs About the Nature of Knowledge on Comprehension. *Journal of Educational Psychology, 82*(3), 498–504.

Schüller, E. M. & Kröner, S. (2017). A pink dog with 20 legs – An explorative study on the beliefs of elementary school children explaining engagement in artistic leisure activities. *Journal for Educational Research Online, 9*(2), 183–204. https://doi.org/10.25656/ 01:14934

Schulze, H. (2020). Biografische Fallrekonstruktionen. In G. Mey & K. Mruck (Hrsg.), *Handbuch Qualitative Forschung in der Psychologie. Band 2: Designs und Verfahren* (2., erw. u. überarb. Aufl. 2020, 603–628). Wiesbaden: Springer Fachmedien Wiesbaden GmbH.

Schumann, M. (2021). Chancen und Herausforderungen IT-basierter Lern- und Assessmentsysteme in der kaufmännischen Ausbildung. In K. Beck & F. Oser (Hrsg.), *Resultate und Probleme der Berufsbildungsforschung. Festschrift für Susanne Weber* (ProQuest Ebook Central, S. 121–140). Bielefeld: W. Bertelsmann Verlag.

Schumann, M. & Lange, A. (2019). *Digitalisierung als Game Changer.* Göttingen: Professur für E-Business und Anwendungssysteme.

Schwaab, M.-O. & Jacobs, V. (2018). Auswirkungen der Digitalisierung auf die Organisation des HR-Bereichs. In W. Appel & M. Wahler (Hrsg.), *Die digitale HR-Organisation: Wo wir stehen, was wir brauchen* (S. 61–74). München: Hermann Luchterhand Verlag. Zugriff am 12.04.2021. Verfügbar unter: https://www.personalwirtschaft.de/assets/documents/Leseproben_Bücher/LP_DHRO_S61–67.pdf

Schwab, K. (2019). *Die Zukunft der Vierten Industriellen Revolution. Wie wir den digitalen Wandel gestalten* (P. Pyka, Übers.) (1. Aufl.). München: Deutsche Verlags-Anstalt.

Schwarzer, R. & Jerusalem, M. (1999). *Skalen zur Erfassung von Lehrer- und Schülermerkmalen. Dokumentation der psychometrischen Verfahren im Rahmen der Wissenschaftlichen Begleitung des Modellversuchs selbstwirksame Schulen.* Berlin: Freie Universität Berlin.

Schwendimann, B. A., Cattaneo, A. A., Dehler Zufferey, J., Gurtner, J.-L., Bétrancourt, M. & Dillenbourg, P. (2015). The 'Erfahrraum': a pedagogical model for designing educational technologies in dual vocational systems. *Journal of Vocational Education & Training, 67*(3), 367–396. https://doi.org/10.1080/13636820.2015.1061041

Seeber, S., Weber, S., Geiser, P., Zarnow, S., Hackenberg, T. & Hiller, F. (2019). Effekte der Digitalisierung auf kaufmännische Tätigkeiten und Sichtweisen ausgewählter Akteure. *Berufsbildung, 73*(76), 2–7.

Seeber, S., Wuttke, E., Greiwe, C. & Turhan, L. (2019). *Why do we need problem based and technology based learning and testing? Results from three studies on the development of new test formats in vocational education and training.* Beitrag auf der International Conference of Education, Research and Innovation (iCERi) 11. – 13.11.2019, Sevilla.

Seifried, J. (2006). Überzeugungen von (angehenden) Handelslehrern. In J. Seifried & J. Abel (Hrsg.), *Empirische Lehrerbildungsforschung. Stand und Perspektiven; Beiträge aus den Symposien „Empirische Lehrerbildungsforschung" und „Kompetenzentwicklung in der Lehrerbildung", gehalten auf der Herbsttagung 2005 der Arbeitsgruppe für Empirische Pädagogische Forschung in Salzburg* (S. 109–128). Münster: Waxmann.

Seifried, J. (2010). Sichtweisen von Lehrkräften an kaufmännischen Schulen. *Zeitschrift für Berufs- und Wirtschaftspädagogik, 106*(1), 36–53.

Seifried, J. (2011). *Die Rolle von Überzeugungen von Lehrkräften – Eine Analyse aus berufs- und wirtschaftspädagogischer Sicht.* Internationales Symposium zum Thema „Pädagogische Überzeugungen von Lehrkräften und ihr Verhältnis zum Wissen und Handeln" am 26.11.2011, Köln.

Selting, M., Auer, P., Barth-Weingarten, D., Bergmann, J., Bergmann, P., Birkner, K. et al. (2009). Gesprächsanalytisches Transkriptionssystem 2 (GAT 2). *Gesprächsforschung – Online-Zeitschrift zur verbalen Interaktion, 10*, 353–402.

Senkbeil, M., Goldhammer, F., Bos, W., Eickelmann, B., Schwippert, K. & Gerick, J. (2014). Das Konstrukt der computer- und informationsbezogenen Kompetenzen in ICLS 2013. In W. Bos, B. Eickelmann, J. Gerick, F. Goldhammer, H. Schaumburg, K. Schwippert et al. (Hrsg.), *ICILS 2013. Computer- und informationsbezogene Kompetenzen von Schülerinnen und Schülern in der 8. Jahrgangsstufe im internationalen Vergleich* (S. 83–112). Münster: Waxmann.

Shavelson, R. J., Ruiz-Primo, M. A. & Wiley, E. W. (2005). Windows into the mind. *Higher Education, 49*(4), 413–430. https://doi.org/10.1007/s10734-004-9448-9

Shedden, R. J. (2020). *"It's teaching Jim, but not as we know it": an examination of the beliefs and attitudes of teachers to the use of technology in Further & Vocational Education from a teacher's perspective.* Durham University. Zugriff am 03.02.2022. Verfügbar unter: https://ethos.bl.uk/OrderDetails.do?uin=uk.bl.ethos.802116

Shu, K., Sliva, A., Wang, S., Tang, J. & Liu, H. (2017). Fake News Detection on Social Media: A Data Mining Perspective. *SIGKDD Explorations, 19*(1), 22–36.

Shulman, L. S. (1987). Those Who Understand: Knowledge Growth in Teaching. *Educational Researcher, 15*(2), 4–14.

Sidiropoulou-Dimakakou, D., Argyropoulou, K., Drosos, N. & Terzaki, M. (2012). Career beliefs of Greek and Non-Greek Vocational Education students. *Creative Education, 03*(07), 1241–1250. https://doi.org/10.4236/ce.2012.37183

Sieber, P. (2003). Schlüsselqualifikationen als Schlüssel zum Arbeitsmarkt? In K. Maag Merki & P. Schuler (Hrsg.), *Überfachliche Kompetenzen. Schriftenreihe zu «Bildungssystem und Humanentwicklung». Berichte aus dem Forschungsbereich Schulqualität & Schulentwicklung* (S. 4–32). Zürich: Forschungsbereich Schulqualität & Schulentwicklung, Universität Zürich.

Sloane, P. F. E., Emmler, T., Gössling, B., Hagemeier, D., Hegemann, A. & Janssen, E. A. (2018). *Berufsbildung 4.0. Qualifizierung des pädagogischen Personals als Erfolgsfaktor beruflicher Bildung in der digitalisierten Arbeitswelt* (Wirtschaftspädagogisches Forum, Bd. 63). Detmold: Eusl.

Smrtnik Vitulic, H. & Lesar, I. (2017). Changes in beliefs regarding good teachers and the characteristics of child development of primary education students. *CEPS Journal, 7*(4), 185–205. https://doi.org/10.25656/01:15230

Sojat, L. (2020). Initial beliefs of preservice chemistry teachers in Croatia. *CEPS Journal, 10*(1), 37–57. https://doi.org/10.25656/01:20137

Statista. (o. J.). *Digital Market Outlook. Marktpotenziale der Digitalisierung. 90+ Märkte, über 150 Regionen,* Statista. Zugriff am 08.04.2021. Verfügbar unter: https://de.statista.com/outlook/digital-markets

Statista. (2020). *B2B-E-Commerce in Deutschland,* Statista. Zugriff am 08.04.2021. Verfügbar unter: https://de.statista.com/statistik/studie/id/67069/dokument/b2b-e-commerce-in-deutschland/

Statista. (2021). *Anteil der Unternehmen in Deutschland mit Nutzung einer ERP-Software, nach Unternehmensgröße im Jahr 2021.* Zugriff am 21.02.2022. Verfügbar unter: https://de.statista.com/statistik/daten/studie/795254/umfrage/einsatz-von-erp-software-in-unternehmen-nach-unternehmensgroesse/

Steinmann, S. (2015). Beliefs und Shared Beliefs. Zum Theorie-Praxis-Verhältnis der Lehrpersonenausbildenden. *Beiträge zur Lehrerinnen- und Lehrerbildung, 33*(3), 366–379. https://doi.org/10.25656/01:13909

Stooß, F. & Troll, L. (1988). Das „Arbeitsmittel"-Konzept als Instrumentarium zur Beobachtung des beruflichen Wandels. *Mitteilungen aus der Arbeitsmarkt- und Berufsforschung, 21*(1), 16–33.

Sulimma, M. (2012). *Die Entwicklung epistemologischer Überzeugungen von (angehenden) Handelslehrer(inne)n* (Schriften zur Berufs- und Wirtschaftspädagogik, 1. Aufl.). Mering: Rainer Hampp Verlag.

Tafner, G. (2013). Supranationalität begreifbar machen. Performative Pädagogik im Planspiel. In U. Faßhauer & E. Wuttke (Hrsg.), *Jahrbuch der berufs- und wirtschaftspädagogischen Forschung 2013* (Schriftenreihe der Sektion Berufs- und Wirtschaftspädagogik der Deutschen Gesellschaft für Erziehungswissenschaft (DGfE), Bd. 2013, 1. Aufl., S. 113–126). Opladen: Verlag Barbara Budrich.

Tapscott, D. (1996). *The digital economy. Promise and peril in the age of networked intelligence.* New York: McGraw-Hill.

Tenberg, R. & Eder, A. (2007). Didaktische Implementierung digitaler Medien. Empirische Ergebnisse einer qualitativen Studie an 15 beruflichen Schulen der Landeshauptstadt München. *Die berufsbildende Schule, 59*(6), 186–192.

Thimet, S. (2020). Interdisziplinäre Ausbildung von Lehrkräften zu Industrie 4.0. In T. Vollmer, T. Karges, T. Richter, B. Schlömer & S. Schütt-Sayed (Hrsg.), *Digitalisierung mit Arbeit und Berufsbildung nachhaltig gestalten* (Berufsbildung, Arbeit und Innovation, Band 55, S. 61–72). Bielefeld: WBV.

Timur, B. & Tasar, M. F. (2011). In-service science teachers' technological pedagogical content knowledge confidences and views about technology-rich environments. *CEPS Journal, 1*(4), 11–25. https://doi.org/10.25656/01:6057

Tramm, T. (2009). Berufliche Kompetenzentwicklung im Kontext kaufmännischer Arbeits- und Geschäftsprozesse. In R. Brötz & F. Schapfel-Kaiser (Hrsg.), *Anforderungen an kaufmännisch-betriebswirtschaftliche Berufe aus berufspädagogischer und soziologischer Sicht* (Schriftenreihe des Bundesinstituts für Berufsbildung Bonn, S. 65–88). Bielefeld: Bertelsmann.

Traum, A., Müller, C., Hummert, H. & Nerdinger, F. W. (2017). *Digitalisierung – Die Perspektive des arbeitenden Individuums* (White Paper Series, Bd. 1). Rostock: Universität Rostock. Zugriff am 08.01.2019. Verfügbar unter: https://www.researchgate.net/profile/Christoph_Mueller8/publication/321781442_Digitalisierung_-_Die_Perspektive_des_arbeitenden_Individuums/links/5a319a24of7e9b2a286e7f27/Digitalisierung-Die-Perspektive-des-arbeitenden-Individuums.pdf

Troll, L. (2002). Das „Arbeitsmittel"-Konzept – Ein Instrument zur Beobachtung des beruflichen und technischen Wandels. *IAB-Kompendium Arbeitsmarkt- und Berufsforschung.*, (250), 277–290.

Trost, S. & Weber, S. (2012). Fähigkeitsanforderungen an kaufmännische Fachkräfte – Eine kompetenzbasierte Analyse von Stellenanzeigen mittels O*NET. *Zeitschrift für Berufs- und Wirtschaftspädagogik, 108*(2), 217–242.

Valtonen, T., Sointu, E., Kontkanen, S., Lambert, M. C. & Mäkitalo-Siegl, K. (2017). TPACK updated to measure pre-service teachers' twenty-first century skills. *Australasian Journal of Educational Technology, 33*(3), 15–31.

Valtonen, T., Sointu, E., Mäkitalo-Siegl, K. & Kukkonen, J. (2015). Developing a TPACK measurement instrument for 21st century pre-service teachers. *Seminar.net, 11*(2), 87–100. Zugriff am: 28.07.2022. Verfügbar unter: https://journals.oslomet.no/index.php/seminar/article/view/2353

Van Ginkel, G., Vermunt, J. D. H. M., Verloop, N. & Berjaard, D. (2005). *Conceptions of mentoring and learning to teach in Dutch secondary student teaching.* Konferenzbeitrag. EARLI. Zugriff am 03.02.2022. Verfügbar unter: https://www.researchgate.net/publication/46657331_Conceptions_of_mentoring_and_learning_to_teach_in_Dutch_secondary_student_teaching

Van Houtte, M. & Demanet, J. (2015). Vocational students' intention to drop out in Flanders: The role of teacher beliefs. *Profesorado, Revista De Currículum Y Formación Del Profesorado, 19*(3), 178–194.

Van Uden, J., Ritzen, H. & Pieters, J. (2014). Engaging students: The role of teacher beliefs and interpersonal teacher behavior in fostering student engagement in vocational education. *Teaching and Teacher Education, 37*, 21–32.

Vanecek, V., Pichler, M., Kopf, K. & Hammermüller, K. (2013). Kompetenzorientierte Unterrichtsdokumentation und Leistungsbeurteilung. In P. Micheuz, A. Reiter, M. Brandhofer & B. Sabitzer (Hrsg.), *Digitale Schule Österreich. Eine analoge Standortbestimmung anlässlich der eEducation Sommertagung 2013* (S. 216–220). Wien: Österreichische Computer Gesellschaft.

Vizek Vidovic, V. & Domovic, V. (2019). Development of teachers' beliefs as a core component of their professional identity in initial teacher education: a longitudinal perspective. *CEPS Journal, 9*(2), 119–138. https://doi.org/10.25656/01:17446

Vladusic, R., Bucat, R. & Ozic, M. (2020). Evidence of the development of pedagogical content knowledge related to chemical bonding during a course for preservice chemistry teachers. *CEPS Journal, 10*(1), 59–81. https://doi.org/10.25656/01:20140

Vogel-Heuser, B., Bauernhansl, T. & Hompel, M. t. (Hrsg.). (2017). *Handbuch Industrie 4.0. Bd. 3: Logistik* (Springer Reference Technik, 2., erweiterte und bearbeitete Aufl.). Berlin: Springer Vieweg. https://doi.org/10.1007/978-3-662-53251-5

Voss, T. & Kunter, M. (2020). "Reality Shock" of Beginning Teachers? Changes in Teacher Candidates' Emotional Exhaustion and Constructivist-Oriented Beliefs. *Journal of Teacher Education, 71*(3), 292–306. https://doi.org/10.1177/0022487119839700

Vygotsky, L. S. (1978). *Mind in society. The development of higher psychological processes.* Cambridge, Mass., London: Harvard University Press.

Wannemacher, K. (2006). Computerbasierte Prüfungen. Zwischen Self-Assessment und Abschlussklausuren. In E. Seiler Schiedt, S. Kälin & C. Sengstag (Hrsg.), *E-Learning – alltagtaugliche Innovation?* (S. 163–172). Münster: Waxmann.

Ward, J. H. (1963). Hierarchical Grouping to Optimize an Objective Function. *Journal of the American Statistical Association, 58*(301), 236–244.

Warning, A. & Weber, E. (2017). *Wirtschaft 4.0: Digitalisierung verändert die betriebliche Personalpolitik* (IAB-Kurzbericht, Bd. 12). Nürnberg. Zugriff am 08.04.2021. Verfügbar unter: https://www.iab.de/194/section.aspx/Publikation/k170510301

Warwas, J. & Rausch, A. (2017). Unterrichtliche Überzeugungen und Praktiken von Lehr-
kräften an Beruflichen Oberschulen – eine fächervergleichende Analyse. In J. Sei-
fried, S. Seeber & B. Ziegler (Hrsg.), *Jahrbuch der berufs- und wirtschaftspädagogischen
Forschung 2017* (Schriftenreihe der Sektion Berufs- und Wirtschaftspädagogik der
Deutschen Gesellschaft für Erziehungswissenschaft (DGfE), S. 143–158). Leverkusen-
Opladen: Budrich, Barbara.

Weber, F. & Schütte, R. (2021). Digitalisierung von Handelsunternehmen – diskutiert am
Beispiel der Preispolitik. *Wirtschaftsinformatik und Management, 13*(2), 144–153.

Weinert, F. E. (Hrsg.). (2001). *Leistungsmessungen in Schulen* (Beltz Pädagogik, Dr. nach Ty-
poskript). Weinheim: Beltz.

Wespi, C. & Steiner, M. (2019). "Wirtschaft entdecken" – eine computergestützte Lernumgebung mit Lernpotenzial für Lernende und Lehrpersonen. *Haushalt in Bildung &
Forschung, 8*(4), 77–89.

Wilbers, K. (Hrsg.). (2017). *Industrie 4.0. Herausforderungen für die kaufmännische Bildung*
(Texte zur Wirtschaftspädagogik und Personalentwicklung, Bd. 19). Berlin: epubli. Zugriff am: 28.07.2022. Verfügbar unter: http://www.epubli.de

Wilbers, K. (2020). *Wirtschaftsunterricht gestalten*. Berlin: epubli GmbH. https://doi.org/
10.25656/01:20898

Wild, E. & Möller, J. (2015). *Pädagogische Psychologie*. Berlin, Heidelberg: Springer Berlin
Heidelberg. https://doi.org/10.1007/978-3-642-41291-2

Williams, L. J., Hartman, N. & Cavazotte, F. (2010). Method Variance and Marker Variables:
A Review and Comprehensive CFA Marker Technique. *Organizational Research Methods, 13*(3), 477–514. https://doi.org/10.1177/1094428110366036

Wingert, L. (2007). Lebensweltliche Gewissheit versus wissenschaftliches Wissen? *DZPhil,
55*(6), 911–927.

Winther, E. (2010). *Kompetenzmessung in der beruflichen Bildung*. Bielefeld: Bertelsmann.

Wippermann, P. (2013). Wie interaktive Netzwerke neue Möglichkeiten für die Gründungsförderung schaffen. In M. Bending, J. Evers & S. Knirsch (Hrsg.), *Die Zukunft
der Gründungsförderung – neue Trends und innovative Instrumente. Studie im Auftrag des
Bundesministeriums für Wirtschaft und Technologie (BMWi)* (S. 8–14).

Wittmann, E. (2009). *Überzeugungen über Mathematik in der kaufmännischen Bildung.
Grundlegende Konzepte, theoretische Fundierung und erste empirische Befunde* (Studien
zur Wirtschafts- und Erwachsenenpädagogik aus der Humboldt-Universität zu Berlin, Bd. 16).

Wittmann, E. & Weyland, U. (2020). Berufliche Bildung im Kontext der digitalen Transformation. *Zeitschrift für Berufs- und Wirtschaftspädagogik, 116*(2), 269–291.

Wohlrab-Sahr, M. (1994). Vom Fall zum Typus. Die Sehnsucht nach dem „Ganzen" und
dem „Eigentlichen" – Idealisierung als biografische Konstruktion. In A. Diezinger,
H. Kitzer & I. Anker (Hrsg.), *Erfahrung mit Methode. Wege sozialwissenschaftlicher Frau-
enforschung* (S. 269–299). Freiburg: Kore.

Wolf, T. & Strohschen, J.-H. (2018). Digitalisierung: Definition und Reife. *Informatik-Spektrum, 41*(1), 56–64. https://doi.org/10.1007/s00287-017-1084-8

Womack, J. P., Jones, D. T. & Roos, D. (1992). *Die zweite Revolution in der Autoindustrie. Konsequenzen aus der weltweiten Studie aus dem Massachusetts Institute of Technology* (4. Aufl.). Frankfurt/Main, New York: Campus-Verl.

Woolfolk Hoy, A., Davis, H. & Pape, S. (2006). Teachers' knowledge, beliefs, and thinking. In P. A. Alexander & P. H. Winne (Hrsg.), *Handbook of educational psychology* (S. 715–737). Mahwah, N. J.: Lawrence Erlbaum.

Yadav, A. & Koehler, M. (2007). The role of epistemological beliefs in preservice teachers' interpretation of video cases of early-grade literacy instruction. *Journal of Technology and Teacher Education, 15*, 335–361.

Yerrick, R., Parke, H. & Nugent, J. (1997). Struggling to promote deeply rooted change: The "filtering effect" of teachers' beliefs on understanding transformational views of teaching science. *Science Education, 81*(2), 137–159. https://doi.org/10.1002/(SICI)10 98-237X(199704)81:2<137::AID-SCE2>3.0.CO;2-G

Zabeli, N., Perolli Shehu, B. & Anderson, J. A. (2021). The understanding of inclusive education in Kosovo: legal and empirical argumentation. *CEPS Journal, 11*(3), 119–139. https://doi.org/10.25656/01:23402

Zarnow, S., Hiller, F. & Hackenberg, T. (2020). ‚Digitale Aspekte' in Ordnungsmitteln der dualen kaufmännischen Berufsausbildung. Eine Analyse von Lehrplänen und Ausbildungsordnungen. *Zeitschrift für Berufs- und Wirtschaftspädagogik, 116*(2), 250–268.

Zika, G., Helmrich, R., Maier, T., Weber, E. & Wolter, M. I. (2018). Arbeitsmarkteffekte der Digitalisierung bis 2035: Regionale Branchenstruktur spielt eine wichtige Rolle. *IAB-Kurzbericht*, (9), 1–12.

Zimmermann, F. & Kohring, M. (2018). „Fake News" als aktuelle Desinformation. Systematische Bestimmung eines heterogenen Begriffs. *Medien & Kommunikationswissenschaft, 66*(4), 526–541. https://doi.org/10.5771/1615-634X-2018-4-526

Zinke, G. (2019). *Berufsbildung 4.0 – Fachkräftequalifikationen und Kompetenzen für die digitalisierte Arbeit von morgen: Branchen- und Berufescreening. Vergleichende Gesamtstudie* (Wissenschaftliche Diskussionspapiere, Bd. 213). Bonn: BIBB.

Zinn, B. (2011). Entwicklung eines Instruments zur Erhebung der epistemologischen Überzeugungen von Auszubildenden. In U. Faßhauer, J. Aff, B. Fürstenau & E. Wuttke (Hrsg.), *Lehr-Lernforschung und Professionalisierung: Perspektiven der Berufsbildungsforschung* (S. 87–98). Berlin, Farmington Hills: Verlag Barbara Budrich.

Zinn, B. (2012). Überzeugungen zu Wissen und Wissenserwerb von Auszubildenden in gewerblich-technischen Berufen. *Zeitschrift für Berufs- und Wirtschaftspädagogik, 108*(1), 28–42.

Zinn, B. & Sari, D. (2015). Epistemologische Überzeugungen von Auszubildenden und deren Einfluss auf die metalltechnische Fachkompetenz. *Journal of Technical Education (JOTED), 3*(1), 75–92.

Zinn, B. & Tenberg, R. (2010). Forschungsprogramm: Epistemologische Überzeugungen in gewerblich-technischen Domänen. *Zeitschrift für Berufs- und Wirtschaftspädagogik, 106*(1), 16–35.

Zuber, J. (2019). Einstellungsbildung als Gelingensbedingung für die Umsetzung einer Bildungsstandardpolitik? In J. Zuber, H. Altrichter & M. Heinrich (Hrsg.), *Bildungsstandards zwischen Politik und schulischem Alltag* (S. 105–128). Wiesbaden: Springer Vieweg.

Rechtsquellenverzeichnis

BBiG   Berufsbildungsgesetzt in der Fassung vom 01.01.2020

GG   Grundgesetz für die Bundesrepublik Deutschland in der im Bundesgesetz-blatt Teil III, Gliederungsnummer 100–1, veröffentlichten bereinigten Fassung, das zuletzt durch Artikel 1 u. 2 Satz 2 des Gesetzes vom 29. September 2020 (BGBl. I S. 2048) geändert worden ist

NFVG   Niedersächsisches Gesetz zur Regelung der Finanzverteilung zwischen Land und Kommunen (Niedersächsisches Finanzverteilungsgesetz- NFVG-) in der Fassung vom 13. September 2007, zuletzt geändert durch Artikel 2 des Gesetzes vom 16.12.2021 (Nds. GVBl. S. 883)

NSchG   Niedersächsisches Schulgesetz (NSchG) in der Fassung vom 3. März 1998, zuletzt geändert durch § 57 neu eingefügt, § 151a eingefügt durch Artikel 12 des Gesetzes vom 16.12.2021 (Nds. GVBl. S. 883)

Abbildungsverzeichnis

Tabellenverzeichnis

Anhang

A. Daten und Merkmale der generierten Stichprobe

Tabelle 20: Alters- und Geschlechterverteilung der Stichprobe

Altersklasse	Studierende	Studien-referendar*innen	Berufs-anfänger*innen	Erfahrene Lehrkräfte	Gesamt
<= 25	10	0	0	0	10
davon weiblich	5	0	0	0	5
26 - 35	17	5	9	1	32
davon weiblich	11	0	4	0	15
36 - 45	0	3	3	5	11
davon weiblich	0	1	2	3	6
46 - 55	0	0	0	10	10
davon weiblich	0	0	0	3	3
56 - 65	0	0	0	1	1
davon weiblich	0	0	0	0	0
66 - 75	0	0	0	1	1
davon weiblich	0	0	0	0	0

Tabelle 21: Berufsbiografische Merkmale der Stichprobe

	Studierende	Studien-referendar*innen	Berufs-anfänger*innen	Erfahrene Lehrkräfte	Summe
	n=27	n=8	n=12	n=18	n=65
Studiengang/-abschluss			Häufigkeiten		
Bachelor Wirtschaftspädagogik	12	./.	./.	./.	12
Master Wirtschaftspädagogik	15	./.	./.	./.	15
Wirtschaftspädagogik M. Ed.	./.	8	9	2	19
Dipl. Hdl./Dpl.- Berufsp.	./.	0	3	16	19
Promotion	./.	0	2	0	2
Gelernter Ausbildungberuf					
Bankkaufmann	8	5	3	3	19
Industriekaufmann	2	0	3	2	7
Groß- und Außenhandel	2	0	0	3	5
Büromanagement	1	0	0	1	2
Lager, Logistik und Spedition	1	1	0	0	2
Verwaltungsfachangestellte	1	0	1	0	2
Hotelkauffrau	1	0	0	0	1
Verkäufer/Einzelhandel	0	0	0	1	1
Schiffahrtskaufmann	0	0	0	1	1
Berufserfahrung					
<1 Jahr	5	1	5	2	13
1 bis 2 Jahre	0	2	3	3	8
3 bis 6 Jahre	1	3	0	3	7
> 6 Jahre	2	2	0	0	4
Zweitfach					
Deutsch	8	2	3	2	15
Sport	6	1	2	3	12
Politik	3	4	0	1	8
Fremdsprachen	4	0	1	2	7
Mathe	4	0	0	1	5
Informatik	2	0	0	1	3
Religion	0	1	1	0	2

./. Nicht im Fragebogen enthalten

Tabelle 22: Tätigkeitsmerkmale der Stichprobe

	Studien-referendar*innen	Berufs-anfänger*innen	Erfahrene Lehrkräfte	Summe
	n=8	n=12	n=18	
Unterrichtete Schulform	Häufigkeiten			
BS	5	11	14	30
FOS	4	7	6	17
BFS Wirtschaft	2	4	2	8
FS	0	2	1	3
BEK	2	0	0	2
BQ	1	1	0	2
BG	1	0	1	2
Unterrichtete Ausbildungsberufe				
Verkäufer/Einzelhandel	2	7	9	18
Lagerlogistik	2	5	3	10
Groß- und Außenhandel	0	3	4	7
Bankkaufleute	3	0	0	3
Industriekaufleute	1	0	2	3
Büromanagement	1	0	1	2
Steuerfachangestellte	1	1	0	2
Verwaltungsangestellte	1	1	0	2
Funktionsaufgaben				
Koordination Fachbereiche/Fächer	./.	1	8	9
Koordination besonderer Arbeitsbereiche	./.	0	3	3
Berufswahlorientierung	./.	0	2	2
Erstellung Stundenplan/Vertretungsplan	./.	0	2	2
Schulprogrammplanung	./.	0	0	0
Lernmittelbeschaffung	./.	0	0	0

./. Nicht im Fragebogen enthalten

B. Skalen und Güte des Kurzfragebogens

B.1 Test auf Normalverteilung der Dispositions- und Verhaltensskalen

Tabelle 23: Deskriptive Statistik: Skalen und Fragebogen

	Kolmogorov-Smirnov			Shapiro-Wilk		
	Statistik	**df**	**Signifikanz**	**Statistik**	**df**	**Signifikanz**
Selbstwirksamkeit SW	0,131	44	0,058	0,972	44	0,359
Technikbereitschaft TEB	0,133	44	0,048	0,964	44	0,185
Betriebsorientierte Unterrichtsgestaltung BEO	0,144	44	0,022	0,946	44	0,038

B.2 Items Selbstwirksamkeit

Einführung: „Hier geht es um Ihre persönlichen Einschätzungen. Bitte kreuzen Sie das Kästchen an, das am ehesten zutrifft."

Tabelle 24: Items Selbstwirksamkeit in Anlehnung an Jerusalem & Schwarzer (1999, S. 13); Datensatzvariablen VAR193 bis VAR212

Item	Frage	Trifft nicht zu	Trifft kaum zu	Trifft eher zu	Trifft genau zu
SW1	Es bereitet mir keine Schwierigkeiten, meine Absichten und Ziele zu verwirklichen.				
SW2	Schwierigkeiten sehe ich gelassen entgegen, weil ich meinen Fähigkeiten immer vertrauen kann.				
SW3	Was auch immer passiert, ich werde schon klarkommen.				
SW4	Wenn eine neue Sache auf mich zukommt, weiß ich, wie ich damit umgehen kann.				
SW5	Wenn ein Problem auf mich zukommt, habe ich meist mehrere Ideen, wie ich es lösen kann.				

B.3 Items Technologiebereitschaft

Einführung: „Die nachfolgenden Aussagen thematisieren Ihre ganz persönliche Haltung gegenüber und Ihren Umgang mit moderner Technik. Bitte kreuzen Sie das Kästchen an, das am ehesten auf Sie zutrifft."

Tabelle 25: Items Technikbereitschaft in Anlehnung an Neyer, Felber & Gebhardt (2012); Variablen VAR213 bis VAR248

Item	Frage	Trifft nicht zu	Trifft kaum zu	Trifft eher zu	Trifft genau zu
TEB1	Hinsichtlich technischer Neuentwicklungen bin ich sehr neugierig.				
TEB2	Ich finde schnell Gefallen an technischen Neuentwicklungen.				
TEB3	Ich bin stets daran interessiert, die neuesten technischen Geräte zu verwenden.				
TEB4	Wenn ich Gelegenheit dazu hätte, würde ich noch viel häufiger technische Produkte nutzen, als ich das gegenwärtig tue.				
TEB5	Im Umgang mit moderner Technik habe ich keine Angst, zu versagen.				
TEB6	Für mich stellt der Umgang mit technischen Neuerungen keine Überforderung dar.				
TEB7	Den Umgang mit neuer Technik finde ich einfach.				
TEB8	Ob ich erfolgreich in der Anwendung moderner Technik bin, hängt im Wesentlichen von mir ab.				
TEB9	Es liegt in meiner Hand, ob mir die Nutzung technischer Neuentwicklungen gelingt – mit Zufall oder Glück hat das wenig zu tun.				

B.4 Items Handlungsorientierte Unterrichtsgestaltung

Einführung: „Welche der folgenden Punkte treffen auf Sie bzw. Ihren Unterricht zu?"

Tabelle 26: Items zur handlungsorientierten Unterrichtsgestaltung (Quelle: Eigene Darstellung)

Item	Frage	Trifft nicht zu	Trifft kaum zu	Trifft eher zu	Trifft genau zu
HUG1	Ich orientiere mich immer an betrieblichen Handlungssituationen für meine Unterrichtsgestaltung.				
HUG2	Ich modifiziere Aufgabenstellungen so, dass sie nah an der betrieblichen Realität der Auszubildenden sind.				
HUG3	Ich setzte digitale Medien so im Unterricht ein, wie sie auch in betrieblichen Handlungssituationen Verwendung finden würden.				
HUG4	Ich konzipiere Klausuren so, dass eine möglichst betriebspraxisnahe Leistungsfeststellung möglich ist.				

B.5 Gruppenunterschiede Skalen

Tabelle 27: Unterschiedstest zwischen Studierenden und Nicht-Studierenden zur handlungsorientierten Unterrichtsgestaltung

	Skala: Handlungsorientierte Unterrichtsgestaltung HUG
Mann-Whitney-U-Test	48,000
Wilcoxon-W	454,000
Z	-4,339
Asymp. Sig. (2-seitig)	<,001

C. Quellen zum Literaturreview zur Überzeugungsforschung

Tabelle 28: Quellen des Literaturreview zu Gegenständen allgemeinbildungswissenschaftlicher Überzeugungsforschung national und international (Quelle: Eigene Darstellung)

Überzeugungsgegenstand	Autor*innen
Epistemologische Überzeugungen (n = 15)	E. Bender, Schaper & Seifert, 2018; Biedermann, Brühwiler & Krattenmacher, 2012; Blömeke, 2011; Dagarin Fojkar & Skubic, 2017; Gawlitza & Perels, 2013; Jaschke, 2018; Kampa, Neuman, Heitmann & Kremer, 2016; Kim, Kim, Lee, Spector & DeMeester, 2013; Kistner, Rakoczy, Otto, Klieme & Büttner, 2015; Kuhl, Moser, Schäfer & Redlich, 2013; Merk, Schneider, Bohl, Kelava & Syring, 2017; Rau, 2020; Schmotz & Blömeke, 2009; Sojat, 2020; Vladusic, Bucat & Ozic, 2020
Personenbezogener Überzeugungen (n = 13)	Butler, 2021; Dessibourg, 2020; Kampa, Kunter, Maaz & Baumert, 2011; Keller-Schneider, 2013; Knigge & Rotter, 2015; König, Kaiser & Felbrich, 2012; Läge & McCombie, 2015; Mellati, Khademi & Shirzadeh, 2015; Schüller & Kröner, 2017; Smrtnik Vitulic & Lesar, 2017; Steinmann, 2015; Vizek Vidovic & Domovic, 2019; Voss & Kunter, 2020
Unterrichtliche Überzeugungen (n = 11)	Aeschbacher & Wagner, 2016; Biedermann, Steinmann & Oser, 2015; Boraita, 2013; Dohrmann, 2021; Eckstein, Reusser, Stebler & Mandel, 2013; Endres, Risch, Schehl & Weinberger, 2020; Jucks & Päuler-Kuppinger, 2017; Kopp, 2009; Marcoux, Boraita & Crahay, 2016; Richter, Böhme, Becker, Pant & Stanat, 2014; Zabeli, Perolli Shehu & Anderson, 2021
Unterrichtstechnologien (n = 5)	Ertmer, Ottenbreit-Leftwich, Sadik, Sendurur & Sendurur, 2012; Hermans et al., 2008; Knüsel Schäfer, 2020; Timur & Tasar, 2011
Kontextbezogene Überzeugungen (n = 3)	U. Bender & Hertrampf, 2014; Bilz, Steger, Fischer, Schubarth & Kunze, 2016; Gay, 2010
Forschungsreview (n = 1)	Oser & Blömeke, 2012b

Tabelle 29: Quellen der Literaturreview zu Gegenständen berufs- und wirtschaftspädagogischer Überzeugungsforschung national und international (Quelle: Eigene Darstellung)

Überzeugungsgegenstand	Autor*innen
Epistemologische Überzeugungen (n = 28)	Abel & Stuflesser, 2006; Bauer, 2004; Benton, Casper, Karner & Tafner, 2018; Berding & Lamping, 2014; Berding, 2015; Berding et al., 2015; Berding, 2016a; Berding, 2016b; Berding, 2016c; Berding, Irmscher & Vossmann, 2018; Brownlee, Boulton-Lewis & Berthelsen, 2008; Csíkos, Kovács & Kereszty, 2018; Gruber, Harteis, Hasanbegovic & Lehner, 2007; Hanekamp, 2010; Kösel, 2012; Mokwinski, 2011; Müller, 2009; Müller & Sulimma, 2008; Müller, Rebmann & Liebsch, 2008; O'Brien, 2015; Schaap, Bruijn, van der Schaaf & Kirschner, 2009; Seifried, 2011; Sulimma, 2012; Wittmann, 2009; Zinn & Tenberg, 2010; Zinn, 2011; Zinn, 2012; Zinn & Sari, 2015

(Fortsetzung Tabelle 29)

Überzeugungsgegenstand	Autor*innen
Unterrichtliche Überzeugungen (n = 7)	Berger, Girardet, Vaudroz & Aprea, 2017; van Ginkel, Vermunt, Verloop & Berjaard, 2005; Girardet & Berger, 2018; Kreis & Staub, 2004; Lucas, Spencer & Claxton, 2012; Seifried, 2006; Warwas & Rausch, 2017
Kontextbezogene Überzeugungen (n = 6)	Chambliss & Chiariello, 1988; Kühlmann, 1987; Mitra & Matlay, 2004; Negrini, 2016; Rambe & Ndofirepi, 2016; van Uden, Ritzen & Pieters, 2014
Personenbezogene Überzeugungen (n = 5)	Berger & D'Ascoli, 2012; Nüesch & Metzger, 2010; Ortoleva & Bétrancourt, 2015; Sidiropoulou-Dimakakou, Argyropoulou, Drosos & Terzaki, 2012; van Houtte & Demanet, 2015
Unterrichtstechnologien (n = 4)	Cox & Prestridge, 2020; Khan & Markauskaite, 2017; Mukminin et al., 2019; Shedden, 2020
Forschungsreview (n = 2)	Seifried, 2010; Schaap, Baartman & Bruijn, 2012

D. Codierleitfaden

Tabelle 30: Codierleitfaden inhaltlich-deduktive Kategorien (Quelle: Eigene Darstellung)

Abkürzung	Name	Beschreibung/Leitfrage	Ankerbeispiel	Codierregel
ÜD	Überzeugungen zur Digitalisierung	Was verbindet die Person mit der Digitalisierung? Wie nimmt sie sie wahr? Welche Risiken und welche Chancen schreibt sie ihr zu?		
ÜD_WD	Wahrnehmung der Digitalisierung	Wie nimmt die Person die Digitalisierung wahr? Aussagen ohne Wertung.	„Ganz allgemein mit dem Begriff Digitalisierung, ähm, Einsatz von digitalen Endgeräten z. B. im Unterricht oder jetzt ganz aktuell Homeschooling über verschiedene Kanäle." (Erfahrene Lehrkraft \31S3L7.MP3: 5)	Wenn eine wertfreie Aussage zur Wahrnehmung der Digitalisierung getroffen wird.
ÜD_RD	Risiken der Digitalisierung	Welche Risiken sieht die Person durch die Digitalisierung.	„[...] aber auch im Betrieb, dass dort ja digitale Medien mehr zur Anwendung kommen, teilweise vielleicht auch Arbeit ersetzt wird." (Studierende \53U1S15.MP3: 3)	Wenn negativ konnotierte Aussagen allgemein zur Digitalisierung getroffen werden.
ÜD_VD	Vorteile der Digitalisierung	Welche Vorteile sieht die Person durch die Digitalisierung.	„Also positiv macht sich ja jetzt schon bemerkbar. Wie gesagt, dass wir viele Dinge an vielen verschiedenen Orten machen können." (Erfahrene Lehrkraft \30S4L9.MP3: 7)	Wenn positiv konnotierte Aussagen allgemein zur Digitalisierung getroffen werden.
ÜD_EE	Entwicklung der Digitalisierung	Welche chronologischen Eigenschaften hat die Digitalisierung? Ist sie ein dauerhafter oder ein absehbarer Prozess?	„Langfristig glaube ich gar nicht. Ich glaube, ähm, dass man für seinen Unterricht es immer beeinflussen kann" (Studienreferendar\9S2L3_gesamt: 17)	Wenn eine Aussage zum vermuteten Beginn, Ende und Verlauf der Digitalisierung getroffen wird.
ÜD_ÄU	Eingeschätzte Fähigkeit zur Veränderung des Unterrichts	Wie fähig fühlt sich die Person dahingehend, dass sie ihren Unterricht infolge der Digitalisierung anpassen und verändern kann?	„Also ich würde sagen, dass ich da nur ganz, ganz, ganz kleiner Tropfen im Meer sein würde [...]" (Studierende \52U1S14.MP3: 23)	Wenn eine positive oder negative Äußerung darüber getroffen wird, ob mit der Veränderung umgegangen werden kann oder nicht.
ÜD_NE	Normative Erwartungen	Deskriptive und injunktive normativ wahrgenommene Erwartung an die Person, Digitalisierung in den Unterricht einzubringen.	„Ich habe; der größte Anteil, der würde/also der geht mit, sobald jemand den Weg vorgibt" (Junge Lehrkraft\13S2L6: 116)	Wenn eine Aussage zur Bedeutung des sozialen Umfeldes für das eigene Handeln getroffen wird.

(Fortsetzung Tabelle 30)

Abkürzung	Name	Beschreibung/Leitfrage	Ankerbeispiel	Codierregel
ÜD_EK	Wahrgenommene Einstellung des Kollegiums	Wie nimmt das Kollegium die Digitalisierung wahr und welche Einstellung hat sie ihr gegenüber?	„Also ältere Kollegen, die wenig Interesse an dieser Entwicklung mit sich bringen, haben vielleicht auch wenig Interesse, ihren Unterricht dementsprechend anzupassen." (Studierende\45U1S7.MP3: 96)	Wenn eine Aussage über das Kollegium getroffen wird.
ÜD_LK	Digitalisierungsbezogene Lehrerkompetenzen	Welche digitalisierungsbezogenen Kompetenzen sind für Lehrkräfte wichtig?	„Selbst mit den Medien umzugehen, ist der eine Punkt." (Junge Lehrkraft \37S4L12.MP3: 123)	Wenn Aussagen über Kompetenzen oder Anforderungen getroffen werden, die die Lehrkraft betrifft.
ÜD_LB	Digitalisierungsbezogene Lehrerbildung	Welche digitalisierungsbezogenen Bildungsangebote müssen an welcher Stelle für Lehrkräfte angeboten werden?	„Vielleicht auch eine Schulung, die das auch ein bisschen mit sich bringt, dass man den Umgang mit SAP-Programmen hat, die man auch selber dann den Schülern beibringen kann." (Studierende\43U1S5.MP3: 114)	Wenn eine Aussage über Möglichkeiten getroffen wird, wie Lehrkräfte zur Digitalisierung aus- und weitergebildet werden können oder sollten.
DAÜ	**Digitalisierungsbezogene kaufmännisch arbeitsweltliche Überzeugungen**	**Wie wird sich die Digitalisierung auf kaufmännische Tätigkeiten durch Veränderungen von Arbeitsmitteln, Arbeitsformen sowie Geschäftsprozessen und -modellen verändern?**		
DAÜ_VG	Veränderungen von Geschäftsprozessen	Wie verändern sich Geschäftsprozess und -modelle durch die Digitalisierung?	„[…] im Einzelhandel ist die Digitalisierung ja auch längst schon angekommen, die Kassensysteme wurden umgestellt, die Prozessketten, die im Hintergrund laufen, sind alle digital gestützt." (Studienreferendar\36S2L10.MP3: 22)	Wenn Aussagen zu Prozessen, Vernetzungen oder Geschäftsmodellen getroffen werden.
DAÜ_AF	Veränderungen von Arbeitsformen	Wie verändern sich Tätigkeitsniveau, -routine und -dichte sowie der soziale und örtliche Kontext der Tätigkeitsausführung?	„Das bedeutet eigentlich für kaufmännische Tätigkeiten, dass sie komplexer in der Hinsicht werden, dass man vielleicht ein größeres Aufgabengebiet hat durch die Digitalisierung." (Studierende \44U1S6.MP3: 43)	Wenn Aussagen zu Veränderungen von Arbeitsformen getroffen werden.
DAÜ_TP	Veränderungen von Tätigkeitsprofilen	Wie verändert sich der Gegenstand von Tätigkeiten durch die Digitalisierung. Was wird zu welchem Zweck ausgeführt?	„Ja, komme ich auch wieder auf das von vorhin zurück. Bestimmte Sachen werden standardisiert, werden dann von Computern mit übernommen und wir brauchen weniger Arbeitskräfte, weil diese Computer dann nur noch quasi beobachtet werden müssen." (Erfahrene Lehrkraft \18S3L6.MP3: 51)	Wenn Aussagen zu konkreten Tätigkeiten getroffen werden.

(Fortsetzung Tabelle 30)

Abkürzung	Name	Beschreibung/Leitfrage	Ankerbeispiel	Codierregel
DAÜ_AK & AA & AE	Veränderungen von Kommunikationsmedien, Anwendungssystemen und digitalen Endgeräten	Wie wirkt sich die Digitalisierung auf kaufmännische Arbeitsmittel aus und welche sind künftig relevant?	„[...] also Sicherheit in Word, Excel, PowerPoint, vielleicht auch noch, ja, gut dann diese ganzen Datenbankprogramme wie Access [...]" (Junge Lehrkraft\37S4L12.MP3: 45)	Wenn Aussagen zu Hard- und Software oder Technologien getroffen werden.
DWÜ	**Digitalisierungsbezogene fach- bzw. wirtschaftsdidaktische Überzeugungen**	**Welche fach- bzw. wirtschaftsdidaktische Bedeutung hat die Digitalisierung für den kaufmännischen Unterricht?**		
DWÜ_KGP	Geschäftsprozessbezogene Kompetenzanforderungen an kaufmännische Fachkräfte	Welche Kompetenzanforderungen ergeben sich aus digitalisierungsbezogenen Veränderungen von Geschäftsprozessen und -modellen?	„[...] also ich denke, man muss in etwas komplexeren Zusammenhängen denken können, man muss ein gewisses Abstrahierungsniveau haben [...]" (Erfahrene Lehrkraft\24S4L4.MP3: 31)	Wenn Aussagen zu Kompetenzanforderungen in Verbindung zu Geschäftsprozessen getroffen werden.
DWÜ_KAF	Arbeitsformbezogene Kompetenzanforderungen an kaufmännische Fachkräfte	Welche Kompetenzanforderungen ergeben sich aus digitalisierungsbezogenen Veränderungen von Arbeitsformen?	„Also erst einmal allgemein Teamfähigkeit, würde ich sagen." (Studierende \53U1S15.MP3: 45)	Wenn Aussagen zu Kompetenzanforderungen gemacht werden, die zum Arbeiten in neuen Arbeitsformen relevant sind.
DWÜ_KAM	Arbeitsmittelbezogene Kompetenzanforderungen an kaufmännische Fachkräfte	Welche Kompetenzanforderungen ergeben sich aus digitalisierungsbezogenen Veränderungen kaufmännischer Arbeitsmittel wie Hard- und Software?	„[...] also Sie müssen ja auf jeden Fall mit diesen ganzen Computerprogrammen umgehen können, da vielleicht auch ein bisschen vernetzt denken können müssen, aber um das aufbewahren zu können [...]" (Erfahrene Lehrkraft \17S3L5.MP3: 33)	Wenn Aussagen zu Kompetenzanforderungen gemacht werden, die zur Nutzung neuer Arbeitsmittel relevant sind.
DWÜ_UP	Überzeugungen zu Unterrichtsprozessmerkmalen	Wie ist der berufsschulische Unterricht zu gestalten, damit kaufmännische Auszubildende auf eine digitalisierte Arbeitswelt vorbereitet werden? Keine Technologien, sondern nur wirtschaftsdidaktisch-methodische Gestaltung des Unterrichts.	„Die Digitalisierung hat eine Bedeutung für den Berufsschulunterricht, weil es kann einerseits helfen, diese Theorie mit der Praxis zu verknüpfen [...]" (Junge Lehrkraft\29S4L8.MP3: 57)	Wenn Aussagen zur Gestaltung des Unterrichts aus fach- bzw. wirtschaftsdidaktischer Perspektive getroffen werden. Aussagen zu Technologien mit arbeitsweltlichem Digitalisierungsbezug werden in TIÜ codiert.
DWÜ_UI	Überzeugungen zu digitalisierungsbezogenen Unterrichtsinhalten	Welche Unterrichtsinhalte sollten infolge der Digitalisierung überarbeitet oder ersetzt werden?	„Ja, wenn ich an den Bereich der/des Rechnungswesens denke, wird ja sehr viel, ganz klassisch Schritt für Schritt per Hand errechnet, ermittelt." (Erfahrene Lehrkraft\21S4L1.MP3: 77)	Wenn Aussagen zu Fächern, Lernfeldern oder Unterrichtsinhalten getroffen werden, die infolge der Digitalisierung modernisiert werden sollten oder obsolet sind.
DWÜ_VK	Überzeugungen zu Vorkenntnissen von	Welche Vorkenntnisse sollten Schüler*innen vor Beginn der Ausbil-	„Die sollten auf jeden Fall immer Lust haben, was Neues zu entdecken, auch grade im Rah-	Wenn Aussagen zu Vorkenntnissen getroffen werden, die

(Fortsetzung Tabelle 30)

Abkürzung	Name	Beschreibung/Leitfrage	Ankerbeispiel	Codierregel
	Schüler*innen zu Digitalisierung	dung bereits mitbringen, um mit der Digitalisierung mithalten zu können.	men der Digitalisierung [...]" (Erfahrene Lehrkraft \17S3L5.MP3: 77)	für das Absolvieren einer Ausbildung relevant sind.
DWÜ_VS	Überzeugungen zu Verständnisschwierigkeiten zu Digitalisierung	Welche Auswirkungen oder Aspekte der Digitalisierung könnten für Schüler*innen schwer verständlich sein?	„[...] ich glaube, teilweise ist das sehr unterschiedlich, für einige ist das tatsächlich noch schwer zu verstehen, dass das die Zukunft ist" (Junge Lehrkraft \4S1L4: 97)	Wenn Aussagen zu schwer Verständnishürden über die Digitalisierung getroffen werden.
DWÜ_SV	Überzeugungen darüber, was sich Schüler*innen unter der Digitalisierung vorstellen.	Was stellen sich Schüler*innen aus Sicht der Lehrkraft unter der Digitalisierung vor?	„Ich glaube, die sind noch sehr in den Geräten bezogen, also eher, dass/Digitalisierung verbinden sie häufig noch mit Privatem" (Erfahrene Lehrkraft \22S4L2.MP3: 75)	Wenn Aussagen über Schülervorstellungen zur Digitalisierung getroffen werden.
DPÜ	**Digitalisierungsbezogene pädagogische Überzeugungen**	**Welche Überzeugungen tragen Lehrkräfte zur Digitalisierung aus pädagogischer Perspektive?**		
DPÜ_UP	Überzeugungen zu Unterrichtsprozessmerkmalen	Wie ist der Unterricht aus pädagogischer Perspektive zur Digitalisierung zu gestalten?	„Also mein Gefühl ist irgendwie, dass es vielleicht den Unterricht so verändert, dass die Schüler mehr selbstgesteuert lernen" (Studierende\I3 S3: 28)	Wenn Aussagen zu methodisch-didaktischen Unterrichtsmerkmalen getroffen werden. Auch als methodisch-didaktische Folge des Einsatzes von Technologien.
DPÜ_K	Überzeugungen zu überberuflichen Kompetenzanforderungen	Welche überberuflichen Kompetenzanforderungen sind aufgrund der Digitalisierung in der Ausbildung zu fördern?	„Gewissenhaftigkeit und dann geht das da auch schon, ja. Also da sind keine großen Kompetenzen nötig im digitalen Bereich." (Junge Lehrkraft\26S4L5.MP3: 37)	Wenn Aussagen zu überberuflichen Kompetenzen oder Schlüsselkompetenzen getroffen werden.
DPÜ_EA	Überzeugungen zum Begriff Digitalisierung: Arbeitsweltlich	Wie würde die Lehrkraft den Begriff „Digitalisierung" seinen Schüler*innen erklären, wenn aus arbeitsweltlicher Sicht argumentiert wird?	„Digitalisierung ist, Prozesse im Unternehmen darzustellen, zu vereinfachen, alles das, was früher Papier war, kann man jetzt im Digitalen machen" (Erfahrene Lehrkraft\22S4L2.MP3: 77)	Wenn Aussagen zur Begriffserklärung aus arbeitsweltlicher Sicht zur Begriffserklärung getroffen werden.
DPÜ_EL	Überzeugungen zum Begriff Digitalisierung: Lebensweltlich	Wie würde die Lehrkraft den Begriff „Digitalisierung" seinen Schüler*innen erklären, wenn aus lebensweltlicher Sicht argumentiert wird?	„Ich würde antworten, dass es ein stetiger Wandel im Alltag ist, dass man eher von diesen handlichen Dingen weggeht ins Programmierbare [...]." (Studierende\42U1S4.MP3: 80)	Wenn Aussagen zur Begriffserklärung aus lebensweltlicher Sicht zur Begriffserklärung getroffen werden.

(Fortsetzung Tabelle 30)

Abkürzung	Name	Beschreibung/Leitfrage	Ankerbeispiel	Codierregel
DPÜ_L	Überzeugungen zur Leistungsmessung und -beurteilung	Welche Bedeutung hat die Digitalisierung zur Messung und Beurteilung von Lernleistungen?	„Also das finde ich auch sehr wichtig und da gibts halt auch viele Möglichkeiten, einfach fairer zu beurteilen, objektiver zu beurteilen, als das in dem klassischen Fall vorkommt." (Studierende\51U1S13.MP3: 85)	Wenn Aussagen zu Assessments, Klausuren, Prüfungsformaten etc. getroffen werden.
TIÜ	**Technologisch inhaltliche Überzeugungen**	**Wie können Technologien, die auch betrieblich genutzt werden, im Unterricht eingesetzt werden?**		
TIÜ_TIB	Überzeugungen zur Veränderung von Unterrichtsinhalten durch Technologien	Wie verändern Technologien die Wahrnehmung von Unterrichtsgegenständen?	„Risiken sind, da finde ich definitiv die Tatsache, dass sie dann die entsprechenden Prozesse, die automatisch ausgeführt werden, gar nicht mehr selber ausführen können" (Studierende\38U1S1.MP3: 102)	Wenn Aussagen zum Einfluss der Digitalisierung auf berufliche Fähigkeiten und die Wahrnehmung von Unterrichtsgegenständen getroffen werden.
TIÜ_ALU	Überzeugungen zur Gestaltung authentischer Lernumgebungen	Welche Bedeutung hat die Digitalisierung bei der Gestaltung betrieblich authentischer Lernumgebungen?	„[...] dass man z. B. Geschäftsprozesse oder Produktions- und Arbeitsabläufe halt schon weitergeben kann und das halt sehr nahe an der Realität." (Studierende\42U1S4.MP3: 65)	Wenn Aussagen zum Einsatz von Technologien in Verbindung zu Gestaltung betrieblich authentischer Lernumgebungen getroffen werden.
TIÜ_ILB	Überzeugungen zur authentischen Leistungsmessung und -beurteilung	Welche Bedeutung hat die Digitalisierung bei der Gestaltung betrieblich authentischer Leistungsbeurteilungen?	„[...] man kann alles viel realer gestalten, man kann einer Handlungssituation so viel näher kommen." (Studierende\51U1S13.MP3: 83)	Wenn Aussagen zum betriebsauthentische Technologieeinsatz zur Leistungsmessung und -beurteilung getroffen werden.
TPÜ	**Technologisch pädagogische Überzeugungen**	**Wie können Technologien genutzt werden, um den Unterricht aus didaktisch-methodischer Sicht zu gestalten?**		
TPÜ_UG	Überzeugungen zur Unterrichtsgestaltung mit digitalen Medien	Welche Bedeutung haben digitale Medien zur Unterrichtsgestaltung?	„Kahoot zum Beispiel, das hab ich häufig benutzt [...] hauptsächlich, um beispielsweise mal Grammatik zu wiederholen oder ja irgendein Thema noch mal zu wiederholen." (Erfahrene Lehrkraft\31S3L7.MP3: 73)	Wenn Aussagen zum Einsatz von Technologien zur Unterrichtsgestaltung getroffen werden.
TPÜ_PDM	Überzeugungen zu Potenzialen digitaler Medien	Welche Potenziale haben digitale Medien für den Unterricht?	„[...] da Kompetenzen geschult werden, die benötigt werden. Dass Ängste abgebaut werden. Dass die Schüler offener werden gegenüber den digitalen Medien und sich gegenseitig unterstützen" (Junge Lehrkraft\2S1L2: 203)	Wenn Aussagen zu Vorteilen und Potenzialen digitaler Medien im Unterricht getroffen werden.

(Fortsetzung Tabelle 30)

Abkürzung	Name	Beschreibung/Leitfrage	Ankerbeispiel	Codierregel
TPÜ_RDM	Überzeugungen zu Risiken digitaler Medien	Welche Risiken hat der Einsatz von digitalen Medien im Unterricht?	„[...] ja oder sich komplett unterrichtsfremd mit ihren Smartphones beschäftigen." (Junge Lehrkraft\26S4L5.MP3: 97)	Wenn Aussagen zu Nachteilen und Risiken digitaler Medien im Unterricht getroffen werden.
TPÜ_LB	Überzeugungen zur technologiegestützten Leistungsmessung und -beurteilung	Welche Bedeutung haben Technologien bei der Leistungsmessung und -beurteilung?	„Man kann anstatt einer Klausur die Schülerinnen und Schüler irgendwas erarbeiten lassen, ein Projekt erarbeiten lassen, ein Lern- und Erklärvideo erstellen lassen, was dann als Klausur gewertet wird. (Studienreferendar\36S2L10.MP3: 87)	Wenn Aussagen zu Technologien in Verbindung zu Leistungsmessung und -beurteilung getroffen werden.
TPÜ_DM	Wahrnehmung digitale Medien	Was sind digitale Medien aus Sicht der Lehrkraft?	„Digitale Medien sind für mich zum Beispiel ein Laptop, ein Smartphone, ein Fernseher, ein E-Book, solche Sachen" (Studienreferendar\11S2L5: 8–8)	Aussagen, die zur Frage darüber, was digitale Medien sind getroffen werden.

E. Kategoriensystem

ÜD: Überzeugungen zur Digitalisierung			
ÜD_WD	**Wahrnehmung der Digitalisierung**	**ÜD_EE**	**Entwicklung der Digitalisierung**
ÜD_WD 1	Nutzung Endgeräte	ÜD_EE 1	Ausgelöst durch technologische Entwicklung
ÜD_WD 2	Digitale Medien und Tools im Unterricht	ÜD_EE 2	Digitalisierung endlos
ÜD_WD 3	Digitisation	ÜD_EE 3	Digitalisierung beeinflussbar
ÜD_WD 4	Vernetzung und Kommunikation	ÜD_EE 4	Digitalisierung nicht beeinflussbar
ÜD_WD 5	Neue Lehr-Lern-Möglichkeiten	ÜD_EE 5	Beginn 90er-Jahre
ÜD_WD 6	Coronafolge	ÜD_EE 6	Beginn 21. Jhd.
ÜD_WD 7	Digitale Arbeitswelt	ÜD_EE 7	Ausgelöst durch Globalisierung und Wettbewerb
ÜD_WD 8	Neue Lehrerrolle	ÜD_EE 8	Digitalisierung dauert 5 - 10 Jahre
ÜD_WD 9	Neue Kompetenzanforderungen SuS	ÜD_EE 9	Ausgelöst durch Politik
ÜD_WD 10	Neue Kompetenzanforderungen Lehrer	ÜD_EE 10	Beginn erster/zweiter Weltkrieg
ÜD_WD 11	Berufsbilder und Ordnungsmittel modernisieren	ÜD_EE 11	Ausgelöst durch Umweltschutz
ÜD_WD 12	Neue Unterrichtsinhalte	ÜD_EE 12	Ausgelöst durch Corona
ÜD_WD 13	Digitale Technologien Lebenswelt	**ÜD_ÄU**	**Einstellung zur Änderung des Unterrichts**
ÜD_WD 14	Technologischer Fortschritt	ÜD_ÄU 1	Negative Einstellung
ÜD_WD 15	Bildung für den Beruf	ÜD_ÄU 2	Positive Einstellung
ÜD_WD 16	Lebenslanges Lernen	**ÜD_NE**	**Normative Erwartung**
ÜD_WD 17	Digitisation Unterricht	ÜD_NE 1	Deskriptive normative Erwartung
ÜD_WD 18	Onlineshoping	ÜD_NE 2	Sich selbst überlassen
ÜD_WD 19	Nutzung von Daten	ÜD_NE 3	Injunktiv Schulleitung/Abteilungsleitung
ÜD_RD	**Risiken der Digitalisierung**	ÜD_NE 4	Injunktiv Ordnungsmittel
ÜD_RD1	Verlust sozialer Interaktion	ÜD_NE 5	Injunktiv Politik
ÜD_RD2	Arbeitsplatzverlust	ÜD_NE 6	Injunktiv Gesellschaft
ÜD_RD3	Digitale Überreizung	ÜD_NE 7	Injunktiv Betriebe
ÜD_RD4	Preisgabe privater Daten	ÜD_NE 8	Injunktiv Corona-Situation
ÜD_RD5	Verlust Eigenständigkeit	ÜD_NE 9	Injunktiv Schüler
ÜD_RD6	Fakenews und Medienmanipulation	**ÜD_EK**	**Digitalisierungsbezogenen Einstellungen Kollegium**
ÜD_RD7	Mehraufwand Einarbeitung und Digitisation	ÜD_EK 1	Ältere wenig offen
ÜD_RD8	Technik- und Medienabhängigkeit	ÜD_EK 2	Jüngere offener
ÜD_RD9	Unzureichende/r Datenschutz & -sicherheit	ÜD_EK 3	Eher ablehnend
ÜD_RD10	Körperliche Risiken	ÜD_EK 4	Insgesamt offen
ÜD_RD11	Verlust Schreibkompetenzen	ÜD_EK 5	Studierende offener als Lehrkräfte
ÜD_RD12	Generationskonflikte	ÜD_EK 6	Ältere sorgfältiger
ÜD_RD13	Cybermobbing	ÜD_EK 7	Studierende ablehnend
ÜD_RD14	Arbeit-Freizeit verschwimmt	**ÜD_LK**	**Digitalisierungsbezogene Lehrerkompetenzen**
ÜD_RD15	Selbstbenachteiligung	ÜD_LK 1	Medienkompetenz
ÜD_RD16	Keine negativen Folgen	ÜD_LK 2	Domänenbezogene Digitalkompetenzen
ÜD_RD17	Verlust Printmedien	ÜD_LK 3	Soft- und Hardwarekompetenzen
ÜD_RD18	Onlinebetrug	ÜD_LK 4	Offenheit für digitale Medien
ÜD_VD	**Vorteile der Digitalisierung**	ÜD_LK 5	Digitale Kommunikationskompetenz
ÜD_VD 1	(Arbeits-)Erleichterung	ÜD_LK 6	Datenschutz- und sicherheit
ÜD_VD 2	Neue Unterrichtsmöglichkeiten	ÜD_LK 7	Medieneinsatz reflektieren
ÜD_VD 3	Bessere Kommunikationsmöglichkeiten	ÜD_LK 8	Kritisches Denken
ÜD_VD 4	Ökologische Vorteile	ÜD_LK 9	Lebenslages Lernen
ÜD_VD 5	Flexible Arbeitsorte	ÜD_LK 10	Datenverarbeitungskompetenz
ÜD_VD 6	Kollaboration zwischen Lehrern	ÜD_LK 11	Präsentationskompetenz
ÜD_VD 7	Neue Berufe entstehen	ÜD_LK 12	Problemlösekompetenz
ÜD_VD 8	Bessere Weiterentwicklungsmöglichkeiten	ÜD_LK 13	Mensch-Maschinenschnittstelle kennen
ÜD_VD 9	Mehr Spaß am Beruf	ÜD_LK 14	Englischkenntnisse
ÜD_VD 10	Anpassung an die Wirtschaft	ÜD_LK 15	Komplexität Digitalisierung antizipieren
		ÜD_LK 16	Konstruktivität
		ÜD_LK 17	Kontrollverlust zulassen
		ÜD_LK 18	Planspiele einsetzen können
		ÜD_LK 19	Problemorientierte Aufgaben konzipieren
		ÜD_LK 20	Wissenschaftliche Erkenntnisse nutzen
		ÜD_LB	**Digitalisierungsbezogene Lehrerbildung**
		ÜD_LB 1	Fortbildungen
		ÜD_LB 2	Studium
		ÜD_LB 3	Eigeninitiative
		ÜD_LB 4	Ausstattung bereitstellen
		ÜD_LB 5	Mehr Fort- und Weiterbildungen absolvieren
		ÜD_LB 6	Multiplikatoren
		ÜD_LB 7	Arbeitskreise
		ÜD_LB 8	Im Studienseminar
		ÜD_LB 9	Individuelle Freiräume
		ÜD_LB 10	Top-down -Ansatz
		ÜD_LB 11	Inhaltliche Lernortkooperation
		ÜD_LB 12	Lebenslanges Lernen
		ÜD_LB 13	Messen
		ÜD_LB 14	Schülergespräche

DAÜ: Digitalisierungsbezogene arbeitsweltliche-kaufmännische Überzeugungen			
DAÜ_VG	**Veränderungen von Geschäftsprozessen**	**DAÜ_TP**	**Veränderungen von Tätigkeitsprofilen**
DAÜ_VG 1	Automatisierte digitale Geschäftsprozesse	DAÜ_TP 1	Steuern, optimieren, überwachen
DAÜ_VG 2	Optimierte Geschäftsprozesse	DAÜ_TP 2	Dateneingaben
DAÜ_VG 3	Mehr E-Commerce	DAÜ_TP 3	Digitale Beratung
DAÜ_VG 4	Unternehmensvernetzung	DAÜ_TP 4	Papierablage
DAÜ_VG 5	Globalere transparentere Märkte	DAÜ_TP 5	Unterschriften, Verträge etc. analog
DAÜ_VG 6	Robotereinsatz	DAÜ_TP 6	Datenanalyse
DAÜ_VG 7	Customer Self-Service	DAÜ_TP 7	Routenplanung
DAÜ_VG 8	Social-Media-Marketing	DAÜ_TP 8	Produktlebenszyklus nachverfolgen
DAÜ_VG 9	Keine Bedeutung im Handel	DAÜ_TP 9	Geschäftskorrespondenz
DAÜ_VG 10	Komplexere Datenmengen	DAÜ_TP 10	Preiskalkulation
DAÜ_VG 11	Outsourcing	**DAÜ_AK**	**Veränderungen von Arbeitsmitteln - Kommunikationsmedien**
DAÜ_VG 12	Supply Chain Management	DAÜ_AK 1	E-Mail
DAÜ_VG 13	Kundenorientiertere Geschäftsprozesse	DAÜ_AK 2	Videokonferenzen
DAÜ_VG 14	keine Bedeutung Lagerlogistik	DAÜ_AK 3	Telefon
DAÜ_AF	**Veränderungen von Arbeitsformen**	DAÜ_AK 4	Kommunikationsplattformen
DAÜ_AF 1	Digital unterstützte Tätigkeiten	DAÜ_AK 5	Messenger
DAÜ_AF 2	Monotonere einfache Tätigkeiten	DAÜ_AK 6	Soziale Netzwerke
DAÜ_AF 3	Komplexere und anspruchvollere Tätigkeiten	DAÜ_AK 7	Chatbots
DAÜ_AF 4	Kommunikative Tätigkeiten	DAÜ_AK 8	Chatprogramme
DAÜ_AF 5	Einfache analoge Tätigkeiten	DAÜ_AK 9	Print-Brief
DAÜ_AF 6	Tätigkeiten werden erleichtert	DAÜ_AK 10	Sprachnachrichten
DAÜ_AF 7	Tätigkeiten in intransparenten Prozessen	**DAÜ_AA**	**Veränderungen von Arbeitsmitteln - Anwendungssysteme**
DAÜ_AF 8	Verdichtete Tätigkeiten	DAÜ_AA 1	ERP-Systeme
DAÜ_AF 9	Neue Arbeits- und Beschäftigungsformen	DAÜ_AA 2	Tabellenkalkulation
DAÜ_AF 10	Spezialisierung von Tätigkeiten	DAÜ_AA 3	Textverarbeitung
DAÜ_AF 11	Abwechslungsreichere Tätigkeiten	DAÜ_AA 4	PowerPoint
DAÜ_AF 12	Problemlösetätigkeiten	DAÜ_AA 5	Datenbanksysteme
DAÜ_AF 13	Kreative Tätigkeiten	DAÜ_AA 6	Kassensysteme
DAÜ_AF 14	Weniger selbstbestimmte Tätigkeiten	DAÜ_AA 7	Social-Media-Plattformen
DAÜ_AF 15	Digital kollaborativ arbeiten	DAÜ_AA 8	Dateimanagementsysteme
DAÜ_AF 16	Ortsunabhängig arbeiten	DAÜ_AA 9	Onlineshops
DAÜ_AF 17	Internationale Zusammenarbeit	DAÜ_AA 10	Visualisierungstools
		DAÜ_AA 11	Webservices
		DAÜ_AA 12	Intranet
		DAÜ_AA 13	keine Vorstellung
		DAÜ_AA 14	Spacherkennung
		DAÜ_AE	**Veränderungen von Arbeitsmitteln - Digitale Endgeräte**
		DAÜ_AE 1	Tablet, Laptop, Smartphone
		DAÜ_AE 2	VR-AR

DWÜ: Digitalisierungsbezogene wirtschaftsdidaktische Überzeugungen			
DWÜ_KGP	**Kompetenzanforderungen aus Geschäftsprozessen**	**DWÜ_VK**	**Digitalisierungsbezogene relevante Vorkenntnisse**
DWÜ_KGP 1	Betriebswirtschaftliches Fachwissen	DWÜ_VK 1	Medien zielgerichtet nutzen
DWÜ_KGP 2	Systematisches/Vernetztes Denken	DWÜ_VK 2	Offenheit
DWÜ_KGP 3	Datenanalyse- und Interpretationsfähigkeiten	DWÜ_VK 3	Besitzen bereits relevante Kompetenzen
DWÜ_KGP 4	Problemlösekompetenz	DWÜ_VK 4	Niedrigere Qualifikationsanforderungen
DWÜ_KGP 5	Innovationen aufgreifen und vorantreiben	DWÜ_VK 5	Selbstkompetenz
DWÜ_KGP 6	Geschäftsprozesswissen	DWÜ_VK 6	Höhere Qualifikationsanforderungen
DWÜ_KGP 7	Abstraktionsfähigkeit	DWÜ_VK 7	Bewertung von Informationen
DWÜ_KGP 8	E-Commerce-Wissen	DWÜ_VK 8	Lernkompetenzen
DWÜ_KGP 9	Internationales Denken und Handeln	DWÜ_VK 9	Sozialkompetenzen
DWÜ_KGP 10	Prozessgestaltungsfähigkeiten	DWÜ_VK 10	Mathekompetenzen
DWÜ_KGP 11	Mathematische Kompetenz	DWÜ_VK 11	Relevanz Digitalisierung antizipieren
DWÜ_KAF	**Kompetenzanforderungen aus Arbeitsformen**	DWÜ_VK 12	Sprache in Medien zielgerichtet nutzen
DWÜ_KAF 1	Fremdsprachenkompetenz	DWÜ_VK 13	Innovationen aufgreifen und vorantreiben
DWÜ_KAF 2	Sozialkompetenz	DWÜ_VK 14	Kritisches Denken
DWÜ_KAF 3	Verantwortungsvoll digital zusammenarbeiten	DWÜ_VK 15	Methodenkompetenz
DWÜ_KAM	**Kompetenzanforderungen aus Arbeitsmitteln**	DWÜ_VK 16	Mündigkeit
DWÜ_KAM 1	Organisations- und Strukturierungskompetenz	DWÜ_VK 17	Strukturiertheit
DWÜ_KAM 2	Selbstständig lernen (mit IT/Medienbezug)	DWÜ_VK 18	Konzentrationsfähigkeit
DWÜ_KAM 3	Inhalte weniger relevant	DWÜ_VK 19	Englischkenntnisse
DWÜ_KAM 4	IT-Problemlösefähigkeiten	**DWÜ_VS**	**Verständnisschwierigkeiten der Lernenden**
DWÜ_KAM 5	Kreativität	DWÜ_VS 1	Komplexität der Digitalisierung
DWÜ_KAM 6	Kritisches Denken	DWÜ_VS 2	Rahmenbedingungen Medien berücksichtigen
DWÜ_KAM 7	Programmierwissen	DWÜ_VS 3	Medien zielgerichtet nutzen
DWÜ_KAM 8	Kommunikation von Informationen	DWÜ_VS 4	Digitale nicht sichtbare Prozesse
DWÜ_KAM 9	Bewertung von Informationen	DWÜ_VS 5	Verarbeitung von Informationen
DWÜ_KAM 10	Recherche von Informationen	DWÜ_VS 6	Sprache zielgerecht nutzen
DWÜ_KAM 11	Verarbeitung von Informationen	DWÜ_VS 7	Digitalisierung von Geschäftsprozessen
DWÜ_KAM 12	Sprache zielgerichtet nutzen	DWÜ_VS 8	Risiko Substitution
DWÜ_KAM 13	Rahmenbedingungen von Medien berücksichtigen	DWÜ_VS 9	Veränderung von Berufen
DWÜ_KAM 14	Medien zielgerichtet nutzen	DWÜ_VS 10	Relevanz von Fachwissen
DWÜ_UP	**Unterrichtsprozessmerkmale**	DWÜ_VS 11	Bewertung von Informationen
DWÜ_UP 1	Betriebliche Lernsituationen gestalten	DWÜ_VS 12	New-Work-Anforderungen
DWÜ_UP 2	Lernbüros	**DWÜ_SV**	**Digitalisierungsbezogene Schülervorstellungen**
DWÜ_UP 3	Lernortkooperationen	DWÜ_SV 1	Digitale Endgeräte
DWÜ_UP 4	Berufsorientierung im Unterricht	DWÜ_SV 2	Digitale Unterrichtsmedien
DWÜ_UP 5	Komplexität Digitalisierung reduzieren	DWÜ_SV 3	Internet und Unterhaltung
DWÜ_UP 6	Projektarbeit	DWÜ_SV 4	Soziale Medien
DWÜ_UP 7	Abkehr von Lernsituationen	DWÜ_SV 5	Digitale Arbeitswelt
DWÜ_UP 8	Prozessorientierung	DWÜ_SV 6	Digitale Kommunikation
DWÜ_UI	**Berufsschulische Unterrichtsinhalte**	DWÜ_SV 7	Digitalisierung ist Status quo/normal
DWÜ_UI 1	Modernisierung Rechnungswesen und Controlling	DWÜ_SV 8	Wegfall von Arbeitsplätzen
DWÜ_UI 2	Bedeutung Digitalisierung thematisieren	DWÜ_SV 9	Digitalisierung Lebenswelt
DWÜ_UI 3	IK-Technologien thematisieren		
DWÜ_UI 4	Datenschutz- und Sicherheit thematisieren		
DWÜ_UI 5	Interdisziplinäre Unterrichtsinhalte einbinden		
DWÜ_UI 6	Modernisierung Absatz und Beschaffung		
DWÜ_UI 7	Unterrichtsinhalte nicht betroffen		
DWÜ_UI 8	Modernisierung Politik		
DWÜ_UI 9	Nachhaltigkeit thematisieren		
DWÜ_UI 10	Modernisierung Verkaufs- und Beratungsgespräche		
DWÜ_UI 11	Modernisierung Lagerhaltung		
DWÜ_UI 12	Modernisierung Deutsch		
DWÜ_UI 13	Modernisierung Produktionsfaktoren		
DWÜ_UI 14	Datenbanken unrelevanter		
DWÜ_UI 15	Modernisierung Personalwirtschaft		

DPÜ: Digitalisierungsbezogene pädagogische Überzeugungen		TiÜ: Technologisch inhaltliche Überzeugungen	
DPÜ_UP	**Unterrichtsprozessmerkmale**	**TiÜ_TIB**	**Technologisch-inhaltliche Beeinflussung**
DPÜ_UP 1	Offener selbstgesteuerter Unterricht	TiÜ_TIB 1	Verlust beruflicher Fertigkeiten
DPÜ_UP 2	Kooperative Lernformen	TiÜ_TIB 2	Verschleierung von Prozessen
DPÜ_UP 3	Präsenzunterricht	**TiÜ_ALU**	**Technologien zur Gestaltung authentischer Lernumgebungen**
DPÜ_UP 4	Einzelarbeit	TiÜ_ALU 1	Betriebsauthentischer Technologieeinsatz
DPÜ_UP 5	Komplexere Lernarragements	TiÜ_ALU 2	Nutzung betrieblicher Technologien schulen
DPÜ_UP 6	Frontalunterricht	TiÜ_ALU 3	Planspiele
DPÜ_K	**Überberufliche Kompetenzanforderungen**	**TiÜ_ILB**	**Leistungsmessung und -beurteilung**
DPÜ_K 1	Selbstkompetenz	TiÜ_ILB 1	Betriebsauthentische Klausuraufbereitung
DPÜ_K 2	Lernkompetenzen (ohne IT/Medienbezug)		
DPÜ_K 3	Lese- und Schreibkompetenzen		
DPÜ_K 4	Resilienz		
DPÜ_EA	**Begriffserklärung an Arbeitswelten**		
DPÜ_EA 1	Prozess- und Organisationsveränderungen		
DPÜ_EA 2	Medieneinsatz im Arbeitsprozess		
DPÜ_EL	**Begriffserklärung an Lebenswelten**		
DPÜ_EL 1	Digitale Technologien Lebenswelt		
DPÜ_EL 2	Digitisation		
DPÜ_EL 3	Digitale Medien im Unterricht		
DPÜ_EL 4	Technologischer Fortschritt		
DPÜ_EL 5	Digitale Kommunikation		
DPÜ_EL 6	Soziale Medien		
DPÜ_EL 7	Veränderung der Lebenswelt		
DPÜ_EL 8	Veränderung der Bildungswelt		
DPÜ_EL 9	Risiken durch Digitalisierung		
DPÜ_L	**Leistungsmessung und -beurteilung**		
DPÜ_L 1	Ungewissheit über Beurteilungskriterien		
DPÜ_L 2	Steigerung Objektivität		
DPÜ_L 3	Förderung Inklusion		

TPÜ: Technologisch-pädagogische Überzeugungen			
TPÜ_UG	**Unterrichtsgestaltung mit digitalen Medien**	**TPÜ_LB**	**Leistungsmessung und -beurteilung**
TPÜ_UG 1	Einsatz digitaler Medien (allgemein)	TPÜ_LB 1	Komplexere Leistungstests möglich
TPÜ_UG 2	Einsatz von Standardsoftware	TPÜ_LB 2	Datenschutz gewährleisten
TPÜ_UG 3	Medieneinsatz abwägen	TPÜ_LB 3	Schnelle/einfache Leistungsfeststellung
TPÜ_UG 4	Quiztools/Kartenabfragen einsetzen	TPÜ_LB 4	Keine Bedeutung
TPÜ_UG 5	Lernplattformen einsezten	TPÜ_LB 5	Multiple-Choice-Tests
TPÜ_UG 6	Digitale Handlungsprodukte erstellen lassen	TPÜ_LB 6	E-Klausuren nachteilig
TPÜ_UG 7	Rechercheaufträge bearbeiten lassen	TPÜ_LB 7	Täuschungsversuche einfacher
TPÜ_UG 8	Blended-Learning-Formate nutzen	TPÜ_LB 8	Künftig relevanter
TPÜ_PDM	**Potenziale digitaler Medien im Unterricht**	TPÜ_LB 9	Onlineklausur
TPÜ_PDM 1	Mediennutzung lernen	TPÜ_LB 10	Multimediale Klausuren
TPÜ_PDM 2	Moderner und motivierender Unterricht	TPÜ_LB 11	Medienkompetenzen prüfen
TPÜ_PDM 3	Kommunikation und Kooperation	TPÜ_LB 12	Förderung Binnendifferenzierung
TPÜ_PDM 4	Erarbeitung und Sammlung von Wissen (Wissenswerkzeug)	**TPÜ_DM**	**Wahrnehmung digitaler Medien**
TPÜ_PDM 5	Dezentralisierung und Deregulierung	TPÜ_DM 1	Mobile Endgeräte
TPÜ_PDM 6	Förderung Binnendifferenzierung	TPÜ_DM 2	Audio/Visuelle Medien
TPÜ_PDM 7	Erleichterung Unterrichtsorganisation	TPÜ_DM 3	Internet
TPÜ_PDM 8	Authentizität und Multiperspektivität	TPÜ_DM 4	Kommunikationsmedien
TPÜ_PDM 9	Förderung selbstgesteuertes Lernen	TPÜ_DM 5	Anwendungssoftware
TPÜ_PDM 10	Adaptive Lernprozesssteuerung (Wissensvermittlung)	TPÜ_DM 6	Klassenraum Endgeräte
TPÜ_PDM 11	Darstellung komplexer Sachverhalte (Wissensrepräsentation)	TPÜ_DM 7	Lernplattform
TPÜ_PDM 12	Multimedialität	TPÜ_DM 8	Digitale Unterrichtsmaterialien
TPÜ_RDM	**Risiken digitaler Medien im Unterricht**	TPÜ_DM 9	E-Book/E-Paper
TPÜ_RDM 1	Verlust Schüleraufmerksamkeit	TPÜ_DM 10	Quiztools
TPÜ_RDM 2	Technikprobleme	TPÜ_DM 11	Soziale Netzwerke
TPÜ_RDM 3	Soziale Benachteiligung		
TPÜ_RDM 4	Unterschiedliche Medienkompetenzen der SuS		
TPÜ_RDM 5	Kontrollverlust		
TPÜ_RDM 6	Unzureichende/r Datenschutz und -sicherheit		
TPÜ_RDM 7	Unverhältnismäßige Digitalisierung		
TPÜ_RDM 8	Fehlende Lehrerkompetenz		
TPÜ_RDM 9	Überforderung der SuS		
TPÜ_RDM 10	Wahrheitsgehalt Informationen		
TPÜ_RDM 11	Zeitaufwendig		
TPÜ_RDM 12	Verlust sozialer Kontakte im Unterricht		
TPÜ_RDM 13	Überwachung des Unterrichts		
TPÜ_RDM 14	Vorteile digitaler Medien nicht bekannt		
TPÜ_RDM 15	Oberflächliches Lernen		
TPÜ_RDM 16	Verunsicherung durch unterschiedliche Inhaltsdarstellungen		

F. Codierungen induktiv-analytische Kategorien

F.1 Überzeugungen zur Digitalisierung

Tabelle 31: Überzeugungen zur Digitalisierung nach Erfahrungsgruppen in %

	Studierende (n=27)	Referendar*innen (n=8)	Berufs- anfänger*innen (n=12)	Erfahrene Lehrkräfte (n=18)	Gesamt (n=65)
ÜD_WD: Wahrnehmung der Digitalisierung		% (Häufigkeiten)			
Nutzung Endgeräte	51,9 (14)	12,5 (1)	33,3 (4)	38,9 (7)	40 (26)
Digitale Medien und Tools im Unterricht	22,2 (6)	62,5 (5)	50 (6)	44,4 (8)	38,5 (25)
Vernetzung und Kommunikation	33,3 (9)	25 (2)	25 (3)	27,8 (5)	29,2 (19)
Digitisation	29,6 (8)	62,5 (5)	8,3 (1)	22,2 (4)	27,7 (18)
Coronafolge	11,1 (3)	50 (4)	25 (3)	33,3 (6)	24,6 (16)
Digitale Arbeitswelt	18,5 (5)	50 (4)	25 (3)	16,7 (3)	23,1 (15)
Neue Lehr-Lern-Möglichkeiten	22,2 (6)	0 (0)	16,7 (2)	22,2 (4)	18,5 (12)
Neue Kompetenzanforderungen SuS	11,1 (3)	25 (2)	8,3 (1)	11,1 (2)	12,3 (8)
Neue Lehrerrolle	0 (0)	0 (0)	8,3 (1)	33,3 (6)	10,8 (7)
Neue Kompetenzanforderungen Lehrer	7,4 (2)	0 (0)	8,3 (1)	11,1 (2)	7,7 (5)
Berufsbilder und Ordnungsmittel modernisieren	0 (0)	0 (0)	8,3 (1)	22,2 (4)	7,7 (5)
Neue Unterrichtsinhalte	11,1 (3)	0 (0)	16,7 (2)	0 (0)	7,7 (5)
Digitale Technologien Lebenswelt	7,4 (2)	37,5 (3)	0 (0)	0 (0)	7,7 (5)
Technologischer Fortschritt	11,1 (3)	0 (0)	16,7 (2)	0 (0)	7,7 (5)
Bildung für den Beruf	7,4 (2)	12,5 (1)	0 (0)	5,6 (1)	6,2 (4)
Lebenslanges Lernen	7,4 (2)	0 (0)	8,3 (1)	0 (0)	4,6 (3)
Digitisation Unterricht	0 (0)	25 (2)	0 (0)	0 (0)	3,1 (2)
Onlineshopping	0 (0)	0 (0)	8,3 (1)	5,6 (1)	3,1 (2)
Nutzung von Daten	0 (0)	0 (0)	0 (0)	5,6 (1)	1,5 (1)
ÜD_RD: Risiken der Digitalisierung					
Verlust sozialer Interaktion	51,9 (14)	37,5 (3)	8,3 (1)	16,7 (3)	32,3 (21)
Arbeitsplatzverlust	40,7 (11)	25 (2)	8,3 (1)	55,6 (10)	36,9 (24)
Digitale Überreizung	25,9 (7)	12,5 (1)	33,3 (4)	16,7 (3)	23,1 (15)
Preisgabe privater Daten	7,4 (2)	50 (4)	33,3 (4)	33,3 (6)	24,6 (16)
Verlust Eigenständigkeit	25,9 (7)	12,5 (1)	0 (0)	16,7 (3)	16,9 (11)
Fakenews und Medienmanipulation	7,4 (2)	25 (2)	8,3 (1)	38,9 (7)	18,5 (12)
Mehraufwand Einarbeitung und Digitisation	11,1 (3)	62,5 (5)	16,7 (2)	5,6 (1)	16,9 (11)
Technik- und Medienabhängigkeit	14,8 (4)	12,5 (1)	0 (0)	16,7 (3)	12,3 (8)
Unzureichende/r Datenschutz & -sicherheit	7,4 (2)	0 (0)	0 (0)	38,9 (7)	13,8 (9)
Körperliche Risiken	14,8 (4)	0 (0)	8,3 (1)	16,7 (3)	12,3 (8)
Verlust Schreibkompetenzen	7,4 (2)	12,5 (1)	16,7 (2)	5,6 (1)	9,2 (6)
Generationskonflikte	3,7 (1)	0 (0)	25 (3)	0 (0)	6,2 (4)
Cybermobbing	11,1 (3)	0 (0)	8,3 (1)	5,6 (1)	7,7 (5)
Arbeit-Freizeit verschwimmt	11,1 (3)	0 (0)	8,3 (1)	5,6 (1)	7,7 (5)
Selbstbenachteiligung	3,7 (1)	12,5 (1)	8,3 (1)	5,6 (1)	6,2 (4)
Keine negativen Folgen	7,4 (2)	12,5 (1)	0 (0)	0 (0)	4,6 (3)
Verlust Printmedien	3,7 (1)	12,5 (1)	0 (0)	0 (0)	3,1 (2)
Onlinebetrug	7,4 (2)	0 (0)	0 (0)	0 (0)	3,1 (2)
ÜD_VD: Vorteile der Digitalisierung					
(Arbeits-)Erleichterung	25,9 (7)	37,5 (3)	41,7 (5)	50 (9)	36,9 (24)
Neue Unterrichtsmöglichkeiten	48,1 (13)	25 (2)	50 (6)	55,6 (10)	47,7 (31)
Bessere Kommunikationsmöglichkeiten	11,1 (3)	25 (2)	8,3 (1)	16,7 (3)	13,8 (9)
Ökologische Vorteile	22,2 (6)	0 (0)	8,3 (1)	5,6 (1)	12,3 (8)
Flexible Arbeitsorte	11,1 (3)	0 (0)	8,3 (1)	5,6 (1)	7,7 (5)
Kollaboration zwischen Lehrern	3,7 (1)	12,5 (1)	16,7 (2)	5,6 (1)	7,7 (5)
Neue Berufe entstehen	11,1 (3)	0 (0)	0 (0)	11,1 (2)	7,7 (5)
Bessere Weiterentwicklungsmöglichkeiten	3,7 (1)	0 (0)	0 (0)	11,1 (2)	4,6 (3)
Mehr Spaß am Beruf	0 (0)	0 (0)	0 (0)	11,1 (2)	3,1 (2)
Anpassung an die Wirtschaft	0 (0)	0 (0)	8,3 (1)	0 (0)	1,5 (1)

ÜD-EE: Entwicklungseigenschaften der Digitalisierung					
Ausgelöst durch technologische Entwicklung	59,3 (16)	62,5 (5)	66,7 (8)	50 (9)	58,5 (38)
Digitalisierung endlos	55,6 (15)	75 (6)	41,7 (5)	38,9 (7)	50,8 (33)
Digitalisierung beeinflussbar	14,8 (4)	75 (6)	66,7 (8)	44,4 (8)	40 (26)
Digitalisierung nicht beeinflussbar	37 (10)	12,5 (1)	25 (3)	44,4 (8)	33,8 (22)
Beginn 90er-Jahre	3,7 (1)	50 (4)	16,7 (2)	22,2 (4)	16,9 (11)
Beginn 21. Jhd.	22,2 (6)	0 (0)	8,3 (1)	16,7 (3)	15,4 (10)
Ausgelöst durch Globalisierung und Wettbewerb	11,1 (3)	0 (0)	8,3 (1)	5,6 (1)	7,7 (5)
Digitalisierung dauert 5 - 10 Jahre	7,4 (2)	0 (0)	8,3 (1)	5,6 (1)	6,2 (4)
Ausgelöst durch Politik	7,4 (2)	0 (0)	0 (0)	5,6 (1)	4,6 (3)
Beginn Erster/Zweiter Weltkrieg	7,4 (2)	0 (0)	0 (0)	0 (0)	3,1 (2)
Ausgelöst durch Umweltschutz	3,7 (1)	0 (0)	0 (0)	0 (0)	1,5 (1)
Ausgelöst durch Corona	0 (0)	12,5 (1)	0 (0)	0 (0)	1,5 (1)
ÜD_ÄU: Überzeugungen zur Änderung des Unterrichts					
Positive Einstellung	55,6 (15)	87,5 (7)	91,7 (11)	83,3 (15)	73,8 (48)
Negative Einstellung	29,6 (8)	50 (4)	41,7 (5)	27,8 (5)	33,8 (22)
ÜD_NE: Normative Überzeugungen					
Sich selbst überlassen	7,4 (2)	62,5 (5)	33,3 (4)	38,9 (7)	27,7 (18)
Injunktiv Schulleitung/Abteilungsleitung	7,4 (2)	37,5 (3)	25 (3)	16,7 (3)	16,9 (11)
Injunktiv Ordnungsmittel	11,1 (3)	0 (0)	41,7 (5)	16,7 (3)	16,9 (11)
Deskriptive normative Erwartung	11,1 (3)	0 (0)	16,7 (2)	22,2 (4)	13,8 (9)
Injunktiv Politik	14,8 (4)	0 (0)	8,3 (1)	11,1 (2)	10,8 (7)
Injunktiv Gesellschaft	11,1 (3)	0 (0)	8,3 (1)	16,7 (3)	10,8 (7)
Injunktiv Betriebe	14,8 (4)	0 (0)	0 (0)	5,6 (1)	7,7 (5)
Injunktiv Corona-Situation	7,4 (2)	0 (0)	8,3 (1)	11,1 (2)	7,7 (5)
Injunktiv Schüler	3,7 (1)	0 (0)	0 (0)	16,7 (3)	6,2 (4)
ÜD_EK: Digitalisierungbezogenen Überzeugungen Kollegium					
Ältere wenig offen	51,9 (14)	37,5 (3)	58,3 (7)	27,8 (5)	44,6 (29)
Jüngere offener	44,4 (12)	25 (2)	16,7 (2)	22,2 (4)	30,8 (20)
Eher ablehnend	11,1 (3)	25 (2)	16,7 (2)	38,9 (7)	21,5 (14)
Insgesamt offen	14,8 (4)	25 (2)	41,7 (5)	22,2 (4)	23,1 (15)
Studierende offener als Lehrkräfte	40,7 (11)	0 (0)	0 (0)	0 (0)	16,9 (11)
Ältere sorgfältiger	0 (0)	0 (0)	0 (0)	11,1 (2)	3,1 (2)
Studierende ablehenend	3,7 (1)	0 (0)	0 (0)	0 (0)	1,5 (1)
Überzeugungen zu digitalisierungsbezogenen Lehrerkompetenzen					
Domänenbezogene Digitalkompetenzen	37 (10)	37,5 (3)	50 (6)	27,8 (5)	36,9 (24)
Medienkompetenz	51,9 (14)	37,5 (3)	8,3 (1)	16,7 (3)	32,3 (21)
Soft- und Hardwarekompetenzen	25,9 (7)	12,5 (1)	33,3 (4)	50 (9)	32,3 (21)
Offenheit für digitale Medien	29,6 (8)	12,5 (1)	8,3 (1)	22,2 (4)	21,5 (14)
Digitale Kommunikationskompetenz	3,7 (1)	0 (0)	16,7 (2)	16,7 (3)	9,2 (6)
Datenschutz und -sicherheit	3,7 (1)	0 (0)	8,3 (1)	11,1 (2)	6,2 (4)
Kritisches Denken	3,7 (1)	0 (0)	0 (0)	11,1 (2)	4,6 (3)
Medieneinsatz reflektieren	7,4 (2)	0 (0)	0 (0)	0 (0)	3,1 (2)
Lebenslanges Lernen	7,4 (2)	0 (0)	0 (0)	0 (0)	3,1 (2)
Datenverarbeitungskompetenz	0 (0)	0 (0)	8,3 (1)	5,6 (1)	3,1 (2)
Problemlösekompetenz	3,7 (1)	12,5 (1)	0 (0)	0 (0)	3,1 (2)
Präsentationskompetenz	3,7 (1)	0 (0)	0 (0)	0 (0)	1,5 (1)
Mensch-Maschinenschnittstelle kennen	3,7 (1)	0 (0)	0 (0)	0 (0)	1,5 (1)
Englischkenntnisste	3,7 (1)	0 (0)	0 (0)	0 (0)	1,5 (1)
Komplexität Digitalisierung antizipieren	0 (0)	0 (0)	0 (0)	5,6 (1)	1,5 (1)
Konstruktivität	0 (0)	0 (0)	0 (0)	5,6 (1)	1,5 (1)
Kontrollverlust zulassen	0 (0)	0 (0)	0 (0)	5,6 (1)	1,5 (1)
Planspiele einsetzen können	3,7 (1)	0 (0)	0 (0)	0 (0)	1,5 (1)
Problemorientierte Aufgaben konzipieren	0 (0)	0 (0)	8,3 (1)	0 (0)	1,5 (1)
Wissenschaftliche Erkenntnisse nutzen	3,7 (1)	0 (0)	0 (0)	0 (0)	1,5 (1)
Überzeugungen digitalisierungbezogene Lehrerbildung					
Fortbildungen	22,2 (6)	87,5 (7)	83,3 (10)	44,4 (8)	47,7 (31)
Im Studium	29,6 (8)	37,5 (3)	8,3 (1)	11,1 (2)	21,5 (14)
Eigeninitiative	18,5 (5)	37,5 (3)	0 (0)	0 (0)	12,3 (8)
Ausstattung bereitstellen	3,7 (1)	12,5 (1)	8,3 (1)	22,2 (4)	10,8 (7)
Mehr Fort- und Weiterbildungen absolvieren	22,2 (6)	0 (0)	0 (0)	0 (0)	9,2 (6)
Multiplikatoren	0 (0)	25 (2)	16,7 (2)	5,6 (1)	7,7 (5)
Arbeitskreise	3,7 (1)	12,5 (1)	8,3 (1)	11,1 (2)	7,7 (5)
Im Studienseminar	0 (0)	25 (2)	8,3 (1)	5,6 (1)	6,2 (4)
Individuelle Freiräume	0 (0)	12,5 (1)	0 (0)	11,1 (2)	4,6 (3)
Top-down-Ansatz	3,7 (1)	0 (0)	0 (0)	11,1 (2)	4,6 (3)
Inhaltliche Lernortkooperation	0 (0)	12,5 (1)	8,3 (1)	0 (0)	3,1 (2)
Lebenslanges Lernen	0 (0)	0 (0)	0 (0)	5,6 (1)	1,5 (1)
Messen	0 (0)	0 (0)	8,3 (1)	0 (0)	1,5 (1)
Schülergespräche	0 (0)	0 (0)	8,3 (1)	0 (0)	1,5 (1)

F.2 Digitalisierungsbezogene pädagogische Überzeugungen

Tabelle 32: Digitalisierungsbezogene pädagogische Überzeugungen nach Erfahrungsgruppen in %

	Studierende (n=27)	Studien- referendare (n=8)	Berufs- anfänger*innen (n=12)	Erfahrene Lehrkräfte (n=18)	Gesamt (n=65)
DPÜ_UP: Überzeugungen zu Unterrichtsprozessmerkmalen	% (Häufigkeiten)				
Offener selbsgesteuerter Unterricht	22,22 (6)	37,5 (3)	16,67 (2)	16,67 (3)	21,54 (14)
Kooperative Lernformen	14,81 (4)	25 (2)	16,67 (2)	16,67 (3)	16,92 (11)
Präsenzunterricht	7,41 (2)	0 (0)	0 (0)	5,56 (1)	4,62 (3)
Einzelarbeit	0 (0)	0 (0)	8,33 (1)	5,56 (1)	3,08 (2)
Komplexere Lernarragements	0 (0)	0 (0)	0 (0)	5,56 (1)	1,54 (1)
Frontalunterricht	3,7 (1)	0 (0)	0 (0)	0 (0)	1,54 (1)
DPÜ_K: Überzeugungen zu überberuflichen Kompetenzanforderungen					
Selbstkompetenz	18,52 (5)	25 (2)	41,67 (5)	11,11 (2)	21,54 (14)
Lernkompetenzen (ohne IT/Medienbezug)	11,11 (3)	12,5 (1)	25 (3)	0 (0)	10,77 (7)
Lese- und Schreibkompetenzen	0 (0)	0 (0)	25 (3)	11,11 (2)	7,69 (5)
Resilienz	0 (0)	12,5 (1)	16,67 (2)	11,11 (2)	7,69 (5)
DPÜ_EB: Überzeugungen zur Begriffserklärung an Arbeitswelten					
Prozess- und Organisationsveränderungen	29,63 (8)	25 (2)	41,67 (5)	27,78 (5)	30,77 (20)
Medieneinsatz im Arbeitsprozess	11,11 (3)	12,5 (1)	16,67 (2)	27,78 (5)	16,92 (11)
DPÜ_EA: Überzeugungen zur Begriffserklärung an Lebenswelten					
Digitale Technologien Lebenswelt	40,74 (11)	37,5 (3)	25 (3)	11,11 (2)	29,23 (19)
Digitisation	25,93 (7)	12,5 (1)	0 (0)	5,56 (1)	13,85 (9)
Digitale Medien im Unterricht	7,41 (2)	12,5 (1)	16,67 (2)	16,67 (3)	10,77 (7)
Technologischer Fortschritt	22,22 (6)	12,5 (1)	0 (0)	0 (0)	10,77 (7)
Digitale Kommunikation	14,81 (4)	0 (0)	0 (0)	0 (0)	6,15 (4)
Soziale Medien	3,7 (1)	0 (0)	0 (0)	0 (0)	1,54 (1)
Veränderung der Lebenswelt	7,41 (2)	12,5 (1)	16,67 (2)	22,22 (4)	13,85 (9)
Veränderung der Bildungswelt	3,7 (1)	0 (0)	16,67 (2)	5,56 (1)	6,15 (4)
Risiken durch Digitalisierung	0 (0)	0 (0)	8,33 (1)	5,56 (1)	3,08 (2)
DPÜ_L: Überzeugungen zur Leistungsmessung und -beurteilung					
Ungewissheit über Beurteilungskriterien	3,7 (1)	0 (0)	8,33 (1)	11,11 (2)	6,15 (4)
Steigerung Objektivität	22,22 (6)	0 (0)	8,33 (1)	5,56 (1)	12,31 (8)
Förderung Inklusion	0 (0)	0 (0)	0 (0)	5,56 (1)	1,54 (1)

F.3   Digitalisierungsbezogene Überzeugungen zu kaufmännischen Arbeitswelten

Tabelle 33: Digitalisierungsbezogene Überzeugungen zu kaufmännischen Arbeitswelten nach Erfahrungsgruppen in %

	Studierende (n=27)	Referendar*innen (n=8)	Junge Lehrkräfte (n=12)	Erfahrene Lehrkräfte (n=18)	Gesamt (n=65)
DAÜ_AK: Arbeitsmittel - Kommunikationsmedien	% (Häufigkeiten)				
E-Mail	25,93 (7)	87,5 (7)	58,33 (7)	38,89 (7)	43,08 (28)
Videokonferenzen	18,52 (5)	37,5 (3)	25 (3)	27,78 (5)	24,62 (16)
Telefon	14,81 (4)	50 (4)	41,67 (5)	11,11 (2)	23,08 (15)
Kommunikationsplattformen	11,11 (3)	62,5 (5)	33,33 (4)	11,11 (2)	21,54 (14)
Messenger	11,11 (3)	25 (2)	8,33 (1)	22,22 (4)	15,38 (10)
Soziale Netzwerke	7,41 (2)	12,5 (1)	25 (3)	11,11 (2)	12,31 (8)
Chatbots	0 (0)	12,5 (1)	0 (0)	0 (0)	1,54 (1)
Chatprogramme	0 (0)	0 (0)	8,33 (1)	0 (0)	1,54 (1)
Print-Brief	0 (0)	0 (0)	8,33 (1)	0 (0)	1,54 (1)
Sprachnachrichten	0 (0)	0 (0)	0 (0)	5,56 (1)	1,54 (1)
DAÜ_AA: Arbeitsmittel - Anwendungssysteme					
ERP-Systeme	18,52 (5)	87,5 (7)	66,67 (8)	72,22 (13)	50,77 (33)
Tabellenkalkulation	25,93 (7)	50 (4)	66,67 (8)	38,89 (7)	40 (26)
Textverarbeitung	25,93 (7)	37,5 (3)	66,67 (8)	27,78 (5)	35,38 (23)
PowerPoint	22,22 (6)	37,5 (3)	50 (6)	38,89 (7)	33,85 (22)
Datenbanksysteme	11,11 (3)	0 (0)	8,33 (1)	5,56 (1)	7,69 (5)
Kassensysteme	0 (0)	12,5 (1)	8,33 (1)	16,67 (3)	7,69 (5)
Social Media Plattformen	3,7 (1)	0 (0)	8,33 (1)	5,56 (1)	4,62 (3)
Dateimanagementsysteme	0 (0)	12,5 (1)	0 (0)	11,11 (2)	4,62 (3)
Onlineshops	0 (0)	0 (0)	8,33 (1)	11,11 (2)	4,62 (3)
Visualisierungstools	0 (0)	0 (0)	0 (0)	11,11 (2)	3,08 (2)
Webservices	3,7 (1)	0 (0)	8,33 (1)	0 (0)	3,08 (2)
Intranet	0 (0)	12,5 (1)	0 (0)	0 (0)	1,54 (1)
keine Vorstellung	0 (0)	0 (0)	8,33 (1)	0 (0)	1,54 (1)
Spacherkennung	0 (0)	0 (0)	8,33 (1)	0 (0)	1,54 (1)
DAÜ_AE: Arbeitsmittel - Digitale Endgeräte					
Tablet, Laptop, Smartphone	18,52 (5)	0 (0)	16,67 (2)	11,11 (2)	13,85 (9)
VR-AR	0 (0)	0 (0)	16,67 (2)	0 (0)	3,08 (2)
DAÜ_AF: Arbeitsformen					
Neue Arbeits- und Beschäftigungsformen	7,41 (2)	12,5 (1)	0 (0)	5,56 (1)	6,15 (4)
Weniger selbstbestimmte Tätigkeiten	3,7 (1)	0 (0)	0 (0)	11,11 (2)	4,62 (3)
Digital kollaborativ arbeiten	0 (0)	12,5 (1)	0 (0)	11,11 (2)	4,62 (3)
Ortsunabhängig arbeiten	7,41 (2)	0 (0)	0 (0)	5,56 (1)	4,62 (3)
DAÜ_VG: Veränderungen von Geschäftsprozessen					
Automatisierte digitale Geschäftsprozesse	74,07 (20)	62,5 (5)	58,33 (7)	55,56 (10)	64,62 (42)
Optimierte Geschäftsprozesse	22,22 (6)	37,5 (3)	41,67 (5)	16,67 (3)	26,15 (17)
Mehr E-Commerce	11,11 (3)	0 (0)	33,33 (4)	27,78 (5)	18,46 (12)
Unternehmensvernetzung	11,11 (3)	25 (2)	8,33 (1)	5,56 (1)	10,77 (7)
Customer Self-Service	11,11 (3)	25 (2)	0 (0)	11,11 (2)	10,77 (7)
Globalere transparentere Märkte	7,41 (2)	12,5 (1)	0 (0)	11,11 (2)	7,69 (5)
Social-Media-Marketing	0 (0)	0 (0)	8,33 (1)	11,11 (2)	4,62 (3)
Robotereinsatz	0 (0)	25 (2)	0 (0)	0 (0)	3,08 (2)
Keine Bedeutung im Handel	0 (0)	0 (0)	8,33 (1)	0 (0)	1,54 (1)
Komplexere Datenmengen	0 (0)	12,5 (1)	0 (0)	0 (0)	1,54 (1)
Outsourcing	3,7 (1)	0 (0)	0 (0)	0 (0)	1,54 (1)
Supply Chain Management	3,7 (1)	0 (0)	0 (0)	0 (0)	1,54 (1)
Kundenorientiertere Geschäftsprozesse	3,7 (1)	0 (0)	0 (0)	0 (0)	1,54 (1)
keine Bedeutung Lagerlogistik	0 (0)	0 (0)	8,33 (1)	0 (0)	1,54 (1)

DAÜ_TF: Veränderung Tätigkeitsformen				
Digital unterstützte Tätigkeiten	70,37 (19)	100 (8)	58,33 (7)	66,67 (12)	70,77 (46)
Monotonere einfache Tätigkeiten	44,44 (12)	25 (2)	75 (9)	61,11 (11)	52,31 (34)
Komplexere und anspruchvollere Tätigkeiten	37,04 (10)	50 (4)	16,67 (2)	50 (9)	38,46 (25)
Kommunikative Tätigkeiten	37,04 (10)	25 (2)	8,33 (1)	27,78 (5)	27,69 (18)
Tätigkeiten werden erleichtert	18,52 (5)	50 (4)	16,67 (2)	11,11 (2)	20 (13)
Einfache analoge Tätigkeiten	3,7 (1)	0 (0)	25 (3)	44,44 (8)	18,46 (12)
Tätigkeiten in intransparenten Prozessen	29,63 (8)	12,5 (1)	0 (0)	0 (0)	13,85 (9)
Verdichtete Tätigkeiten	3,7 (1)	12,5 (1)	33,33 (4)	11,11 (2)	12,31 (8)
Kreativere Tätigkeiten	7,41 (2)	0 (0)	0 (0)	5,56 (1)	4,62 (3)
Problemlösetätigkeiten	11,11 (3)	0 (0)	0 (0)	0 (0)	4,62 (3)
Abwechslungsreichere Tätigkeiten	7,41 (2)	12,5 (1)	0 (0)	0 (0)	4,62 (3)
Internationale Zusammenarbeit	0 (0)	0 (0)	8,33 (1)	5,56 (1)	3,08 (2)
Spezialisierung von Tätigkeiten	3,7 (1)	12,5 (1)	0 (0)	0 (0)	3,08 (2)
DAÜ_TP: Veränderungen Tätigkeitsprofile				
Steuern, optimieren, überwachen	7,41 (2)	25 (2)	0 (0)	22,22 (4)	12,31 (8)
Digitale Beratung	22,22 (6)	0 (0)	0 (0)	11,11 (2)	12,31 (8)
Dateneingaben	11,11 (3)	0 (0)	16,67 (2)	11,11 (2)	10,77 (7)
Papierablage	7,41 (2)	0 (0)	0 (0)	0 (0)	3,08 (2)
Unterschriften, Verträge etc. analog	7,41 (2)	0 (0)	0 (0)	0 (0)	3,08 (2)
Datenanalyse	3,7 (1)	0 (0)	0 (0)	5,56 (1)	3,08 (2)
Routenplanung	0 (0)	12,5 (1)	0 (0)	0 (0)	1,54 (1)
Produktlebenszyklus nachverfolgen	3,7 (1)	0 (0)	0 (0)	0 (0)	1,54 (1)
Geschäftskorrespondenz	0 (0)	0 (0)	0 (0)	5,56 (1)	1,54 (1)
Preiskalkulation	0 (0)	0 (0)	0 (0)	5,56 (1)	1,54 (1)

F.4　Digitalisierungsbezogene wirtschaftsdidaktische Überzeugungen

Tabelle 34: Digitalisierungsbezogene wirtschaftsdidaktische Überzeugungen nach Erfahrungsgruppen in %

	Studierende (n=27)	Referendar*innen (n=8)	Berufsanfänger*innen (n=12)	Erfahrene Lehrkräfte (n=18)	Gesamt (n=65)
DWÜ_KGP: Kompetenzanforderungen aus Geschäftsprozessen	% (Häufigkeiten)				
Betriebswirtschaftliches Fachwissen	0 (0)	25 (2)	75 (9)	50 (9)	30,77 (20)
Selbstständig lernen (IT/Medienbezug)	33,33 (9)	62,5 (5)	25 (3)	27,78 (5)	33,85 (22)
Systematisches/Vernetztes Denken	7,41 (2)	12,5 (1)	25 (3)	22,22 (4)	15,38 (10)
Datenanalyse- und Interpretationsfähigkeiten	7,41 (2)	25 (2)	33,33 (4)	27,78 (5)	20 (13)
Problemlösekompetenz	11,11 (3)	12,5 (1)	33,33 (4)	22,22 (4)	18,46 (12)
Innovationen aufgreifen und vorantreiben	11,11 (3)	37,5 (3)	25 (3)	16,67 (3)	18,46 (12)
Geschäftsprozesswissen	14,81 (4)	37,5 (3)	8,33 (1)	16,67 (3)	16,92 (11)
Abstraktionsfähigkeit	3,7 (1)	12,5 (1)	0 (0)	27,78 (5)	10,77 (7)
E-Commerce-Wissen	0 (0)	12,5 (1)	25 (3)	16,67 (3)	10,77 (7)
Internationales Denken und Handeln	0 (0)	0 (0)	25 (3)	0 (0)	4,62 (3)
Prozessgestaltungsfähigkeiten	0 (0)	0 (0)	8,33 (1)	5,56 (1)	3,08 (2)
Mathematische Kompetenz	0 (0)	0 (0)	0 (0)	11,11 (2)	3,08 (2)
DWÜ_KAF: Kompetenzanforderungen aus Arbeitsformen					
Fremdsprachenkompetenz	3,7 (1)	0 (0)	16,67 (2)	11,11 (2)	7,69 (5)
Sozialkompetenz	29,63 (8)	12,5 (1)	25 (3)	11,11 (2)	21,54 (14)
Organisations- und Strukturierungskompetenz	7,41 (2)	37,5 (3)	50 (6)	44,44 (8)	29,23 (19)
Verantwortungsvoll digital zusammenarbeiten	11,11 (3)	25 (2)	41,67 (5)	27,78 (5)	23,08 (15)
DWÜ_KAM: Kompetenzanforderungen aus Arbeitsmitteln					
Inhalte weniger relevant	0 (0)	12,5 (1)	0 (0)	11,11 (2)	4,62 (3)
IT-Problemlösefähigkeiten	7,41 (2)	0 (0)	0 (0)	11,11 (2)	6,15 (4)
Kreativität	7,41 (2)	12,5 (1)	8,33 (1)	5,56 (1)	7,69 (5)
Kritisches Denken	3,7 (1)	0 (0)	41,67 (5)	11,11 (2)	12,31 (8)
Programmierwissen	14,81 (4)	0 (0)	0 (0)	11,11 (2)	9,23 (6)
Kommunikation von Informationen	14,81 (4)	25 (2)	41,67 (5)	27,78 (5)	24,62 (16)
Bewertung von Informationen	22,22 (6)	12,5 (1)	50 (6)	38,89 (7)	30,77 (20)
Recherche von Informationen	22,22 (6)	62,5 (5)	41,67 (5)	50 (9)	38,46 (25)
Verarbeitung von Informationen	25,93 (7)	50 (4)	58,33 (7)	55,56 (10)	43,08 (28)
Sprache zielgerichtet nutzen	29,63 (8)	50 (4)	83,33 (10)	77,78 (14)	55,38 (36)
Rahmenbedingungen Medien berücksichtigen (+)	40,74 (11)	62,5 (5)	91,67 (11)	66,67 (12)	60 (39)
Medien zielgerichtet nutzen	92,59 (25)	87,5 (7)	100 (12)	77,78 (14)	89,23 (58)
DWÜ_UP: Überzeugungen Unterrichtsprozessmerkmal					
Betriebliche Lernsituationen gestalten	37,04 (10)	62,5 (5)	58,33 (7)	22,22 (4)	40 (26)
Lernbüros	7,41 (2)	0 (0)	25 (3)	16,67 (3)	12,31 (8)
Lernortkooperationen	0 (0)	12,5 (1)	25 (3)	5,56 (1)	7,69 (5)
Berufsorientierung im Unterricht	0 (0)	0 (0)	8,33 (1)	11,11 (2)	4,62 (3)
Komplexität Digitalisierung reduzieren	0 (0)	0 (0)	0 (0)	5,56 (1)	1,54 (1)
Projektarbeit	7,41 (2)	0 (0)	8,33 (1)	11,11 (2)	7,69 (5)
Abkehr von Lernsituationen	0 (0)	0 (0)	0 (0)	5,56 (1)	1,54 (1)
Prozessorientierung	3,7 (1)	0 (0)	0 (0)	0 (0)	1,54 (1)
DWÜ_UI: Berufsschulische Unterrichtsinhalte					
Modernisierung Rechnungswesen und Controlling	33,33 (9)	12,5 (1)	16,67 (2)	27,78 (5)	26,15 (17)
Bedeutung Digitalisierung thematisieren	33,33 (9)	12,5 (1)	8,33 (1)	0 (0)	16,92 (11)
IK-Technologien thematisieren	33,33 (9)	25 (2)	0 (0)	0 (0)	16,92 (11)
Datenschutz- und Sicherheit thematisieren	11,11 (3)	12,5 (1)	25 (3)	16,67 (3)	15,38 (10)
Interdisziplinäre Unterrichtsinhalte einbinden	22,22 (6)	0 (0)	0 (0)	0 (0)	9,23 (6)
Modernisierung Absatz und Beschaffung	0 (0)	0 (0)	8,33 (1)	22,22 (4)	7,69 (5)
Unterrichtsinhalte nicht betroffen	7,41 (2)	0 (0)	0 (0)	5,56 (1)	4,62 (3)
Modernisierung Politik	7,41 (2)	0 (0)	0 (0)	0 (0)	3,08 (2)
Nachhaltigkeit thematisieren	7,41 (2)	0 (0)	0 (0)	0 (0)	3,08 (2)
Modernisierung Verkaufs- und Beratungsgespräche	3,7 (1)	0 (0)	0 (0)	5,56 (1)	3,08 (2)
Modernisierung Lagerhaltung	0 (0)	0 (0)	0 (0)	5,56 (1)	1,54 (1)
Modernisierung Deutsch	0 (0)	0 (0)	8,33 (1)	5,56 (1)	3,08 (2)
Modernsierung Produktionsfaktoren	0 (0)	12,5 (1)	0 (0)	0 (0)	1,54 (1)
Datenbanken unrelevanter	3,7 (1)	0 (0)	0 (0)	0 (0)	1,54 (1)
Modernisierung Personalwirtschaft	0 (0)	0 (0)	0 (0)	5,56 (1)	1,54 (1)

DWÜ_VK: Digitalisierungbezogene relevante Schülervoraussetzungen				
Medien zielgerichtet nutzen	48,15 (13)	25 (2)	25 (3)	44,44 (8)	40 (26)
Offenheit	37,04 (10)	62,5 (5)	25 (3)	22,22 (4)	33,85 (22)
Besitzen bereits relevante Kompetenzen	29,63 (8)	0 (0)	0 (0)	11,11 (2)	15,38 (10)
Niedrigere Qualifikationsanforderungen	11,11 (3)	0 (0)	0 (0)	5,56 (1)	6,15 (4)
Selbstkompetenz	7,41 (2)	0 (0)	8,33 (1)	0 (0)	4,62 (3)
Höhere Qualifikationsanforderungen	3,7 (1)	0 (0)	8,33 (1)	0 (0)	3,08 (2)
Bewertung von Informationen	0 (0)	0 (0)	8,33 (1)	5,56 (1)	3,08 (2)
Lernkompetenzen	0 (0)	12,5 (1)	8,33 (1)	0 (0)	3,08 (2)
Sozialkompetenzen	3,7 (1)	0 (0)	8,33 (1)	0 (0)	3,08 (2)
Mathekompetenzen	0 (0)	0 (0)	0 (0)	5,56 (1)	1,54 (1)
Relevanz Digitalisierung antizipieren	7,41 (2)	0 (0)	0 (0)	0 (0)	3,08 (2)
Sprache in Medien zielgerichtet nutzen	0 (0)	0 (0)	8,33 (1)	5,56 (1)	3,08 (2)
Innovationen aufgreifen und vorantreiben	3,7 (1)	0 (0)	0 (0)	0 (0)	1,54 (1)
Kritisches Denken	3,7 (1)	0 (0)	0 (0)	0 (0)	1,54 (1)
Methodenkompetenz	3,7 (1)	0 (0)	0 (0)	0 (0)	1,54 (1)
Mündigkeit	0 (0)	0 (0)	8,33 (1)	0 (0)	1,54 (1)
Strukturiertheit	0 (0)	0 (0)	0 (0)	5,56 (1)	1,54 (1)
Konzentrationsfähigkeit	3,7 (1)	0 (0)	0 (0)	0 (0)	1,54 (1)
Englischkenntnisse	3,7 (1)	0 (0)	0 (0)	0 (0)	1,54 (1)
DWÜ_VS: Verständnisschwierigkeiten der Lernenden				
Komplexität der Digitalisierung	25,93 (7)	50 (4)	33,33 (4)	33,33 (6)	32,31 (21)
Rahmenbedingungen Medien berücksichtigen	11,11 (3)	37,5 (3)	41,67 (5)	33,33 (6)	26,15 (17)
Medien zielgerichtet nutzen	18,52 (5)	37,5 (3)	25 (3)	22,22 (4)	23,08 (15)
Digitale nicht sichtbare Prozesse	11,11 (3)	37,5 (3)	16,67 (2)	0 (0)	12,31 (8)
Verarbeitung von Informationen	7,41 (2)	0 (0)	0 (0)	5,56 (1)	4,62 (3)
Sprache zielgerecht nutzen	0 (0)	0 (0)	16,67 (2)	5,56 (1)	4,62 (3)
Digitalisierung von Geschäftsprozessen	3,7 (1)	0 (0)	16,67 (2)	0 (0)	4,62 (3)
Risiko Substitution	3,7 (1)	12,5 (1)	0 (0)	0 (0)	3,08 (2)
Veränderung von Berufen	3,7 (1)	12,5 (1)	0 (0)	0 (0)	3,08 (2)
Relevanz von Fachwissen	3,7 (1)	0 (0)	8,33 (1)	0 (0)	3,08 (2)
Bewertung von Informationen	0 (0)	0 (0)	8,33 (1)	0 (0)	1,54 (1)
New Work Anforderungen	3,7 (1)	0 (0)	0 (0)	0 (0)	1,54 (1)
DWÜ_SV: Digitalisierungbezogene Schülervorstellungen				
Digitale Endgeräte	44,44 (12)	37,5 (3)	25 (3)	38,89 (7)	38,46 (25)
Digitale Unterrichtsmedien	22,22 (6)	12,5 (1)	41,67 (5)	16,67 (3)	23,08 (15)
Internet und Unterhaltung	11,11 (3)	25 (2)	16,67 (2)	33,33 (6)	20 (13)
Soziale Medien	11,11 (3)	25 (2)	16,67 (2)	22,22 (4)	16,92 (11)
Digitale Arbeitswelt	29,63 (8)	25 (2)	16,67 (2)	16,67 (3)	23,08 (15)
Digitale Kommunikation	11,11 (3)	0 (0)	8,33 (1)	11,11 (2)	9,23 (6)
Digitalisierung ist Status quo/normal	7,41 (2)	37,5 (3)	8,33 (1)	0 (0)	9,23 (6)
Wegfall von Arbeitsplätzen	3,7 (1)	25 (2)	8,33 (1)	0 (0)	6,15 (4)
Digitalsierung Lebenswelt	11,11 (3)	12,5 (1)	0 (0)	0 (0)	6,15 (4)

F.5 Technologisch-pädagogische Überzeugungen

Tabelle 35: Digitalisierungsbezogene technologisch-pädagogische Überzeugungen nach Erfahrungsgruppen in %

	Studierende (n=27)	Referendar*innen (n=8)	Berufsanfänger*innen (n=12)	Erfahrene Lehrkräfte (n=18)	Gesamt (n=65)
TPÜ_UG: Unterrichtsgestaltung mit digitalen Medien	% (Häufigkeiten)				
Einsatz digitaler Medien (allgemein)	70,37 (19)	87,5 (7)	41,67 (5)	61,11 (11)	64,62 (42)
Einsatz von Standardsoftware	14,81 (4)	12,5 (1)	16,67 (2)	22,22 (4)	16,92 (11)
Medieneinsatz abwägen	14,81 (4)	25 (2)	25 (3)	11,11 (2)	16,92 (11)
Quiztools/Kartenabfragen einsetzen	11,11 (3)	25 (2)	0 (0)	22,22 (4)	13,85 (9)
Lernplattformen einsetzen	29,63 (8)	12,5 (1)	0 (0)	0 (0)	13,85 (9)
Digitale Handlungsprodukte erstellen lassen	18,52 (5)	12,5 (1)	0 (0)	5,56 (1)	10,77 (7)
Rechercheaufträge bearbeiten lassen	3,7 (1)	25 (2)	8,33 (1)	5,56 (1)	7,69 (5)
Blended-Learning-Formate nutzen	11,11 (3)	0 (0)	0 (0)	11,11 (2)	7,69 (5)
TPÜ_PDM: Potenziale digitaler Medien im Unterricht					
Moderner und motivierender Unterricht	44,44 (12)	50 (4)	33,33 (4)	50 (9)	44,62 (29)
Mediennutzung lernen	51,85 (14)	62,5 (5)	33,33 (4)	33,33 (6)	44,62 (29)
Kommuniktion und Kooperation	18,52 (5)	50 (4)	41,67 (5)	38,89 (7)	32,31 (21)
Dezentralisierung und Deregulierung	14,81 (4)	25 (2)	50 (6)	33,33 (6)	27,69 (18)
Erleichterung Unterrichtsorganisation	25,93 (7)	50 (4)	8,33 (1)	16,67 (3)	23,08 (15)
Erarbeitung und Sammlung von Wissen (Wissenwerkzeug)	14,81 (4)	0 (0)	66,67 (8)	16,67 (3)	23,08 (15)
Förderung Binnendifferenzierung	14,81 (4)	37,5 (3)	33,33 (4)	11,11 (2)	20 (13)
Authentizität und Multiperspektivität	11,11 (3)	37,5 (3)	16,67 (2)	11,11 (2)	15,38 (10)
Förderung selbstgesteuertes Lernen	0 (0)	25 (2)	25 (3)	0 (0)	7,69 (5)
Adaptive Lernprozesssteuerung (Wissensvermittlung)	3,7 (1)	0 (0)	0 (0)	11,11 (2)	4,62 (3)
Multimedialität	7,41 (2)	0 (0)	0 (0)	0 (0)	3,08 (2)
Darstellung komplexer Sachverhalte (Wissenrepräsentation)	0 (0)	12,5 (1)	0 (0)	5,56 (1)	3,08 (2)
TPÜ_RDM: Risiken digitaler Medien im Unterricht					
Verlust Schüleraufmerksamkeit	33,33 (9)	25 (2)	25 (3)	38,89 (7)	32,31 (21)
Technikprobleme	14,81 (4)	50 (4)	16,67 (2)	44,44 (8)	27,69 (18)
Soziale Benachteiligung	14,81 (4)	25 (2)	66,67 (8)	11,11 (2)	24,62 (16)
Unterschiedliche Medienkompetenzen der SuS	0 (0)	12,5 (1)	33,33 (4)	22,22 (4)	13,85 (9)
Kontrollverlust	18,52 (5)	0 (0)	0 (0)	22,22 (4)	13,85 (9)
Unzureichende/r Datenschutz und -sicherheit	7,41 (2)	25 (2)	8,33 (1)	22,22 (4)	13,85 (9)
Unverhältnismäßige Digitalisierung	3,7 (1)	0 (0)	16,67 (2)	27,78 (5)	12,31 (8)
Fehlende Lehrerkompetenz	14,81 (4)	50 (4)	0 (0)	0 (0)	12,31 (8)
Überforderung der SuS	0 (0)	0 (0)	8,33 (1)	27,78 (5)	9,23 (6)
Wahrheitsgehalt Informationen	14,81 (4)	0 (0)	8,33 (1)	0 (0)	7,69 (5)
Zeitaufwendig	14,81 (4)	0 (0)	8,33 (1)	0 (0)	7,69 (5)
Verlust sozialer Kontakte im Unterricht	11,11 (3)	0 (0)	0 (0)	5,56 (1)	6,15 (4)
Überwachung des Unterrichts	3,7 (1)	0 (0)	0 (0)	11,11 (2)	4,62 (3)
Vorteile digitaler Medien nicht bekannt	7,41 (2)	0 (0)	0 (0)	0 (0)	3,08 (2)
Oberflächliches Lernen	0 (0)	12,5 (1)	0 (0)	0 (0)	1,54 (1)
Verunsicherung durch unterschiedliche Inhaltsdarstellungen	0 (0)	0 (0)	8,33 (1)	0 (0)	1,54 (1)
TPÜ_LB: Digitale Leistungsbeurteilung					
Schnelle/einfache Leistungsfeststellung	40,74 (11)	37,5 (3)	50 (6)	55,56 (10)	46,15 (30)
keine Bedeutung	7,41 (2)	0 (0)	41,67 (5)	38,89 (7)	21,54 (14)
Multiple-Choice-Tests	14,81 (4)	62,5 (5)	8,33 (1)	11,11 (2)	18,46 (12)
E-Klausuren nachteilig	22,22 (6)	25 (2)	0 (0)	5,56 (1)	13,85 (9)
Täuschungsversuche einfacher	22,22 (6)	0 (0)	8,33 (1)	0 (0)	10,77 (7)
Künftig relevanter	0 (0)	0 (0)	16,67 (2)	22,22 (4)	9,23 (6)
Komplexere Leistungstest möglich	11,11 (3)	25 (2)	0 (0)	0 (0)	7,69 (5)
Onlineklausur	14,81 (4)	12,5 (1)	0 (0)	0 (0)	7,69 (5)
Multimediale Klausuren	7,41 (2)	0 (0)	0 (0)	5,56 (1)	4,62 (3)
Datenschutz gewährleisten	0 (0)	0 (0)	0 (0)	5,56 (1)	1,54 (1)
Medienkompetenzen prüfen	3,7 (1)	0 (0)	0 (0)	0 (0)	1,54 (1)
Förderung Binnendifferenzierung	3,7 (1)	0 (0)	0 (0)	0 (0)	1,54 (1)
TPÜ_DM: Wahrnehmung digitaler Medien					
Mobile Endgeräte	59,26 (16)	75 (6)	58,33 (7)	38,89 (7)	55,38 (36)
Audio/Visuelle Medien	25,93 (7)	37,5 (3)	8,33 (1)	22,22 (4)	23,08 (15)
Internet	25,93 (7)	12,5 (1)	33,33 (4)	16,67 (3)	23,08 (15)
Kommunikationsmedien	18,52 (5)	12,5 (1)	25 (3)	16,67 (3)	18,46 (12)
Anwendungssoftware	7,41 (2)	25 (2)	25 (3)	16,67 (3)	15,38 (10)
Klassenraum-Endgeräte	11,11 (3)	25 (2)	8,33 (1)	16,67 (3)	13,85 (9)
Lernplattformen	3,7 (1)	12,5 (1)	25 (3)	16,67 (3)	12,31 (8)
Digitale Unterrichtsmaterialien	3,7 (1)	25 (2)	0 (0)	16,67 (3)	9,23 (6)
E-Book/E-Paper	11,11 (3)	25 (2)	0 (0)	5,56 (1)	9,23 (6)
Quiztools	0 (0)	12,5 (1)	16,67 (2)	11,11 (2)	7,69 (5)
Soziale Netzwerke	11,11 (3)	12,5 (1)	0 (0)	5,56 (1)	7,69 (5)

F.6   Technologisch-inhaltliche Überzeugungen

Tabelle 36: Digitalisierungsbezogene technologisch-inhaltliche Überzeugungen nach Erfahrungsgruppen in %

	Studierende (n=27)	Referen-dar*innen (n=8)	Berufs-anfänger*innen (n=12)	Erfahrene Lehrkräfte (n=18)	Gesamt (n=65)
TIÜ_TIB: Technologisch-inhaltliche Beeinflussung	% (Häufigkeiten)				
Verlust beruflicher Fertigkeiten	3,7 (1)	0 (0)	0 (0)	0 (0)	1,54 (1)
Verschleierung von Prozessen	3,7 (1)	0 (0)	0 (0)	0 (0)	1,54 (1)
TIÜ_ALU: Technolgien zur Gestaltung authentischer Lernumgebungen					
Betriebsauthentischer Technologieeinsatz	40,74 (11)	0 (0)	25 (3)	55,56 (10)	36,92 (24)
Anwendung betrieblicher Technologien schulen	33,33 (9)	37,5 (3)	25 (3)	33,33 (6)	32,31 (21)
Planspiele	14,81 (4)	0 (0)	0 (0)	0 (0)	6,15 (4)
TIÜ_HLB: Handlungsorientierte Leistungsbeurteilung					
Betriebsauthentische Klausuraufbereitung	22,22 (6)	25 (2)	0 (0)	0 (0)	12,31 (8)

G. Merkmalsverteilung Clustergruppe

Tabelle 37: Merkmalsverteilung Clustergruppen (Quelle: Eigene Darstellung)

	PC1 (n=35)	PC2 (n=11)	PC3 (n=19)	IDC1 (n=40)	IDC2 (25)
Personen	in % (Häufigkeiten)				
Studierende	45,7 (16)	18,2 (2)	47,4 (9)	55,0 (22)	20,0 (5)
Studienreferendar*innen	2,9 (1)	9,1 (1)	31,6 (6)	10,0 (4)	16,0 (4)
Berufsanfänger*innen	22,9 (8)	27,3(3)	5,3 (1)	12,5 (5)	28,0 (7)
Erfahrene Lehrkräfte	28,6 (10)	45,5 (5)	15,8 (3)	22,5 (9)	36,0 (9)
Berufserfahrung	in %				
Berufsausbildung	57,1	45,5	63,2	57,5	56,0
Berufserfahrung > 3 Jahre	14,3	9,1	26,3	15,0	20,0
Teilnahme an Fort- und Weiterbildungen	in %				
Pädagogischer Einsatz digitaler Medien	40,0	36,4	31,6	30,0	48,0
Wirtschaftsdidaktischer Einsatz digitaler Medien	22,9	18,2	5,3	12,5	24,0
Digitalisierung ohne Unterrichtsbezug	8,6	18,2	0,0	5,0	12,0
Mediennutzung	MD (SD)				
Durchschnittliche Mediennutzungsintensität*	0,25 (0,14)	0,29 (0,14)	0,17 (0,13)	0,23 (0,13)	0,25 (0,16)

*=Summe zeitlich gewichtete Mediennutzung/Anzahl Medien

H. Clusterlösung Dendrogramm

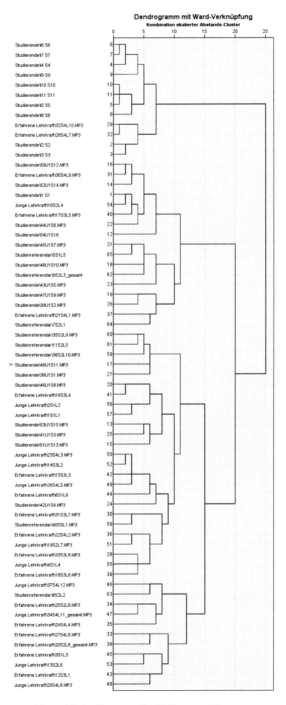

Abbildung 11: Dendrogramm hierarchische Clusteranalyse 3-Gruppen-Lösung

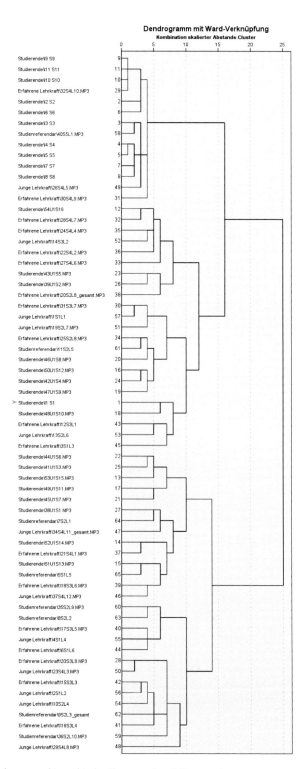

Abbildung 12: Dendrogramm hierarchische Clusteranalyse 2-Gruppen-Lösung

I. Verzeichnis Digitaler Anhang

Ordner	Dateien
\Akquisedokumente	• Anfrage Lehrkräfte.pdf • Anfrage Referendare.pdf
\Analysedateien	• Datensatz n65 V1.sav • Dissertation Gesamtanalyse2021 Intercoder.mx22 • Fragebogen Auswertung gesamt n = 65.xlsx • Skalen Kurzfragebogen.sps
\Daten\Interviews\Audio	Alle Audioaufnahmen der Interviews
\Daten\Interviews\Transkripte	Alle Transkripte der Interviews
\Daten\Kurzfragebögen	Alle Kurzfragebögen
\Datenschutz	• Datenschutz_Einwillugungserklärung.pdf • Informationsblatt_Datenschutz.pdf
\Erhebungsinstrumente	• Fragebogen Lehrkräfte.pdf • Fragebogen Studenten.pdf • Leitfaden Lehrkräfte.pdf • Leitfaden Studenten.pdf
\Genehmigung RLSB	• Anhang zu Antrag LDS NDS_final.docx • Anschreiben Antrag Niedersachsen.docx • Genehmigung LSB.pdf • Nachtrag zum Antrag.docx

Autor

Dr. Patrick Geiser (geb. 1988) ist wissenschaftlicher Mitarbeiter an der Professur für Wirtschaftspädagogik und Personalentwicklung an der Georg-August-Universität Göttingen. Nach seinen Berufsausbildungen zum Verfahrensmechaniker für Kunststoff- und Kautschuktechnik sowie nachfolgend zum Bankkaufmann studierte er Wirtschaftspädagogik mit dem Zweitfach Informatik und absolvierte anschließend sein Promotionsstudium. Seine Forschungsschwerpunkte liegen in der Digitalisierung in der kaufmännischen Berufsausbildung mit dem Fokus auf domänenspezifische Kompetenzanforderungen kaufmännischer Fachkräfte. Zudem ist er im Bereich der historischen Berufsbildungs- und Wissenschaftsforschung zur Entwicklung und Etablierung der Berufs- und Wirtschaftspädagogik aktiv. Weiter beschäftigte er sich u. a. im Verbundprojekt Digi-KaB „Digitalisierung in der kaufmännischen Berufsausbildung" mit Veränderungen von Qualifikationsprofilen und Implikationen für Lern- und Ausbildungsprozesse und arbeitete in den Projekten Ländermonitor berufliche Bildung 2019 und im Nationalen Bildungsbericht „Bildung in Deutschland 2018" mit. Ab November 2022 befindet er sich im Vorbereitungsdienst für das Lehramt an berufsbildenden Schulen im Bereich Wirtschaft und Verwaltung in Osnabrück.

20 JAHRE

Berufsbildung, Arbeit und Innovation

2001–2021

Berufsbildung, Arbeit und Innovation

Die Reihe **Berufsbildung, Arbeit und Innovation** bietet ein Forum für die grundlagen- und anwendungsorientierte Berufsbildungsforschung. Sie leistet einen Beitrag für den wissenschaftlichen Diskurs über Innovationspotenziale der beruflichen Bildung.

Angesprochen wird ein Fachpublikum aus Hochschulen und Forschungseinrichtungen sowie aus schulischen und betrieblichen Politik- und Praxisfeldern.

Die Reihe ist in zwei Schwerpunkte gegliedert:
• Berufsbildung, Arbeit und Innovation (Hauptreihe)
• Dissertationen/Habilitationen (Unterreihe)

Alle Titel der Reihe sind als Druckausgabe und E-Book erhältlich.

Die Reihe Berufsbildung, Arbeit und Innovation wird herausgegeben von
Prof.in Marianne Friese (Gießen), **Prof. Klaus Jenewein** (Magdeburg),
Prof.in Susan Seeber (Göttingen) und **Prof. Lars Windelband** (Karlsruhe).

wbv.de/bai

wbv Publikation · wbv Media GmbH & Co. KG · service@wbv.de · wbv-publikation.de